DANIEL RINGOLD

Philippe GUIBOUST

Patchi LACAN

LUIS MARIANO

Le Prince de Lumière

Je dédie ce livre à Monsieur Michel Reingold
et à Madame Suzanne Reingold,
mes parents adorés, sans qui je n'aurais
pu faire ce métier,

et à la mémoire de mon grand ami
Luis Mariano, à qui je dois ma carrière
et tant de souvenirs merveilleux.

Daniel Ringold

Bordeaux 1936, un élégant étudiant du Conservatoire, Mariano Gonzalèz.
(en haut)

Un gentil petit soldat de 10 ans à Irún.
(en médaillon)

❶

❷

❶ Le jeune premier triomphant de la chanson française, après son passage à l'Alhambra.

❷ Luis Mariano et Carmen Torrès devant Notre-Dame de Paris.

❸ Mariano maquillé pour Rodolphe de "La Bohème", au conservatoire de Bordeaux.

❹ Pour son arrivée à Paris, Mariano Gonzalèz, devenu Luis Mariano, devant l'église de la Madeleine.

❺ La "San Martial" d'Irún en 1930 - de gauche à droite : Mariano Gonzalèz, Maria Pilar, Eduardo Cortijo.

❻ Paris, 1943. Mariano devant le temple de l'Amour.

3

4

5

6

❶

❷

❸

❺

❶ “Histoire de chanter” : Luis Mariano en clochard et Julien Carette.

❷ Mariano, en costume du duc de Mantone de “Rigoletto”, dans le film “Histoire de chanter”.

❸ Le Paramount, boulevard des Italiens, où les films de Mariano passaient en 1ère exclusivité : l’annonce de “Fandango”.

❹ Luis et les Basques de Pampelune.

❺ Le couple idéal des années 50 : Luis Mariano et Carmen Sevilla.

❻ “La Belle de Cadix a des yeux de velours...” Luis Mariano et Carmen Sevilla.

4

6

➀ Luis Mariano fait rêver des millions de femmes.

➁ Luis Mariano et Maria Mauban dans “Pas de week-end pour notre amour”.

➂ “Rendez-vous à Grenade” : Luis Mariano et Nicole Maurey.

➃ Deux merveilleux copains : Luis Mariano et Line Renaud, super têtes d’affiche de la chanson des années 50.

➄ Le bonheur de Luis Mariano, de gauche à droite : Maria-Luisa, sa sœur, Mariano, Madame Gonzalèz, sa maman.

➅ Dans les studios de Radio-Andorre, deux bons amis, deux grands noms de la chanson : Luis Mariano et Maria Candido.

➆ Un arc de triomphe pour Luis Mariano.

❶

2

4

6

5

7

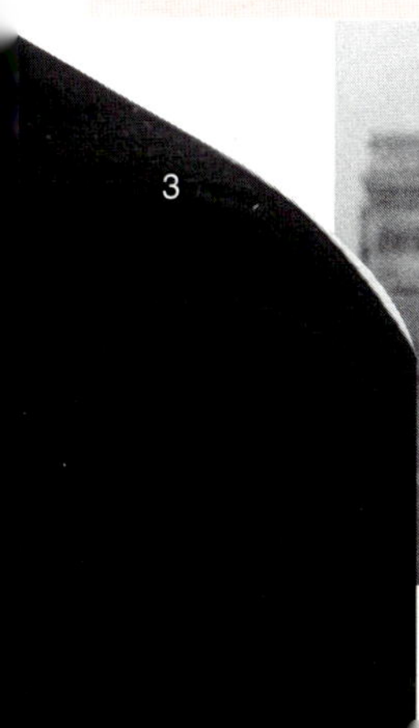
3

❶

❷

❺

4

❶ Luis Mariano et les mineurs.

❷ Luis Mariano, dans la chapelle de Villefranche sur Mer, décorée par Jean Cocteau.

❸ La Vierge d'Irún, "Nuesta Señora del Juncal", a toujours protégé Luis Mariano.

❹ Rien ne vaut une paella !... Luis Mariano, sa maman Madame Gonzalèz, sa soeur Maria-Luisa, au premier plan, Patchi.

❺ En Andalousie, entre deux galas.

3

1

2

3

4

❶ **La foule se presse pour applaudir "le Chanteur de Mexico" au Châtelet.**

❷ **La sortie des artistes du Châtelet, rue Edouard-Colonne. La foule attend Luis Mariano.**

❸ **Luis Mariano à son bureau du Vésinet.**

❹ **Bourvil, Annie Cordy, Luis Mariano, Robert Dalban dans le film "Le Chanteur de Mexico".**

❺ **Ils ont fait rêver les amoureux du monde entier : Luis Mariano et Carmen Sevilla dans "Violettes impériales", "L'amour est un bouquet de violettes".**

❻ **Un succès mondial : "Violettes impériales".**

❼ **Un artiste studieux... mais souriant.**

❺

❻

❼

1

❶ 1951 : La générale du "Chanteur de Mexico", de gauche à droite : Félix Gandera, Raymond Vincy, Colette, la première femme de Francis Lopez, Luis Mariano, Francis Lopez, Lilo et Maurice Lehmann, directeur du Châtelet.

❷ Un tandem de légende : Luis Mariano et Francis Lopez.

❸ 1945 : Les rôles sont inversés : Mariano au piano, Francis Lopez à la guitare. "La Belle de Cadix" va naître.

❹ Luis Mariano et ses petits protégés de Saint-Fargeau. Il était le mécène de l'orphelinat.

❺ Réception par la Jurade de Saint-Emilion.

❻ Les fastes du Châtelet : le finale du Ier Acte du "Secret de Marco Polo".

❼ Luis Mariano, pharaon de la chanson française, devant le Sphinx et les pyramides de Gizeh.

2

3

4

5

6

7

❶

❷

❶ **Luis Mariano à l'intérieur de la somptueuse caravane du cirque "Pinder", offerte par M. Spiessert.**

❷ **Le chapiteau du cirque Pinder.**

❸ **Luis Mariano, "chevalier du cirque", et sa caravane personnelle.**

❹ **Mariano signe des autographes aux abords du cirque.**

❸

❹

❶ Dans les coulisses du Châtelet, pendant un entracte du "Prince de Madrid". De gauche à droite : Félix Paquet, Maurice Chevalier, Luis Mariano, Monsieur Marcel Lamy, directeur du Châtelet, Madame Lamy et Patchi.

❷ Rencontre au sommet : Luis Mariano, Annie Cordy, Maurice Chevalier et Rellys. Maurice était venu applaudir Mariano à la Gaité Lyrique pour "Visa pour l'Amour".

❸ Annie Cordy et Luis Mariano au cours d'une tournée en Afrique noire.

❹ Mariano montre à Maurice avec fierté sa décoration du mérite civil : Maurice Chevalier, Luis Mariano et Monsieur Minchin, Directeur de "Pathé-Marconi".

❺ Dédicace de Maurice Chevalier à Luis Mariano.

❻ Une soirée en mer à bord du paquebot "Giulo Cesare" en route pour l'Amérique du Sud. De gauche à droite : Luis Mariano , Madame Gonzalèz, sa maman, Maria-Luisa, sa sœur et Patchi qui rient comme des fous.

❶

❷

❸

4

5

Pour
Luis Mariano.
que le destin a
doué de tous les
dons qui font les
populaires.
Bravo.
Maurice
Chevalier
1952
Paris..

6

❶ Luis Mariano, dans la "Cancion del Amor mio", en uniforme d'officier aragonais.

❷ L'affiche de la "Cancion del Amor mio" au Théâtre de la Zarzuela de Madrid, Opéra National d'Espagne. L'opérette sera jouée pendant 8 mois.

❸ Luis Mariano à Madrid.

❹ "Salade de fruits, jolie, jolie, jolie..." : Georges Jouvin sans sa trompette d'or, Franck Pourcel sans son orchestre, Bourvil, Luis Mariano et de dos, Mathé Altéry.

❸

❹

1

2

3

❶ **Tournage de "Sérénade au Texas".**

❷ **"Eh bien, Daniel, le voilà notre 33 tours !"**

❸ **Luis Mariano et Daniel Ringold à Royan.**

❹ **La photo du bonheur:àRoyan, de gauche à droite : M. Michel Reingold, Daniel Reingold, Mme Suzanne Reingold (les parents de Daniel), Luis Mariano et Patchi.**

❺ **Luis Mariano et les « *evzones* » de l'armée grecque à Athènes.**

❻ **Luis Mariano à Athènes (la légende est de sa propre main).**

❼ **Luis Mariano, à Royan, a adoré le caviar de la Gironde.**

❺

❻

Le Partenon
Athènes - Juin 1958

❹

❼

❶ Luis Mariano est un “Goya” souriant et heureux dans le “Prince de Madrid”.

❷ Luis Mariano est le “Tzarévitch” de Franz Lehár.

❸ Le Tzarévitch et ses dobermans.

❹ Le dictateur sud-américain insolite et moustachu de “Candide”.

❺ Luis Mariano incarne le chanteur Pedro Garat dans le film “Napoléon” de Sacha Guitry.

3

4

5

❶

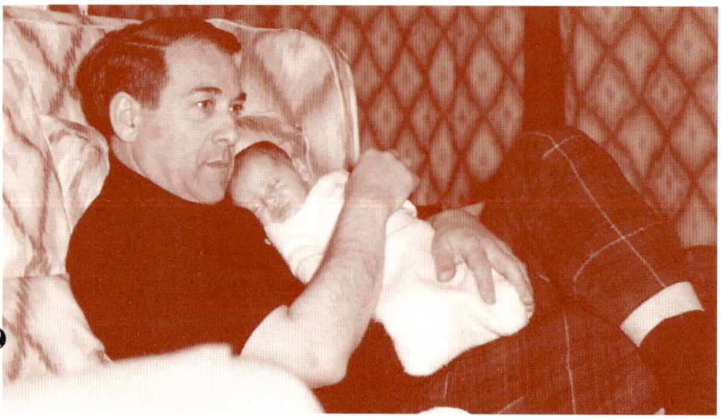

❷

❸

❶ Monsieur Luis Mariano Gonzalèz : toute la bonté, la générosité et la joie de vivre d'un homme à l'apogée de sa vie.

❷ Mariano adorait les enfants : c'est un parrain comblé avec dans ses bras son filleul Marianin Lacan.

❸ Mariano dans sa loge au Canada (Montréal).

❹ Avec Pierre Laframboise, au micro de la station CKAC à Montréal.

❺ Luis Mariano assiste au défilé du 11 Novembre, rue Sherbrooke, à Montréal.

❻ Lettre du Général de Gaulle.

❼ Luis Mariano et l'imprésario Henri Koudriajvteff à Montréal.

Monsieur Luis MARIANO
86, boulevard Carnot
78 - LE VESINET

4

5

6

LE GÉNÉRAL DE GAULLE

Paris, le 3 Juillet 1968

Cher Monsieur,

Je vous remercie de votre aimable message du 1er Juillet.

Je suis d'autant plus sensible au témoignage qu'il m'apporte que bien souvent j'admire votre talent.

Veuillez croire, cher Monsieur, à mes sentiments les plus distingués et les meilleurs.

7

1

2

4

3

❶ Luis en musicien indien avec un lama du Nord de l'Argentine.

❷ Luis Mariano et Patchi en Uruguay.

❸ Chez les Iroquois, Luis Mariano sort d'un "wigwam".

❹ Luis Mariano et un totem iroquois.

❺ Luis Mariano mime une danse de guerre des Iroquois dans une réserve indienne près de Montréal.

❻ Luis Mariano, en chef indien, fume le calumet de la paix, tout en tenant la hache de guerre.

❶ Luis Mariano et son fidèle berger allemand.

❷ Dédicace de Tino Rossi.

❸ La famille Gonzalèz au grand complet : de gauche à droite : Patchi, Maria-Luisa, Madame Gonzalèz, Luis Mariano, Monsieur Gonzalèz et le cousin Eduardo Cortijo.

❶ 2

❸

Vingt-cinq ans après...

Il est des bonheurs trop grands, des joies trop intenses et des peines trop profondes pour les livrer au grand jour avant un certain temps. Ils mûrissent au fond du cœur, de notre mémoire ou de notre subconscient, se décantent et rejaillissent au grand jour. Il est alors temps de s'en délivrer en les racontant, les années nous ayant apporté le recul de l'impartialité, en nous délivrant d'une grande part de subjectivité.

Voilà la raison pour laquelle j'ai toujours refusé, pendant vingt-cinq ans, d'écrire quoi que ce fût sur mon ami Luis Mariano Gonzalèz. J'insiste sur son nom de famille, car quelquefois – et notamment dans une radio libre qui malheureusement n'existe plus – j'ai raconté la fabuleuse carrière de l'artiste Luis Mariano, et j'avais pu faire découvrir aux auditeurs des chansons pratiquement inconnues, parce que les grands médias faisaient réentendre toujours les mêmes. Non qu'elles fussent meilleures que les autres, mais c'est tellement plus facile.

C'est pour rétablir qui était vraiment Luis Mariano que j'ai cédé aux instances de mon ami Philippe Guiboust et que j'ai accepté d'écrire ce livre. M. Guiboust est un jeune et brillant attaché de presse, que j'avais présenté à Francis Lopez, et que le grand compositeur avait engagé pour promouvoir ses spectacles. C'est au contact de Francis et au mien, qu'il a découvert et apprécié la voix et la personnalité du grand ténor basque. Philippe ne connaît Luis Mariano que par ses disques, ses films et quelques apparitions télévisuelles qui ont été rediffusées. Comme il savait que j'avais vécu une dizaine d'années dans le sillage de l'éblouissante star, il me questionnait souvent sur la personnalité de l'homme hors du commun que cachait l'artiste. Et Philippe est devenu un « marianiste fervent ». Adaptant cette passion à son métier, il a eu l'idée fabuleuse de faire du vingt-cinquième anniversaire de la disparition de Mariano un événement médiatique majeur. Et pour lui, cette fois-ci, j'ai accepté d'ouvrir le livre aux souvenirs.

François « Patchi » Lacan, le fidèle bras droit du grand ténor, qui maintient si bien avec son épouse Françoise le culte du souvenir de Luis Mariano, m'a fortement conseillé d'écrire la biographie de cet artiste qui a marqué la chanson française de sa touche lumineuse. Patchi m'a raconté des détails que j'ignorais et ouvert le trésor des documents qu'il détient. Je veux l'en remercier ici de tout mon cœur.

On n'a trop souvent vu en Luis Mariano qu'une superstar de l'opérette. On a un peu oublié qu'il fut, avant tout, une immense vedette de la chanson. Il était déjà une grande tête d'affiche quand il créa sa première opérette *La Belle de Cadix* en 1945. Il fut également une très grande star de cinéma, au sens hollywoodien du terme bien qu'il ne tournât jamais à Hollywood. Mais il eut l'éclat, la gloire et le renom qu'eurent les vedettes des États-Unis. Chacun de ses films battit des records de recettes, et se trouva en tête du box-office.

Tout cela n'empêcha pas Luis Mariano de rester un homme simple, d'une bonne humeur et d'une gaieté à toute épreuve, un homme généreux, bon, ouvert à tout, et faisant le bien avec une discrétion exemplaire. Il adora sa famille, aima ses amis, fut un écologiste avant l'heure, un grand amateur d'art. Il fut aussi un peintre, un décorateur et un architecte de talent, et un homme d'une culture étendue et remarquable.

C'est cet homme, que j'ai eu la chance d'avoir pour ami, que j'essaye bien modestement de faire revivre dans ce livre.

D. R.
Paris, février 1995.

Un certain 14 juillet...

Il ne faisait pas très beau sur Paris en ce 14 juillet 1970. Depuis plusieurs années, c'était presque une habitude. La fête nationale se déroulait rarement sous le soleil.

Le ciel était bas, gris, et la luminosité terne et triste. La veille, les bals de banlieue et les retraites aux flambeaux avaient été copieusement arrosés. Le matin du 14, la revue militaire des Champs-Élysées s'était déroulée entre deux averses, et les drapeaux tricolores pendaient, pauvres oripeaux trempés. Il ne faisait même pas chaud, et les rafales de vent étaient parfois violentes. Cependant tous les habitants de la capitale gardaient encore l'espoir que le temps se lèverait en fin de journée, et qu'ainsi ils pourraient assister aux feux d'artifice du Trocadéro, du Sacré-Cœur ou de Notre-Dame de Paris. Ensuite, il y aurait de nombreux bals populaires en plein air, sur les places et aux coins des rues de chaque quartier. Chacun se préparait à aller danser. Il y aurait encore beaucoup de rock et de valse musette sous le ciel de Paris.

Pourtant, malgré ce temps maussade, le jour était férié,

et l'atmosphère se voulait à l'optimisme. Partout, ou du moins, presque...

Le boulevard de l'Hôpital, si animé les autres jours, était pratiquement désert. Cette artère, qui relie le pont d'Austerlitz à la place d'Italie, tient son nom du vieil hôpital de la Salpêtrière. Il s'élève juste à côté de la gare qui accueille à Paris les voyageurs arrivant du Sud-Ouest, du Pays basque et de l'Espagne, avec pour tout bagage une petite valise et des tonnes de rêves. Pour beaucoup d'entre eux, les grilles de la gare d'Austerlitz s'ouvrent sur l'espoir, la découverte d'une des plus belles villes du monde, et l'aventure.

Sur le même trottoir, à quelques centaines de mètres sur la gauche, le grand portail de la Salpêtrière donne accès à des bâtiments sévères, où se déroule l'âpre combat de la vie contre la mort. Dans une petite chambre du service du Pr Lenègre, un homme agonise, dans un espace stérilisé protégé par une vitre. Il est inconscient, plongé depuis près de dix jours dans un coma profond. Son visage, émacié et blafard, est pratiquement masqué par l'enchevêtrement des tuyaux des perfusions. À son chevet, un homme, à bout de fatigue et d'angoisse, le veille sans arrêt, nuit et jour. Cet homme est le meilleur ami du mourant, son secrétaire, son homme de confiance, son compagnon de route depuis près de trente ans. Celui qui est en train de quitter ce monde l'a toujours considéré comme son frère, comme un autre lui-même.

Quelques intimes risquent parfois une timide apparition. Ils attendent des nouvelles dans le couloir, ou dans le petit salon du service.

Les visites du Pr Maurice sont fréquentes. Ce médecin remplace le Pr Lenègre, qu'une série de conférences retient en Afrique du Nord. Dès qu'il entre dans la chambre, le regard de l'homme qui veille se dirige vers lui, en une muette interrogation.

Le professeur procède à un nouvel examen minutieux de l'agonisant. Quand il franchit la vitre de protection, il s'entend dire qu'on croit avoir décelé quelques signes, un mouvement des paupières, un rictus de la bouche, qui semblerait annoncer une prochaine sortie de cet interminable coma.

– Réflexes inconscients du système nerveux...

– Y a-t-il encore un espoir, docteur ?

– Un miracle peut toujours se produire. On dit que tant qu'il y a de la vie, il y a de l'espoir !... Mais s'il en sort, ce sera une sorte de zombi qui sera obligé de vivre dans une chaise roulante. La métastase a détruit les principaux centres du cerveau... Il ne faut pas souhaiter une telle chose ! Qui sait s'il ne vous en voudrait pas dans une rare période de lucidité ?

Le médecin sorti, l'homme revient au chevet du mourant. Il le contemple longuement à travers la paroi vitrée. De grosses larmes roulent sur ses joues mal rasées. Il fixe ce visage aimé, qui fut d'une insolente beauté. Les cheveux noirs, si abondants jadis, se sont raréfiés. Le sourire éclatant, qui fit rêver et se pâmer des millions de femmes, s'est évanoui à jamais, pour laisser place à un rictus déformant. Et les paupières closes cachent ce regard gris-vert, ce regard pétillant de vie, qui savait si bien charmer.

Ce mourant fut un des hommes les plus adulés de son époque, l'incarnation de la joie de vivre et de la bonne humeur, le Prince Charmant qui fit chavirer le monde entier. Cet homme fut une immense star, dont le nom brillait comme un météore. Sa voix de ténor était un diamant d'une pureté rarissime, et sa quinte aiguë inégalable.

La boucle était bouclée.

Celui qui allait partir était arrivé à Paris pratiquement au même endroit, quelque vingt-huit ans auparavant. Le destin réserve parfois des coïncidences bizarres.

Cet homme s'appelait Luis Mariano.

I

Automne 42.

Un soleil pâle éclaire le ciel d'un Paris meurtri, écrasé, blessé, écartelé. Un Paris qui retentit du bruit sourd des bottes des occupants « vert-de-gris ». Une circulation automobile pratiquement nulle, à part quelques voitures munies d'une horrible sorte de citerne qu'on a affublée du nom de gazogène. En effet, la combustion des gaz du charbon de bois remplace celle de l'essence pour alimenter les moteurs. Le précieux combustible est réservé à l'armée nazie, et à certains Français qui ont adhéré à l'idéal hitlérien, et c'est pour cette raison, que beaucoup de vélos roulent, dont certains traînent derrière eux une petite remorque, qui ressemble un peu à celle des side-cars de motos. Ce sont les « vélos-taxis », qui ont remplacé les pittoresques G7 d'avant-guerre. Ici, les jambes du conducteur tiennent lieu de moteur pour se déplacer dans Paris.

De nombreuses pancartes rédigées en lettres gothiques allemandes et dans la langue de Goethe indiquent aux troupes d'occupation les principales directions et le mot qui revient le plus souvent est celui de Kommandantur. La capitale est sillonnée de patrouilles de Feldgendarmen, armées de lourds revolvers. Ils sont casqués, et sur leur poitrine, pendent de lourdes plaques métalliques indiquant leur appartenance à la Feldgendarmerie. Beaucoup de S.S. aussi. De sinistres tractions avant noires roulent dans les rues, transportant les membres de la terrible Gestapo. Partout, sur tous les monuments qui s'élèvent à la gloire de la France et de sa capitale, flottent les lugubres étendards hitlériens ornés de la croix gammée.

Pourtant, la vie continue. Mais les Parisiens ont peur. Sur les murs, des affiches sont apposées, annonçant l'emprisonnement d'otages, ou, pis encore, leurs exécutions en représailles d'actes commis par ceux qui n'acceptent pas et ne renoncent pas. D'autres placards proclament les bienfaits de la collaboration avec l'Allemagne ou la haine des Juifs. De temps en temps, pourtant, on peut voir l'annonce de la prochaine sortie d'un film ou d'un spectacle de théâtre ou de music-hall. La vie artistique et intellectuelle, ce précieux apanage de la capitale française, ce rayonnement qui a fait de Paris une des villes-phares du monde, renaît très vite de ses cendres comme un phénix antique. Peut-être même connut-elle dans ces années noires une vigueur encore plus intense. Ce fut comme un sursaut qui montrait que l'intelligentsia française, dans sa grande majorité, n'acceptait pas d'être étouffée et clamait le plus fort qu'elle le pouvait son droit à la vie. C'est, en effet, de cette époque, que datent quelques-uns des plus grands films du cinéma français.

Souvent, pour proclamer leur puissance sur la nation vaincue, il y a de gigantesques parades militaires nazies, avec le martèlement cadencé des bottes noires sur les pavés des Champs-Élysées, et l'éclat des fanfares hitlériennes au rythme lourd. Rares sont les badauds. La plupart des gens ne veulent pas y prêter attention, et leur indifférence nargue les soi-disant vainqueurs.

À vingt-trois heures, c'est le couvre-feu. Tout le monde doit être rentré chez soi, et les lumières éteintes, à cause des bombardements alliés. La « ville lumière » est devenue une cité noire. On craint également les actes de sabotage des résistants, et pour circuler la nuit, il faut un laisser-passer, un « Aúsweiß », très difficile à obtenir des autorités occupantes. Vingt-trois heures, c'est également l'heure du dernier métro, et les Parisiens peuvent y côtoyer facilement des élégantes en robes du soir et des messieurs en habit, ainsi que leurs vedettes préférées comme Arletty, Mona Goya ou Edwige Feuillère, qui sortent du théâtre pour rentrer chez elles.

Voilà la capitale que Mariano Gonzalèz découvre en arrivant à Paris, avec le fol espoir de conquérir la grande ville. Il ne reconnaît pas la cité étincelante, joyeuse, frivole et folle qu'il avait découverte en 1937, lorsque la chorale basque « Erresoïnka » – dont il faisait partie –, était venue à Paris. C'était, en effet, de là que devait démarrer la grande tournée de ces jeunes chanteurs et chanteuses dans les principaux pays d'Europe, à l'exclusion cependant, de l'Allemagne hitlérienne et de l'Italie mussolinienne, ces deux pays constituant ce que l'on appelait alors les puissances de l'Axe.

En ce temps-là, la grande Exposition internationale de 1937 étalait ses fastes sur les deux rives de la Seine, du pont de la Concorde au Champ-de-Mars. Elle englobait aussi la colline de Chaillot, où l'architecture moderne du nouveau Palais remplaçait avantageusement le jeu de Meccano de l'ancien Trocadéro. Les merveilles mécaniques et artistiques qu'offrait l'Exposition à la grande foule qui s'y bousculait, éblouirent nos jeunes Basques. Ils n'habitaient pas Paris même, mais ils étaient logés dans une sorte de phalanstère à Saint-Germain-en-Laye. Certains soirs, lorsqu'ils avaient quartier libre, Mariano et quelques-uns de ses camarades en profitaient pour aller faire un tour dans la capitale, en joyeux célibataires. Là, ils pouvaient parfois se faire quelque argent de poche en chantant des airs folkloriques de leur pays dans des cafés et des cabarets.

Les temps ont bien changé avec la guerre et la défaite de 1940. Le jeune Gonzalèz a, malgré lui, le cœur serré, lorsqu'il rejoint le petit deux-pièces de la rue Fontaine, à Montmartre, que lui a prêté un ami. Autre clin d'œil du destin : sur l'autre trottoir de la rue, face à l'immeuble où Mariano va passer quelques semaines, s'élève le cabaret espagnol El Garrón. L'apprenti vedette sait-il que c'est là que Paris a accueilli, quelque dix ans plus tôt, la grande vedette argentine Carlos Gardel, le roi du tango ?

Or, Mariano professera toute sa vie une grande admiration pour Gardel. Ces deux artistes eurent plusieurs points communs. Outre une certaine ressemblance physique, surtout dans le sourire, Luis Mariano et Carlos Gardel devaient connaître tous les deux l'adoration des foules du monde entier, la gloire que procurent la scène, le disque et l'écran. Ils étaient tous les deux de langue espagnole, et ils furent des novateurs chacun dans leur domaine. Carlos Gardel inventa le tango chanté, et Luis Mariano allait donner à l'opérette une dimension, un éclat et un rayonnement que ce genre n'avait jamais connus. Enfin, tous deux virent leurs destins brisés à l'apogée de leur carrière et de leur vie.

Le soir tombait. Quand Mariano eut installé les quelques affaires personnelles qu'il avait apportées avec lui de Bordeaux, il s'assit dans un fauteuil, et ferma les yeux.

Il était à la croisée des chemins. Avec son arrivée dans la capitale, sa vie allait prendre un autre cours. Quel serait-il ? Certes, son rêve était de chanter l'opéra, et d'entrer soit à l'Opéra-Comique, soit au Palais Garnier. Mais son esprit perfectionniste lui disait qu'il fallait encore travailler sa voix. Mais avec qui ? Il ne connaissait pour ainsi dire personne dans le milieu lyrique parisien. Ce qui était certain, c'est qu'il avait remporté un premier prix au Conservatoire de Bordeaux, où Mme Marthe Nespoulous et M. Guerti avait été ses professeurs. Il avait même enregistré des disques souples dans la cité girondine, sur lesquels il interprétait fort bien des grands airs du répertoire comme « La Plume au vent » ou « La Ballade du Duc de Mantoue », extraits du *Rigoletto* de Verdi, ou « La Romance de Nadir », extraite des *Pêcheurs de perles* de Bizet. Et tous ceux qui avaient écouté ces enregistrements avaient trouvé l'interprète plus que convaincant. Mais il savait qu'il pouvait encore faire mieux, et ce qu'il voulait, c'était être un des meilleurs. C'est également dans ce but qu'il voulait gommer son accent espagnol très prononcé à l'époque, et prendre des leçons de diction. Cela était dû au fait qu'à Bordeaux, il n'avait pas cessé de parler espagnol avec ses parents, sa sœur et ses cousins et cousines Garcia et Cortijo. Il allait falloir remédier à cela au plus vite. Pourtant, sur le plan langue française proprement dite, il n'avait pas de problèmes, car il avait fréquenté une école française au Bouscat, une banlieue de Bordeaux. Et dans ses années de jeunesse au Pays basque, ses parents l'avaient envoyé étudier chez les Pères français des écoles chrétiennes Saint-Jean-Baptiste-de-la-Salle, à Saint-Sébastien. Ces religieux avaient fui la France et la loi anti-ecclésiastique du « petit père » Combes aux alentours de 1890 pour trouver la paix en Espagne au Pays basque.

Le Pays basque! Mariano l'avait tout entier dans son cœur. Il était fier d'être basque, d'appartenir à ce peuple étrange, rude et fort, dont les origines mystérieuses se perdaient dans l'infini de la nuit des temps. Le Pays basque! Avec son soleil, son ciel changeant, son océan sauvage et parfois si calme, ses montagnes recouvertes de verdure, qui viennent plonger si abruptement dans les vagues, ses petites maisons blanches et ses vieilles églises, et, partout, les frontons peints à la chaux ou couleur ocre, où l'on joue chaque dimanche à la pelote, avant d'aller danser le soir le fandango avec les jolies filles aux yeux de braise. Le Pays basque, où chaque garçon se sent un peu l'âme d'un contrebandier, mais se veut basque avant toute chose, basque, c'est-à-dire ni français ni espagnol ! Le Pays basque, où la vie se passe en travaillant certes, mais aussi en chantant et en dansant ! Le Pays basque, où la vie a le goût et la couleur du bonheur !

C'était là qu'il avait eu la chance de naître dans la nuit du 12 au 13 août 1914, entre minuit et deux heures du matin, au 3 de la rue de la Douane (*Calle de la Aduana*), à Irún, petite ville de la province de Guipúzcoa, pratiquement à la frontière franco-espagnole. L'événement éclipsa, pour la famille Gonzalèz, le coup de feu de Sarajevo et la déclaration du conflit le 2 août, conflit qui allait faire un brasier de la moitié de l'Europe.

La jeune maman, la señora Gregoria Gonzalèz, née Garcia, avait désiré que ses enfants naquissent au même endroit qu'elle, dans cette maison d'Irún, où la grand-mère de Mariano était sage-femme. Son père, le señor Mariano Gonzalèz, un brave homme, mécanicien automobile de profession, avait naturellement accédé au désir de son épouse. Il semblait, en effet, plus évident que Mme Gonzalèz se sentît plus en sécurité entre les mains de sa mère que dans une quelconque maternité de Bordeaux.

Car, à cette époque, les Gonzalèz avaient émigré dans la métropole aquitaine, où l'on trouvait plus de travail qu'en Espagne, et où les salaires étaient plus élevés. Déjà, le 3 octobre de l'année précédente, une petite fille était venue éclairer par sa naissance le ménage de Gregoria et de son mari. Les jeunes parents l'avaient baptisée Maria-Luisa, ces deux prénoms étant traditionnellement donnés aux enfants de la famille.

Quand Mme Gonzalèz sentit que l'arrivée du prochain nouveau-né était imminente, la famille s'empressa de gagner Irún et la *Calle de la Aduana*. Il était temps, car l'enfant vint très vite au monde. Mariano et Gregoria étaient fous de bonheur d'avoir un fils, et le bébé reçut à son tour les prénoms traditionnels familiaux : Luis, Mariano, auquel on eut l'idée curieuse d'ajouter celui d'Eusebio. Mais, heureusement, ce dernier ne fut jamais utilisé, et Mariano, avec son diminutif « Marianín » fut le prénom usuel du petit garçon. Bien que le grand-père maternel, le strict et ponctuel adjudant des Douanes Garcia, fût présent lors de la naissance de son petit-fils, Mme Gonzalèz insista auprès de son mari pour qu'il déclare le bébé né le 12 août, et non le 13! Car Gregoria était très superstitieuse, et elle pensait que le 13 était un nombre porte-malheur. Or, pour son mari, comme plus tard pour son fils, les désirs de Mme Gonzalèz étaient des ordres!

L'enfant fut baptisé le troisième jour de sa naissance, et placé sous la protection de Nuestra señora del Juncal (Notre-Dame des Joncs), patronne de la petite ville d'Irún. Le bébé Marianín prouva très vite qu'il avait déjà de la voix, et même une voix puissante. Son grand-père maternel, le douanier, le surnomma « el borriquito », le petit âne, car il trouvait que les vagissements du nouveau-né rappelaient les braiments de cet animal.

Il est évident que Mariano ne garda aucun souvenir réel de cette prime enfance. Tout ce qu'il en savait, c'était sa maman qui le lui avait raconté. Il ne gardait aussi pratiquement aucune réminiscence de son premier séjour en France, à Bordeaux. Pourtant, il savait que ses parents avaient repassé la frontière dès 1916. Avec la guerre franco-allemande, les affaires automobiles marchaient alors très mal au Pays basque espagnol. Le señor Gonzalèz, qui avait obtenu la représentation d'une grande marque française – Citroën –, dut se décider à s'expatrier une nouvelle fois, afin de mieux subvenir aux besoins de sa famille. En effet, depuis le début des hostilités, Citroën n'exportait plus de véhicules et se consacrait à l'industrie de combat.

Ainsi, Mariano Gonzalèz et les siens se retrouvèrent une nouvelle fois à Bordeaux, où déjà la famille Cortijo s'était installée. Le señor Cortijo était le beau-frère de Mariano, puisqu'il avait épousé la sœur de Gregoria. Les Gonzalèz trouvèrent un minuscule appartement situé 11 rue de Bruges, près du Parc bordelais. Le père trouva une place dans une manufacture d'armement, installée près de la gare Saint-Louis. La vie était difficile. Les parents et les enfants devaient se contenter d'une pièce unique et M. Gonzalèz se vit dans l'obligation d'assurer quinze heures de travail quotidien pour ramener un salaire convenable au foyer. Cette situation devait se prolonger pendant cinq ans, jusqu'en 1921.

Quand le petit Marianín eut trois ans, la très pieuse señora Gonzalèz le plaça dans une école maternelle au Bouscat, tenue par des religieuses. Les premiers souvenirs exacts de Mariano datent de cette époque. Il n'oubliera pas les jours où – sa maman étant occupée à faire de la couture ou des ménages –, son cousin Edouardo Cortijo le conduisait à l'école, en le tenant bien fermement par la main. Edouardo était son aîné de quatre ans ; pour le petit garçon, il était le « cousin grand ». Luis Mariano et Edouardo Cortijo resteront très liés toute leur vie. C'est Edouardo qui donna à Mariano la passion du dessin. Plus tard, M. Cortijo deviendra ingénieur en Espagne.

Le jeune Mariano, qui était très mignon, devint vite le chouchou de la petite colonie basco-espagnole de l'endroit. Le jeudi, lorsqu'il n'y avait pas d'école, ses cousins, ses cousines, sa sœur Maria-Luisa, et leurs amis, s'amusaient à l'habiller en fille. Mais il fallait faire bien attention à ce que les parents et, en premier lieu, M. Gonzalèz, ignorent ce genre de jeu. Comme cela arrive souvent entre une sœur et un frère, Maria-Luisa était beaucoup plus turbulente et hardie que Mariano. Le petit garçon adorait la suivre et l'imiter, comme en ce jour où, voulant descendre lui aussi une rampe d'escalier à califourchon, il se retrouva avec un poignet cassé.

Le fait de vivre à Bordeaux n'empêchait pas les Gonzalèz de sauter sur la première occasion venue pour retourner à Irún embrasser les parents et les amis. Et l'on s'en revenait, joyeux, vers la Gironde. Alors, en bons Basques que l'on était, on faisait un peu de contrebande... Oh, trois fois rien : des rubans, des fanfreluches, ou quelques bouteilles d'anisette !

On franchissait la Bidassoa par le pont frontière d'Hendaye. Mme Gonzalèz emmaillotait le petit Mariano dans des flots de dentelles et de rubans, ce qui faisait que le petit garçon ressemblait parfois à une bonbonne. On passait, bien fiers et bien droits, devant le poste de douane, en déclarant avec indifférence que l'on n'avait rien à déclarer. Souvent, on revenait par un autre chemin, par le poste frontalier de Béhobie pour éviter de rencontrer deux fois de suite le même fonctionnaire. Mariano, bien qu'il fût très jeune, comprit le rôle – bien innocent, il est vrai ! –, que sa maman lui faisait jouer. Aussi exigea-t-il bientôt force bonbons et chocolats pour se taire. Mais l'on n'aurait pas été des Basques authentiques si l'on n'avait pas agi de cette façon.

En 1921, Mariano a sept ans, l'âge de raison pour les petits garçons, à ce que l'on prétend. Et sa vie va changer de décor une nouvelle fois. Ses parents décident de quitter les rives de la Garonne et la rue de Bruges pour retourner vivre dans leur ville d'origine, Irún. M. Gonzalèz et sa famille s'installent au 86 Paseo de Colùn (avenue de Colomb). Le père retrouve son garage. Il reprend la concession des automobiles Citroën, et possède même deux taxis ! Le petit Marianín fait partie d'une chorale d'enfants, comme c'est la coutume pour les petits Basques. Il est également enfant de chœur à Nuestra señora del Juncal, et participe à des processions. Il se souviendra souvent du jour où sa mère l'avait déguisé en ange, et lui avait collé avec un mélange à base de sucre des boucles de crin dorés dans ses cheveux noirs. Les boucles étaient en outre ornées de roses en papier. Il était porté sur un palanquin cahotant, et était mort de peur. Plus tard, les rôles qu'on lui confia furent plus importants, allant de saints majeurs, comme saint Xavier, jusqu'à celui du pape. Il devait alors bénir la foule, habillé de blanc et agitant ses petites mains.

Deux ans auparavant – Mariano avait cinq ans –, lors de précédentes vacances à Irún, le petit garçon avait été engagé par des cinéastes madrilènes qui tournaient un petit film dans la région. Le film, hélas, n'a pas marqué dans les annales du cinéma espagnol ; mais cette première expérience (on y voyait Marianín à califourchon sur un âne) donna à l'enfant le goût du spectacle et il fut fasciné par l'ambiance du tournage, la caméra et la lumière des projecteurs. Dans le fond de son cœur de gamin, il décida qu'un jour, il serait acteur de cinéma. Acteur, car, en ce temps-là, il n'était pas question de chanter pour le futur Luis Mariano.

Quand la famille se fut réinstallée dans le bel appartement du Paseo de Colón, M. Gonzalèz décida qu'il était temps pour ses enfants, d'apprendre la musique. Comme il était de tradition dans les familles espagnoles, le petit garçon devait apprendre le violon, et la petite fille le piano. Mais il se trouva que Maria-Luisa, elle, préférait le violon, et Mariano le piano. Devant cette situation, M. Gonzalèz piqua une grosse colère, et il ne fut plus question de leçons de musique pour les deux « niños ».

Mariano fut d'abord placé à l'école d'Irún, mais, très vite, Mme Gonzalèz prit la décision d'envoyer son fils chez les Pères des écoles chrétiennes Saint-Jean-Baptiste-de-la-Salle à Saint-Sébastien. Mariano n'y fut pas un élève particulièrement brillant. La seule matière qui le passionne vraiment, et dans laquelle il excelle, c'est le dessin. Dès cette époque – et il conservera cette habitude toute sa vie –, il va crayonner tout ce qui lui tombe comme papier sous la main, ses livres, les marges de ses cahiers. Ses dessins sont déjà très précis, avec une touche personnelle qui pointe pour s'affirmer par la suite. Ses croquis représentent, pour la plupart, des visages de petites filles inspirées par ceux des madones des églises, des silhouettes aperçues sur la plage de la Concha de

Saint-Sébastien et des bateaux qu'il a vus dans le port de la grande ville basque.

À sept ans, Mariano Gonzalèz fit sa première communion dans l'église Nuestra señora del Junca d'Irún, tout comme son père et son grand-père – qui portaient le même prénom que lui –, l'avaient fait avant lui, au même endroit. À cette occasion, sa maman lui avait acheté un magnifique costume bleu marine, et, pour la première fois, il portait des souliers vernis, dont il était particulièrement fier. Depuis la veille, il était à jeun, comme il seyait à un jeune catéchumène. Lorsqu'il arriva à l'église, il observa les autres garçons, et sa fierté redoubla. Il était le seul à avoir des souliers vernis! Mais, tandis que l'office se déroulait, Mariano se sentit de moins en moins bien. Il pensa d'abord que cet état était normal, et que son corps semblait de moins en moins lui appartenir, parce que le Seigneur l'avait choisi comme élu. Puis, au moment de l'Élévation, le gamin s'évanouit. Grand branlebas et affolement dans l'assistance. Son père, très inquiet, le porta jusqu'à l'extérieur de l'édifice. Mme Gonzalèz, au comble de l'angoisse, lui dégrafa son col de chemise. Maria-Luisa était en larmes, et les cousines Garcia lui firent respirer des sels, que l'une d'entre elles était allée chercher en courant. Son visage était d'une pâleur de cire. Mais le garçonnet retrouva peu à peu ses esprits. Alors il désigna ses pieds qui semblaient gonflés et tordus. Son père lui ôta ses chaussures, et l'on découvrit avec stupeur des bourrelets de papier à l'intérieur des superbes vernis noirs. Mariano avait tout simplement oublié de les enlever dans la fièvre de la préparation à ce grand jour. Ces bourrelets avaient tellement comprimé les pieds de l'enfant, qu'ils avaient empêché le sang de circuler, et provoqué ainsi une syncope. Le petit garçon se rétablit très vite, et il put recevoir l'hostie en même temps que ses camarades.

Quant à Maria-Luisa, bien qu'il ne fût plus question de leçons de musique pour les enfants Gonzalèz depuis la fameuse colère que leur père avait piquée pour le violon et le piano, elle était pourtant douée d'une très jolie voix de soprano. Un jour, elle déclara tout de go à sa mère qu'elle voulait devenir chanteuse lyrique. La señora Gonzalèz la regarda droit dans les yeux, et lui répondit froidement qu'il n'en était pas question. Dans une famille espagnole respectable, il n'était pas convenable pour une jeune fille de monter sur scène et d'exercer la profession d'artiste. Artiste était synonyme de fille perdue et dépravée. Maria-Luisa dut s'incliner devant la décision maternelle, et renoncer à ses ambitions de diva. Pourtant, plus tard, quand son frère sera devenu le grand Luis Mariano, elle chantera à ses côtés, et doublera même Carmen Sévilla pour le chant dans le film *Andalousie*.

Au collège des Pères de Saint-Sébastien, Mariano avait une autre matière de prédilection que le dessin : c'était le sport et la gymnastique. Il adorait faire de longues excursions en montagne avec d'autres garçons de son âge, et se livrait à la pratique de l'escalade. Il deviendra même champion junior scolaire de saut et de course à pied. Et cela se révélera fort utile quand, devenu une immense vedette, il sera obligé de fuir la meute de ses admiratrices déchaînées. Mais, dans ce domaine du sport, Mariano avait une faille : la natation. Jusqu'à l'âge de onze ans, il n'a pas su nager. En 1925, pour ses treize ans, sa mère lui acheta un beau maillot de bain noir, à la mode de l'époque, pour aller sur les plages de Saint-Sébastien. Mais, en ce temps-là, Mariano était si maigre, et le maillot si grand, qu'il raconte lui-même qu'il ressemblait « à une souris mousquetaire des aventures de Félix le Chat » ! Pour réduire la taille du maillot, il eut l'idée de faire des nœuds aux extrémités de son vêtement, ce qui provoquait l'hilarité de ses cousins et de ses autres camarades.

Il allait souvent observer le maître-nageur de la plage de la Ondaretta, dominée par le Palais-Royal de Saint-

Sébastien. Les leçons de brasse se donnaient sur le sable et sur les pliants et, vu de loin, cela semblait à Mariano d'une facilité déconcertante. Aussi décida-t-il un jour d'apprendre à nager tout seul ! Dans ce but, il se confectionna une ceinture composée de vieux bidons à essence Castrol dérobés dans le garage paternel. Ces bidons devaient tenir office de flotteurs. La première fois que Mariano se jeta à l'eau, la ceinture aux bidons remplit admirablement son office : il flottait, et même il progressait vers le large. Il ne manqua pas de raconter avec une certaine vantardise son exploit à ses copains, et les convia même pour le lendemain à venir l'admirer au bout de la promenade de la Miraconda. Mais ce fut un échec cuisant ! Peut-être un de ses copains avait-il voulu lui faire une farce, et trafiqué l'un des bidons. Soudain, voilà que l'eau pénètre dans un des Castrol et entraîne l'apprenti nageur vers le fond. Effrayés de ne pas le voir réapparaître à la surface, les autres gamins se mirent à crier au secours. Le maître-nageur se précipita, plongea dans les vagues, et ramena un Mariano tout penaud et fort vexé. Les admirateurs éclatèrent de rire et Mariano disparut en courant. L'eau de mer s'écoulait des bidons tout au long de sa course, et le garçon devait retenir son maillot, plus large que jamais, car la mer avait défait les jolis nœuds qu'il avait l'habitude de nouer pour empêcher le caleçon de bâiller.

Mariano n'était pas d'un tempérament à s'avouer vaincu et finalement il apprit à nager tout seul, au début de la saison suivante, sur la plage de la Concha. Toute sa vie, il gardera la passion de la mer, de la natation (il deviendra un excellent nageur) et des bateaux. Dès qu'il le pourra – en fait, peu de temps après la création de *La Belle de Cadix* –, il va commencer une superbe collection de maquettes de navires anciens, à laquelle il tenait beaucoup.

Lorsqu'il eut quatorze et quinze ans, la bande de Mariano – que ses copains avaient surnommé « El Francès » à cause de ses séjours en France – connut une nouvelle passion : la construction de petits canoës. En fait, ces embarcations ressemblaient plutôt à des pirogues primitives. Elles étaient recouvertes de toile goudronnée, pour leur assurer une bonne étanchéité. Mariano s'amusait à dire qu'elles évoquaient « des phoques momifiés ». Mais elles tenaient fort bien la mer, même s'il leur arrivait parfois de perdre leur centre de gravité, ce qui amusait fort et excitait au plus haut point les jeunes gens pendant leurs navigations en baie de Saint-Sébastien.

L'automne arrivé, la bande se retrouvait dans un lieu dénommé « Néré Ametza », ce qui signifie en basque « Notre rêve ». Les garçons avaient baptisé de ce joli nom un vieux hangar à bateaux, aux odeurs nauséabondes de goudron et de vieux poisson séché, que le père de l'un d'entre eux leur avait offert. Mariano et son cousin Edouardo avaient décoré ce repaire de jolies frasques, et c'était là que tout le monde se réunissait chaque jour, un peu comme les scouts dans leur local. Chacun apportait des objets de chez lui, des casseroles, des couverts, des plats, des assiettes, et des provisions que l'on prenait souvent sans permission dans le garde-manger familial. Et les jours où l'on n'allait pas au collège, on se cuisinait des plats typiquement basques, que l'on dégustait avec ravissement, même s'ils étaient parfois un peu ratés !

Ces réunions entre garçons sont une tradition chez les Basques d'Espagne. Elles regroupent les hommes d'un même quartier, ou d'une même profession, ou d'un même village, dans le style des confréries ou des corporations médiévales, et les femmes n'y sont jamais admises. Ces associations renforcent la camaraderie et la solidarité, mais leur principale activité reste le goût de la bonne chère du pays. Pour en faire partie, il faut simplement être loyal, honnête, franc et faire preuve d'une bonne humeur à toute épreuve. Ce qui était le cas de Mariano Gonzalèz. Toute sa vie, sa bonne humeur et sa gaieté seront un véritable rayon de soleil pour son entourage, et son rire éclatant sera contagieux. Il l'était déjà dans les années du « Néré Ametza ». Plus tard, Luis Mariano éprouvera souvent des pensées nostalgiques en évoquant ce temps-là.

Ensuite, son père le parraina lui-même pour entrer dans une autre société, la « Gatzelupe » (au pied du château). Puis, avec son cousin Edouardo, il devint membre de la plus célèbre association de son pays l'« Irún'go Atsegina ». Là, le jeune homme prit conscience de plusieurs valeurs humaines qui le guideront toute sa vie : la joie qui s'élève de ces chants collectifs qui unissent les voix et les cœurs, le plaisir de rendre service à autrui (Luis Mariano était le plus serviable des hommes), et le respect de la parole donnée. Parole de Basque vaut plus qu'une signature!

Depuis le tournage que les cinéastes espagnols avaient effectué à Irún, bien des années auparavant, le désir de jouer la comédie devant les caméras n'avait pas quitté le jeune Mariano. Ayant entendu dire que les acteurs de cinéma devaient rester de longues heures sous le feu des projecteurs, en fixant les lampes à arc, il avait décidé dès maintenant de s'initier à ce difficile exercice. Il s'introduisit un soir en fraude dans le garage de son père, alluma les lumières de toutes les voitures en pleins phares, et mit à les fixer, au risque de s'abîmer les yeux. L'entraînement ne dura, hélas, que trois soirs! M. Gonzalèz s'aperçut que de la lumière filtrait de son garage. Il s'y rendit et trouva son rejeton en train de mimer une scène quelconque, tout en ne quittant pas du regard les phares braqués sur lui. Le résultat ne se fit pas attendre : M. Gonzalèz coupa toutes les lumières, et flanqua à son fils une belle paire de gifles, avant de l'envoyer se coucher. Il ne fut, dès lors, plus question de « garage-studio » pour le petit Marianín.

Par la suite, aux jours du « Néré Ametza », le virus de l'art dramatique reprit le garçon de plus belle. Il prenait plaisir à se déguiser, décrochait les grands rideaux du salon familial, et s'y drapait comme dans une toge antique. Alors, se souvenant des cours de littérature du collège, il improvisait des tragédies, où il était à la fois l'empereur romain et la victime.

Tout cela était fort beau, mais ne satisfaisait pas M. Gonzalèz père. Les résultats scolaires n'étaient guère brillants, et il en vint à se demander vers quel avenir il allait diriger son fils. La reprise du garage paternel était exclue. Mariano junior ne montrait aucun penchant pour la mécanique. Il détestait l'odeur de l'essence, et prétendait que ce liquide lui brûlait les mains. Il trouvait aussi que l'huile et les graisses abîmaient trop les vêtements, et le jeune Mariano était déjà fort coquet, faisant preuve d'un goût très sûr pour s'habiller. D'ailleurs, un jour, il deviendra l'homme le plus élégant d'Europe!

Il ne manifestait, non plus, aucune inclination pour le commerce. La comptabilité, les bilans, les balances, les chiffres, tout cela ne l'attirait guère, et, à vrai dire, les mathématiques le rebutaient. En fait, la seule chose qui passionnait l'adolescent, c'était le dessin et tout ce qui touchait à l'Art en général. Puisqu'il n'aimait que dessiner, son père le fit inscrire à l'école des Beaux-Arts de Sébastien. C'était à vingt minutes de train d'Irún. Il partait tôt le matin, déjeunait soit à l'école pendant la mauvaise saison, soit sur la plage quand les beaux jours étaient revenus. Il caressait alors le rêve de devenir architecte-décorateur. Mais il faut dire que ses cahiers de tracés d'épure, ou d'études de matériaux étaient plutôt recouverts de croquis de jolies filles sortant du bain, ou allongées sur le sable. Ses professeurs étaient, malgré tout, très contents de son travail, et lui prédirent même un avenir certain comme peintre-décorateur.

En 1930, quand il eut seize ans, Mariano tomba éperdument amoureux d'une jeune fille d'Irún. Premier amour flambant comme un grand feu de joie, avalanches de projets que l'on fait pour deux, vertige devant la découverte du sentiment que l'on éprouve et du trouble que l'on ressent quand on rencontre la première fille, et que l'on est persuadé qu'elle vous attendait.

Toutes ces pensées se bousculaient dans le cœur de Mariano, et il croyait dur comme fer que Maria-Pilar – car tel était le nom de la belle – était la femme de sa vie. Maria-Pilar avait le même âge que Mariano. En Espagne, on est précoce dans le domaine du cœur et, à cette époque, les jeunes gens devaient rester fiancés très longtemps. Elle était brune, petite, et fort gracieuse. Son sourire était éclatant, et elle avait de grands yeux noirs. Pour Mariano, elle ressemblait à la grande danseuse Imperio Argentina, une des idoles des années vingt dans la péninsule ibérique, et que Paris avait également eu la chance d'applaudir au Casino de Paris et au Palace. Pour une jeune fille, ressembler à la Argentina était un canon de beauté de premier ordre. Et les cahiers et les livres du jeune Gonzalèz furent bientôt couverts de portraits de sa dulcinée. Pour lui, elle devenait une madone qu'on ne devait révérer qu'à genoux. Loin d'elle, il ne rêvait que de la prendre dans ses bras, de l'enlacer et de la serrer très fort contre son cœur et de lui murmurer des déclarations d'amour brûlantes et passionnées. La nuit, tous les rêves du garçon étaient peuplés de Maria-Pilar. Il se voyait l'arrachant aux flammes, la sauvant de bandits qui la menaçaient, enfin bref, il devenait son chevalier servant et son héros. Le jour, quand parfois il la croisait, il ôtait maladroitement son béret basque pour la saluer, devenait rouge comme une pivoine quand il marmonnait en bégayant d'une voix blanche et timide : « Buenos dias, Maria-Pilar ! » Jamais le vers de Racine dans *Phèdre* n'avait été plus vrai : « Présente, je vous fuis ! Absente, je vous trouve ! »

Malgré tout, Mariano était persuadé que son avenir était tout tracé aux côtés de Maria-Pilar. Il devait devenir le

« novio » (le fiancé) de la jeune fille. Il pourrait ainsi l'accompagner partout, à l'église, au bal, au cinéma, au fronton, et sur la belle promenade du Paseo de Colón. Il aurait aussi la permission d'embrasser la « novia » sur la joue, et même de l'enlacer par la taille en public, devant leurs familles respectives. Ce temps des fiançailles pourrait durer quatre ou cinq ans. Mariano aurait alors terminé ses études, et serait devenu architecte-décorateur. La fin logique de l'histoire aurait été d'épouser Maria-Pilar, et d'emménager avec elle dans une jolie maison dessinée et décorée, bien sûr, par le jeune marié. Bientôt, de petits « niños » (des enfants) viendraient égayer leur foyer.

Tous ces plans paraissaient d'une simplicité enfantine, mais la réalité était tout autre. Le premier obstacle à franchir était pour Mariano, de vaincre sa timidité maladive et d'avouer à la belle qu'il était éperdument amoureux d'elle. Et puis, il fallait aussi savoir quels étaient les sentiments que Maria-Pilar éprouvait à l'égard de Mariano. Le jeune homme n'avait jamais douté un seul instant que son flamboyant amour ne pût être que partagé. Pour séduire sa bien-aimée, il devint champion de pelote basque d'Irún, puis le meilleur danseur du pays. Il dépensait tout son argent de poche en petits cadeaux : fleurs, peignes d'écaille, paquets de bonbons, éventails peints à la main. Pour subvenir à tout cela, il emprunta même de l'argent à Maria-Luisa, ce qui provoqua pas mal de bagarres entre le frère et la sœur. La belle Maria-Pilar acceptait tous les présents avec une sérénité olympienne, un sourire de Mona Lisa, et un timide « Muchas gracias ». Puis elle s'empressait de disparaître et ne laissait jamais à son prétendant le temps de se déclarer. Il faut dire aussi que Mariano n'osait toujours pas le faire. Il essayait bien de trouver un moyen original mais ne trouvait rien. Son imagination tournait court. Et puis soudain, un beau soir, la solution apparut, claire comme la lune par une nuit d'été. On serait bientôt le 30 juin, et ce jour-là, on célébrerait la Saint-Martial, la fête du saint patron de la ville d'Irún.

Il y aurait de brillantes « Alardes », ces parades mi-civiles mi-militaires, qui arrivent de chaque quartier de la ville pour se rejoindre sur la « plaza de l'Ayuntamiento » (place de l'Hôtel de Ville). Toute la jeunesse défile alors, et les jeunes Basques en pantalons blancs et bérets rouges, sont précédés de ravissantes cantinières qui jouent un peu le rôle des majorettes en France. Les hommes sont armés de vieux fusils qui tirent des rafales en l'air. Il faut tirer le plus de coups de feu possible. Ensuite, il y a des banquets, des bals, et de grands feux d'artifice. C'est vraiment la grande fête de la ville.

C'est naturellement un grand honneur pour une jeune fille que d'être élue cantinière de l'« Alarde » de son quartier. Il n'y avait pas de doute que Maria-Pilar fut la plus jolie fille, et qu'elle dut être élue. Mariano se transforma en véritable agent électoral, arrosant même au passage quelque réticence à l'élection. Et le jour venu, Maria-Pilar fut désignée à l'unanimité comme cantinière. Mariano comptait bien sur quelques amis, et sur son cousin Edouardo, pour que Maria-Pilar apprît que c'était à lui qu'elle devait son élection.

Le 30 juin, le temps était merveilleusement beau, le ciel d'un bleu céruléen, et jamais le soleil n'avait paru aussi radieux à Mariano, lorsqu'il sortit pour rejoindre son « Alarde ». Il portait le vieux fusil de chasse de son père. Ayant rejoint ses camarades, tout le monde se rendit sous les fenêtres de la belle cantinière. Et l'on tira des salves si fortes que l'on crut que toutes les vitres d'Irún allaient se briser. En réponse, Maria-Pilar apparut, rose et fière. Elle descendit rejoindre les garçons, dans un joli costume, dont la jupe plissée formait autour d'elle comme une auréole. Jamais ses jambes n'avaient paru aussi fines à Mariano, sa taille aussi cambrée, son regard et son sourire aussi provocants. Elle s'approcha de chaque garçon et versa, avec son petit tonneau, un peu d'anisette dans les verres qu'on lui tendait. Quand vint le tour de Mariano, le cœur du jeune homme battait à se rompre. Elle lui tendit son verre en lui disant gentiment : « À ta santé, Mariano ! » Il crut alors devenir fou de bonheur, et fut à deux doigts de se trouver mal. Il bredouilla quelques paroles vagues sur un ton lamentable, alors que, pendant la campagne électorale, il avait eu la langue bien pendue, et s'était montré un orateur convaincant pour vanter les mérites de la jeune fille. Pourtant, ça y est !... Il va lui parler, lui avouer son amour. Mais chaque fois qu'il est sur le point de le faire, des groupes de joyeux lurons arrivent pour entraîner avec eux la jolie cantinière.

Le soir tomba et le bal commença. La valse espagnole tourbillonnait sous les platanes. Mariano invita Maria-Pilar à danser. Elle accepta en souriant. Pour la première fois, l'adolescent tenait dans ses bras celle qu'il aimait. Il la pressait sur son cœur, et elle se mit à le remercier de tout ce qu'il avait fait pour elle. Edouardo lui avait tout raconté. C'était, pour Mariano, le moment propice à l'aveu :

« Ne me remercie pas, Maria-Pilar ! » fit-il dans un souffle. « Si j'ai fait tout ça, c'est parce que je... »

Mais la belle n'entendit pas le mot fatal, qui fut couvert par des salves d'applaudissements et des cris saluant l'arrivée de la fanfare des « Enfants d'Irún ». Ils venaient chercher Maria-Pilar pour faire un dernier tour d'honneur en ville. Et pour Mariano – el pobrecito – tout était à recommencer !

À la fin du banquet, Mariano s'enhardit et voulut brusquer les événements. Il décida d'aller chercher la cantinière chez ses parents, comme le voulait la tradition pour les amoureux basques. Et s'il y avait une chose dont il était certain, c'est qu'il parlerait à Maria-Pilar ! Arrivé devant la maison de la jeune fille, il aperçut une silhouette féminine qui l'attendait dans l'obscurité. Le cœur battant, il crut un instant que c'était la cantinière. Mais ce n'était que Maria-Carmen, sa meilleure amie et sa confidente, un peu plus âgée qu'elle.

Elle le salua, et lui demanda s'il venait voir Maria-Pilar. Il acquiesça d'une voix faible, pressentant soudain une mauvaise nouvelle. Alors, Maria-Carmen lui apprit la dure vérité : il devait renoncer à courtiser et à revoir Maria-Pilar. D'ailleurs, il lui était impossible de sortir avec Mariano ce soir.

« Non, ce n'est pas vrai ?... Que se passe-t-il, Maria-Carmen ? Je t'en supplie, dis-le-moi ! »

Et Maria-Carmen lui apprit la triste et dure réalité. Il avait été si gentil avec Maria-Pilar que la jeune fille n'avait pas eu le courage de lui avouer qu'elle était déjà fiancée. Mariano reçut la nouvelle comme un coup de poing en pleine figure. Il se refusait à croire Maria-Carmen, allant jusqu'à l'accuser d'agir ainsi par jalousie. Maria-Carmen lui apprit alors que les fiançailles officielles allaient être proclamées d'un jour à l'autre, dès que le « novio » de Maria-Pilar serait de retour de Saint-Sébastien. Ils s'étaient promis l'un à l'autre depuis longtemps, et les deux familles s'étaient mises d'accord.

Partout, dans Irún, c'était la fête, et le beau rêve de Mariano s'écroulait comme les girandoles qui tombent quand elles s'éteignent. Le garçon repartit dans la nuit, sans savoir où ses pas le dirigeaient malgré lui. Le vent du petit matin emportait les dernières guirlandes de la Saint-Martial et les espoirs du jeune homme qui se retrouva, sanglotant, au bord de la Bidassoa. Mariano avait seize ans, c'était son premier amour, et son chagrin fut tel qu'il crut qu'il ne s'en remettrait jamais et qu'il allait en mourir.

Ce fut pourtant la dernière Saint-Martial de paix à Irún. Des nuages s'amoncelaient sur l'Espagne qui allait bientôt connaître la tragédie de la guerre civile. Pour Mariano, son rêve brisé sonnait le glas d'une enfance et d'une jeunesse qui, malgré les allées et venues entre le Guipúzcoa et la France, avaient été heureuses. La chaleur du foyer de ses parents, l'inlassable tendresse de sa mère, qui comprenait si bien le tempérament de son fils, l'affection de Maria-Luisa, la solide amitié d'Edouardo Cortijo avaient aplani toutes les difficultés, tous les problèmes que la vie avait pu jeter sous ses pas d'enfant.

II

En 1931, le roi Alphonse XIII régnait encore, du moins en nom, sur l'Espagne. Après la démission de son premier ministre, le général Primo de Rivera qui, pendant sept ans, avait instauré une véritable dictature sur le pays, le roi appelle au pouvoir le général Bérenguer, vieux soldat, héros des guerres du Maroc. Mais, déjà, le mouvement républicain se réveille. Partout, des grèves, des attentats, des sabotages annoncent que la proclamation de la Seconde République espagnole est imminente. Ce sera chose faite le 14 avril, lorsque le roi aura abdiqué. Alcala Zamora est nommé président de la République, et les problèmes séparatistes se posent à nouveau.

Tandis que Madrid proclame la République le colonel Macia institue la République catalane à Barcelone. Mais des tractations ramènent la Catalogne aux dimensions d'une Généralité. Naturellement, la Navarre, l'Aragon, la Galice, et, bien sûr, le Pays basque veulent imiter les Catalans. L'unité de l'Espagne, déjà précaire sous les Bourbons, va-t-elle succomber avec la République ? D'autre part, le régime républicain laisse la part belle à la gauche socialiste, ce qui va entraîner, par contrecoup, une réaction de la droite, ardent défenseur de la foi et de l'Église catholiques, très populaire en Espagne. Dès 1933, José-Antonio de Rivera, fils de l'ancien Premier ministre d'Alphonse XIII, fonde la Phalange espagnole, qui va vite devenir une milice. José-Antonio s'inspire énormément de l'exemple fasciste italien de Mussolini, qui veut redonner à l'Italie le destin de l'« Imperium Romanum ». Rivera rêve, comme son père l'avait fait, de ressusciter l'Espagne du siècle d'Or. Il n'y a plus de modérés dans le pays : on est pour ou contre la République, avec une passion égale. Près de Murcie, la Guardia Civil a tiré sur la foule. Les églises deviennent des poudrières. Aucun compromis ne semble possible. Le pays se met à trembler sur ses bases mêmes. Dans les six premiers mois de 1936, 161 églises sont incendiées. On compte 269 morts, 1 287 blessés, 213 attentats, 113 grèves générales, 228 grèves partielles et 146 bombes. La moitié du pays écoute la propagande rouge du Komintern. Des intellectuels étrangers de premier ordre, comme l'Américain Ernest Hemingway ou le Français André Malraux se rendent outre-Pyrénées pour défendre la République espagnole menacée. Les passions s'exacerbent de plus en plus, et l'on sent que l'on est à la veille d'une guerre civile fratricide. Le 19 août 1936, le plus grand poète espagnol contemporain, l'Andalou Federico García Lorca est assassiné à Grenade par les Phalangistes.

Le même jour, un croiseur qui transporte des troupes, traverse le détroit de Gilbraltar, mouille en rade d'Algésiras et obtient la reddition du fort en le canonnant. Les troupes en question sont en majeure partie composées de Maures, et commandées par un général en garnison à Tétouan, le général Francisco Franco. La guerre civile est commencée.

Ces événements n'atteignent Mariano Gonzalèz que de très loin. La politique n'intéressait pas le jeune homme et ne l'intéressera jamais. Il ne percevait que l'écho des nouvelles que colportaient ses amis ou son père. Mais, bien vite, les conséquences de l'effondrement de l'Espagne de son enfance allaient bouleverser le cadre même de sa vie, et transformer de fond en comble son avenir et son destin.

Le point culminant de l'anarchie avait été atteint dès le 13 juillet par l'assassinat de Calvo Sotelo, chef de l'opposition de droite.

Il ne faut pas oublier qu'Irún est une ville frontière, posée comme une sentinelle qui surveille l'entrée des étrangers ou des invasions. C'est un des verrous de l'Espagne et sa possession assure le contrôle des toutes des Asturies, la province la plus industrielle du pays. C'est par Irún que les renforts étrangers destinés à la vacillante république espagnole étaient entrés. Il fallait juguler ce passage. C'est pourquoi, en août 1936, le général nationaliste Emilio Mola, ami intime du généralissime Franco, décida de s'emparer d'Irún et de Saint-Sébastien, et d'isoler ainsi les provinces basques espagnoles du Pays basque français.

Mola, gouverneur de Pampelune, fit encercler la région par de petits groupes de phalangistes, de guardias civils, de carlistes et de légionnaires. Irún est défendue par le colonel Beorlegui. Franco envoya vers Saint-Sébastien et Irún les trois bateaux de guerre qu'il possédait : l'*España*, l'*Almirante Cervera* et le *Velasco*. Les bombardements par mer commencèrent le 17 août.

Les corps-à-corps entre les fils de la même nation débutèrent le 26, à quelques centaines de mètres de la frontière où les badauds français se pressaient en masse pour observer la bataille. Le 28, les Navarrais s'emparent du poste frontière de Béhobie, et du fort-couvent de Saint-Martial qui domine Irún. En proie à la folie de la terreur, la population de la petite ville commence à fuir vers la France par le pont d'Hendaye. Le premier exode de la guerre civile vient de commencer.

Vision cauchemardesque, dantesque, infernale, digne

des *Horreurs de la guerre* de Goya ! Pitoyable cortège de femmes, de vieillards et d'enfants, de malades couchés sur des civières improvisées. Les flots de la Bidassoa ont parfois des reflets ensanglantés. Vers six heures du soir, les troupes franquistes entrent à Irún. On se bat avec tout ce qui tombe sous la main, couteaux, poignards, haches, et, bien sûr, armes à feu de toutes sortes. Avant que le jour se lève, la pauvre petite ville est en feu. À Fontarabie, cent prisonniers sont fusillés au fort de la Guadalupe. À dix heures du matin, il ne reste presque plus personne dans Irún en flammes : des femmes, des enfants et des vieillards bloqués dans les caves. Seules trente-deux maisons étaient encore debout ! On ne voyait plus le ciel, ni le soleil, que d'énormes volutes de fumée épaisse et noire obscurcissaient. La puanteur était insoutenable.

Franco possédait, certes, la porte de l'Espagne, mais Irún était, pour ainsi dire, rayée de la carte.

À cette époque, Mariano Gonzalèz a en réalité vingt-deux ans, mais officiellement il en a seize ! En effet, quand vint pour lui l'âge de la conscription militaire, en 1934, la señora Gregoria, sa mère, falsifia tout simplement les papiers de son fils. Elle lui retrancha six ans de sa vie, pour qu'il ne devînt pas soldat du nouveau régime qui s'était instauré dans la province du Guipúzcoa. À partir de ce moment-là, Mariano Gonzalèz-Garcia est né le 12 août 1920, au lieu du 12 août 1914. Mariano conserva toute sa vie cette nouvelle date de naissance. Comme il avait la chance d'être mince et svelte, et comme il ne parut jamais son âge réel, tout alla pour le mieux. La véritable date de naissance ne fut connue qu'après ce fatidique 14 juillet 1970, jour où il partit à jamais trop tôt. Maria-Luisa qui, naturellement, connaissait le secret et qui, de ce fait, devenait la sœur aînée, ne révéla jamais rien.

Le grand incendie d'Irún avait commencé le 17 août 1936. Mais, par chance, ce jour-là, la famille Gonzalèz n'était pas dans sa maison du Paseo de Colón. Le 13, M. Gonzalèz souffrait d'un pénible ulcère à l'estomac et s'était rendu à Hendaye pour se faire opérer par un grand chirurgien de la ville. Sa famille l'avait accompagné et lui rendait régulièrement visite. Le 17 au soir, depuis la rive française bondée de monde, près de la maison où avait vécu Pierre Loti, Mariano, sa mère et sa sœur regardaient, impuissants, leur ville natale s'effondrer dans les flammes. Ils étaient en train de perdre tout ce qu'ils possédaient. Ils pleuraient, et chacun pensait à ses souvenirs personnels les plus chers qui s'envolaient en fumée : Mariano, toutes ses photographies de jeunesse, du temps du « Néré Ametza » et du collège de Saint-Sébastien, ses dessins qui représentait Maria-Pilar ; Mme Gonzalèz, les jolies paires de drap qu'elle avait brodés elle-même en prévision du jour où Maria-Luisa se marierait ; et Maria-Luisa, la jolie robe neuve dont sa mère venait de lui faire cadeau.

« Je ne l'avais jamais mise, maman, jamais... Et maintenant, elle est perdue ! »

Autour d'eux, des compatriotes qui ont pu fuir Irún et les assassins de la ville arrivent, lamentables, en loques et hagards. La peur défigure leurs pauvres visages. Comme les Gonzalèz, ces gens ont tout perdu, mais ont dû, en plus, échapper aux tirs des fusils et des revolvers, aux rafales de mitraillettes et aux lancers de grenades. Combien d'entre eux ont-ils vu tomber tout près, fauché par la mort, un parent proche, un père, une mère, un fils, un frère, sans rien pouvoir faire pour le sauver... Heureux encore d'échapper aux balles et de se retrouver, la vie sauve, sur l'autre rive de la Bidassoa !... Parfois, un de ces malheureux tenait dans son poing serré un peu de la terre natale qu'il voulait conserver avec lui. Malgré sa gaieté et son insouciance naturelles, Mariano gardera longtemps cette vision d'horreur.

Mais son optimisme reprenant le dessus, il trouva la force de réconforter les siens en leur prouvant qu'ils avaient beaucoup de chance de se retrouver tous les quatre ensemble et indemnes. Ils avaient encore un toit pour dormir, la petite chambre qu'ils partageaient chez les cousins Sibéria, dans la maison Rebigo, à Hendaye.

C'est à partir de ce jour qu'il décida qu'il lui faudrait gagner beaucoup d'argent pour assurer le bien-être et le bonheur de sa famille!

Les Gonzalèz se retrouvaient à Hendaye, complètement démunis et sans ressources. Ils devaient repartir de zéro, ce qui n'est pas facile quand on a déjà atteint la moitié de sa vie. Le père pensa qu'il valait mieux retourner à Bordeaux, où il serait plus évident de trouver du travail que sur la côte basque. La guerre civile faisait toujours rage de l'autre côté de la frontière, et nul ne pouvait dire quand ils seraient en mesure de retourner en Espagne. Ils ne savaient pas qu'il leur faudrait attendre treize ans pour retraverser la Bidassoa et revoir leur terre natale.

La solidarité basque n'est pas un vain mot. À Bordeaux, des amis les recueillirent et les hébergèrent dans un quartier du centre de la ville, près du marché des Capucins. Mariano Gonzalèz père devint veilleur de nuit et la señora Gregoria fit de la couture et des ménages. Maria-Luisa aidait sa mère. Quant à Mariano junior, il n'accompagna pas ses parents dans la capitale girondine. Il s'arrêta à Sare, à l'intérieur du Pays basque français et là il commença à chanter.

Sare est un adorable petit village situé assez haut sur les contreforts des Pyrénées, un village typiquement basque, bien blotti autour de son église. Peu fréquenté à l'époque, où les chemins pour y accéder n'étaient pas d'un parcours facile, c'était un repaire de contrebandiers et c'était là que la chorale « Erresoïnka » avait pris son essor.

Ce groupe était composé de plus de deux cents garçons et filles, tous Basques espagnols qui avaient fui les atrocités de la guerre civile. La chorale était d'inspiration nationaliste basque, et financée par des « Indiens », comme on appelle au Pays ceux qui avaient fait fortune en émigrant en Amérique du Sud. Les garçons et les filles logeaient chez l'habitant. Mariano trouva une petite chambre mansardée chez Marie-Jeanne Jaurajuria. Il était fort pauvre. En ce temps-là, il lui arrivait quelquefois de fumer des cigares, histoire de faire comme les autres, et aussi de passer le temps. Comme il n'avait pas beaucoup d'argent, il achetait un cigare et le coupait en trois, ne fumant ainsi qu'un tiers de cigare par jour. C'était une économie et il ne fumait que deux cigares par semaine. Les habitants de Sare qui le côtoyèrent en ces jours de 1936-1937 gardent encore aujourd'hui de lui le souvenir d'un très beau garçon brun, charmeur et rieur, qui adorait s'amuser... et chanter.

Avant toute chose, au sein de cette communauté basque que représentait la chorale « Erresoïnka », Mariano va perfectionner son chant. Certes, le ciel l'avait doté d'une superbe voix de ténor, une de ces voix dont la race basque porte en elle le secret. Mais, cette voix était encore un diamant à l'état brut. Quelques mois seulement après son entrée dans le groupe, il chante dans la section des deuxièmes ténors. Cependant, on ne l'entendra jamais en solo pendant son séjour à « Erresoïnka ». Comme nous l'avons déjà dit, la chorale monta à Paris pour l'Exposition de 1937. Logés à Saint-Germain-en-Laye, les jeunes Basques se produisirent en concert à la Salle Pleyel, puis au pavillon basque des Provinces françaises, dans le cadre de l'Exposition. La découverte de la capitale en fête fut un enchantement pour Mariano Gonzalèz. La tournée qui démarrait de Paris emmena les jeunes artistes à travers l'Europe. Après la capitale française, ce fut Amsterdam qui séduisit le plus Mariano. Là, il se retrouvait dans l'atmosphère des peintres flamands dont il alla admirer les œuvres dans les musées de la ville.

Avant le départ d'« Erresoïnka » pour Paris, le destin avait fait un nouveau clin d'œil au futur Luis Mariano. Le cinéma, qui lui avait déjà souri et qui l'avait fasciné au temps de son enfance à Irún vint à nouveau lui faire signe dans ce coin perdu du Pays basque pyrénéen. Le réalisateur René Barberis choisit Sare pour tourner les extérieurs de son film *Ramuntcho*, sur les lieux mêmes où Pierre Loti avait situé l'action de son roman. Louis Jouvet et Françoise Rosay étaient les vedettes de cette grande production, où la chorale « Erresoïnka » participa à plusieurs reprises.

Mariano ne perdait rien du tournage, tout aussi bien du côté des techniciens que de celui des artistes. Le virus du septième art le reprenait, en entier. Il sut, à cet instant, quel serait le chemin qu'il suivrait. Il serait artiste professionnel. Déjà, le fait d'être membre de la chorale « Erresoïnka » faisait de lui un artiste. Mais il n'abandonnerait pas le dessin non plus car cela faisait aussi partie de sa vie. D'ailleurs il ne cessait de croquer ses camarades et les autres artistes pendant le tournage. Le soir, il se rendait dans la grande salle de l'hôtel Mendi-Bista, où logeaient les membres de l'équipe de *Ramuntcho*. Il se faisait petit dans un coin, mais ne perdait pas un mot des histoires de théâtre que racontait le grand Louis Jouvet. Le cœur battant, il écoutait ce dernier évoquer les autres vedettes de cinéma, espérant au fond de lui-même capter quelque anecdote concernant Danielle Darrieux. Depuis longtemps, déjà, Mariano était un admirateur fervent de cette « star », qui rendait la France amoureuse d'elle. Il avait collectionné toutes les photos qui paraissaient d'elle dans les magazines, mais tout cela avait brûlé dans le grand incendie d'Irún. Mais l'amour platonique que le jeune Espagnol éprouvait pour l'étoile française n'avait pas diminué, au contraire. Souvent, inconsciemment, quand il dessinait un visage féminin, il lui donnait les traits de l'héroïne de *Battements de cœur*.

Il regardait aussi passer de loin Françoise Rosay qui ne

se mêlait pas aux autres. Mariano trouvait qu'elle avait l'allure d'une reine. Il le lui avouera un jour, quand le destin les aura réunis sur une même scène.

Au retour de la tournée européenne de la chorale « Erresoïnka », Mariano eut une longue conversation avec l'abbé Ramon Laborda, un des dirigeants du groupe. L'abbé, lui-même un ténor remarquable, conseilla au jeune homme d'aller au Conservatoire de Bordeaux, s'il désirait envisager une carrière de chanteur professionnel. Il était certain que Mariano adorait chanter, mais jusque-là, s'il avait désiré embrasser une profession artistique, c'était celle d'acteur de cinéma. Néanmoins, il va suivre les conseils du bon abbé et, fin 1938, il quitte la chorale de Sare pour se retrouver sur les bords de la Garonne.

À Bordeaux, Mariano retrouva avec joie ses parents et sa sœur. M. Gonzalèz est maintenant chauffeur de taxi et sa femme fait de la couture à domicile en compagnie de sa fille. La famille vit dans une pièce unique, qu'un rideau coupe en deux la nuit, pour dormir. En arrivant à Bordeaux, ce n'est pas au Conservatoire de musique que Mariano va s'inscrire, mais à l'école des Beaux-Arts. Il voulait avant tout continuer les études qu'il avait commencées à Saint-Sébastien. Les autres élèves se montrèrent très gentils et très sympathiques avec ce jeune Espagnol que la guerre civile avait chassé de son pays. Ils lui épargnèrent la traditionnelle initiation du « bizutage ». Mais l'heureuse nature de Mariano avait vite repris le dessus, et le jeune homme n'était pas le dernier à faire des blagues, ou à participer à quelques chahuts de rigueur. Mariano avouera que c'est de ce séjour aux Beaux-Arts de Bordeaux qu'il prit goût à ce qu'il appelait « la farce d'atelier », et pendant toute sa carrière il raffolera de faire des farces à ses partenaires. Lorsqu'il le fallait, et lorsque c'était son tour, il posait comme modèle pour ses camarades. Mais ce qu'il désirait obtenir par-dessus tout c'était la médaille convoitée de « la resquille ». Pour la mériter, il fallait resquiller le plus possible dans les transports en commun urbains, c'est-à-dire les vieux tramways bordelais. Plus les pouvoirs publics donnaient la chasse aux étudiants, plus les jeunes gens s'acharnaient à voyager gratuitement. Finalement, un beau soir, Mariano Gonzalèz fut proclamé « roi des Resquilleurs » et obtint la médaille si ardemment désirée. Tout fier, il s'empressa d'aller la montrer à la jolie fille qu'il courtisait en ce temps-là. Comme il était déjà fort beau garçon, les cœurs féminins succombaient rapidement à ses avances et le jeune Espagnol collectionnait les bonnes fortunes. Mais ce qu'il ignorait ce soir-là c'est que sa conquête du moment n'était autre que la fille du directeur de la Compagnie des tramways de Bordeaux! Inutile de dire que la médaille jeta un froid entre les tourtereaux!

Mariano aimait également à se rappeler une autre de ses farces. Un soir, son atelier était en fête, et les lauréats d'un concours s'étaient réunis afin de bien arroser leur succès. Le célèbre vin de Bordeaux allait couler à flots, et il était à prévoir que la fin de la soirée verrait le traditionnel arrosage des seaux d'eau que l'on s'envoyait les uns les autres. Soudain, alors que la fête battait son plein, un petit monsieur à l'air solennel, vêtu de noir et coiffé d'un ridicule chapeau melon de la même couleur, entra dans la salle. Persuadé qu'il s'agissait d'une blague que leur faisait un autre atelier, Mariano emplit d'eau les poches du petit homme à l'aide d'un entonnoir en papier. Un autre de ses camarades, aussi hurluberlu que lui, prit le chapeau de l'homme et l'enduisit de vermillon. Cela fait, les autres étudiants se saisirent de l'intrus et le mirent dehors. Mais, quelques instants plus tard, le quidam, son chapeau désormais rouge sur la tête, réapparut en compagnie du directeur de l'école en personne. Ce petit quidam sévère était l'Inspecteur d'académie. Il devait visiter une autre classe et s'était trompé de porte. Tous les élèves furent obligés de lui présenter sur-le-champ leurs excuses. Il faut dire que même le directeur de l'école se tenait les côtes pour ne pas éclater de rire! Cependant, il dut appliquer le règlement et les élèves, dont Mariano, furent suspendus de cours pendant huit jours.

Tout cela était fort beau et tout à fait du goût du joyeux Mariano qui aimait tant rire et, comme l'on dit de nos jours, « s'éclater ». Mais la vie n'est pas faite que d'amusements et de plaisanteries et pour le jeune homme il fallait également assurer son quotidien. Ses parents ayant trouvé une place de gardiens dans une grande propriété du côté de Langon, le garçon dut se trouver un logement en ville, et du travail pour payer son loyer. Il prit une petite chambre située rue Fondaudège. Certes, le confort était restreint, mais qu'importait! Mariano avait un coin pour dormir. Il était jeune, en pleine forme, il s'amusait bien, oui, la vie était vraiment belle! D'autant plus qu'il venait de dénicher une place de plongeur au Caveau.

Le Caveau était une boîte de nuit importante de la grande ville girondine. Situé à deux pas du Grand Théâtre, place des Quinconces, à l'endroit où se trouve aujourd'hui le Syndicat d'Initiative de Bordeaux, l'établissement était dirigé par le célèbre chef d'orchestre Fred Adison, le rival de Ray Ventura. Mariano lavait la vaisselle et essuyait les verres contre un petit salaire et quelques bons sandwiches. Il était heureux. Il ne prenait son travail qu'après 20 heures. Cela lui laissait le temps de continuer les Beaux-Arts, et surtout d'aller au cinéma. Il ne manquait pas, naturellement, un film de Danielle Darrieux, mais il adorait également les comédies musicales de Fred Astaire et Ginger Rogers, les films de Bing Crosby, les policiers et les westerns. Plus que jamais, il rêvait de devenir un jour vedette de cinéma et, quand ses moyens le lui permettaient, il s'habillait à la mode lancée par les stars de l'époque.

Souvent, en faisait la plonge au Caveau, il fredonnait

des chansons qu'il avait entendues dans des films, ou bien des rengaines à la mode. La directrice, qui le trouvait très sympathique, lui permit de temps en temps de venir chanter un refrain, sur le coup de une ou deux heures du matin, avec l'orchestre et devant le public. Bientôt, la rumeur courut par la ville qu'il y avait au Caveau, un jeune Espagnol qui possédait une très jolie voix. L'orchestre vedette du cabaret était l'ensemble de tango argentin de Raphaël Canaro, une des étoiles des disques Columbia, et le frère du grand Francisco Canaro qui avait longtemps accompagné Carlos Gardel à Buenos Aires.

Bientôt, Mariano quitta l'office et la plonge et prit place comme chanteur dans l'orchestre de Raphaël Canaro. Bien gominé, en costume de gaucho, on retrouve déjà dans ce guitariste souriant sur les photos de l'ensemble, le Luis Mariano que Paris découvrira plus tard. Un soir, il fut littéralement enlevé par une chanteuse réaliste qui passait en attraction au Caveau. Cette femme, qui ressemblait à un personnage félinien avait bien le double de l'âge de Mariano. Elle attira le jeune homme chez elle sous le fallacieux prétexte de lui faire écouter des disques et... ce qui devait arriver arriva. Des voisins, incommodés par le bruit qui s'échappait de chez la dame en pleine nuit, appelèrent la police. Vérification d'identité : d'après sa carte de résident, Mariano (qui, en fait, allait sur vingt-cinq ans) était mineur. On le ramena chez ses parents en voiture cellulaire. Par bonheur, l'aventure fit sourire M. Gonzalèz père. Mais elle enchanta beaucoup moins la señora Gregoria. Après cette histoire, le jeune homme devint un héros auprès de ses camarades des Beaux-Arts.

C'est certainement parmi les clients du Caveau que Mariano fit la connaissance d'un riche marchand de café, M. André Varon. C'était un esthète raffiné, passionné de chant et de musique. Il détecta immédiatement en Mariano une future vedette de l'art lyrique, et il était persuadé que le garçon deviendrait un jour un grand chanteur d'opéra. Les mécènes existaient encore avant la guerre, et André Varon fut de ceux-là pour Mariano. Étant pratiquement du même âge, ils devinrent de grands amis. André lui fit quitter la chambrette de la rue Fondaudège, et lui offrit un logement plus confortable dans son hôtel particulier du centre de Bordeaux. Ils allaient souvent ensemble au cinéma applaudir Tyrone Power et Errol Flynn, Cary Grant et Clark Gable. Mais les deux grandes idoles de Mariano restaient Rudolph Valentino et Ramon Novarro, dont il avait vu presque tous les films, encore muets, avant la guerre civile en Espagne. Cela semble normal car les deux stars en question étaient, comme le jeune homme, d'origine latine. Valentino était sicilien et Novarro mexicain.

Dans les premiers mois de 1939, Mariano Gonzalèz était devenu l'attraction vedette de l'orchestre de Raphaël Canaro. Se rendant compte du succès et de l'impact du chanteur sur le public, Canaro l'engagea pour enregistrer les refrains de deux tangos sur disques Columbia. Ce furent les tout premiers enregistrements professionnels de l'artiste : *Olvídame* (disque Columbia 78 tours DF 2680) et *Callecita de mi novia* (disque Columbia 78 tours DF 2665), deux disques aujourd'hui pratiquement introuvables, et par conséquent, deux pièces de musée. Sur l'étiquette de chaque disque, on peut lire en tout petits caractères : « Refrain chanté en espagnol par Mariano ». Il va falloir encore quelques années pour que la grosseur des lettres sur les étiquettes augmente.

Le contrat de Raphaël Canaro au Caveau de Bordeaux prit fin au début du mois d'août 1939. Canaro proposa à ses musiciens, presque tous d'origine espagnole, de se joindre à lui pour regagner l'Argentine et faire une tournée en Amérique latine. Mariano et d'autres de ses camarades basques acceptèrent. Ils s'embarquèrent au Havre sur le paquebot *Pasteur* à destination de Buenos Aires et du Rio de la Plata, le 1er septembre 1939. Mais, le lendemain, 2 septembre, un télégramme stoppa le bateau en pleine mer. La France venait de déclarer la guerre à l'Allemagne et le *Pasteur* devait immédiatement regagner son port d'attache. Mariano débarqua et se retrouva sans travail.

Il en profita pour aller passer quelques jours de vacances à Biarritz. L'atmosphère basque lui manquait, et Biarritz connaissait en septembre l'apogée de sa saison. Malgré la déclaration de guerre, le fameux casino Bellevue présentait le fabuleux orchestre typique cubain des « Lecuona Cuban Boys », dirigé par le pianiste-compositeur Armando Oréfiche, originaire de La Havane. Ernesto Lecuona, le grand compositeur caraïbe, celui que les musicologues avaient surnommé le « Gershwin de Cuba », parrainait l'orchestre auquel il avait donné son nom, et qui avait créé la plupart de ses succès mondiaux, tels que *Maria La O* et *Siboney*.

Mariano venait souvent écouter les « Lecuona Cuban Boys ». Il découvrait avec eux les rythmes cubains qui le ravissaient. La sensualité des boléros, l'ivresse de la rumba, la gaieté syncopée et communicative de la conga l'enchantaient. À Biarritz, il avait retrouvé beaucoup d'amis qu'il se plaisait à rencontrer au Café des Colonnes. Ce fut là qu'il apprit par hasard qu'Armando Rabagliati, le chanteur des « Lecuona », venait de tomber malade. Il postula pour une audition devant Oréfiche et fut engagé. Il remplaça Rabagliati pendant une dizaine de jours, et créa même avec l'orchestre un langoureux boléro d'Oréfiche : *Antillana.* Il rêvait d'enregistrer la chanson avec les « Lecuona », mais quand vint la date de l'enregistrement à Paris, Armando Rabagliati était guéri. Il avait repris sa place au sein de la formation. Le contrat des « Lecuona » était terminé. Ils avaient quitté Biarritz et Mariano n'enregistra jamais *Antillana.*

Peut-être sans le savoir, à la terrasse des Colonnes avait-il croisé deux jeunes Biarrots qui, un jour, allaient orienter sa vie artistique. Ils ne se connaissaient encore ni les uns ni les autres. L'un de ces garçons était étudiant en médecine et finissait à Paris ses études de dentiste : il s'appelait Francis Lopez. L'autre tenait une droguerie mais, fou de musique, il composait déjà de jolies mélodies sur le piano de son arrière-boutique. Il s'appelait Henri Bourtayre.

Mariano retrouva Bordeaux et l'amitié souriante d'André Varon. C'est alors que sa vie va prendre un tournant décisif. En ce début d'automne 1939, beaucoup de vignerons sont mobilisés et l'on fait appel aux étudiants pour faire les vendanges. Mariano fut requis comme les autres et se retrouva dans une propriété viticole près de Saint-Émilion. Mais vendanger est un dur labeur, où l'on doit travailler douze heures par jour et la plupart du temps courbé en deux, ce qui cause de douloureuses courbatures dans les reins. En outre, on dort dans des granges sur la paille. Les deux premières journées furent très pénibles pour Mariano, mais le troisième jour, il fit un pacte avec ses collègues : ils cueilleraient les grappes à sa place et lui chanterait pour eux, pour les distraire, et pour leur donner du courage. Et sous le soleil aquitain, près des ruines médiévales de l'abbaye de Saint-Émilion, la voix de Mariano s'envola pour rythmer les vendanges. C'était presque le Châtelet avec douze ans d'avance !

Il mêle dans son répertoire les chansons basques, les refrains d'étudiants paillards et quelques grands airs d'opéra. Sans qu'il s'en doute, le propriétaire de l'exploitation l'écoute et cette voix magnifique remplit d'émotion cet amateur de *bel canto.*

Un soir, après la journée de travail, il convoqua le jeune chanteur. Mariano entra, le cœur battant, persuadé qu'il allait prendre un bon savon, et même être renvoyé. Mais sa bonne nature reprenant le dessus, pour combattre son émotion et son angoisse, il prit un air détaché et souriant. Toute sa vie, d'ailleurs, aux pires moments de trac de sa prodigieuse carrière, il agira de même et masquera son inquiétude par un sourire et un bon mot. Le viticulteur lui dit qu'il adorait les gens qui savaient chanter, que sa voix était d'une qualité exceptionnelle, et qu'il devait absolument la travailler sérieusement. Pour cela, il devait entrer au Conservatoire de musique et de chant de Bordeaux. Le directeur, Gaston Poulet, était un ami du propriétaire de Saint-Émilion. Et cet homme se proposait de lui donner une lettre d'introduction pour Gaston Poulet.

Mariano le regarda, étonné et ravi. Rapidement il se remémora que cet homme était la troisième personne qui lui conseillait d'entrer au conservatoire. La première avait été l'abbé Ramon Laborda, un des dirigeants de la chorale « Erresoïnka » de Sare. La seconde était son ami André Varon et, maintenant, ce propriétaire de vignobles. La décision du jeune homme fut vite prise. Il accepta la recommandation que cet homme lui offrait.

Jusque-là, la profession de chanteur lui avait paru aléatoire. Il adorait chanter, c'était certain. Il vivait en chantant, à chaque instant de la journée, même en dessinant et en traçant ses épures de futur architecte. Il avait constaté le pouvoir de son chant, d'abord sur le public du Caveau, ensuite sur celui du Casino Bellevue pendant le bref séjour qu'il avait fait avec les « Lecuona Cuban Boys ». Mais il n'oubliait pas, non plus, qu'il s'était retrouvé du jour au lendemain sans travail en débarquant du *Pasteur* au Havre.

Toute la nuit il réfléchit à la question. Il balança le pour et le contre : être décorateur ou chanteur lyrique. Sa raison penchait pour la première solution, son cœur pour la seconde. Comme ses parents étaient loin de lui, là-bas, aux environs de Langon, il prit sa décision seul. Et le cœur l'emporta. Il irait se présenter au Conservatoire et en sortirait chanteur d'opéra, chanteur de premier plan, et l'Opéra de Paris s'ouvrirait à lui et l'acclamerait. Il serait riche, célèbre et toutes les femmes se jetteraient dans ses bras ! Tel était son état d'esprit dans cette nuit girondine. Tel il resterait, car Mariano Gonzalèz était avant tout un joyeux optimiste et surtout un vainqueur. Que ce soit en tant qu'architecte, artiste de cinéma ou ténor lyrique, il ne pouvait être que numéro 1... Et il le fut!

Il passa donc l'examen d'entrée au Conservatoire. Comme il était conscient de son accent, il présenta un air en italien : « Vesti la giubba », extrait de *Paillasse* de Leoncavallo, un air particulièrement difficile qu'il réussit avec beaucoup d'éclat. Et il fut reçu brillamment. Dans ses mémoires, Gaston Poulet écrit : « Je viens d'entendre un type formidable : il se nomme Gonzalèz. »

Alors une période de travail intense va commencer pour l'insouciant bohème qu'est Mariano. Il travaille le solfège avec M. Reynal, la musique avec Mmes Baron et Devèze, l'interprétation avec la grande Marthe Nespoulous. Il découvre que la voix que Dieu lui a donnée lui permet de chanter des chefs-d'œuvre comme *Carmen*, *La Traviata*, *La Bohême*, *Rigoletto* ou *Les Pêcheurs de perles*, des airs dont les mélodies l'ont déjà charmé et conquis. Il se met à fréquenter assidûment le Grand Théâtre de Bordeaux, une des meilleures scènes lyriques de France qui a accueilli les plus grandes voix mondiales.

Le 7 décembre 1939, Mariano Gonzalèz a donc franchi le seuil du Conservatoire de Bordeaux. Et il s'adonnera complètement désormais à son art. Il dit adieu aux Beaux-Arts et à leur directeur, le peintre Roganeau. Il travaille dur et choisit les airs les plus difficiles du répertoire pour les étudier. Rien ne le rebute, au contraire, car il est orgueilleux et veut prouver qu'il est le meilleur. Il s'attaque à la *Mattinata* de Leoncavallo, le compositeur de ce *Paillasse* qui lui avait ouvert les portes de la maison, un morceau qui est la terreur des ténors. Un jour, par jeu, devant ses camarades stupéfaits, il reprendra cinq fois de suite le passage du *la* aigu!

Il enregistre sur disques souples, accompagné par l'Orchestre du Conservatoire, quelques grands airs : « La dona e mobile » (« La Plume au vent »), « Questa o quella »

(« La Ballade du duc de Mantoue »), deux airs extraits du *Rigoletto* de Giuseppe Verdi et « La Romance de Nadir » des *Pêcheurs de perles* de Georges Bizet, disques qu'il conservera toute sa vie comme de précieux trésors, à juste raison. Il s'amuse à revêtir les costumes et à se faire le maquillage des grands rôles du répertoire. On peut le voir dans le personnage de Rodolphe de *La Bohême* ou dans celui de Manrico du *Trouvère*. Mais, par moments, impatient et fougueux, il piétine et s'ennuie. C'est alors qu'il va faire une autre rencontre qui va transformer son destin.

Jeanne Lagiscarde va entrer dans sa vie.

Ce n'est pas une histoire d'amour qui commence, surtout pas. C'est une rencontre d'où va naître une profonde amitié, et une aide professionnelle très appréciable. Jeanne va devenir la secrétaire, l'imprésario qui va éviter à Mariano toutes les embûches qui guettent un jeune artiste quand il débute dans ce dur métier. Pour ce joyeux garçon bohème, elle va jouer le rôle difficile du rempart aux exigences de la réalité.

Quand ils font connaissance, la guerre est déclarée. Bientôt les restrictions vont faire rage. Septembre 1940, Bordeaux est occupé par les Allemands. Jeanne sera l'amie fidèle qui s'efforcera de protéger l'insouciant Mariano d'ennuis qui auraient pu être sérieux. Franco soutenait Hitler, et Mariano Gonzalèz était un réfugié basque espagnol, qui avait fui le régime du « Caudillo ». Il fallait donc être prudent et ne rien faire qui puisse provoquer une arrestation. Déjà, le port de la faluche, cette sorte de béret de velours qui est le signe distinctif de la corporation des étudiants, avait été interdit à Bordeaux. Or c'était une coiffure que Mariano aimait beaucoup porter. Avec ses camarades, qui étaient tous un peu fous comme lui, il adorait aller danser, ce qui semblait normal pour des garçons de leur âge. Une ordonnance des autorités occupantes avait également interdit les bals. Alors, les garçons et les filles se réunissaient pour danser en se cachant dans des granges plus ou moins délabrées, et dans des garages crasseux des faubourgs de la ville. C'était ce que Vincent Scotto appela dans une très jolie chanson de l'époque, « Le Bal défendu ». On y dansait au son d'un phonographe à manivelle, que l'on remontait, en prenant bien soin de changer souvent l'aiguille pour ne pas trop user les disques 78 tours en cire et l'on pouvait ainsi flirter en dansant sur les slows tendres des grands orchestres américains, les rumbas des « Lecuona », de Xavier Cugat ou du « Rico's Creole Band », et les tangos de... Raphaël Canaro !

C'est par l'intermédiaire, bien involontaire d'ailleurs, du chef d'orchestre argentin que Mariano rencontra Jeanne Lagiscarde. Il fréquentait souvent, en ce début de printemps 1940, un grand magasin de disques de la rue Sainte-Catherine, à Bordeaux, non loin du Grand Théâtre et de la place des Quinconces. Il y achetait parfois des enregistrements de chanteurs d'opéra, comme Benjamino Gigli, qui était déjà une de ses idoles. Cela lui servait beaucoup pour ses études de chant au Conservatoire.

Mais, ce jour-là, il s'adressa directement à la gérante de la boutique pour lui demander :

« Avez-vous reçu *Olvídame* par l'orchestre de Raphaël Canaro ? »

Le disque n'était pas encore arrivé. En ces temps de guerre, l'approvisionnement était difficile, les trains étaient peu nombreux et les transports routiers n'existaient pas encore pour ce genre de marchandises. Mariano revint plusieurs fois pour voir si les enregistrements de Canaro étaient enfin en vente. Bien sûr, il aurait pu aller chez un autre disquaire, mais ce magasin était le mieux approvisionné de Bordeaux, et il y trouvait la commerçante sympathique. Elle était grande, bien faite, et souriante, Mlle Lagiscarde. Elle, de son côté, ne détestait pas les venues de ce jeune Espagnol, plutôt beau garçon, poli, souriant et bien élevé. Plusieurs fois, elle l'avait guidé dans ses choix de disques lyriques, car elle était très amateur de *bel canto.* Il faut ajouter qu'elle était même présidente du Club des discophiles de Bordeaux.

Peut-être une idylle aurait-elle pu naître, mais Jeanne était l'aînée de Mariano d'une quinzaine d'années. C'était plutôt une attirance quasi maternelle qui entraînait la femme vers le jeune homme. Un jour, enfin, le disque attendu arriva. Mariano le prit entre ses mains avec beaucoup de soins pour ne pas le casser (ces disques étaient cassables et fort fragiles), comme un objet précieux. Ses yeux verts se posèrent sur l'étiquette et il y lut son nom : « Refrain chanté en espagnol par Mariano ».

Il était comme un enfant devant ce disque :

– Est-ce que nous pouvons l'écouter, s'il vous plaît ?

– Mais certainement, monsieur ! répondit Jeanne.

Elle posa soigneusement le disque sur le phonographe, remonta la manivelle de l'appareil et posa délicatement le diaphragme sur le disque. Les accords de bandonéons de l'orchestre s'envolèrent dans le magasin, bientôt suivis d'une voix superbe qui chantait en demi-teintes le refrain du tango. Mariano éclata de rire et s'écria comme un gosse :

– Écoutez !... C'est moi qui chante !

Cette petite phrase fit l'effet d'une bombe sur Jeanne Lagiscarde. À partir de ce moment ils se revirent souvent, après avoir échangé leurs noms et leurs adresses. Au fond d'elle-même, Jeanne en avait assez de vendre des disques. C'était le ciel qui envoyait ce garçon vers elle. Beau physique, voix superbe, elle était sûre de pouvoir en faire quelqu'un, s'il le désirait et s'il lui faisait confiance. Elle était sans attache familiale, et elle avait besoin d'avoir un but dans la vie. Faire de Mariano Gonzalèz une vedette de l'art lyrique serait le rêve qu'elle réaliserait. Bien sûr, en ce temps-là, il n'était pas question de variétés ou d'opérettes.

Mariano lui avait appris qu'il suivait les cours de musique et de chant du Conservatoire. Elle l'encouragea et le soutint pour présenter son concours. Grâce à son poste de présidente des Discophiles de Bordeaux, et grâce également à l'important magasin dont elle était la gérante, Jeanne possédait des relations dans le milieu artistique bordelais et elle avait même aussi quelques connaissances au sein des grandes maisons de disques parisiennes. Elle fit connaître le jeune chanteur espagnol au « Tout-Bordeaux » de l'époque et, bientôt, elle constata que Mariano Gonzalèz n'était pas un très bon nom d'artiste. Elle en parla au jeune homme, mais la date du concours approchait, et c'était un problème que l'on résoudrait après.

Le jour du concours arriva. Le jury était présidé par la grande cantatrice Jeanine Micheau, de l'Opéra. La veille, l'insouciant Mariano s'était couché tard, et il arriva légèrement en retard. Il présenta un extrait de *Werther* de Jules Massenet : « Pourquoi me réveiller au souffle du printemps ? » La prestation fut magnifique, avec une autorité telle que même ses camarades se levèrent et l'applaudirent. Le premier prix lui fut décerné à l'unanimité. Jeanine Micheau fut éblouie.

Après le concours, elle invita Mariano et deux autres lauréats à dîner. Les jeunes gens étaient aux anges, car la diva leur fit servir des huîtres qui étaient une denrée chère pour des étudiants. Le tout arrosé, cela s'imposait, par un vin blanc de Bordeaux. Mme Micheau s'adressa à Mariano en particulier :

– Vous avez tout ce qu'il faut pour faire une grande carrière dans l'art lyrique, cher monsieur ! Vous possédez à la fois un très beau timbre de vrai ténor, ce qui est plutôt rare, un physique et un dynamisme exceptionnels ! Permettez-moi encore de vous féliciter.

Puis, à la sortie du restaurant, alors que Mariano la remerciait pour ce merveilleux dîner en cette période de restrictions, Jeanine Micheau prit à part le jeune lauréat :

– Si vous décidez de monter à Paris, allez trouver le Maître Miguel Fontecha de ma part ! C'est un extraordinaire professeur pour les ténors de votre style. Et, de plus, il est basque... comme vous!

Après le concours, Jeanne Lagiscarde se montra plus exigeante que jamais avec son jeune protégé.

– J'ai à te parler sérieusement, Marianino!

Elle venait de l'appeler par le même diminutif qu'utilisait sa mère, la señora Gregoria, à son égard. Mariano s'assit nonchalamment dans un fauteuil et regarda Jeanne en souriant.

– Marianino, ce n'est pas parce que tu as remporté ton premier prix au Conservatoire, qu'il faut croire que tout est gagné! Il faut continuer à travailler, et plus dur encore!...

– Peut-être!... Mais je suis jeune et je dois m'amuser! Moi, j'ai besoin de ça!...

– Ce n'est pas en passant des nuits blanches avec tes copains que tu vas améliorer ta voix!... Eux, ils n'ont rien à faire!... Ils n'ont pas de carrière artistique à envisager... Je te demande de cesser de les fréquenter.

– Je ferai ce que je veux! Le principal, c'est que je chante!... Et puis, je ne reçois pas d'ordres!... De personne, à part de ma mère!

– Calme-toi, Marianino. Je ne te donne pas d'ordres! Je n'émets que des désirs... Ce que je souhaite, c'est que tu continues à faire tes vocalises, comme avant le concours... C'est indispensable.

– Je le ferai quand j'en sentirai le besoin... En attendant, je vais prendre l'air!... Je me crois en prison ici!

Et il sortit en claquant la porte.

Mlle Lagiscarde avait raison. Pour un chanteur, les vocalises sont aussi obligatoires que les mouvements de gymnastique pour un athlète. Les cordes vocales sont des muscles comme les biceps, les abdominaux ou les pectoraux. Elles ont besoin d'être développées pour bien remplir leur fonction.

Pour avoir la paix, Mariano promet à Jeanne tout ce qu'elle veut. Puis il disparaît. Il fugue et lui échappe pendant plusieurs semaines. Jeanne s'inquiète, mais un coup de téléphone repentant lui demande de revenir, et le revoilà rue Sainte-Catherine, comme un gosse qui demande pardon. Et tout recommence.

Le goût de Jeanne s'est aussi manifesté dans le style des vêtements que porte Mariano. Il s'habille moins comme les stars de cinéma qu'il continue de tant admirer. Il devient maintenant plus sobre, et se fait plus remarquer sur les allées de Tourny ou sur le cours de l'Intendance par une grande élégance qui n'a plus rien d'excentrique. Il n'y a qu'à regarder les nombreuses photos de cette époque pour s'en rendre compte : complet strict, ou pardessus chiné, et souvent, un beau borsalino légèrement penché sur l'oreille droite. Et déjà, le regard étonnamment charmeur et clair, et le sourire éclatant qui va bientôt illuminer toute la France.

Jeanne l'incite aussi à prendre l'air de la campagne, salutaire pour son souffle et sa santé. Elle l'entraîne à faire des randonnées à bicyclette dans les superbes forêts qui entourent encore la capitale girondine. La tenue change : pantalons de golf (c'est le dernier cri !) et pull-over décolleté en V pour lui, jupe-culotte et corsage pour elle.

En 1942 Mariano va être victime de la falsification d'âge que la señora Gregoria avait faite en Espagne pour lui éviter le service militaire franquiste. Officiellement, il a vingt-deux ans, alors qu'en fait il en a vingt-huit. Et vingt-deux ans, c'est l'âge où les jeunes hommes sont requis pour le S.T.O. (service de travail obligatoire) en Allemagne. Il est évident que Mariano n'a nulle envie de partir dans ce pays pour lui lointain et froid. Quant à Jeanne, elle ne veut pas voir détruire l'œuvre qu'elle a accomplie sur lui pendant deux ans, parfois, avec peine. Il faut trouver une solution.

Peut-être est-ce, là aussi, un signe du destin, l'événement qui pousse à franchir le Rubicon, le signe que le temps de quitter Bordeaux est arrivé. Jeanne décide Mariano à prendre le train pour Paris, et à tenter la conquête de cette femme difficile qu'est la capitale de la France. Mariano n'est d'abord pas emballé. Il lui faut, une fois de plus, s'éloigner de ses parents qui avaient regagné Bordeaux, et quitter son ami Varon et tous ses joyeux camarades avec qui il s'amuse si bien, lui qui aime tant rire. Il lui semble qu'il lui faut dire adieu à sa jeunesse insouciante et frivole. Partir à Paris, c'est bien. C'est merveilleux de penser qu'il va devenir un vrai chanteur, un grand ténor qui fera crouler sous les bravos du public la salle chamarrée d'or du Palais Garnier ou les illustres lambris de la Salle Favart. Parce que, de cela, il en est sûr et certain ! Mariano Gonzalèz de l'Opéra... ou de l'Opéra-Comique ! Il trouve que cela sonne plutôt bien.

Mais pour Paris le problème du nom, que Jeanne avait déjà soulevé, se repose. Mariano a longuement réfléchi à la question. Car, en ce qui concerne son avenir et sa carrière professionnelle, cet éternel enfant, doué d'une grande intelligence, sait peser le pour et le contre et faire un choix comme peu d'hommes plus mûrs que lui le font.

Avant de quitter Bordeaux, Jeanne fit engager Mariano pour chanter en vedette américaine – c'est-à-dire en fin de première partie – dans un gala dont Germaine Sablon, la sœur de Jean Sablon, devait être la vedette. Le spectacle se déroulait à Talence, une proche banlieue de la métropole aquitaine, où se dresse aujourd'hui le campus universitaire. Quand vint le tour du jeune ténor, le présentateur annonça :

« Et maintenant, le ténor espagnol Mariano Gonzalèz ! »

Une bande de jeunes gens se mit à chahuter, et l'un d'entre eux cria à haute voix : « y Gonzalèz y Cordoba ! »

Le public éclata de rire. Cela venait d'une rengaine à succès lancée par Andrex, un fantaisiste en renom à l'époque. Le refrain de la chanson disait : « Il s'appelait Ramon y Gonzalèz y Cordoba. »

En coulisses, juste avant d'entrer, le cœur de Mariano battait encore plus fort que d'habitude. Le jeune homme se demandait comment il allait être accueilli après cette mise en boîte. Il apparut sur la scène, souriait, et attaqua son premier morceau. La présence, déjà magnétique, et la splendeur de la voix de l'artiste, eurent vite fait d'avoir raison du public, qui lui fit une ovation et un triomphe.

Mais Mariano a compris qu'un changement de nom était urgent et indispensable. Par affection familiale, il choisit comme pseudonyme les deux prénoms traditionnels chez les Gonzalèz. Et c'est alors qu'il devient LUIS MARIANO.

En plus, cela sonnait bien. Dorénavant il n'y aurait plus de Mariano Gonzalèz, si ce n'est pour l'état-civil. Le chanteur Luis Mariano était né. Il n'a que l'argent du voyage en poche, mais Luis Mariano est né ! Adieu Bordeaux ! Ce nouveau Rastignac dira avec Balzac : « À nous deux Paris ! » et avec son compatriote Edmond Rostand :

« On doit croire embrasser la France sur la bouche,
Quand on est acclamé par Paris ! »

III

Les voilà partis à la conquête de Paris! Jeanne Lagiscarde et Luis Mariano. Jeanne a liquidé tout ce qui la retenait à Bordeaux, abandonné son travail, son appartement, ses amis, son poste de présidente du Club des Discophiles, ses habitudes pour se consacrer uniquement à l'avenir professionnel de ce beau garçon brun, rieur et fantasque, au merveilleux regard vert et doué d'une sublime voix de ténor. Elle et lui croient, dur comme fer, à une réussite fabuleuse. Et ils ont raison!

La quinte aiguë du ténor Luis Mariano est rarissime. On n'en trouve de cette qualité que très peu de fois par siècle.

Ils arrivent à Paris par la gare d'Austerlitz. C'est une fin de journée de septembre, et le soleil n'est pas bien fort, car la pluie est tombée pendant presque tout l'après-midi. Il trouve aujourd'hui Paris bien sinistre, après le souvenir qu'il en gardait de sa première venue en 1937. Des écriteaux en allemand indiquent les directions à prendre pour les troupes nazies. Il n'y pas de moyens de transport. Seuls quelques rares vélos-taxis qu'il faut prendre à la volée, car il y a plus de clients que de véhicules disponibles. Heureusement que Jeanne est là ! Mariano n'ose pas trop s'exprimer en public, car son accent basque le gêne terriblement sur les bords de la Seine.

Ils gagnent donc le petit deux-pièces de la rue Fontaine, qu'un ami basque leur a prêté. Pour tout bagage, ils n'ont chacun que deux petites valises, et Mariano gardera longtemps comme souvenir une de ces valises en cuir bouilli, qui contenait tout ce qu'il possédait en ces jours où il débarqua à Paris. Il va falloir également se débrouiller pour tenir sur le plan argent. Ils ont, l'un et l'autre, de quoi tenir quelques jours. Les repas qu'ils prendront, pendant cette période de vache maigre, seront des sandwiches plutôt faméliques à cause des restrictions. Les soirées seront souvent mornes, et les disputes reprendront souvent entre Jeanne et Mariano.

Si, à Hendaye comme à Bordeaux, la solidarité basque s'était prouvée efficace, il en fut de même pour la solidarité entre Espagnols à Paris. La population ibérique de la capitale était formée, pour la plus grande partie, de réfugiés politiques, et cela resserrait les liens entre compatriotes.

La première personne que Mariano contacta fut le grand professeur de chant Miguel Fontecha (prononcer : Fonteka), qui demeurait du côté de la rue Condorcet. Mariano avait une lettre d'introduction de Jeanine Micheau à l'attention du Maître. Ce dernier avait beaucoup d'élèves dont nombre de pensionnaires de l'Opéra et de l'Opéra-Comique. Mme Micheau avait travaillé sa voix avec lui et, en ce temps-là, il avait pour étudiante une jeune colorature qui deviendra bien vite Suzy Delair.

Un matin, Mariano se présenta chez Fontecha. Comme lui, le Maître était Basque espagnol. Il avait été un ténor apprécié qui avait chanté dans la plupart des théâtres du monde hispanique, et les critiques musicaux l'avaient souvent comparé à Miguel Fleta, à l'époque le meilleur ténor d'Opéra d'Espagne, un chanteur, en outre, que Mariano admirait beaucoup. Pour masquer sa timidité et son trac, Mariano va afficher une assurance apparente et son sourire va illuminer son visage. Il dit, en espagnol, combien il aimerait étudier avec le Maître. Mais il était très pauvre pour l'instant. Le Maître consentirait-il à lui faire des prix ? Fontecha le prit d'abord d'assez haut et répliqua, avec une superbe très ibérique, que Miguel Fontecha ne faisait de prix à personne! Son art et sa science n'avaient pas de prix!

Mariano se sentit gêné. Il rougit et baissa les yeux. Fontecha lui demanda alors de chanter. Mariano choisit d'interpréter une chanson du compositeur Juan Quintero, intitulée « Morucha ». C'était une mélodie qui seyait bien à sa voix. Il s'y sentait à l'aise. Il l'avait chantée chaque fois qu'il avait eu l'occasion de faire un gala, que ce fût à Bordeaux ou dans les environs, comme Talence où il était passé en « américaine » de Germaine Sablon, c'est-à-dire en fin de première partie. C'est aussi en interprétant « Morucha » qu'il avait auditionné devant Armando Oréfiche à Biarritz. En chantant cette mélodie devant le grand professeur, il diminuait considérablement son trac. Et puis, il y avait deux autres raisons pour ce choix : la mélodie mettait ses aigus en valeur, et c'était une chanson que sa maman aimait beaucoup. Il croyait fermement que cela lui porterait bonheur.

Miguel Fontecha, bien enfoncé dans son fauteuil, observa longuement le jeune homme pendant qu'il chantait. Quand Mariano eut terminé, Fontecha lui demanda de revenir le lendemain, au début de la matinée. Mariano arriva à sept heures du matin!... Fontecha le reçut pratiquement en secret : « Voilà, jeune homme!... Je veux bien vous donner des leçons... Pour l'instant, vous ne me paierez rien. Vous me rembourserez quand vous serez devenu une vedette célèbre... »

Mariano tint parole. Pendant quelques semaines, les leçons furent gratuites. Puis, par la suite, quand il gagna quelque argent en chantant, et quand Jeanne répara et revendit des phonographes au marché noir, elle aida Mariano à payer ses cours. Plus tard, Mariano récompensera largement son vieux professeur.

Dès les premières leçons, Fontecha lui enseigna qu'« il ne fallait jamais manger le capital, mais ménager les intérêts », ce qui signifiait qu'il ne fallait jamais donner toute la puissance et l'ampleur de sa voix. Le Maître ajouta : « À partir de ce jour, je ne veux plus vous entendre *donner* une note ! »

Et pendant plusieurs mois, Mariano ne chanta plus qu'en demi-teintes. Il lui fallait gommer tout ce qu'il avait appris au Conservatoire, et il repartit de zéro. Il l'accepta de grand cœur, comprenant qu'il s'agissait avant tout de son intérêt. Mais cela donna à sa voix une solidité et une souplesse qui lui permit, par la suite, de chanter des airs d'opérettes vaillants et difficiles, aussi bien que des chansons de variétés.

Cependant, il fallait vivre et, pour vivre, il fallait chanter. Il s'inscrivit pour passer une audition chez un petit imprésario. C'était un tuyau que lui avait donné une de ses camarades espagnoles la chanteuse Carmen Torrès, qui l'avait précédé d'un an environ dans la capitale. Mariano et Carmen Torrès furent très liés, et ils le resteront toute la vie du chanteur. L'audition s'était bien passée, et Mariano décrocha un contrat où il chantait chaque matin pour les vins Bartissol, et ensuite entre onze heures et midi pour les flashes publicitaires. Le soir, Carmen le fit engager au cabaret L'Armorial, où il interprétait des duos avec elle. Mais la grande majorité des contrats étaient signés par la Croix-Rouge, le Secours national ou l'Aide aux prisonniers. Ce n'était pas le Pérou ! Les cachets étaient maigres, et il fallait donner l'apparence d'être heureux, bien nourri et bien habillé pour être engagé. Mariano avouera plus tard que, pendant ces premiers mois à Paris, il connut vraiment une période de « vache enragée » et de misère. Mais son heureux caractère, sa gaieté naturelle et son optimisme eurent toujours raison de cet état de fait. Jamais le chanteur n'eut une période d'abattement, ni de cafard. Luis Mariano était un battant, un vainqueur et il savait qu'un jour viendrait, qui lui apporterait la gloire et la fortune. Mais ce qu'il se disait au fond de lui-même, c'est qu'il fallait que cela vienne vite car, en réalité, il avait déjà vingt-huit ans et il croyait qu'à cet âge beaucoup de vedettes s'étaient déjà fait connaître. Ce qu'il ignorait, par contre, c'est qu'il faut atteindre la trentaine pour qu'une grande voix lyrique comme la sienne connaisse son ampleur et sa maturité totales. Il n'y a pas d'exemples, dans l'art du *bel canto*, de ténors qui se soient imposés avant d'avoir trente ans.

Au milieu de 1943, autre clin d'œil du cinéma. Après avoir tourné *Ramuntcho* à Sare en compagnie de la chorale « Erresoïnka », Mariano va faire une seconde apparition professionnelle à l'écran. On le découvre au générique du film de Georges Lacombe *L'Escalier sans fin*, dont la vedette est le grand comédien Pierre Fresnay. La prestation de Luis Mariano est encore bien minime. Il ne chante que trente secondes dans le film. Mais cela lui permet de se lier d'amitié avec Fresnay. On ne peut tourner les extérieurs en studio que la nuit, à cause des restrictions d'électricité imposées par l'occupant dans la journée. En raison du couvre-feu, il fallait alors que les artistes attendent le lever du jour pour s'en retourner chez eux. Pour tuer le temps ils bavardaient entre eux. C'est ainsi que Pierre Fresnay se prit de sympathie pour le jeune Mariano, et qu'il se mit à lui raconter ses débuts, son séjour à la Comédie-Française, suivi de sa démission de la Maison de Molière. Les intrigues de coulisses qui y régnaient, et les protections politiques dont on abusait avaient révolté cet homme profondément intègre et pur. Avec Mariano il aimait aussi parler de religion. Luis était un catholique profond et pratiquant, et Pierre un réformé ardent. L'immense foi de Pierre Fresnay impressionna beaucoup Luis Mariano.

Pendant quelques semaines, Mariano retrouva également sa place de guitariste-chanteur dans l'orchestre argentin de Raphaël Canaro qui, de retour en France, se produisait au dancing du Mikado, boulevard de Rochechouart. Canaro fut ravi de retrouver son chanteur de *Olvídame*. Et puis, ce fut le doigt de la chance, le premier miracle de Noël !

Les premiers mois de 1943, Max de Rieux, metteur en scène réputé d'œuvres lyriques (il allait devenir par la suite, en outre, un grand producteur de radio, puis directeur de la firme de disque Decca), prit la décision de remonter un opéra de Gaétano Donizetti intitulé *Don Pasquale*, qui était rarement joué. En ces temps difficiles, *Don Pasquale* présentait l'avantage de ne pas coûter cher, car il ne comportait que quatre rôles, ne demandait que peu de choristes, et la partition n'exigeait qu'une formation orchestrale réduite. Mais si l'on ne donnait que rarement cet ouvrage, c'est que le rôle du ténor, Ernesto, était très difficile à chanter.

Max de Rieux eut l'occasion d'entendre Luis Mariano chez un ami du nom de Dieudonné. Il fut emballé et lui trouva une voix de ténor plutôt exceptionnelle, un instinct vocal extraordinaire, et une très belle allure. Il pensa immédiatement que l'artiste pouvait convenir au personnage d'Ernesto, mais il ne voulut pas prendre une décision rapide et définitive. Il signala simplement à Mariano qu'une audition en vue d'Ernesto aurait bientôt lieu, et il lui demanda d'y participer. Bien sûr, Luis accepta. Max de Rieux invita son ami, le journaliste musicologue Paul Macaire qui, lui aussi, deviendrait un jour un producteur de télévision connu, à venir écouter le jeune chanteur. Ce jour-là, Luis Mariano choisit d'interpréter pour l'audition l'air de Werther de Massenet qui lui avait valu son prix de Conservatoire devant Jeanine Micheau : « Pourquoi me réveiller au souffle du printemps ? » et un extrait de *La Bohême*, « Que cette main est froide ! », en italien : « Che gelida manina ! » Macaire fut absolument enthousiasmé par la voix du ténor, et par sa prestance. Il déclara à Max de Rieux qu'il le trouvait absolument sensationnel. Et Luis Mariano fut engagé sur-le-champ.

Une partie de son rêve devenait réalité. Il allait chanter une œuvre majeure du répertoire lyrique avec, pour partenaires, trois artistes confirmés appartenant à la troupe de l'Opéra de Paris : Vina Bovy, superbe colorature de renommée internationale, une grande diva de l'époque, le baryton Gilbert Moryn et la basse Charles Cotta.

Le temps des répétitions change considérablement la vie de Mariano. Du jour au lendemain, il se trouve pris dans un véritable tourbillon. Entre les leçons de chant proprement dites avec Miguel Fontecha, l'étude de la partition de *Don Pasquale* avec un pianiste et des partenaires, les essayages des costumes, il n'a plus une seconde à lui. Naturellement, les moments d'exaltation et de désespoir alternent. C'est normal. En outre, Mariano s'est fait inscrire au cours d'art dramatique de Mme Andrée Bauer-Thérond, une des écoles les plus en vue dans ces années-là, pour améliorer sa diction, diminuer son accent, et s'initier à la mise en scène théâtrale. Il a la chance que son professeur soit Maurice Escande, le grand sociétaire de la Comédie-Française.

Souvent, avant de s'endormir, même s'il est mort de fatigue, il se dit qu'il est complètement fou de s'engager dans une telle entreprise : débuter sur une grande scène, avec des artistes chevronnés, dans un opéra réputé pour ses embûches, devant le « Tout-Paris » des Arts, et avec la présence de toute la critique musicale au grand complet, lui qui, jusque-là, n'a jamais chanté avec un grand orchestre symphonique ! Il se comparait au funambule des cirques, ou au trapéziste volant, qui travaillait sans filet, alors qu'auparavant, cet artiste était gymnaste au sol. C'était un coup à se casser les reins, et à ne pas s'en relever. Mais son tempérament gagnant se plaisait à cette gageure, et à en sortir vainqueur. L'occasion était unique. Il se disait qu'il n'avait rien à perdre, et que si ça ne marchait pas, il dirait adieu à ses rêves de gloire et à ses ambitions de grand chanteur, et qu'il reviendrait à l'architecture et reprendrait ses crayons et ses pinceaux.

Les répétitions poursuivent leurs cours. Quelquefois, Maurice Escande demande à Mariano de venir chanter quelques romances pour illustrer les galas poétiques que donne le grand comédien, soit à la Salle Gaveau, soit à la Salle Pleyel, au bénéfice d'associations de bienfaisance. Cela habitue le jeune homme aux réactions du public parisien.

La date de l'unique représentation de *Don Pasquale* approche. Elle a été fixée au 24 décembre 1943 et les bénéfices seront versés à la Croix-Rouge. Par contre, il est impossible de jouer sur la scène du Palais Garnier, réquisitionné par les troupes occupantes. Max de Rieux a pu, par contre, obtenir la grande salle du Palais de Chaillot. Mariano la connaît. Il a déjà chanté sur cet immense plateau, lors de la venue à Paris de la chorale basque « Erresoïnka » en 1937. Mais il n'était pas chanteur soliste, et tous ses camarades compatriotes étaient autour de lui. Pour *Don Pasquale*, il n'en sera pas de même ! Ils ne seront que quatre et Mariano devra chanter en grand soliste !

Ce 24 décembre arrive enfin. Mariano est au comble du trac, de l'énervement, de l'angoisse et de la fatigue. Vina Bovy, vedette féminine de l'ouvrage, et cantatrice lyrique renommée à l'apogée de sa carrière, fait de son mieux pour le réconforter. Le voilà seul dans sa loge. Tout en se maquillant, ses pensées volent vers Bordeaux, son père, sa sœur et surtout... sa maman. Ah, comme il aurait besoin de sa présence, de sentir un baiser sur son front ! Comme il aurait envie que la señora Gregoria le presse sur son cœur ! Il se voit, dans un instant, sans voix, sifflé, chassé sous les quolibets et les huées ! D'un seul coup, il renonçait à être artiste ! Il voulait partir, fuir ! Pourquoi ce satané théâtre ne prenait-il pas feu ? En s'habillant, il était sur le point de sangloter comme un enfant. Mais voici Max de Rieux qui fait irruption dans la loge. Il entraîne Mariano dans les coulisses, le pousse en le giflant légèrement, et le voici sur scène, sous les projecteurs braqués sur lui.

Instinctivement, en passant entre les portants, il a fait un signe de croix. Et le miracle de Noël se produit !

Non seulement Luis Mariano chante, mais sa voix s'élève, magnifique, somptueuse, dans la vaste salle du Palais de Chaillot. Il suit l'orchestre normalement, en mesure, sans aucun accrochage, alors qu'il n'y a pas eu de répétition avec cette formation importante, lui qui n'avait jamais chanté sur une orchestration aussi difficile, parfois éloignée de la mélodie, lui qui n'avait jamais été dirigé par un vrai chef d'orchestre classique. Tout se passe merveilleusement bien, ses airs, dont la célèbre sérénade « Qu'il est subtil, le souffle de l'avril ! », ses répliques avec ses partenaires. Quand arrive le difficile quatuor, plein de pièges, Max de Rieux avait prévu une répétitrice en coulisses qui aiderait Luis avec la partition. Peine perdue, Mariano chante sa partie comme s'il avait interprété ce morceau depuis des années. Non, il n'est pas sifflé comme il le redoutait. Au contraire, à la fin de chacune de ses prestations, les bravos enthousiastes du public montent vers lui. Il s'incline en souriant, et reçoit ces ovations, ces premiers bravos que Paris lui adresse, comme une musique céleste. À la fin de la représentation, la partie est gagnée !

Le lendemain, la critique le remarque... C'est formidable après une unique soirée, et quand on est un inconnu entouré de trois chanteurs consacrés. Il est même comparé, une fois de plus dans sa vie, à Miguel Fleta, qu'il admire tant. Adolphe Borchard, du *Petit Parisien* est plus nuancé. À la fin de son compte rendu, il écrit : « ...et un jeune ténor inexpérimenté, mais doué, M. Mariano ».

Luis Mariano est heureux. Ses efforts ont été récompensés. Bien sûr, il ne sort pas vedette de cette expérience. Son cachet n'est pas le pactole. Un chèque de quatre cents francs. Mais, en faisant du charme à une employée de sa banque, il réussit à le récupérer. Selon la tradition américaine, qu'il a apprise en lisant une revue de cinéma, il le fait encadrer, et le fixe au mur de sa chambre, juste au-dessus de son lit.

Il va chanter à nouveau *Don Pasquale* quelques jours plus tard, les 21 et 23 janvier 1944, au Grand Théâtre de Bordeaux. Le Grand Théâtre qu'il a si souvent fréquenté, là-haut au poulailler, quand il était étudiant au Conservatoire, en rêvant d'être un jour à son tour sur la scène! Le Grand Théâtre, à deux pas de ce Caveau où il faisait la plonge et chantait contre un sandwich, avant de s'y produire avec Raphaël Canaro! André Varon et ses amis, ses camarades des Beaux-Arts et du Conservatoire, ses parents et sa sœur sont là, tout Bordeaux est là! Quelle émotion intense pour le jeune Basque réfugié de revenir en grand chanteur dans ce théâtre qui est considéré comme un des temples de l'art lyrique en France. Il a la réputation, qu'il partage avec le Capitole de Toulouse, d'être le « tombeau des ténors », tant le public y est mélomane et difficile. Et Luis Mariano triomphe, comme à Paris!

Inutile de dire sa joie et son bonheur.

Mais le sinistre service obligatoire, le S.T.O., le menaçait toujours. Alors, comme beaucoup de jeunes gens, Mariano disparut un temps. Il prit le maquis; ce foyer de résistance se trouvait dans les Landes. Le printemps arrive, et avec lui, les premiers combats de la Libération. Mais ils n'eurent pas lieu dans cette région de France. Il eut cependant l'occasion de tirer quelques coups de fusil, mais comme il l'avoue dans ses Mémoires, l'arme en question était plutôt « préhistorique »! Il s'ennuyait, traînait un cafard noir en croyant que sa carrière naissante était interrompue au moment de s'envoler. Il n'y avait pas d'Allemands dans le coin. Ils étaient à deux cents kilomètres au nord, sur chaque rive de l'estuaire de la Gironde, au Verdon et à Royan. Alors, pour tuer le temps, il chantait pour ses camarades, comme à l'époque des vendanges de Saint-Émilion, des chansons basques ou espagnoles, ou des chansons de soldats. Mais, dès qu'il le put, il regagna Paris.

Et il y retrouve *Don Pasquale* et ses partenaires. Cependant, cette fois-ci, ce n'est plus au Palais de Chaillot que l'opéra est joué. C'est au Théâtre des Variétés, que l'œuvre est affichée pour quarante représentations, du 7 avril au 4 mai 1944. Une telle série se fait très rarement pour un opéra. Généralement, ce genre d'ouvrage n'est monté que pour une dizaine de représentations au maximum, et encore, ces spectacles ne se suivent pas toujours puisque le système des théâtres nationaux est celui de l'alternance. Aux Variétés, Mariano chantera *Don Pasquale* tous les soirs, et deux fois le dimanche, en matinée et en soirée. Ce qui est une performance vocale.

Il y aura encore, deux ans plus tard, une ultime représentation de *Don Pasquale* avec Luis Mariano. Le 10 février 1946, le ténor chantera une nouvelle et dernière fois l'ouvrage au Palais de Chaillot. Mais, à ses côtés, Vina Bovy sera remplacée par une autre grande cantatrice, Renée Doria, qui fut une des plus belles « Traviata » qu'ait connue l'Opéra de Paris.

En ce temps-là, Mariano et Jeanne n'habitaient plus rue Fontaine. Ils avaient déménagé pour aller s'installer dans un autre deux-pièces, 193 rue de l'Université, dans le septième arrondissement. Patchi Lacan, le fidèle secrétaire et homme de confiance de Luis Mariano, conserve encore aujourd'hui la carte de résident étranger et l' « Aúsweiss » de Mariano à cette époque.

Au mois d'août, Luis est absent de Paris, lorsque la capitale est libérée. Il se trouve à Pontonx-sur-Adour, où il chante, pour commémorer l'événement, une *Marseillaise* vibrante. Les gens qui eurent la chance d'assister à cette prestation en gardent encore les échos ardents.

Mariano remonte vite à Paris. Jeanne est toujours à ses côtés. Ils retrouvent une ville en fête, une capitale ivre de joie, de liberté et de victoire. Mariano chante surtout pour le Théâtre aux Armées des troupes américaines stationnées en France, et son nom commence à apparaître sur les affichettes de la 2e D.B. Lors d'un gala qu'il fait pour les G.I.'s, il entend un jour un disque qui vient d'arriver des États-Unis, enregistré par l'orchestre de Xavier Cugat. Mariano est immédiatement séduit par les deux faces, qui sont deux boléros mexicains, à ce moment-là au sommet du « Billboard » (le « Top 50 » américain des années 40). L'une de ces chansons s'intitule « Amor, amor » et l'autre « Besame mucho ». Luis veut les apprendre et les mettre le plus vite possible à son répertoire. Bien sûr, les deux chansons sont inédites en France, et il n'en existe aucune partition. Il demande à un des officiers américains, dont il s'était fait un camarade, de lui prêter le disque. Son pianiste relève les lignes mélodiques, et il écrit lui-même les paroles espagnoles de son cru, puisqu'il ignorait les paroles mexicaines originales. Le disque était chanté en anglais, et l'officier américain lui avait traduit les textes en français.

Ces deux chansons vont faire en France la carrière que l'on connaît. Elles font aujourd'hui encore partie des « standards », des classiques du répertoire de la musique de danse. « Amor, amor » et « Besame mucho », lancées par Luis Mariano, remportèrent tout de suite la faveur du public. Elles furent les premiers pas de l'artiste vers le sommet de grande vedette de la chanson, qu'il va rapidement atteindre... presque malgré lui !

Car, après le beau succès des quarante représentations de *Don Pasquale* au Théâtre des Variétés, il n'a pas abandonné son désir d'entrer soit à l'Opéra, soit à l'Opéra-Comique. Pour lui, les chansons de variétés qu'il avait apprises et qu'il chantait, ne lui servaient qu'à faire de petits galas alimentaires, mais pas à se faire un nom et une carrière. Mariano va donc se faire inscrire pour les auditions de l'Opéra-Comique. Jeanne l'aide à remplir soigneusement les formulaires de demande d'audition. Il est convoqué et se présente à la Salle Favart en interprétant « Le Ciel luisait d'étoiles » (« E lucevanno le stelle »), extrait de *La Tosca* de Giacomo Puccini, et « Que cette main est froide ! » (« Che gelida manina »), extrait de *La Bohême* du même compositeur. À la fin de la prestation on lui lança le fameux « On vous écrira ! » Et il ne reçut jamais de réponse. En fait, son destin était ailleurs, et il devait être combien plus éclatant.

Il avait compris qu'avec le physique typiquement espagnol qu'il possédait, avec son accent, et le genre de chansons qu'il chantait, il fallait qu'il se crée un personnage bien à lui : le ténor espagnol Luis Mariano. Il lui fallait donc trouver la tenue de scène idéale. Certes, il avait bien un vieux smoking, qu'il avait acheté aux premiers jours de son arrivée à Bordeaux. Mais le vêtement avait vieilli. En outre, le corps de Mariano s'était développé tant en hauteur qu'en carrure, ce qui était normal à son âge. Et il ne possédait pas assez d'argent pour s'acheter un smoking neuf. Ce genre de vêtement coûte cher.

Alors, il eut une idée géniale. Avec l'aide d'un camarade espagnol, le danseur Ramon Almeda, avec qui il entretiendra des relations amicales jusqu'à la fin de sa vie, il coupa le bas de la veste, allongea les manches avec les manchettes de dentelle d'une chemise, dont le jabot mousseux remplaçait la traditionnelle cravate. Quelques petits boutons dorés et des aiguillettes sur la veste donnèrent à cette dernière l'aspect d'un boléro. On défit les ourlets du pantalon pour l'allonger, et l'ensemble devint une tenue d'hidalgo romantique de l'Espagne d'Isabelle II dans les années 1840. Un autre danseur de la troupe d'Almeda, Granito, fit cadeau à Mariano d'un sombrero andalou, qui vint parfaire la tenue de l'artiste. C'est ainsi habillé que Luis Mariano va paraître désormais sur scène, dans les galas qu'il va faire tant dans les quartiers de Paris qu'en province. Bien sûr, comme tous les débutants, Mariano va connaître quelques petites humiliations, mais il faut dire tout de suite que cette période fut brève, même si elle dut paraître sans fin à l'artiste.

Un soir, il avait été engagé pour un gala qui devait se dérouler à l'Alhambra, vaste music-hall très réputé, situé rue de Malte, près de la place de la République, et qui devait être démoli à la fin des années 70. Il passait en « anglaise », c'est-à-dire en milieu de première partie. Avant la fin du numéro visuel qui le précédait, le présentateur du spectacle vint le trouver en coulisses :

– Comment dois-je vous annoncer ? demanda-t-il au chanteur

– Luis Mariano ! répondit fièrement Mariano et en le regardant avec toute sa superbe hispanique.

Le présentateur, nullement décontenancé, jugea la tenue de l'artiste d'un regard froid et lui lança :

– Danseur ?

– Chanteur, monsieur !... Chanteur !... Je suis le ténor espagnol Luis Mariano !

Il est inutile de préciser combien Mariano se sentit vexé d'être encore si peu connu à ce point.

Une autre fois, il devait répéter pour un gala aux Folies-Belleville. Il voulait chanter quatre chansons. L'un des organisateurs de la soirée refusa. Luis réplique :

– Mais, monsieur, monsieur Andrex en passe bien quatre !

L'organisateur regarda Mariano avec condescendance :

– Écoutez, mon petit... Quand vous serez une grande vedette comme monsieur Andrex, revenez me voir, et vous chanterez vos quatre chansons !

Le sang de Mariano bouillait. La rage le dévorait. Il aurait bien flanqué son poing dans la figure de l'homme. Mais il dut se contenir. Une grande vedette, il allait vite le devenir, et même plus qu'une vedette, une « star »! Il ferait tout ça! Mais, si pénibles que purent être ce genre d'expériences, elles servirent à Mariano à ne jamais se prendre au sérieux, même à l'apogée de son éblouissante carrière.

L'hiver 44-45 connut des froids sibériens. Souvent, malgré cela, Mariano et d'autres artistes partaient chanter pour les soldats de l'Armée de Lattre de Tassigny ou pour les troupes alliées. Certes, les conditions de voyage étaient plus que pénibles, mais tout le monde, et Luis en premier, manifestait une bonne humeur inaltérable et indéfectible. La paix n'était toujours pas signée (elle n'interviendra que le 8 mai 1945) et les hommes qu'ils allaient distraire risquaient encore leurs vies à chaque instant dans les combats.

Un jour, on demanda à Luis Mariano de venir chanter pour des blessés, dans un hôpital situé tout près du front. Naturellement, Mariano accepta de grand cœur. Il le fera toute sa vie pour ce genre de manifestation de bienfaisance. L'atmosphère d'un hôpital était très émouvante pour lui. Avant d'entrer dans la grande salle où les blessés graves étaient étendus sur leurs lits de souffrance, l'infirmière-major vint le trouver :

« M. Mariano, il y a parmi ces garçons, presque tous gravement atteints, un jeune engagé volontaire espagnol. Il est condamné : le médecin-colonel a dit qu'il ne passerait pas la nuit. Il sait que vous êtes son compatriote et il souhaiterait vous serrer la main, quand vous aurez fini de chanter... »

Mariano chanta surtout pour ce jeune agonisant qui le regardait avec un grand sourire, comme si Luis incarnait à ses yeux sa famille et son Espagne natale... Le pauvre garçon eut même encore la force de plaisanter avec ses camarades entre deux refrains :

« Alors, *muchachos*, qu'est-ce que vous en dites ?... Vous voyez qu'on sait chanter aussi en Espagne ! »

Quand Mariano eut terminé son tour de chant, le jeune Espagnol le remercia du plus chaleureusement qu'il put. Mariano lui avait redonné l'espoir de guérir et le jeune soldat voulut absolument lui offrir une petite médaille de la Vierge en souvenir :

« Je n'en ai plus besoin... grâce à toi ! », lui dit-il. « Je suis sauvé. Prends-la, *amigo* ! Elle te portera bonheur ! »

Comme l'avait prévu le médecin-colonel, le jeune homme mourut dans la nuit. Luis Mariano avait été sa dernière joie, il épingla la médaille au mur de sa chambre et, plus tard, sur le petit manteau de la Vierge d'Irún, la « señora del Juncal ».

C'est à cette époque que Luis Mariano fit la rencontre la plus capitale de sa carrière. Et cette rencontre a pour nom Francis Lopez.

Francis Lopez naquit, par le hasard capricieux de la guerre, le 15 juin 1916 à Montbéliard, dans le Doubs, où son père était mobilisé dans le service de santé de l'Armée française. M. Lopez père était issu d'une famille basque émigrée au Pérou. Au début du siècle beaucoup de Basques émigraient en Amérique du Sud, dans l'espoir d'y faire fortune. Quand M. Lopez revint en France, il épousa la ravissante Bertaena Jamblot qui, elle, était une Basquaise issue d'une famille émigrée en Argentine. Le père du futur compositeur Francis Lopez avait opté pour la France dès la déclaration de la guerre de 1914 ; c'était la raison pour laquelle il s'était retrouvé mobilisé à Montbéliard. Sa femme venait le voir, quand la cité franc-comtoise fut violemment bombardée par l'aviation du Kaiser. Le résultat de ce bombardement fut la venue au monde du petit Francis, que l'on n'attendait, en fait, que deux mois plus tard.

Comme l'avait fait son père vingt-cinq ans plus tôt, Francis Lopez opte pour la France, quand éclate la Seconde Guerre mondiale le 2 septembre 1939. Il est mobilisé comme sous-lieutenant dans le service de santé, car il a fait ses études de médecine et de dentaire à Paris. Après une guerre brillante, il est démobilisé et monte à Paris pour s'installer. Il ouvre un petit cabinet dentaire au 17 de la rue Lauriston, mais il ne pourra exercer que six mois. En effet, en 1942, une loi promulguée par le gouvernement de Vichy interdit aux Français nés de parents étrangers – ce qui était le cas de Francis – d'exercer une profession libérale. Lopez est obligé de fermer son cabinet. Il se tourne alors vers la musique, qui avait toujours été son violon d'Ingres. C'est à l'armée qu'il avait écrit sa première chanson « Petits soldats de France », en échange d'une permission. À Paris, il était allé applaudir le tour de chant de Maurice Chevalier au Casino de Paris, et il avait eu la révélation de la chanson populaire. Depuis, il s'amusait à composer, dès qu'il en avait le temps, de jolies mélodies dont il a toujours eu le secret. C'est un autre Basque, le chanteur André Dassary déjà vedette en cette année 1942, qui va le lancer. Dassary présente Lopez au chef d'orchestre Raymond Legrand – père de Michel Legrand – qui a repris, dans le monde de la chanson, la place laissée vide par le départ de Ray Ventura, obligé, par ses origines israélites, de s'exiler en Amérique du Sud. Raymond Legrand crée, avec son grand orchestre, quatre chansons de Francis Lopez, dont « Le Rat des villes et le Rat des champs » et « Perrette et le pot au lait ». Succès foudroyant. On commence à connaître le nom de Lopez.

En cet hiver 1944-1945, où il va faire la connaissance de Luis Mariano, Francis Lopez est le jeune compositeur-phare de la chanson française. Il a déjà écrit de gros succès pour Tino Rossi, Maurice Chevalier et un jeune Grec qui avait débuté avec Mistinguett en 1937, Georges Guétary. Pour ce dernier, il a écrit la musique du film *Le Cavalier Noir* et la France fredonne « Chic à Chiquito ». À la Libération, Lopez et Guétary font ce que l'on appelle aujourd'hui un « carton » avec la célèbre rumba « À Honolulu ».

C'est à Biarritz, en 1945, que Francis Lopez entendit Luis Mariano pour la première fois, grâce au populaire fantaisiste Henri Génès, qui commençait à devenir une grande vedette. Génès était alors la tête d'affiche du cabaret Le Mayfair, une des boîtes de nuit les plus élégantes de la Côte basque. Génès y faisait son tour de chant, et y animait également les soirées. Devant quitter le Mayfair pour tourner un petit rôle dans le film *La Ferme du Pendu* aux côtés d'un autre débutant nommé Bourvil, Génès dut se faire remplacer pendant un bon mois. Il proposa au directeur de la boîte un jeune auteur-compositeur-interprète qui commençait à faire parler de lui à Paris. C'était Francis Lopez. Le patron ne le connaissait pas, il l'engagea en faisant confiance à Henri. Il eut raison, car Francis plut beaucoup au public.

Quand Génès revint de son tournage, Francis Lopez était prolongé. Mais Henri reprit son rôle d'animateur. Un soir, un superbe jeune homme brun, visiblement espagnol, vint au Mayfair, en compagnie de plusieurs amis avec qui il passait quelques jours de vacances. C'était Luis Mariano. En fin de soirée, un des jeunes gens de la bande insista auprès d'Henri Génès pour que Mariano chante une chanson. Luis interpréta *Amor, amor* avec sa brillance, sa facilité et son charme extraordinaires. Le public fut médusé, puis applaudit à tout rompre. Dès que Mariano eut rejoint la table de ses amis, Francis Lopez, qui était encore là après son tour de chant, vint se présenter. Il félicita chaleureusement Mariano, et lui donna sa carte avec son téléphone personnel. Il demanda au jeune ténor de l'appeler sans faute dès son retour à Paris. Mais, une fois dans la capitale, Francis oublia le chanteur basque. La vie parisienne, les premiers succès lancés par des vedettes consacrées, et la belle Nita Raya qu'il venait de ravir à Maurice Chevalier, accaparaient l'esprit du jeune compositeur. Ce fut alors que Jeanne Lagiscarde commença son harcèlement téléphonique. Pendant plus d'un mois, elle téléphone chaque matin, à neuf heures, chez Francis Lopez. Mais Francis est, comme Mariano d'ailleurs, un joyeux compagnon, un gai luron « play-boy » blond aux yeux bleus, au sourire charmeur, noctambule invétéré qui rentre chez lui tous les jours à l'aube. Ses conquêtes féminines ne se comptent plus et il semble bien évident que neuf heures du matin ne soit pas l'heure idéale pour le réveiller ! Enfin, un beau jour, lassé de ces appels incessants de Jeanne qui lui vante les qualités de cet autre jeune Basque à la voix exceptionnelle, Francis Lopez accorde un rendez-vous à Mariano. Cinq heures de l'après-midi au Fouquet's.

Les deux hommes, qui ont tant de points communs, sympathisent immédiatement. Ils évoquent, dans ce Paris froid et encore occupé, leur beau Pays basque au soleil éclatant, Biarritz, Hendaye et Saint-Jean-de-Luz, Francis lance à Mariano :

– Donne-moi le prénom de ta femme... Je vais en faire une chanson pour toi !

– Mais je suis encore célibataire ! répond Mariano en riant.

– Il y a bien un prénom de femme que tu aimes plus que les autres ?

– Oui, celui de ma sœur !... Elle s'appelle Maria-Luisa !

– Maria-Luisa !... C'est très joli !... Je vais t'en faire une valse !

Et ils se quittèrent.

Ils ne se reverront que plusieurs mois plus tard.

Luis Mariano et Francis Lopez! Deux noms qui, dans l'esprit de tous, vont devenir inséparables. A compter de ce jour, et bien sûr à l'insu des deux protagonistes, la « Légende » commence. Francis et Mariano sont, tous les deux, les fils du soleil et de la joie. Ils sont tous les deux basques et cela est très important. Que Luis soit d'Irún et Francis de Saint-Jean-de-Luz, que l'un soit espagnol et l'autre français, ce qui compte c'est l'appartenance au peuple basque. La frontière franco-espagnole n'est qu'une ligne politique que les hommes ont tracée, tandis que les racines, les sources, sont un don du Ciel. Ils vont parcourir ensemble un « camino de gloria », un chemin de gloire, pendant vingt-cinq ans, et leur réussite sera mondiale. Ils se complètent merveilleusement. Luis possède la voix que Francis entend dans sa tête lorsqu'il compose, et Mariano entre dans les mélodies de Lopez comme on entre dans un vêtement fait sur mesure.

Il est très rare qu'un compositeur rencontre l'interprète idéal pour sa musique. Mais, quand ce mariage a lieu, les enfants sont des résultats éblouissants. Il y a eu, dans la musique légère, avant le tandem Mariano-Lopez, deux autres cas semblables : celui de Tino Rossi et du compositeur marseillais Vincent Scotto et, à Vienne, en Autriche, celui du grand compositeur d'opérettes Franz Lehár avec le merveilleux ténor classique Richard Tauber.

En attendant, pour Mariano, la ronde des petits galas recommença. Il n'était pas facile de s'y rendre : on utilisait ses propres moyens, le métro quand les contrats étaient dans Paris, le train quand ils se trouvaient en banlieue ou en province.

C'est ainsi que Mariano faillit rater un spectacle qui lui apporta une occasion décisive pour la suite de sa carrière. Sa grande amie Carmen Torrès lui avait procuré un engagement dans une banlieue, Suresnes, qui était, à l'époque, assez éloignée de Paris et surtout, d'un accès plutôt difficile. S'étant énervé pour arriver jusqu'à la petite ville, car il avait raté un train, Mariano en avait oublié le nom du théâtre où il devait chanter. Il portait un gros pardessus et, dessous, il avait revêtu sa tenue de scène d'hidalgo espagnol. Pour éviter de perdre du temps avant d'entrer en scène, il était déjà tout maquillé. Mais, pour comble de malchance, il s'était perdu en sortant de la gare, dans une tourmente de neige. La nuit était sombre et pratiquement opaque, car les lumières devaient être éteintes à partir de vingt heures trente. Bref, le « black out » était toujours en vigueur. Finalement, il put enfin découvrir le théâtre qu'il cherchait, en apercevant soudain devant lui une affiche qui mentionnait son nom et il put arriver avant la fin du gala. Il fit donc son tour de chant comme prévu.

Sa bonne étoile, sa chance, veillait encore sur lui ce soir-là. Saint-Granier, un présentateur vedette, animateur de radio fort connu, que tout le monde appelait « Le Marquis », car il était à la ville marquis de Cassagnac, se trouvait dans la salle. Il apprécia fort le tour de chant de Luis Mariano. Ils bavardèrent après le spectacle. Luis confia à Saint-Granier ses espoirs d'entrer bientôt à l'Opéra-Comique. « Le Marquis » lui répondit qu'il n'était pas fait pour ça. L'Opéra-Comique, c'était très joli, mais c'était une sorte de musée, et si Mariano entrait dans ce théâtre-musée, le grand public ne connaîtrait jamais son nom. Saint-Granier était un homme de music-hall, un auteur de chansons à succès comme « Ramona » et d'opérettes qui avaient bien marché, comme *Rose-Marie, Deux sous de fleurs* ou *Katinka.* Il déclara à Mariano qu'il avait tout pour faire une grande carrière au music-hall. Il était jeune, il était beau, il possédait la fougue et l'enthousiasme caractéristiques des Espagnols. Et surtout, Luis plaisait énormément au public féminin. Or, dans ce métier, les hommes deviennent des vedettes grâce aux femmes, car le succès se fait par les femmes !

– Croyez-moi ! Faites du music-hall et essayez ensuite l'opérette. Là, je suis sûr que vous deviendrez très rapidement une étoile de première grandeur !

Saint-Granier ne se trompait pas.

Il recommanda Luis Mariano à deux de ses amis, le compositeur Michel Emer et le producteur de radio Jean-Jacques Vital, neveu du grand marchand de meubles Félix Lévitan. Emer et Vital présentaient sur les ondes de la Radio nationale, une émission fort écoutée : « L'heure du soldat ». Ils décidèrent d'y faire passer Luis Mariano, en invité d'honneur.

Il faillit manquer son passage !... Fou de joie à l'idée que, grâce à la radio, toute la France allait pouvoir l'écouter, il consacra l'après-midi de ce grand jour, à une répétition minutieuse de ses chansons. Le compositeur Guy Lafarge, autre producteur de radio de renom, assistait à cette répétition. Le lendemain, il dit à Jacqueline François, qui était encore à l'aube de sa magnifique carrière de chanteuse : « J'ai entendu un type extraordinaire. Il s'appelle Luis Mariano et je suis sûr que, bientôt, on va en entendre beaucoup parler ! »

Après la répétition, Mariano s'en retourna se reposer chez lui. Il oublia simplement de demander à quelle heure il devait chanter le soir.

Le voilà donc dans son petit appartement de la rue de l'Université. Il écoute la radio, et sursaute en entendant le « speaker », comme on disait à l'époque, annoncer « l'émission que vous attendez tous : L'heure du soldat ! » Il bondit comme un fou. L'émission va commencer et tout le monde doit l'attendre sur le plateau. Il se précipite vers le métro car les taxis sont extrêmement rares. Pas de chance : panne de métro ! Le temps de rejoindre à pied les Champs-Élysées, l'émission serait terminée ! Et tout serait fini pour lui ! Sa bonne étoile veille toujours : une voiture militaire passe, avec à l'intérieur, un jeune lieutenant... qui était une blonde ravissante ; car l'armée comprenait nombre d'officiers féminins.

La voiture s'arrêta. Mariano expliqua son histoire à la femme-lieutenant qui accepta volontiers de le conduire à la Salle Washington, 10 rue de Washington, où se déroulait l'émission. Le concierge refusa de le laisser entrer. En plus, il était mort de trac à l'idée de chanter en direct à la radio. Il crut de nouveau que tout cela était un avertissement du Ciel et qu'il ne devait pas faire ce métier-là ! Mais, comme bien souvent dans la vie, Mariano fut sauvé par une femme. La secrétaire de Jean-Jacques Vital, qui guettait son arrivée avec une certaine anxiété, le traîna jusqu'à la scène. Et là, comme d'habitude, tout se passa pour le mieux du monde.

Ce fut également Saint-Granier qui présenta Luis Mariano à Mitty Goldin, qui dirigeait l'A.B.C., le music-hall le plus important de Paris, qui apportait la consécration aux artistes qui s'y produisaient. A partir de 1954, ce sera l'Olympia qui tiendra ce rôle, et l'on peut dire que Bruno Coquatrix, son directeur, succédera à Mitty Goldin comme grand lanceur de vedettes.

Saint-Granier emmena Mitty Goldin à un petit gala où se produisait Mariano.

– Tu dois donner sa chance à ce garçon ! fit le « Marquis » à son ami. Regarde ! Il a tous les atouts pour devenir une grande vedette. Et quelle voix ! Engage-le pour un de tes prochains spectacles !

Mitty Goldin était prudent. Il ne voulait pas, en outre, avoir l'air de sauter de joie en découvrant Mariano, car il avait peur que l'artiste, apprenant cette réaction, soit exigeant sur son cachet. Il objecta à Saint-Granier qu'un débutant représente toujours un certain danger.

– Coupons là ! Tes arguments de prudence ne me convainquent pas. Engage ce garçon, Mitty ! S'il ne marche pas sur le public, je te rembourse tous ses cachets !

Et Mitty Goldin promit à Saint-Granier d'engager Luis

Mariano à l'A.B.C. pour sa prochaine revue qui s'appellerait *La Revue de la Victoire*, dont la grande comédienne Françoise Rosay serait la vedette.

Contrairement à ce que l'on pourrait penser, Luis Mariano ne sauta pas de joie quand le directeur de l'A.B.C. lui proposa un contrat. Il était toujours obsédé par l'Opéra-Comique, et il pensait que paraître sur une scène de music-hall, si importante pût-elle être, ferait prendre une tout autre direction à la carrière qu'il s'était fixée, ou même, risquerait de la briser à tout jamais. La vérité, c'est que Mariano était mort de trac. Mais Mitty Goldin, spécialiste de la publicité, lui proposa de faire imprimer des affiches où s'inscriraient, en rouge sur fond noir, des lettres de quinze centimètres de haut. L'inscription proclamerait : « Le célèbre ténor espagnol Luis Mariano ». C'était un argument de taille. C'était même très convainquant. Goldin provoqua également une rencontre entre Françoise Rosay et Mariano. La grande vedette encouragea le débutant avec beaucoup d'intelligence et de bonté. Ils évoquèrent avec quelque émotion les souvenirs de Sare 1936, la chorale basque « Erresoïnka » et le tournage de *Ramuntcho.*

Luis Mariano, très encouragé également par Jeanne Lagiscarde, signa le contrat qui faisait de lui la vedette américaine de *La Revue de la Victoire* à l'A.B.C. au printemps de 1945.

Il commence à beaucoup sortir le soir, et à se faire des relations utiles. Il se reprend à fréquenter le bar du Fouquet's, aux Champs-Élysées, l'endroit qu'il a découvert lors de sa rencontre avec Francis Lopez, ce lieu où se plaisent à se retrouver les gens qui « ont un nom » dans le monde du spectacle, ou dans le monde tout court. C'est là qu'il se lie d'amitié avec Maurice Carrère, Basque également, et qui règne sans partage sur la vie nocturne de la rue Pierre-Charron. On peut le voir aussi au Bœuf sur le Toit et au célèbre cabaret espagnol La Puerta del Sol, où il vient certains soirs applaudir le ballet de son ami le danseur Ramon Almeda, et d'autres artistes transpyrénéens.

Ces sorties sont souvent le sujet de disputes entre Mariano et Jeanne. Elle ne veut pas le quitter d'une semelle, craignant que quelqu'un d'autre ne prenne une influence professionnelle sur le chanteur. Mais Mariano refuse. Il est libre, et veut s'amuser et parler à sa guise.

Un soir, à l'instant où Mariano vint, comme d'habitude, l'embrasser sur le front, elle s'aperçut qu'il était habillé pour sortir.

– Où vas-tu ?, lui demanda-t-elle d'un ton sec.

– Au Bœuf... Maurice Carrère m'a invité à dîner avec des gens importants !

– Des gens importants !... Alors, tu devrais m'emmener ! Tout ce qui concerne ta carrière, me regarde ! Si tu en es où tu te trouves c'est quand même grâce à moi ! J'ai tout fait pour toi, Mariano !

– Ne crains rien, Jeanne ! Je ne ferai jamais rien sans toi. Je ne suis pas un ingrat, tu le sais ! Mais j'ai horreur qu'on me surveille ! Je vais où je veux et je vois qui je veux !

– A condition que ce ne soit pas néfaste pour ton travail. Je ne veux pas que tu écoutes n'importe qui !

– Maurice est un ami, et il n'est pas n'importe qui !

– Ce n'est pas un homme de spectacle... C'est un restaurateur mondain ! Il ne connaît rien au théâtre !

– Bon !... Maintenant, ça suffit ! Écoute, Jeanne, je suis majeur, je suis libre, je fais ce qui me plaît ! Après tout, tu n'es ni ma mère, ni ma sœur, ni ma maîtresse... Alors, bonsoir !

Et il sortit en lançant : « Hasta mañana !... » A demain !

Il faut dire que les gens du « Tout-Paris » noctambule, auprès desquels l'introduit Maurice Carrère, se prennent tous de sympathie pour ce beau garçon brun, élégant, toujours de bonne humeur, prêt à rire, et dont l'accent bascoespagnol fait que l'on croirait qu'il chante même lorsqu'il parle. Le contact humain de Luis Mariano est prodigieux et c'est plus qu'utile pour faire une carrière. Il est pratiquement impossible de réussir sans l'appui de ce « Tout-Paris »-là.

Cependant Jeanne, de son côté, ne reste pas inactive. Elle a obtenu pour elle un poste important dans une grande maison de disques, La Voix de Son Maître, et sa préoccupation première est de négocier un contrat d'enregistrement pour son protégé. Ce qu'elle réussit à obtenir. Mais le contrat ne concerne tout d'abord Luis Mariano qu'en tant que chanteur d'opéra. Et il enregistre, en cette fin d'année 1944, la « Sérénade de Don Pasquale » : « Qu'il est subtil, le souffle de l'avril ! », le duetto avec Vina Bovy et le quatuor avec Vina Bovy, Gilbert Moryn et Charles Cotta, ses partenaires lors de la reprise de l'ouvrage au Palais de Chaillot.

C'était le premier disque professionnel de Mariano Gonzalèz en tant que Luis Mariano, en tant que grand ténor soliste, sur une étiquette mondialement connue. Durant toute sa carrière, Mariano ne quittera jamais sa maison de disques, même lorsqu'elle aura fusionné avec Columbia et Pathé pour devenir Pathé-Marconi, aujourd'hui E.M.I. Toute sa vie, il restera dans les premières ventes de cette firme. Aujourd'hui, vingt-cinq ans après sa mort, il l'est encore ! Pérennité d'une voix et d'un interprète magnifique et exceptionnel !

En vue de la préparation du tour de chant de l'A.B.C., Jeanne prit rendez-vous avec le pianiste-compositeur espagnol José Sentis. Il manquait une chanson d'entrée à Luis Mariano. Bien sûr, il interpréterait « Amor, amor » et « Besame mucho ». Mais, chaque fois qu'il avait eu des galas à faire, il avait un léger problème pour commencer son tour. Il saluait et, avec son aura extraordinaire, ce salut suffisait déjà à faire jaillir les applaudissements. Mais il était gêné par son accent, encore très prononcé à l'époque, pour annoncer le titre et les auteurs de sa première chanson, comme il était coutume de le faire en ce temps-là. Pour l'A.B.C., pour affronter le public parisien des grands boulevards, il fallait trouver autre chose.

José Sentis lui écrivit donc une très jolie chanson sur un rythme de paso doble – ce qui est allègre pour une entrée – avec des paroles espagnoles, et dont le titre était « España mia ».

La chanson comportait un couplet très vocal en forme de récitatif, et Luis eut l'idée de le chanter dès la coulisse, en entrant côté cour, c'est-à-dire du côté droit de la scène pour les spectateurs. Ce qui lui évitait d'annoncer la chanson et diminuait son trac énorme. C'était la première fois qu'un artiste utilisait ce procédé au music-hall. L'idée en était venue à Mariano après avoir étudié *Rigoletto* et, comme il se plaisait à le dire, « le Conservatoire lui remboursait ses efforts » au music-hall.

« España mia », « Amor, amor » et « Besame mucho » étaient des chansons en espagnol. Il manquait une chanson en français, car il fallait absolument, en ce temps-là également, chanter en français sur une scène française.

Mariano n'avait alors aucune nouvelle de la valse que lui avait promise Francis Lopez. Jeanne lui avait bien téléphoné deux ou trois fois, mais la réponse avait été chaque fois la même : « Oui, oui ! C'est promis ! J'y pense ! » Alors, Jeanne avait décidé de se tourner vers un autre compositeur basque, car elle pensait, avec justesse, que la musique de ses compatriotes convenait mieux au style de Luis Mariano. Elle téléphona donc à Henri Bourtayre.

Henri Bourtayre était originaire de Biarritz. Il avait débuté dans sa ville natale, en composant des musiques pour quelques revues locales, et il s'était rendu compte que ses mélodies avaient eu l'heur de plaire au public. En 1935, il était monté à Paris tenter sa chance, et par l'intermédiaire du ténor basque André Dassary, alors chanteur soliste du célèbre orchestre de Ray Ventura, il avait été engagé comme pianiste à l'édition musicale de Ray Ventura, qui se trouvait alors boulevard Poissonnière. Il s'était mis par la suite à composer des chansons et, en 1945, il a déjà écrit pour Tino Rossi « Ma ritournelle », extrait du film *Fièvre* et « Paquita », extrait du film *Le Chant de l'Exilé*, ainsi qu'un gros succès interprété par l'orchestre de Raymond Legrand d'une part, et la fantaisiste Lily Fayol de l'autre : « La Guitare à Chiquita ».

Henri Bourtayre reçut Luis Mariano et Jeanne Lagiscarde dans le bureau que le musicien occupait à l'époque aux éditions Paul Beuscher, boulevard Beaumarchais. Conquis comme tout le monde par la voix de ténor de Luis, ils évoquèrent également leur Pays basque natal. Henri rappela à Mariano qu'ils s'étaient déjà rencontrés chez des amis communs à Hendaye, en 1936, après le grand incendie d'Irún. Bourtayre conseilla également à Mariano de perfectionner son élocution orale, qui était encore très rapide. Jeanne expliqua au compositeur ce qu'ils attendaient de lui.

Bourtayre écrivit alors une très bonne chanson, qu'il donna à Mariano, sur des paroles de Maurice Vandair : « Ma belle au bois dormant », qui allait vite devenir un grand succès. Maurice Vandair était, à juste titre, un parolier très apprécié à l'époque. Il avait travaillé pour de grandes vedettes comme Maurice Chevalier et Tino Rossi, et Luis Mariano devait bientôt le retrouver pour une merveilleuse aventure. Quant à Henri Bourtayre, il devint un ami intime de Mariano, et il le restera jusqu'à la mort du ténor, au point de ne plus écrire de chansons après la disparition du chanteur.

Le soir de la générale de l'A.B.C., Luis Mariano remporta un énorme succès. Il passait au milieu de la première partie, mais dès le lendemain, Mitty Goldin décida de lui faire terminer le premier acte de la revue. Les critiques furent très bonnes. On saluait cette voix superbe, mais, en plus, on lui trouva l'air d'un grand gosse ébloui par les applaudissements largement mérités du public. Mariano dansa de joie le lendemain en lisant son nom dans les comptes rendus de presse. Jean Barreyre, dans la revue *Opéra* écrit : « Retenez bien le nom de Luis Mariano, ce ténor à la voix chaude, puissante, heureuse et au visage de *star*. Il faut aller le voir à l'A.B.C. » Serge Veber parle du « divin Mariano ».

Le premier pas vers la gloire est fait. Mariano achète plusieurs exemplaires des journaux qui parlent de lui et les envoie immédiatement à ses parents qui sont toujours dans le Sud-Ouest. Les femmes tombent amoureuses du bel Espagnol à la voix de soleil, et déjà les premiers symptômes d'une maladie, la « marianite », qui va faire d'énormes ravages en France, apparaissent. On se bouscule pour arriver jusqu'à lui, mais Jeanne, comme un dragon, fait un barrage quasi infranchissable. Il n'y a pas que dans le public que Luis fait des ravages : les demoiselles qui font partie de la troupe de l'A.B.C. sont priées de ne pas toucher ni pincer M. Mariano sur son passage. Note de la direction placardée sur tous les tableaux de service du théâtre !

Bien sûr, nombre de personnalités artistiques sont dans la salle, dont Francis Lopez ; tous les nouveaux amis parisiens de Luis également. Si leurs activités professionnelles ne leur permettent pas toujours d'assister à la première (comme ce fut le cas pour Vina Bovy), ils ne manqueront pas de venir pendant les deux mois que durera *La Revue de la Victoire*. Ce qui est certain, c'est que la chanson compte ce soir-là une grande vedette de plus : Luis Mariano ! Il commence à être reconnu dans la rue, c'est-à-dire à devenir populaire. Une de ses premières grandes joies fut d'entendre, un jour, un titi parisien siffloter « Amor, amor », sur son vélo. « Amor, amor », qui était le point fort de son tour de chant à l'A.B.C.

Après l'A.B.C., c'est l'Alhambra qui présente Luis Mariano en vedette. Car il est devenu une vraie vedette de la chanson ! Adieu, maintenant, les rêves d'Opéra et d'Opéra-

Comique! Dans sa maison de disques, son contrat est modifié. C'est désormais le contrat d'un interprète de premier plan. Les auteurs, les compositeurs, les éditeurs se précipitent pour lui proposer de créer des nouveautés. Luis choisit seul, ne se fiant qu'à son propre goût. Toute sa vie il en sera ainsi. Ensuite, il fait écouter les morceaux à ses proches et leurs avis l'aident au choix définitif. Ses deux premiers disques de variétés comportèrent « Mayoumba » avec « Lolita » au recto, puis « Ma belle au bois dormant » avec une adaptation française d'un très beau titre sud-américain « Oublie-moi » (« Olvidar »).

Le passage à l'Alhambra fut encore plus fracassant que celui de l'A.B.C. C'était normal puisque Mariano vient de se faire remarquer par la critique et le public parisien. Pendant tout le temps que Mariano fut à l'affiche, l'immense music-hall ne désemplit pas. L'Alhambra comptait près de trois mille places, c'est-à-dire trois fois plus que l'A.B.C.! Toujours dans son costume d'hidalgo andalou (mais un ensemble neuf, cette fois, et confectionné exprès pour la circonstance), il lance des nouveautés comme « Aucune importance » et « Intermezzo ». Il ajoute aussi une chanson espagnole du compositeur José Padilla, « Princesita », un succès de Miguel Fleta, qu'hélas il n'enregistrera jamais.

Dans *L'Aurore* du 9 octobre 1945, on peut lire : « Le ténor Adonis poignarde les cœurs des spectatrices de ses roucoulades andalouses. » Dans *Libération*, la journaliste Sylvaine Pécheral est plus réticente. Elle avait déjà signalé, lors du passage à l'A.B.C. une beauté qui n'était pas sans évoquer celle de Ramon Novarro, la star hollywoodienne originaire du Mexique qui avait interprété *Ben Hur*. Mais Mme Pécheral regrette l'ineptie de certaines des chansons du répertoire de l'artiste. Elle insiste sur le sourire « pour dentifrice ». Ce sourire, ces dents étincelantes qui feront couler tant d'encre et susciteront tant de plaisanteries aux chansonniers par la suite! Le 10 octobre, dans la *Dépêche de Paris*,

Max Favalelli parle de « L'Espagne à l'Alhambra ». Il dit que, pour une fois, le grand music-hall justifie son nom espagnol et, parlant de Mariano, il conclut : « Il chante et toutes les femmes reçoivent l'estocade. »

Après ce passage flamboyant à l'Alhambra, Luis Mariano part faire quelques galas en province, notamment dans le Sud-Ouest. On le retrouve au Pays basque, chez lui à l'Auberge de Saint-Jean-de-Luz, où l'on peut voir encore une affiche qui proclame : « Trois galas exceptionnels : LUIS MARIANO, le célèbre ténor basque ». C'était en septembre 1945.

Il est devenu incontestablement une grande vedette de la chanson. Enfin, il peut enregistrer les deux boléros mexicains qu'il a découverts chez les Américains. Ils sont maintenant édités en France et ils ont même été mis en paroles en français : « Amor, amor » par Jacques Plante, et « Besame mucho » par Francis Blanche. Mariano va vendre plus de trois cent mille exemplaires de chacune de ces chansons, un chiffre énorme pour l'époque.

Ce succès, cependant, ne lui tourne absolument pas la tête. Il est resté un garçon tout simple, adorable, s'amusant de tout, l'incarnation de la joie de vivre, d'une gaieté imperturbable, un jeune homme qui dévore à pleines dents une vie et un destin qui lui semblent lumineux. Les succès pourront devenir des triomphes, il pourra connaître tous les délires d'un public enthousiaste, tous les honneurs que l'on peut décerner à un artiste, Luis Mariano restera toujours le même. Françoise Mallet-Joris, la grande romancière, parle de lui en le décrivant, à juste titre, comme « un être de lumière ».

Au fur et à mesure des galas, il va connaître et côtoyer quelques-uns des plus grands artistes de ce métier, et certains d'entre eux, comme Maurice Chevalier, à l'époque vedette n° 1 dans le monde entier, vont devenir des « supporters » acharnés et des amis très proches.

En avril 1945, il retrouve l'amie des premiers jours, la cantatrice Carmen Torrès, pour un gala au bénéfice des parachutistes. Sur la scène du Palais de Chaillot, ils présentent tous les deux un répertoire de mélodies classiques et d'airs d'opéras.

Dans ce même Palais de Chaillot, où, rappelons-le, il entendit les premières salves des applaudissements parisiens monter vers lui le 24 décembre 1943 pour *Don Pasquale*, il revient encore le 24 novembre 1945 pour un gala des Catherinettes, ces midinettes de la couture qui sont encore célibataires quand elles fêtent leurs vingt-cinq ans. Au même programme : Yves Montand, Édith Piaf... et Luis Mariano ! Une affiche à faire rêver tous les amoureux de la vraie chanson.

Édith sympathise énormément avec Luis, qui admire beaucoup la chanteuse. Une belle amitié va naître ce soir-là, et les deux vedettes se retrouveront chaque fois que leur métier leur en laissera l'occasion.

En deux ans, Luis Mariano a franchi les étapes que d'autres artistes mettront parfois une période beaucoup plus longue à parcourir, et que d'autres n'atteindront jamais. Le voilà incontestablement tête d'affiche de la chanson et du music-hall. Il ne lui manque plus que la consécration du grand public.

Et c'est là que va intervenir le second miracle de Noël.

IV

Tout commença par un coup de téléphone que Mariano reçut un jour, vers midi, à son retour à Paris : « Mariano, c'est Francis ! Oui, Francis Lopez ! Es-tu libre pour venir dîner chez moi, mardi soir ?... Mais, viens seul ! »

Mariano accepta et raccrocha. Il pensa que le compositeur avait enfin écrit la fameuse valse sur le prénom de Maria-Luisa, promise lors de leur première rencontre au Fouquet's. Il crut aussi que Francis lui avait demandé de venir seul parce qu'il y aurait, comme c'était l'habitude chez Lopez, quelques splendides créatures. Ils allaient passer une soirée formidable où l'on s'amuserait bien, et l'on rirait beaucoup.

On était en octobre 1945. Francis Lopez occupait encore son petit appartement, au dernier étage du 90 de la rue Raynouard, face à un grand terrain vague où s'élève aujourd'hui la Maison de Radio-France. C'était là que, à peine trois ans auparavant, André Dassary était venu et avait décidé de présenter le jeune musicien à Raymond Legrand, après avoir entendu ses premières compositions. Quel chemin Francis avait parcouru depuis ce soir-là! Tino Rossi, Maurice Chevalier, Georges Guétary et nombre d'autres grandes vedettes le chantaient. Pour Mariano, c'était la même chose. Un soir à Chaillot, les Variétés, l'A.B.C., l'Alhambra, les Basques ne chômaient pas à Paris. Ils avançaient à pas de géant! Et encore, ce que Mariano ignorait, c'était que le plus beau était à venir!

En ce temps-là, Francis Lopez présentait également un tour de chant. Quelques semaines auparavant, il se produisait à Bobino quand M. Laurallier, directeur d'un petit théâtre voisin, le Casino Montparnasse, situé également dans la même rue de la Gaîté, vint trouver Francis dans sa loge et lui expliquer son problème. Il avait engagé Édith Piaf pour présenter son tour de chant chez lui, au moment des Fêtes de Noël. Or la vedette, malade, venait de déclarer forfait et Laurallier se trouvait sans spectacle pour la fin de l'année. Est-ce que, par hasard, Lopez n'aurait rien dans ses cartons, qui pourrait remplacer la grande absente? A cet instant même, Marc-Cab, un auteur de livrets très à la mode, revuiste et parolier distingué, qui travaillait beaucoup pour Henri Varna, directeur du Casino de Paris et du Théâtre Mogador, entra dans la loge. Il venait pour inviter Francis à dîner. Au moment où Francis allait refuser, il intervint:

– Ça peut se faire! lança-t-il.

– Laissez-moi quelques jours pour vous donner ma réponse, M. Laurallier! fit Francis au directeur du Casino Montparnasse.

– Je compte sur vous!

Et Laurallier sortit de la loge.

Tandis qu'ils dînaient aux Iles Marquises, Marc-Cab expliqua à Francis qu'il connaissait un auteur de ses amis, qui habitait Marseille. Il s'appelait Raymond Vincy et travaillait avec Henri Alibert et René Sarvil sur des opérettes typiquement marseillaises. Tard dans la nuit, après avoir d'abord appelé chez Vincy, puis dans les principaux bars de la Canebière, ils parvinrent enfin à le joindre. Oui, il avait bien un sujet qui pourrait convenir pour six semaines à Paris. La pièce s'intitulait pour l'instant *Mariage à l'essai*, et Vincy la destinait à Rina Ketty, importante vedette de la chanson, et au comique marseillais Gorlett. Marc-Cab demanda à Raymond Vincy de prendre le premier train pour Paris et d'apporter ce qu'il avait écrit. Il se tourna vers Francis : « On pourra toujours adapter ce qu'il a déjà fait ! »

L'intrigue originale de Vincy se passait en partie chez les Gitans près de Marseille. Les auteurs la firent se dérouler d'abord en Hongrie car, pour une opérette, ce pays était plus coloré et plus apte à inspirer une jolie partition musicale. Francis suggéra que le titre *Mariage gitan* était meilleur. Marc-Cab et Vincy furent d'accord. Ils proposèrent également de demander à Maurice Vandair (qui travaillait à l'époque pour l'édition musicale de Ray Ventura) d'écrire les « lyrics », c'est-à-dire les paroles des chansons.

Le temps passait, inexorable, si l'on voulait débuter pour Noël, car il fallait non seulement écrire la musique des chansons et des ballets, faire établir les orchestrations et dessiner ; puis faire réaliser les décors et les costumes. De plus, le budget financier était des plus minimes. Lopez réussit un prodige. Dans la fièvre et l'enthousiasme de sa jeunesse (il n'a que vingt-neuf ans !), le compositeur écrit son ouvrage en quatre jours. En analysant le livret, il pense que le rôle du jeune premier, qui doit chanter deux airs, pourrait aller à ce nouveau ténor basque, dont le métier commence à parler.

C'est alors qu'il téléphone à Mariano.

– Tu m'as écrit ma chanson ?

– J'ai mieux qu'une chanson pour toi ! J'ai toute une opérette !

Francis raconta le sujet à Luis. Puis il annonça que les deux auteurs du livret, Marc-Cab et Vincy, allaient arriver d'un moment à l'autre pour faire sa connaissance. Luis n'avait pas encore donné sa réponse définitive. Jouer l'opérette le tentait, c'était sûr ! Mais il ne fallait pas trop de texte parlé, à cause de son accent ; et deux chansons, c'était insuffisant. Il repensa soudain à son ami Saint-Granier qui lui avait déclaré : « Essayez l'opérette, mon vieux ! Avec une voix et un physique comme le vôtre, vous êtes fait pour ça ! »

Marc-Cab et Vincy arrivèrent. Si le physique de Mariano leur parut excellent pour le rôle, ils n'avaient pas encore entendu la voix de l'artiste. Ils lui demandèrent de chanter. Francis se mit au piano et Mariano chanta d'abord un air du folklore de son pays, la « Berceuse basque », puis un extrait de *La Tabernera del Puerto*, la « Romance de Léandre », un opéra-comique du compositeur basque Sorozabal. Il termina par « La Plume au vent », extrait du *Rigoletto* de Verdi et lança la note avec une facilité incroyable et en souriant.

Marc-Cab et Raymond Vincy, éblouis et conquis, n'en revenaient pas. Ils furent immédiatement certains d'avoir la main sur un ténor exceptionnel.

Mariano leur dit alors qu'il serait ravi qu'on lui racontât le sujet de la pièce. Quand ils eurent terminé, il se permit une petite objection. Il vaudrait mieux, pour lui, que l'opérette se passe en Espagne, puisqu'il était espagnol. Francis Lopez opina. La musique espagnole était, de par ses origines, « sa » musique. Et c'est ainsi que *Mariage gitan* allait se dérouler en Andalousie.

Le personnage de la jeune première changea de nom. Il s'appela Maria-Luisa, ce qui permit à Francis de faire la fameuse valse qu'il avait promise à Mariano. Le personnage du ténor deviendrait celui de Carlos Médina, célèbre vedette de la chanson et de l'écran venu tourner un film en Espagne. Luis Mariano qui, au départ, ne devait chanter que deux airs, en demanda six ce qui lui fut immédiatement accordé, après la prestation vocale qu'il venait de faire. Francis n'avait plus qu'à se mettre au travail.

Il se remit au piano. La pièce se passant en Espagne, tout changeait et le temps pressait. Le compositeur écrivait souvent à la bougie, à cause des coupures de courant nombreuses. Puis il courait au Casino Montparnasse qui n'était pas chauffé en cet hiver glacial. Mariano ne quittait pas l'équipe, mettant à son service sa fougue, son enthousiasme et son talent. En fin de semaine, les affiches étaient prêtes. C'est alors que Francis Lopez composa une valse espagnole qu'il intitula « La Belle de Cadix ».

Il pensa que ce serait un titre fantastique pour l'opérette. Il demanda son avis à Mariano qui partagea son opinion. Mais M. Laurallier, le directeur du Casino Montparnasse, ne voulut absolument pas entendre parler de ce changement de titre. Les affiches étaient imprimées et il n'était pas question d'en faire faire d'autres pour un spectacle qui ne devait durer que six semaines.

Mariano insistait. Il se mit à chanter, *a capella* (c'est-à-dire sans accompagnement) et à pleine voix, dans le bureau de Laurallier :

« La Belle de Cadix
A des yeux de velours.
La Belle de Cadix
Vous invite à l'amour !... »

Lorsque Francis montra à Mariano la valse qui allait donner son titre définitif à l'opérette, le ténor aima tout de suite la chanson. Cependant, il y avait un petit problème à résoudre sur le plan chant. A un certain moment, presque à la fin du refrain – en fait, « La Belle de Cadix » se compose de trois refrains –, il existait un blanc vocal que Mariano jugea un peu long pour la scène, car la formation orchestrale du théâtre serait restreinte. Le chanteur eut alors une inspiration subite. Il demanda au compositeur de lui jouer la valse une nouvelle fois. Arrivé à l'endroit du blanc vocal, Mariano se mit à imiter le son du tambourin qui manquait à l'orchestre. Il se mit à faire « Chica, chica, chic, ay ! ay ! ay ! ». Ce gimmick plut beaucoup à Lopez. Mariano venait d'inventer le petit détail qui le suivrait toute sa vie, et qui permettrait à la chanson de faire le tour du monde, et de devenir immortelle.

« Avouez que *La Belle de Cadix*, ça sonne quand même mieux que *Mariage gitan* !... C'est plus aguichant pour le public, non ?! »

Le directeur ne se laissait pas fléchir. Alors, en désespoir de cause, Lopez proposa à Mariano de faire imprimer de nouvelles affiches, avec le nouveau titre, et ils partageraient tous les deux les frais. Luis accepta et, dans son enthousiasme juvénile, il ajouta :

« Je vais dessiner moi-même l'affiche ! »

Luis Mariano, pourtant superstitieux à sa manière, composa une magnifique affiche sur fond vert. Or, le vert est une couleur que craignent généralement les gens de théâtre. Mais Luis adora toute sa vie cette teinte qui, pour lui, représentait le symbole de l'espérance. Non seulement, Mariano allait être la vedette de l'opérette, mais il en avait dessiné également les décors et les costumes ! Il sentait, au fond de lui-même, que *La Belle de Cadix* allait remporter un très gros succès sur le public. Il savait aussi que c'était sa chance et il y croyait de toutes ses forces et de tout son cœur.

Et vraiment il fallait être courageux ! Les répétitions eurent lieu dans la salle glaciale, car le théâtre n'était pas chauffé. Qu'importe ! Tout le monde, la vedette, les autres artistes et les auteurs, avaient chaud au cœur. Parfois, quand il y avait des coupures d'électricité, on répétait à la lueur des bougies. Pourtant, vers le 10 décembre, au dernier moment, l'opérette faillit ne pas voir le jour. Francis Lopez était requis pour faire une période militaire. Et il manquait encore des musiques, notamment pour la jeune première et les fantaisistes. Le compositeur était convoqué au château de Vincennes et, de là, il devait partir servir six mois en Allemagne. Mais Francis, comme Mariano, a toujours eu une bonne étoile. A Vincennes, un de ses anciens camarades de l'équipe de rugby, Noguère, arrangea le coup. Il déplaça le dossier sous une pile de livrets militaires et de convocations. Et Francis put reprendre en vitesse le chemin de son piano, et du Casino Montparnasse.

La première représentation publique de *La Belle de Cadix* eut lieu, comme prévu, le 19 décembre 1945 et la générale, réservée à la presse et au « Tout-Paris » fut fixée au 24 décembre 1945. Le second 24 décembre spécial dans la carrière de Luis Mariano!

La distribution était la suivante. Luis Mariano interprétait le rôle de Carlos Médina. France Aubert, dont le physique n'était pas sans évoquer la « Carmen » de Bizet, était Maria-Luisa, la jeune première dont Carlos tombait amoureux; le fantaisiste Roger Lacoste jouait Manillon; le comédien Maxime Fabert était le metteur en scène farfelu Dany Clair. Fabrizi incarnait Ramirez, le fiancé évincé de Maria-Luisa, la fantaisiste Jacquie Flynt jouait Pepa. Simone Chobillon prêtait ses traits à Miss Hampton, une richissime Américaine folle de Carlos Médina.

La mise en scène de *La Belle de Cadix* était due à Maurice Poggi, et les arrangements musicaux à un jeune chef d'orchestre, Jacques-Henri Rys, qui dirigeait également la formation musicale au Théâtre.

Le premier jour, Mariano et lui se disputèrent assez violemment. Luis pensa qu'il ne pourrait jamais s'entendre et travailler avec Rys. Or, ils devinrent très vite les meilleurs amis du monde. Jacques-Henri Rys allait par la suite faire toutes les orchestrations pour Luis Mariano et diriger tous les enregistrements du chanteur, jusqu'à ce que la maladie du musicien vienne interrompre leur fructueuse collaboration.

Les premiers jours, le Casino Montparnasse fut normalement plein, sans plus. Puis, le 23 décembre, une grande émission radiophonique retransmit les principaux airs de *La Belle de Cadix*. Roger Féral et Jacques Chabannes animaient quotidiennement sur les antennes leur « Paris-Cocktail », très suivi et très prisé par les auditeurs. Ils avaient demandé à Luis Mariano de venir interpréter les airs de son nouveau spectacle devant leur micro. Luis accepta naturellement et vint en compagnie de Francis Lopez. Ce fut prodigieux ! Des millions d'auditeurs découvrirent cette voix de soleil, de lumière, dans des mélodies superbes qui lui seyaient à merveille. En fermant les yeux, toutes ces femmes et tous ces hommes se voyaient déjà sous le ciel bleu de l'Andalousie.

La générale du 24 décembre fut du délire. Les femmes en robes du soir dessinées par les plus grands couturiers, les hommes en habit, tout ce public blasé par les plus grands artistes et qui avaient l'habitude de n'applaudir que du bout des doigts, se déchaînèrent et hurlèrent leur enthousiasme. Les adjectifs les plus dithyrambiques ne suffisaient plus pour parler de Luis Mariano. Du jour au lendemain, il était devenu non une vedette mais une star de première grandeur. Paris venait d'avoir pour ce jeune Espagnol brun, aux yeux verts, au sourire éclatant et à la voix d'or, le regard de Maria-Luisa pour le beau Carlos Médina. Ce 24 décembre 1945, c'était le second miracle de Noël, et pour Luis Mariano, plus qu'une consécration, une explosion ! On n'avait jamais vu ça !

Toute la presse est unanime. Certains critiques disent que *La Belle de Cadix* réinvente l'opérette, traitent Lopez de « nouvel Offenbach » en le louant pour avoir inversé les chœurs (ce qu'il a fait tout à fait inconsciemment, pris dans la fièvre et pressé par le peu de temps qu'on lui accordait pour écrire sa partition).

Ce qui était certain, c'est que *La Belle de Cadix* arrivait exactement quand il fallait. Après l'euphorie de la Libération, la musique pleine de charme et de gaieté de Lopez et la voix lumineuse et souriante de Mariano balayent les soucis d'un quotidien encore difficile. Et puis la France était rassasiée de l'opérette marseillaise. L'Espagne représentait un exotisme certain, car il était quasi impossible de s'y rendre, avec le régime franquiste. Plus que jamais les Pyrénées étaient infranchissables. Luis Mariano apportait à domicile le soleil, la gaieté, les danses et l'amour de sa patrie d'origine. Dans son accent, la France retrouvait tout le charme et le rêve d'un dépaysement qu'elle désirait ardemment.

A part la chanson du titre, le thème leitmotiv de *La Belle de Cadix* était la fameuse valse « Maria-Luisa » qui était le grand air de la pièce, la chanson que Francis avait promise à Mariano lors de leur première rencontre. Chaque fois qu'il la chantait, Luis pensait ardemment à sa sœur, à son père, à sa chère maman, qui étaient encore là-bas, au Pays basque. Mais un soir, tous ses vœux furent comblés et son bonheur fut complet. Ses parents et sa sœur étaient dans la salle !

Dès qu'ils eurent franchi les grilles de la gare d'Austerlitz, quelle ne fut pas la stupéfaction de Maria-Luisa et de M. et Mme Gonzalèz de voir le nom de Luis Mariano, placardé en lettres majuscules sur tous les murs de la capitale ! Quand ils arrivèrent au théâtre, ils furent encore plus étonnés de voir la file de voitures luxueuses qui déposaient les riches spectateurs, et la longue queue du public populaire qui se pressait à la caisse pour obtenir une place. La señora Gregoria se redressait, fière de son illustre fils. Elle s'étonnait de ne pas être reconnue par les gens – la ressemblance entre le visage de Mariano et celui de sa mère était frappante –, et de ne pas les voir s'écarter pour la laisser passer, elle, la mère d'un fils si merveilleux ! Quand M. Gonzalèz, sa femme et sa fille eurent occupé leurs places aux fauteuils d'orchestre, la señora Gregoria demanda à son époux :

– Combien as-tu donné à l'ouvreuse ?

– Je ne sais pas, répondit le pauvre homme, tout ému. Trois francs, peut-être !

– Tu aurais pu aller jusqu'à dix ! répliqua fièrement la señora.

Quand le spectacle fut terminé, les parents Gonzalèz et Maria-Luisa se rendirent à la loge de Mariano. Bien sûr, Jeanne, le cerbère farouche, les laissa entrer et Mme Gonzalèz serra son fils sur son cœur en pleurant. Ce fut un instant de bonheur intense pour Mariano et l'un des plus beaux moments de sa vie. Le père ne disait mot, mais il n'avait jamais vu d'un œil très favorable la carrière artistique de son fils. Quant à Maria-Luisa, elle sauta au cou de son frère en lui disant : « Oh, Mariano ! Tu as été fantastique ! On aurait dit un véritable artiste ! »

Luis Mariano m'a toujours dit que c'était là un des plus beaux compliments qu'il ait jamais reçus.

Le théâtre ne désemplissait pas. Sur le seuil de Bobino, le directeur de l'établissement regardait d'un œil jaloux la foule se diriger vers le Casino Montparnasse. Au bout de quelques mois, *La Belle de Cadix* était devenue un phénomène sociologique. Il fallait avoir vu cette opérette, dont Lopez et Mariano étaient les deux magiciens.

La réussite extraordinaire du ténor suscita d'étranges rumeurs sur son compte. Son allure vraiment seigneuriale fit dire à certaines mauvaises langues qu'il était le fils naturel de Mistinguett et d'Alphonse XIII d'Espagne ! On disait aussi que sa mère n'était pas sa mère, mais sa tante, qu'il avait fait un mariage secret et qu'il avait de nombreux enfants ! Il faut ajouter que tous ces cancans avaient le don de provoquer chez

Mariano des crises de rire énormes et, comme son rire était très contagieux, la maisonnée était en délire.

Mariano avait convaincu ses parents de rester vivre à Paris avec lui. Il gagnait maintenant assez d'argent pour subvenir aux besoins de tous, et c'était une chose qui le rendait fort heureux. Il déménagea de la rue de l'Université, et trouva un appartement pour sa famille, 164 avenue Ledru-Rollin, dans le quartier de la Bastille. Les admiratrices vont vite connaître cette nouvelle adresse qu'elles assiégeront sans cesse.

Souvent, dans les premiers mois de *La Belle de Cadix*, Mariano sortait en joyeux célibataire, avec Francis Lopez; leur lieu favori était le Balajo, un dancing musette très réputé de la rue de Lappe. Luis était très attiré, à cette époque, par les filles grandes et minces mais, malgré son succès, il était resté très timide. Alors, Lopez jouait les entremetteurs.

Mariano faisait, du regard, le tour de la salle et désignait une jolie fille à Francis : « Tu vois la grande, là-bas ?... Elle me plaît bien ! »

Alors Francis allait trouver la belle et lui disait que le beau brun, avec lui, était Luis Mariano, le nouveau ténor à la mode, et qu'il voulait bien danser avec elle. Et rares étaient celles qui refusaient l'invitation. Elles succombaient toutes, car outre son charme et son physique avantageux, Luis était plein d'esprit et les faisait rire.

Ce fut aussi le temps où Mariano s'acheta sa première voiture, une superbe 15 chevaux Citroën, dont il était très fier. Comme il était plutôt distrait et, pour cette raison, n'aimait pas conduire, M. Gonzalèz jouait le rôle de chauffeur et conduisait sa vedette de fils au théâtre. Luis était très fier de cette première voiture, mais, hélas, cela ne dura pas très longtemps.

Près de deux semaines après l'achat de cette magnifique Citroën, à la fin de la représentation, M. Gonzalèz entra dans la loge de Mariano, avec une figure d'enterrement. Instinctivement, Luis eut un léger pincement au cœur.

« ¿ *Que se pasa, Papa* ? »

D'une voix blanche, M. Gonzalèz répondit à son fils que la voiture ne se trouvait plus à la place où il l'avait garée dans la rue. Il n'y avait qu'une solution : on avait volé le véhicule ! Mariano était furieux, mais surtout abattu. Cette voiture, il l'avait tellement désirée, il avait si soigneusement mis de l'argent de côté pour l'acquérir ! C'était un peu, pour lui, le symbole de sa réussite, de cette ascension foudroyante qui avait fait de lui une grande vedette. Et puis, il allait falloir annoncer la nouvelle à la señora Gregoria. Elle allait pleurer, c'était certain, et Mariano détestait voir couler les larmes de sa maman. D'ailleurs, s'il ne s'était pas retenu, lui aussi, il en aurait pleuré. Mais un homme, et en plus un grand chanteur d'opérette, ça ne pleure pas !

La radio, les journaux s'emparèrent tout de suite de la nouvelle : on avait volé la voiture de Luis Mariano, rue de la Gaîté, près du Casino Montparnasse où la vedette jouait tous les soirs l'opérette *La Belle de Cadix* !... C'était une publicité dont Mariano se serait volontiers passé ! Au théâtre comme avenue Ledru-Rollin, le téléphone ne cessait de sonner. De mauvais plaisants ou des femmes qui croyaient voir là le moyen d'avoir un tête-à-tête avec Luis Mariano en personne, fixaient des rendez-vous qui ne servaient à rien. La pauvre Jeanne Lagiscarde traversa Paris dans tous les sens pour essayer de trouver des indices qui mettraient sur la trace des voleurs, ou bien de retrouver la voiture volée. Mais, hélas, Mariano ne récupéra jamais sa belle 15 chevaux Citroën, et il recommença à économiser pour s'acheter une nouvelle voiture.

La popularité de Luis Mariano grandissait de jour en jour. Les admiratrices devenaient de plus en plus nombreuses, et plus exigeantes. Elles le voulaient tout à elles, rien qu'à elles. Elles l'attendaient des heures, soit à la sortie de son domicile parisien, soit à l'entrée du théâtre.

Dès que le beau ténor brun descendait de sa voiture, ou d'un taxi, elles se battaient entre elles pour se précipiter sur lui. Ce n'était que cris de joie : « Luis, un baiser ! Luis, une photo ! Mariano, te quiero ! Mariano, je t'aime !... »

Luis répondait toujours gentiment, riait comme un enfant. Il était heureux. Ces marques d'admiration, d'affection, cet enthousiasme féminin populaire le ravissaient. Pourtant, cela n'allait pas toujours sans heurts. Que de fois, il eut des boutons arrachés, des vestons déchirés par des filles quasi hystériques qui voulaient garder un souvenir tangible de la nouvelle idole. D'autres fois, c'était plus calme. Des groupes de jolies filles demandaient au ténor de poser pour une photo souvenir avec elles. Mariano acceptait volontiers et être entouré de filles jeunes et belles ne lui déplaisait pas !

S'il assurait toutes les représentations, en matinée comme en soirée, de *La Belle de Cadix* au Casino Montparnasse, il lui arrivait souvent de se produire, en plus en galas ou de participer à des émissions radiophoniques en public, comme ce « Paris-Cocktail » du producteur Pierre Mendelssohn, qui se déroulait à Montmartre, au cinéma Marcadet, situé dans la rue du même nom. Un jour qu'il devait y chanter quelques chansons de l'opérette, il arriva juste quelques minutes avant de paraître en scène. Des admiratrices l'attendaient en grappe devant l'entrée des artistes. Soudain, alors qu'il allait franchir la porte du théâtre, une d'entre elles se précipita sur lui et l'embrassa sur la joue. Mariano eut juste le temps de dire : « Excusez-moi ! Je suis en retard ! »

Et il s'engouffra dans l'établissement. Mais le rouge à lèvres de la jeune femme ne devait pas être de très bonne qualité, car Mariano entra en scène avec une énorme marque de rouge sur la joue. Ce qui augmenta encore l'enthousiasme du public devant cet Adonis brun adoré des femmes.

Au Casino Montparnasse il fallut établir un service d'ordre pour accéder à la loge de la vedette, et Jeanne était submergée.

Mariano avait décoré lui-même le petit cinq-pièces de l'avenue Ledru-Rollin. Avec beaucoup de plantes et de tentures vertes, rouges et jaunes, il avait essayé d'en faire un petit coin d'Espagne à Paris. Mais, certains jours, il arriva que l'ambiance fut vraiment gitane et c'était *La Belle de Cadix* qui se prolongeait de la scène à la ville. Luis invitait chez lui ses camarades artistes, et la troupe du ballet espagnol. On faisait déjà, comme il le fera souvent par la suite, des paellas gigantesques. Luis Mariano aimait recevoir les gens qu'il appréciait, ses amis. Sa bonne humeur et son rire extraordinaire régnaient en maître. C'était une fête perpétuelle. Ses parents, heureux du bonheur de leur fils, n'étaient pas les derniers à s'amuser. Même le visage de Jeanne s'illuminait parfois. Les chants des guitares, la voix de Mariano, les histoires drôles, le flamenco de quelques danseuses, créaient une atmosphère inoubliable. Chez Luis Mariano, tout le monde avait vingt ans!

Souvent, des journalistes, des imprésarios, des compositeurs, des auteurs se mêlaient à la fête. Mme Gonzalèz était souvent surprise du nombre de gens qui parvenaient à se loger chez elle! Maria-Luisa n'était pas la dernière à se joindre à l'allégresse générale. Parfois, même, elle se mettait à chanter, elle aussi, et sa voix était exquise. Elle se disait qu'elle avait une chance folle d'avoir un frère si merveilleux, et si apprécié de tous. Et elle n'était pas la dernière non plus à partager les farces que Luis adorait faire à tout le monde, riant comme un enfant.

Parfois aussi, un casse-pieds parvenait à se glisser parmi les invités et pour le fuir, Mariano n'avait pas d'autre solution que de se réfugier dans le placard, et d'attendre que Jeanne ait évincé l'intrus!

Les disques de l'opérette *La Belle de Cadix* se vendaient comme des petits pains, que ce soient la valse du titre « Maria-Luisa », « La Fiesta bohémienne », « Une nuit à Grenade », « Le Clocher du village » ou le duo du « Rendez-vous au clair de lune » avec France Aubert. Sa maison de disques demanda alors à Luis Mariano, dont la maîtrise vocale lui permettait de chanter tous les styles, d'enregistrer des chansons de variétés qui devinrent pour la plupart, des « tubes » de l'époque : « Mayoumba », « Aucune importance », « Ma belle au bois dormant », « Oublie-moi », « Perfidia » et bien d'autres dont l'énumération serait fastidieuse. Mais cela eut pour résultat que Luis Mariano fut une star de l'opérette et de la chanson, ce dernier domaine étant un peu éclipsé par le premier aujourd'hui.

En décembre 1946, pour l'anniversaire de *La Belle de Cadix*, Mariano invita chez lui, pour un grand dîner, la troupe et les acteurs de l'opérette. La neige tombait sur Paris à gros flocons. Soudain, Luis s'approcha d'une fenêtre et écarta les rideaux pour voir la rue enneigée. Il se retourna vers Francis Lopez :

– Francis, viens voir !

Devant le 164 de l'avenue Ledru-Rollin, grelottantes de froid et ruisselantes de neige, une cinquantaine d'admiratrices attendaient, immobiles, de voir apparaître leur idole.

– C'est de la folie ! murmura Mariano. Il faut faire quelque chose !... Elles vont prendre froid !

Francis et Jeanne sortirent pour essayer de convaincre les jeunes femmes de s'en aller. Peine perdue ! Elles refusèrent et s'obstinaient. Certaines tendirent à Jeanne et à Francis des bouquets de fleurs destinés à Mariano, et tout constellés de flocons. D'autres écrivaient sur les murs de l'immeuble des « Luis, je t'aime ! » avec leurs bâtons de rouge à lèvres. Enfin, Mariano parut sur le seuil, suivi de son père et de Francis Lopez, qui apportaient des sandwiches préparés par Mme Gonzalèz et Maria-Luisa, et du vin rouge. Mariano signa des autographes à tour de bras. C'était du délire, et ce fut une chance qu'il n'y eut pas de plaintes pour tapage nocturne sur la voie publique. Les filles sautaient au cou du chanteur pour l'embrasser et il faillit plusieurs fois être renversé ! Finalement, il parvint à les remercier et leur demanda de rentrer chez elles. Ce que certaines d'entre elles firent. Mais, à l'heure du premier métro, il en restait encore une quinzaine.

Et ce n'était que le début de l'extraordinaire carrière de Luis Mariano !

Pour les fêtes de Noël, la señora Gregoria découvrit au pied du sapin illuminé un énorme carton, sur lequel son fils avait écrit son nom à la main. Fébrile, elle ouvrit le paquet et en sortit un somptueux manteau de vison. Folle de bonheur, elle sauta au cou de Mariano pour le remercier, enfila le manteau et se retourna vers son mari :

– Alors ?...

M. Gonzalèz eut une réponse malheureuse :

– Il vaut mieux qu'on vous offre un manteau de vison quand on est vieille, que de ne pas en avoir du tout !

Pendant plus d'une semaine, la señora Gregoria n'adressa pas la parole à son époux.

Luis Mariano chanta *La Belle de Cadix* pendant près de huit cents représentations au Casino Montparnasse. Il voulut alors un peu changer d'air. Il signa plusieurs engagements pour chanter l'ouvrage en province, notamment dans les plus grandes villes de France, comme Lyon, Bordeaux, Toulouse ou Marseille. La « marianite » sévissait en province aussi fortement qu'à Paris. A Lyon, il fallut l'aide de la police et de la voiture cellulaire pour faire sortir Luis Mariano du Théâtre des Célestins. Au Gymnase de Marseille, il y eut des émeutes. A Toulouse, Mariano retrouva avec émotion des cousins et quelques amis qu'il s'était fait lors d'un séjour dans la ville rose en 1937, entre deux sessions de la chorale « Erresoïnka ». La province fit à Luis Mariano et à sa *Belle de Cadix* un accueil aussi chaleureux et enthousiaste que la capitale, et l'on peut dire que la France eut pour le ténor à la voix de lumière les yeux que, dans l'opérette, Maria-Luisa avait pour le beau Carlos Médina.

Bien que beaucoup d'autres tours de chant et d'opérettes soient à venir, il faudra attendre vingt ans pour que les provinces françaises revoient Luis Mariano interpréter cette *Belle de Cadix* qu'il avait créée. Il ne reprendra, en effet, le rôle de Carlos Médina dans les grandes villes françaises qu'en 1965, pour le vingtième anniversaire de l'œuvre, tournée qui débuta à Nancy et qui était produite par Nick Varlan.

Lors du départ de Mariano du Casino Montparnasse, *La Belle de Cadix* continua encore ses représentations. Un autre ténor basque, Rudy Hirigoyen, avait repris le rôle que Luis Mariano avait marqué à jamais.

Luis Mariano n'oubliait pas le rêve de son enfance : devenir une star de cinéma. Il avait déjà plusieurs fois frôlé l'industrie cinématographique. A Irún, d'abord, dans son enfance, quand les cinéastes madrilènes étaient venus tourner *Le Miracle de Saint-Antoine*. Ensuite, il y avait eu les séquences avec la chorale « Erresoïnka » dans le *Ramuntcho* de Barberis, et puis, en 1943, le petit rôle de chanteur d'orchestre qu'il interprétait dans *L'Escalier sans fin* de Georges Lacombe aux côtés de Pierre Fresnay et de Madeleine Renaud.

Après l'explosion de Luis Mariano dans *La Belle de Cadix* et le succès remporté par ses premiers disques et ses chansons tant sur scène que sur les ondes, il reçut un beau matin une proposition d'une grande firme... d'Hollywood, tout simplement. Les Américains proposaient au ténor franco-espagnol une pluie de dollars, avec villa à Beverly Hills, piscine privée, domestiques et voiture... Il fut sur le point de signer immédiatement, quand Jeanne lui conseilla de prendre le temps de réfléchir. Elle fit traduire le long contrat de quarante pages (ce qui est, généralement, le cas des contrats américains). Alors Mariano découvrit que, s'il signait l'accord, il se liait pour sept ans, il n'avait le choix ni de ses rôles ni des scénarios qu'on lui imposait et sa vie privée même ne lui appartenait plus. Tout, ses sorties, ses amis, ses flirts, sa nourriture; tout devait être approuvé et contresigné par les producteurs. Et puis, sept ans, c'est une longue période. A supposer que son personnage et sa voix n'accrochent pas le public américain, il eut peur que la France, qui avait fait de lui une vedette, ne l'eût oublié après une si longue absence. Aussi refusa-t-il l'alléchante proposition hollywoodienne.

Par contre, le cinéma français commençait à s'intéresser à lui.

Il faut dire qu'à cette époque, la télévision n'existait pas encore, avec ses grandes émissions de variétés, ses « shows » qui livrent aujourd'hui à domicile les vedettes, dont le public connaît maintenant les visages par cœur. A cette époque, il fallait le cinéma pour populariser l'image des grandes stars de la chanson. Quand on avait acquis un stade élevé de renommée sur la scène et à la radio, le cinéma envoyait l'image des chanteurs dans les plus petits coins de France, par l'intermédiaire de comédies musicales filmées aux scénarios plus ou moins bons. C'est ainsi que Maurice Chevalier, Henri Garat, Albert Préjean, Tino Rossi avaient tourné maintes productions en vedette. Il en fut de même pour Luis Mariano. On lui proposa de tourner un film réalisé par le metteur en scène Gilles Grangier, *Histoire de chanter*, sur un scénario de Cami. L'histoire était charmante : un mari chirurgien trop jaloux (Noël Roquevert) fait une intervention sur un ténor adulé des femmes, qui se trouve ainsi subitement doté de la voix d'un garçon-livreur (Julien Carette), et vice versa, jusqu'à ce qu'une seconde opération vienne redonner à chacun sa voix naturelle. Le tournage eut lieu à Nice, aux studios de la Victorine, et Mariano qui était tant sujet au trac sur la scène, se sentit très à l'aise devant les caméras. Ce qui est intéressant dans ce premier film, c'est que Luis Mariano, dans le costume du duc de Mantoue, chante de larges extraits du second acte du *Rigoletto* de Verdi.

Pour Mariano, tourner à Nice était un plaisir, car ce séjour sur la côte d'Azur, qu'il découvrait à cette époque, était un peu pour lui des vacances. Quant aux chansons écrites spécialement pour le film, elles avaient été composées par Georges Van Parys, un spécialiste de la musique de film. Elles s'intitulaient : « Je chante pour toi que j'aime » et « Rien que toi ». Naturellement, Luis Mariano les enregistra sur disques La Voix de Son Maître, comme les autres chansons de son répertoire.

Cette année-là, Luis Mariano tourna également un court métrage intitulé : *Luis Mariano chante.*

Il s'acheta également une nouvelle voiture, une véritable voiture de star, cette fois-ci : une Cadillac décapotable blanche. Elle devait être la première de toute une série de véhicules de cette marque que Mariano affectionnait beaucoup, jusqu'à ce que, beaucoup plus tard, il en arrive à acquérir un très beau coupé Mercedes et une splendide Rolls-Royce gris métallisé : une véritable voiture de prince !

Il fait également des apparitions dans des galas purement consacrés au grand lyrique. Le 19 février 1946, on l'applaudit à la Salle Pleyel ; à ses côtés, sa partenaire de *La Belle de Cadix*, France Aubert. Le récital s'intitule *Chants de France et d'Espagne* et Mariano interprète les grands compositeurs lyriques de sa patrie d'origine. On le retrouve sur la scène de cette même Salle Pleyel le 16 avril. Cette fois, il est seul pour chanter des « arias » de Puccini, de Massenet et de Franz Lehár.

V

L'été 1947 fut torride, et c'est par cette chaleur caniculaire que Luis Mariano dut tourner, aux studios de Boulogne-Billancourt, son second film *Cargaison clandestine*, un film d'Alfred Rode, avec Kate de Nagy, comédienne d'origine hongroise, qui s'était illustrée dans les films d'espionnage, et de Claudine Dupuis, la ravissante épouse d'Alfred Rode, pour partenaires. Outre le fait qu'il était producteur et metteur en scène du film, Alfred Rode était également un chef d'orchestre et un violoniste tzigane très connu. Ce qui amena Mariano, à sa grande satisfaction, à retrouver les costumes et l'ambiance des grands orchestres typiques de ses débuts, comme ceux de Raphaël Canaro et les « Lecuona Cuban Boys ». À part la chanson écrite spécialement pour le film par Alfred Rode, qui s'intitulait « Mélodie pour toi », l'intérêt de *Cargaison clandestine* est de montrer un Mariano insolite qui chante des airs du folklore russo-tzigane comme « Les Yeux noirs » et « La Troïka », et la célèbre valse de Johann Strauss « Aimer, boire et chanter » ; ce qui fait regretter que Luis n'ait jamais enregistré un album de grandes valses viennoises.

Cependant, le tournage fut rendu vraiment très pénible par la chaleur. Les machinistes et les électriciens pouvaient travailler en slip, mais les pauvres comédiens étaient en habit ou en robe du soir. Les cols empesés se gondolaient et le maquillage dégoulinait sur les visages, ce qui faisait qu'on mettait beaucoup plus de temps pour tourner les plans et les séquences. Par contre, au début du tournage, avant l'arrivée de la vague de chaleur, le plan de travail exigeait que Mariano tourne une scène où il était censé sortir de la mer. Il fallait l'arroser d'eau froide qu'on jetait sur lui avec des seaux. Comme Alfred Rode jugeait qu'il séchait trop vite à cause des projecteurs braqués sur lui, les plans durent être recommencés de nombreuses fois. Finalement Rode décida de couper la scène. Mariano apprit ainsi les joies et les déboires du cinéma.

Pendant ce temps, Francis Lopez, l'heureux compositeur de *La Belle de Cadix*, ne perdait pas son temps. En compagnie de Raymond Vincy et d'Albert Willemetz – un des plus grands auteurs d'opérettes et de chansons du demi-siècle, également président de la Société des auteurs –, pour le livret et les lyrics, Francis concoctait une nouvelle opérette pour Luis Mariano. Le ténor avait souhaité interpréter un personnage de torero. Il aimait le costume de lumière, l'allure fière et audacieuse, le courage viril des matadors, car en fait, cela correspondait beaucoup à son tempérament. Ainsi naquit l'ouvrage intitulé *Andalousie*. Avant de se mettre à l'écriture de la partition, Francis avait demandé au chanteur :

– Qu'est-ce que tu aimerais comme style, Mariano ?... Quelque chose dans le genre Verdi ou Puccini... ?

– Écris-moi donc du Lopez ! avait répondu Luis en éclatant de son rire exceptionnel. Du Lopez !... C'est ça que j'aime !

Francis se mit donc au travail. Souvent, il venait retrouver Mariano au studio de Boulogne et, profitant des pauses, ils allaient jusqu'à l'auditorium. Là, Francis se mettait au piano et jouait ses dernières compositions à Mariano. Le ténor les essayait comme on essaie un vêtement et, si quelque chose n'allait pas, Lopez rectifiait. C'était vraiment du travail sur mesure, dans la joie, la confiance et l'amitié. Un jour, Mariano posa cette question :

– Mais dis-moi, Francis ! Où va-t-on jouer ça ? Tu as un théâtre ?

– Fais-moi confiance ! répondit le jeune compositeur. Je te ferai une belle surprise !

Il est certain qu'après le triomphe de *La Belle de Cadix* les directeurs ne manquaient pas pour accueillir chez eux la nouvelle création du tandem Mariano-Lopez. Mais Francis était ambitieux. Il voulait, pour *Andalousie*, un des grands temples de l'art lyrique à Paris. Il se décida pour la Gaîté Lyrique, grande scène du quartier des Arts et Métiers, le théâtre où avaient tant été jouées les opérettes classiques d'Offenbach, d'Audran, de Lecoq, de Planquette; là où, au milieu des années trente, le grand compositeur viennois Franz Lehár avait fait créer à Paris son *Pays du Sourire*. Le ténor en était Willy Tunis et le maître autrichien était venu lui-même diriger l'orchestre. Voilà l'endroit sur lequel Lopez avait jeté son dévolu et il avait raison !

Mais il y avait un « hic », une ombre au tableau ! Francis Lopez ne connaissait ni Henri Montjoye, le directeur de la Gaîté Lyrique, ni la cantatrice Germaine Roger, son épouse. Alors, Francis imagina un énorme bluff. À tous les journalistes qui venaient l'interroger sur la prochaine opérette qu'interpréterait Luis Mariano, il répondait qu'Henri Montjoye lui faisait des offres intéressantes pour accueillir son prochain ouvrage avec – et c'était la condition première – la nouvelle coqueluche de l'opérette : Luis Mariano. Et les interviews parurent dans toute la presse parisienne. C'était vraiment un quitte ou double.

Quelques jours plus tard, Lopez reçut une lettre

d'Henri Montjoye qui convoquait le musicien à la Gaîté Lyrique. Quand il arriva au théâtre, Lopez ne savait pas trop sur quel pied danser. Henri Montjoye le reçut dans son bureau directorial :

– Ravi de vous connaître, monsieur Lopez... Alors, vous avez clamé dans tout Paris que vous écriviez votre prochaine opérette pour mon théâtre ! Et que monsieur Luis Mariano en serait la vedette ! Vous me forcez un peu la main, monsieur Lopez ! Mais, je ne vois pas comment, maintenant, je pourrais faire autrement !... Je vais monter votre ouvrage, mais à la seule condition que monsieur Mariano soit d'accord pour la chanter ici !... À propos, comment s'appelle votre opérette ?

– *Andalousie*, M. le directeur !

– C'est un bon titre ! C'est court ! Luis Mariano dans Andalousie, ça sonne bien ! Nous débuterons à la rentrée. Je vous attends demain pour me jouer quelques musiques !

Le lendemain, comme convenu, Lopez vint jouer quelques extraits d'Andalousie à Henri Montjoye. La musique plut beaucoup au directeur. Il fit venir ensuite Luis Mariano pour discuter du contrat avec la vedette. Mais il fallut trouver un jour où Luis, qui terminait *Cargaison clandestine*, fût libre. Il se rendit avec Jeanne à la Gaîté Lyrique. Henri Montjoye était un homme adorable et l'on se mit vite d'accord.

Quand on eut fêté le dernier tour de manivelle de *Cargaison clandestine*, Luis Mariano partit pour une grande tournée qui, pour la première fois, allait l'emmener en Afrique du Nord, après avoir chanté dans plusieurs grandes salles de Belgique, comme Les Anciennes Belgiques de Bruxelles, le Forum de Liège ou le Kursaal d'Ostende. La tournée d'Afrique du Nord avait été mise sur pied par l'imprésario Félix Marouani et Jeanne Lagiscarde. Avant de partir, la señora Gregoria avait fait promettre à son fils de ne jamais prendre l'avion, car elle était angoissée à cette seule pensée. Toujours prévenant et plein de gentillesse et d'amour pour sa maman, Luis promit. On descendit en train jusqu'à Marseille. Sur le quai, Mme Gonzalèz fit renouveler sa promesse à Mariano. Ils se quittèrent en s'embrassant. La maman pleurait, car c'était la première fois que son fils allait franchir la mer.

Une mauvaise surprise attendait Luis à Marseille. Avec ses compagnons, ils ne purent embarquer sur le navire qui devait les mener au Maroc, car l'inscription maritime du port était en grève. Ils allèrent s'installer à l'hôtel Le Noailles et, devant une liasse de beaux billets de banque déployés par Marouani, le portier de l'établissement put leur trouver trois places sur un rafiot qui se disait « bananier » ; en fait un ancien « Liberty-ship » reconverti dans la marine marchande, qui s'appelait le *Sidi Boun Sahib.* Mais le bateau naviguait bien et, par chance, la Méditerranée était calme. Pourtant, alors que Mariano admirait le panorama marin depuis le poste de pilotage, son regard tomba soudain, sur une grande carte de la Méditerranée, émaillée de petites croix qui s'égrenaient de part et d'autre d'un trait rouge qui représentait la route que devait suivre le bateau. Mariano demanda au commandant ce que représentaient ces croix :

– Ça, monsieur Mariano, ce sont des mines flottantes !

D'un seul coup, Mariano ne se sentit pas très bien. Il devint tout pâle :

– Et... si nous en rencontrons une qui ne soit pas signalée ?

– Bah ! Ne vous en faites pas ! » répondit l'autre avec son fort accent marseillais qui sentait bon la bonne humeur et l'optimisme. ...De toute façon, on est toujours passés à côté !

Et Luis, malgré lui, se signa.

Malgré les mines flottantes, le reste de la traversée se passa bien et Mariano et ses compagnons arrivèrent à bon port, à Casablanca.

Huit jours de triomphe à Casablanca, Meknès et Rabat,

entrecoupés de visites passionnantes dans les souks colorés, où l'on aime se perdre comme dans un conte des Mille et Une Nuits. Le succès de Mariano fut si considérable que le téléphone arabe fonctionnait bien (c'était le cas de le dire!), les huit jours prévus au Maroc se transformèrent en une tournée d'un mois entre le royaume chérifien et la Tunisie. Jeanne se transforma en capitaine, veillant sur tout, y compris le temps de sommeil et de sieste de son ténor. Elle voulait que rien ne fût laissé au hasard. Tout était admirablement synchronisé. Mais elle se montrait d'une jalousie maladive, rejetant impitoyablement toute créature féminine autour de Mariano qui, par moments, en avait vraiment assez. Elle a imaginé un stratagème pour qu'il ne se laisse pas aller à des rendez-vous secrets : elle signe tous les engagements qu'on lui propose. C'est en sortant de son dernier gala à Meknès qu'il apprend par Jeanne qu'il doit chanter le surlendemain à Tunis. Or, le seul moyen d'arriver dans cette ville pour le spectacle est de prendre un bimoteur militaire. Cette histoire fait frémir Mariano, qui se voit dans l'obligation de faillir à la promesse faite à sa maman. Mais il est obligé de le faire, et voilà notre chanteur, l'imprésario Marouani et Jeanne à plus de deux mille mètres au-dessus du désert dans un avion dont le moins qu'on puisse dire est qu'il n'était pas très confortable. Pour un baptême de l'air, on pouvait faire mieux!

À Tunis, nouveau triomphe. Des photographes locaux prennent Luis Mariano dans les ruines de Carthage, et les photos paraissent dans la grande presse et tombent sous les yeux de la señora Gregoria, partagée entre une fierté bien légitime et une peur rétroactive. La Tunisie réserve à Luis Mariano un accueil encore plus merveilleux que le Maroc. Réceptions fastueuses où le luxe oriental se mêle à la dernière mode de Paris. Les plus jolies femmes se pressent autour du ténor, qui s'est mis d'accord avec Jeanne au sujet de sa liberté. À cette époque, il était très attiré par les filles grandes, blondes et minces, et il y en avait plusieurs au grand bal de la Résidence de France qui suivait le gala.

Ce soir-là, « La Belle de Cadix aux grands yeux de velours » avait une sérieuse concurrence !

Mariano aurait bien volontiers prolongé son séjour tunisien, mais le métier de vedette a ses exigences et il fallait absolument revenir en France. Et par quel moyen ?... Par la voie des airs ! Car, avant de rentrer à Paris, Luis Mariano avait à tenir un engagement de six jours au Cirque Royal de Bruxelles. C'est là qu'il apprit, à son grand étonnement, que Marcel Pagnol désirait l'engager pour un film intitulé *Premier Amour* où il devait jouer le rôle d'Adam (!) au côté de Jacqueline Pagnol, Ève. Ni lui ni Jeanne Lagiscarde n'avaient jamais été contactés à ce sujet. C'était un des nombreux canulars de journalistes dont les vedettes sont souvent victimes, au fur et à mesure que leur popularité et leur nom grandissent, et que Luis connaîtra souvent tout au long de sa carrière. Mais cela le fit beaucoup rire. Quant à Jeanne, elle ne trouva cela pas drôle du tout.

C'est à la gare du Nord que Luis Mariano retrouva Paris. M. et Mme Gonzalèz, accompagnés de Maria-Luisa, étaient venus l'attendre sur le quai, pour être les premiers à l'embrasser. La señora Gregoria pleurait de joie en serrant sur son cœur son fils de retour, et elle lui donna sur la joue une petite tape. Aussitôt, parmi tous les journalistes qui étaient venus, eux aussi, pour fêter le retour de la star, un éclair de flash jaillit. Et dès le lendemain, les Français, surpris, purent découvrir dans leurs quotidiens que « Luis Mariano avait été giflé par sa mère ». Avenue Ledru-Rollin, ce fut un fou rire irrésistible, et chacun tomba dans les bras l'un de l'autre dans le bonheur et la joie de se retrouver.

Mais la vie reprit vite ses exigences. Francis Lopez téléphona. Il lui fallait voir Mariano le plus rapidement possible. À la suite de vacances en Andalousie, il avait complètement récrit la partition d'*Andalousie*. On allait commencer les répétitions, et Luis dut apprendre à toute vitesse les nouvelles chansons. Mais, comme il put le constater, cela valait vraiment la peine. Si les premières musiques que Francis avait montrées à Henri Montjoye étaient bonnes, celles qu'il avait écrites dans l'inspiration des nuits et des jardins d'Andalousie étaient excellentes, et la suite allait le prouver. Heureusement, Luis Mariano avait une facilité extrême pour apprendre, et sa mémoire était immense.

Le phénomène de la « marianite » grandissait à une vitesse incroyable. Dans les derniers mois de *La Belle de Cadix* au Casino Montparnasse, un jeune homme vint un soir trouver Luis Mariano. Il lui expliqua qu'il s'occupait du club des admiratrices de Tino Rossi et lui proposait de grouper également les marianistes sous la forme d'un « Club Luis Mariano ». Pour y adhérer, il suffisait aux admiratrices de prendre une carte et de verser une petite cotisation. Luis accepta que le jeune homme s'occupât de cette formation du Club. Il y eut plusieurs réunions absolument délirantes, qui se déroulèrent au Théâtre Daunou, mais bien vite, l'établissement se trouva trop petit. Et puis, un jour, le jeune homme qui avait établi les cartes d'adhésion et qui s'était promu président de l'association, disparut avec l'argent des cotisations. Furieux, Mariano refusa cependant de porter plainte, mais décida que désormais, l'adhésion au Club serait gratuite. Il suffirait de s'inscrire. Et ce fut Jeanne qui s'occupa des réunions.

La plus tumultueuse eut lieu dans les salons du Claridge, aux Champs-Élysées. Vu le nombre sans cesse croissant des « marianistes », Luis avait pensé que l'ampleur des lieux serait suffisante pour contenir les membres de son Club. Il y avait non seulement des adhérentes parisiennes, mais des jeunes filles et des jeunes femmes venues spécialement de tous les coins de France, de Belgique, de Suisse et certaines, même... du Canada ! C'était après une journée de tournage de *Cargaison clandestine* et Mariano fut en retard sur l'horaire prévu. Les filles poussèrent des hurlements de joie qui firent vibrer les lustres en cristal du palace. À son entrée, Mariano faillit être piétiné et renversé, ainsi que Maria-Luisa qui l'avait accompagné. Il parvint quand même à chanter une chanson et à faire chanter sa sœur. Mais il avait d'autres obligations à assurer dans la soirée, et il devait partir. Alors, la réunion tourna à l'émeute. Ce fut un véritable orage où Luis fut écartelé, tiraillé, broyé. Il se débattit comme un beau diable pour gagner la sortie. Mais les fauteuils et les rideaux des salons subirent de gros dégâts. La direction signifia à Luis Mariano qu'il n'était pas souhaitable d'organiser de nouvelles réunions à l'hôtel; le ténor dut régler une addition de 25 000 francs pour payer les dégradations causées par la bousculade.

C'est alors que le plus important hebdomadaire de cinéma de cet après-guerre, *Cinémonde*, offrit à Luis ses colonnes pour communiquer avec ses admiratrices. Outre qu'il figurait souvent en couverture du magazine, Luis fut très reconnaissant envers la direction car, depuis quelque temps, il recevait des milliers de lettres chez lui. Les sacs postaux s'entassaient. Luis s'efforce de lire le maximum de lettres, parfois toutes. Jeanne est chargée de répondre, mais, grâce à *Cinémonde*, des secrétaires rédigent maintenant les réponses que leur dicte le chanteur par téléphone.

Une permanence du Club est installée dans les locaux de *Cinémonde*, 2 avenue Matignon, et cela permet aux adhérentes d'assister désormais aux avant-premières des films de Luis Mariano, au cinéma Paramount, boulevard des Italiens. Il est bien évident que la présence de la vedette était assurée... sur la scène!

Le 27 octobre 1947, le rideau du théâtre de la Gaîté Lyrique se leva sur *Andalousie*, opérette en deux actes de Francis Lopez, livret et lyrics d'Albert Willemetz et Raymond Vincy. La distribution comprenait, bien sûr, Luis Mariano dans le rôle de Juanito, un jeune Andalou, marchand d'alcarazas (les alcarazas sont des cruches d'argile poreuse qui conservent la fraîcheur de l'eau) qui devient un matador célèbre pour les beaux yeux de la belle Dolorès, incarnée par Marina Hotine, une belle chanteuse, à la ville épouse du compositeur préféré de Mistinguett, Maurice Yvain. À leurs côtés, on trouvait l'adorable fantaisiste Gise Mey et l'inénarrable comique Maurice Baquet. Baquet était un ancien champion de l'équipe de France de ski, doublé d'un virtuose du violoncelle (il est toujours professeur de cet instrument). C'est pendant *Andalousie* que naquit une indéfectible amitié entre Luis Mariano et Maurice Baquet. Ils se retrouveront souvent, tant sur scène qu'à l'écran, et seule la disparition de Mariano viendra mettre un terme à cette amitié exemplaire. Ajoutons que le comique O'Brady, un chauve que le cinéma avait rendu populaire, faisait aussi partie de la distribution. Raymond Fost, merveilleux décorateur-costumier, avait dessiné et réalisé les décors et les costumes. Le corps de ballet de la Gaîté Lyrique venait agrémenter de sa présence la partie chorégraphique de l'ouvrage, et la séquence du ballet de la corrida était réalisée par la Compagnie du Capricorne. Fidèle à son orchestrateur de *La Belle de Cadix*, Francis Lopez confia également à Jacques-Henri Rys l'écriture des arrangements pour la partition d'*Andalousie.*

L'action se situe en 1860, et se déroule dans un petit village andalou du nom de Toblada, à mi-chemin entre Séville et Grenade, les deux villes-reines de la province. Naturellement, comme dans toutes les opérettes, il s'agit ici d'une histoire d'amour, celle du jeune Juanito Pérez, le beau marchand d'alcarazas dont toutes les filles sont amoureuses, et de la ravissante Dolorès, fille de doña Vitoria, l'aubergiste du village. Le rêve de Juanito est d'épouser Dolorès, et de lui offrir un magnifique château. Mais, hélas, le pauvre garçon ne possède que son amour et son ambition, mais il n'a pas la moindre peseta en poche. Alors, il jure à Dolorès de devenir un matador riche et célèbre, et il tient son serment. Après une première corrida victorieuse aux arènes de Grenade, il se voit proposer une grande tournée au Venezuela.

Il devint vite l'idole de ce pays, et il est l'invité d'honneur d'une grande soirée au Grand Hôtel de Caracas. Fanny Miller, la célèbre cantatrice viennoise, y assiste également. Elle tombe sous le charme du fringant torero, et lui propose même d'aller l'applaudir à sa prochaine corrida. Fanny Miller, inondée de cadeaux provenant d'un riche inconnu, intercepte le courrier que Juanito envoie à Dolorès. Elle comprend ainsi que, si le matador reste sourd à ses avances, c'est qu'il y a, là-bas en Andalousie, une autre femme dans sa vie. L'inconnu qui comble Fanny de présents est un proscrit politique, Rodriguez Valiente. Elle lui résiste, quand Juanito fait irruption dans la chambre et la débarrasse de l'intrus. Juanito évoque alors à Fanny la merveilleuse Andalousie qu'il va bientôt revoir. Mais, à Toblada, Dolorès est bien malheureuse. Elle a appris par la presse que l'on voit partout Juanito Pérez et Fanny Miller ensemble. Elle décide alors de se venger et de montrer à Juanito, qui doit bientôt être la vedette de la féria de Séville, ce que peut faire une véritable Andalouse. Après la corrida où il a obtenu la queue et les oreilles du taureau, nous retrouvons Juanito dans la plus célèbre maison de danse de Séville. Assis à une table en compagnie de Fanny Miller, il avoue à cette dernière combien il a hâte de revoir son petit village de Toblada et sa chère Dolorès. Mais, à cet instant, on annonce la nouvelle reine de la danse sévillane, « La Estrellita ». Juanito n'en croit pas ses yeux : cette superbe danseuse qui électrise le public masculin n'est autre que... Dolorès! Juanito croit devenir fou. Il veut bondir sur la piste, mais Valiente l'en empêche. Le proscrit tient sa vengeance : le matador lui a pris Fanny Miller, il lui prendra Dolorès. Il offre à la danseuse une maison située juste en face de celle de sa rivale, et

Dolorès peut voir de sa fenêtre Juanito arriver chez la chanteuse. Elle attend Valiente et, pour se donner du courage, elle boit du manzanilla, tout en apercevant le matador flirter avec Fanny. Valiente arrive, poursuivi par la police qui le traque. Il dit à Dolorès qu'il a compris qu'elle n'aimait que le matador. À cet instant, on frappe à la porte. C'est Juanito qui, dès qu'il a aperçu Valiente chez Dolorès, et n'en pouvant plus, a bondi au secours de son amour. La police arrive à son tour. Mais Juanito, chevaleresque, ne veut pas livrer Valiente. Il l'oblige à se cacher et lui jette à la face la médaille que Dolorès lui avait offerte en gage d'amour. Le lendemain, c'est la seconde corrida que Juanito doit livrer aux arènes de Séville. Avant le combat, il va prier la Vierge, la « Santa-Maria » et l'on comprend qu'il abandonne et qu'il n'a plus le courage de lutter. Mais Fanny avoue à Juanito qu'elle a détourné les lettres qu'il envoyait du Venezuela à Dolorès. Par jalousie, elle a poussé la jeune fille à bout, mais elle jure à Juanito que Valiente n'a jamais été l'amant de Dolorès. Juanito reprend goût à la vie, et retrouve tout son courage et sa valeur de matador. La corrida est un immense triomphe. Juanito pourra filer le parfait amour avec Dolorès, épouser la petite Andalouse, et vivre avec elle dans le beau château qu'il lui a promis, et l'opérette se termine sur le tourbillon de la « Fête à Séville ».

Andalousie est un pur chef-d'œuvre. C'est la raison pour laquelle nous avons insisté sur son livret, un des meilleurs que Luis Mariano ait interprétés. Du point de vue musical, *Andalousie* est une réussite totale. On peut dire qu'elle est plus qu'une opérette, un véritable opéra-comique. C'est d'ailleurs l'ouvrage que Francis Lopez préfère parmi les quelque cinquante opérettes qu'il a composées. Il y a, dans *Andalousie*, et surtout dans les airs de Mariano, des mélodies d'un lyrisme poignant. Des pages, comme la prière « Santa-Maria » ou « Je veux t'aimer », mettent divinement en valeur la magnificence de la voix de Luis Mariano. Le duo « Dans mon château » est digne des grands compositeurs italiens et le paso doble « Olé Torero ! » est devenu un classique du genre, joué dans toutes les grandes plazas d'Espagne pour les corridas. La chanson « Andalucia mia » a pris place également dans le répertoire des plus grands chanteurs espagnols actuels. *Andalousie* peut être comparée sans crainte aux plus belles « zarzuelas » de la péninsule ibérique.

Tous les soirs, Mariano obtenait également un grand succès en tant que comédien. Quand il jetait au visage de Dolorès la médaille qu'elle lui avait donnée, il jouait la scène avec des sanglots dans la voix, et cette sincérité lui valait des applaudissements nourris qui crépitaient dans la salle.

Les sorties du théâtre n'en étaient pas moins épiques. Il fallait trouver des ruses de Sioux pour échapper à la meute hurlante des admirateurs. Lors des premières représentations, bien que la préfecture de police ait mis à la disposition de Mariano six agents des plus athlétiques, rompus aux barrages de foule et aux manifestations populaires, la sortie de l'artiste faillit tourner au drame. La Cadillac de Mariano était stationnée rue Réaumur, pratiquement en face de l'entrée des artistes, à près de trois mètres sur la gauche. D'une des fenêtres de l'escalier qui menait des loges vers la sortie, Luis vit une véritable marée humaine dans la rue Réaumur. Arrivé au rez-de-chaussée, il entrebâilla la porte et fonça, comme un taureau ou comme un joueur de rugby, vers la Cadillac. Mais ce fut tragique : la première vague renversa et annihila les six agents. Mariano eut vraiment peur et crut sa dernière heure arrivée. Il était seul au milieu de cette foule délirante, soulevé, emporté, cerné par des visages qui voulaient sourire, mais que la crainte d'un étouffement rendaient menaçants. M. Gonzalèz père était coincé dans la voiture et ne pouvait rien faire. Luis était bloqué et se refusait à employer la force pour s'échapper. Il se disait que ces gens étaient là pour lui manifester leur amitié et leur admiration. Il fut ballotté de droite et de gauche pendant près de dix longues minutes, mais, soudain, sans savoir comment, un remous le jeta enfin dans sa voiture. Entre temps, les agents s'étaient libérés et revinrent à la charge. Quand il se retrouva sur la banquette arrière de la Cadillac, le pauvre Mariano était en loques, il avait perdu son veston, sa cravate s'était envolée, et son pantalon était en lambeaux. Un gardien de la paix lui prêta sa pèlerine pour le couvrir. Il était tout meurtri, griffé, couvert de bleus et d'égratignures!

Tout cela, et le courrier du Club qui augmentait de jour en jour, amena Mariano à prendre la décision de déménager. L'appartement de l'avenue Ledru-Rollin se révélait vraiment trop exigu; Mariano avait envie d'espace et de grand air quand il rentrerait chez lui. Francis Lopez proposa de lui vendre une jolie propriété qu'il possédait au 43 avenue de Lorraine au Vésinet. Il était certain que, lorsqu'il la visita pour la première fois, Mariano pensa qu'il y aurait de gros travaux à faire avant de pouvoir y habiter. Mais il y avait un grand jardin, une petite rivière avec un petit étang, un petit pont et un pavillon chinois, ainsi qu'une maison pour les gardiens. Quant au corps de logis lui-même, c'était une curieuse bâtisse en bois, qui se révéla entièrement termitée et elle pouvait s'effondrer sur ses occupants d'un moment à l'autre. Bien sûr, Lopez jura à son ami qu'il n'en savait rien, et qu'il ne s'était aperçu de rien du temps où il y séjournait.

Puisqu'il en était ainsi, Mariano fit contre mauvaise fortune bon cœur, et il aménagea la propriété de l'avenue de Lorraine, du mieux qu'il put, se disant que cette demeure ne serait qu'un séjour de passage. Luis transforma la maison des gardiens en petite maison basque, avec des murs tout blancs et des volets verts. Certes, ce n'était pas grand pour y loger la famille, mais c'était charmant. On ne déballa même pas les malles et les cartons; c'était pratiquement du camping. Pour maintenir sa forme physique – ce qui était primordial dans son métier –, Mariano utilisa même un des murs du jardin en fronton de pelote basque et, dans ce but, on le peignit en rose ocré. Mais l'architecte-décorateur reprenant le dessus sur la vedette, Mariano ne cessait de faire des plans pour sa future demeure et de convoquer des entrepreneurs. Quand tout fut pratiquement sur le point d'être mis en œuvre, Luis Mariano découvrit boulevard Carnot, au 86, une très belle villa de style « Louisiane », une vaste demeure qui était à vendre. Beau jardin, à deux pas du lac des Ibis, la maison lui plut. Il se remit à sa planche à dessin, fit repeindre l'extérieur pour lui redonner sa belle couleur blanche originale, et quelques mois plus tard, la famille Gonzalèz put emménager dans une splendide demeure digne d'elle et de l'immense star qu'était devenu Luis Mariano.

À la Gaîté Lyrique, l'ambiance n'était pas triste en coulisses. Plus que jamais, malgré sa popularité devenue énorme, Luis Mariano était vraiment resté l'étudiant facétieux des Beaux-Arts, et les farces qui donnaient naissance à d'inextinguibles fous rires, étaient nombreuses et les bienvenues. Il faut dire qu'avec, parmi les artistes, la présence de joyeux drilles comme Maurice Baquet et O'Brady, on ne s'ennuyait pas. Mariano avait beaucoup de changements de costumes très rapides. Ils étaient tous magnifiques, mais très ajustés, avec des chemises de dentelle et des draperies de ceinture compliquées. Les blagues que Baquet et O'Brady faisaient au ténor consistaient généralement en manches cousues ou en poils à gratter posés au bon endroit d'un pantalon. Pour parer à cela, Henri Montjoye obligea Mariano à avoir une penderie fermée à clef pendant la période hors représentation, et Mariano devait garder la clef sur lui. Il y avait aussi une seconde armoire, contenant des costumes de secours, qui se trouvait dans le bureau même du directeur. Mais Mariano n'était pas le dernier à enduire de colle l'intérieur des sombreros de Maurice Baquet, ou à placer des fumigènes dans la loge d'O'Brady, pendant que le comédien était en scène. Un soir, Mariano dut rester couvert pour saluer : ses camarades avaient emboîté un second, puis un troisième sombrero dans le premier !

Cargaison clandestine était sorti et les résultats étaient plus que satisfaisants. Le cinéma s'intéressait de plus en plus à Luis Mariano, en qui il commençait à voir une valeur sûre. Une firme anglaise lui proposa de tourner un film sur la vie de Rudolph Valentino. Profitant du jour de relâche du théâtre, il se rendit à Londres pour visionner des films de celui que l'Amérique avait surnommé « L'Amant du Monde ». Tous les journaux avaient parlé de ce projet, mais l'affaire n'eut pas de suite. *Valentino* rejoignit *Premier Amour* dans le domaine du canular, bientôt suivi d'un troisième projet *Aventure madrilène* qui serait tourné... en relief, grâce à un procédé inventé par un ingénieur espagnol.

Mais, il y eut aussi et avant tout des projets sérieux qui devinrent réalités. Profitant de l'été 1948, lorsque la Gaîté Lyrique était fermée pour la période des vacances, Luis Mariano partit pour les studios de la Victorine à Nice, afin de tourner *Fandango*, un film du metteur en scène allemand Emil Reinert, avec la grande et belle danseuse Ludmilla Tchérina, Raymond Bussières, son épouse Annette Poivre et Jean Tissier. La musique du film était signée Francis Lopez. Il écrivit pour Mariano quatre chansons superbes qui furent toutes de grands succès « Fandango du Pays basque » est devenu un classique, non seulement du répertoire Mariano, mais il fait pratiquement partie maintenant du folklore basque; « Musique de la pluie » a fait rêver des millions d'amoureux qui ont souhaité voir tomber la pluie « goutte à goutte »; le tango « Illusion » chanté à moitié en français, à moitié en espagnol; la rumba « Angélica Sérénade ». C'est sur cette musique que Mariano, qui adorait la danse et aimait beaucoup danser lui-même, exécute un superbe pas de deux avec Ludmilla Tchérina, sur une chorégraphie spécialement imaginée par le mari de Ludmilla, le célèbre danseur-étoile Edmond Audran, de l'Opéra, petit-fils du célèbre compositeur de *La Mascotte*. Les extérieurs furent tournés, non au Pays basque, comme on serait en droit de l'imaginer, mais dans les environs de Nice, à Falicon, un ravissant village pourvu d'une excellente auberge. Ce qui n'était pas pour déplaire au fin gourmet qu'était Luis Mariano.

Ce film permit à Mariano de se lier d'amitié avec Raymond Bussières et Annette Poivre, deux vrais Poulbots de l'écran, qui incarnaient à ses yeux typiquement le couple de Parisiens moyens. Il aimait à dire que si, un jour, on lui demandait de dessiner un portrait de Paris, c'est à Annette Poivre et à Raymond Bussières – « Bubu » comme ses amis l'avaient surnommé – qu'il ferait appel pour poser. Il sympathisa aussi énormément avec Jean Tissier, à qui il trouvait un air de Pierrot lunaire. Pour Mariano, c'était merveilleux de côtoyer ces artistes chevronnés qu'il avait tant applaudis sur l'écran, du temps de son adolescence.

Ludmilla Tchérina n'était pas encore, à l'époque de *Fandango*, la déesse lointaine qu'elle est devenue par la suite. Avec Luis, elle fut une gamine espiègle au magnifique visage de vamp. Ils ne cessaient pas de rire et de faire des farces aux machinistes pendant le tournage. Souvent le soir, lorsque les prises de vues étaient terminées, Mariano, Ludmilla et son mari Edmond Audran, se retrouvaient pour dîner dans les restaurants du vieux port de Nice. Ludmilla se laissait aller à évoquer ses débuts de petite ballerine à Monte-Carlo, son père militaire slave proscrit devenu inventeur et poète, sa mère costumière de théâtre, tout cela dans le cadre lourd et oppressant des années d'occupation. Mariano, lui, riait au souvenir de Jeanne faisant du marché noir pour vivre, des galas payés en partie avec des tickets de ravitaillement. Et toujours, Ludmilla finissait par parler de Serge Lifar, le célèbre danseur-chorégraphe russe qui fit de la France sa seconde patrie, car, sans Lifar, sa famille et elle seraient mortes de faim ou déportées.

Hélas, leurs deux carrières respectives éloignèrent Tchérina et Mariano l'un de l'autre, comme c'est souvent le cas dans ce métier du spectacle. Et cette amitié naissante en souffrit. Ils se croisaient au cours de réceptions, de cocktails où ils se disaient des banalités et se vouvoyaient. Mais, pour toujours, sur l'écran, restera la séquence d'« Angélica Sérénade » et du pas de deux qui réunissait Luis Mariano et Ludmilla Tchérina.

C'est à cette époque que Mariano se découvre une nouvelle passion : le cinéma amateur. Il fait l'acquisition d'une caméra 16 millimètres dont il ne se sépare plus. C'est pour l'époque un appareil ultramoderne, qui permet de filmer en couleurs. Il s'amuse à filmer tout ce qu'il trouve intéressant, les prises de vues, les paysages, ses partenaires, et parfois il confie la caméra à un machiniste ou à un assistant pour qu'on le filme. Après le tournage de *Fandango* c'est sa famille, sa mère, son père, sa sœur, ses animaux favoris, qui vont être filmés pour la postérité. Ensuite, lorsque Patchi Lacan sera devenu son chauffeur-secrétaire, c'est lui qui deviendra le premier assistant du cinéaste Luis Mariano.

L'été tirait sur sa fin. La Gaîté Lyrique allait rouvrir ses portes, et Luis Mariano retrouva le personnage de Juanito dans *Andalousie*, et le délire des soirs triomphaux. Il eut la satisfaction de constater que les chansons du film *Fandango*, surtout « Fandango du Pays basque », étaient devenues de grands succès de radio, figurant en tête de la « Parade des succès », classement qui correspondait un peu au « Top 50 » actuel et que, juste conséquence, les disques se vendaient très bien. En moins de trois ans, Luis Mariano était devenu un champion des ventes chez La Voix de Son Maître. C'est de 1948 que date la très bonne adaptation française, due à la plume de Francis Blanche, d'un très grand succès cubain « Tu Felicidad », sous le titre « Dans tous mes rêves ». Ce titre avait été composé par un des chefs d'orchestre les plus en vue de La Havane, René Touzet. Notons aussi un autre boléro, mexicain celui-là, que Luis chanta dans sa version originale, « Acércate más », et une admirable valse que le célèbre compositeur de Mexico Agustin Lara avait écrite en hommage à son épouse, la grande star de cinéma Maria Félix, « Maria Bonita ». Cette interprétation de Luis Mariano éclipsa tous les autres enregistrements existant sur le marché mondial. Oui, Luis Mariano était devenu une superstar de la chanson.

Entre deux représentations d'*Andalousie* à la Gaîté Lyrique, Mariano fait quelques récitals à la Salle Gaveau pour illustrer un cycle de conférences de M. Maurice Lehmann, organisées par les « Annales ». Dans ces récitals, Luis interprète les grands airs du répertoire des ténors classiques : Rossini, Verdi, Puccini, Massenet, Léo Delibes. Il revient ainsi à ses premières amours, mais il faut admirer le travail et le courage du ténor, accaparé par l'opérette, la chanson, la radio et le cinéma, pour réaliser cette performance vocale.

Maurice Lehmann ! Un nom que nous allons rencontrer fréquemment, maintenant, dans la vie de Luis Mariano. C'était l'homme qui dirigeait (en association avec Benoît Léon-Deutsch) le Théâtre de l'Empire, cette grande salle que l'escroc Stavisky avait rachetée et aménagée en un théâtre magnifique, situé avenue de Wagram, pour la consacrer à l'opérette. C'était là qu'il avait monté *Deux sous de fleurs* et, lorsque l'affaire éclata, *Katinka*. Mais Maurice Lehmann était surtout, et avant tout, le directeur du gigantesque Théâtre du Châtelet. Cela était d'une importance capitale. Le Châtelet était, à l'époque, le plus grand théâtre du monde consacré à l'opérette à grand spectacle, avec des mises en scène somptueuses, agrémentées de ballets splendides et de « clous », c'est-à-dire de réalisations scéniques qui causaient l'étonnement, la fascination, et parfois même la frayeur des spectateurs. Tout comme l'Opéra de Paris, le Châtelet possédait son propre corps de ballet – avec une école de danse – et son propre orchestre, qui pouvait rivaliser avec celui du Palais Garnier. Le Châtelet, c'était une salle de trois mille places, une scène immense, des dégagements énormes, des écuries – il y avait souvent des chevaux sur scène et M. Lehmann y amena des éléphants pour *Annie du Far-West* – des centaines de figurants sur le plateau. Les spectacles que présentait le Châtelet étaient célèbres non seulement dans toute la France, mais aussi dans le monde entier. En ce temps-là, même les Américains de Broadway faisaient le déplacement à Paris pour venir admirer et applaudir les réalisations que produisait et mettait en scène Maurice Lehmann; souvent pour s'en inspirer. Maurice Lehmann était avant tout un amateur éclairé des grandes voix lyriques. Avant la Seconde Guerre mondiale, sa vedette préférée fut André Baugé, un baryton transfuge de l'Opéra-Comique, au physique avantageux. Mais Baugé, après la Libération, n'avait plus l'éclat qu'il avait eu dans les années trente.

Quand le phénomène Luis Mariano éclata au Casino Montparnasse, Maurice Lehmann s'intéressa de plus en plus au chanteur. Il savait, mieux que quiconque, l'impact que la voix d'un grand ténor avait sur le public. Et quand il découvrit le physique, l'allure, le sourire et le regard de Luis Mariano, il comprit que cet artiste, la vedette qu'il était, possédait tous les atouts pour devenir une star de l'opérette. *La Belle de Cadix*, malgré l'excellence de sa partition, avait été montée avec de petits moyens de fortune. Ce qui n'avait pas empêché tout Paris de se précipiter rue de la Gaîté. *Andalousie* avait confirmé l'éclat de Mariano, mais l'opérette comportait du faste à la Gaîté Lyrique.

Maurice Lehmann pensa remonter *La Belle de Cadix* dans son Théâtre de l'Empire, avec une somptuosité qui dépasserait encore celle de la Gaîté Lyrique pour *Andalousie.*

Il fit part de ce projet à Luis Mariano et à Francis Lopez. Luis ne refusa pas, mais il demanda à dessiner lui-même les costumes et souhaita que les parties dansées fussent plus importantes. Cependant, pour l'instant, il devait honorer un nouveau contrat de cinéma. Il ne savait pas que le tournage qu'il allait commencer devait bouleverser sa vie sentimentale en cette année 1948.

Guy Lacourt, producteur de la firme Gloria, avait proposé à Luis Mariano un scénario sur une histoire et des dialogues de Pierre Montazel, intitulé *Je n'aime que toi*. Aux côtés de Colette Brosset, Pauline Carton, on retrouvait le couple Annette Poivre-Raymond Bussières, André Le Gall et, dans des petits rôles, Pierrette Rossi (la fille de Tino) et un débutant nommé Louis de Funès. La mise en scène était assurée par l'auteur Pierre Montazel. La musique était signée Francis Lopez, sur des paroles d'Albert Willemetz et Raymond Vincy. La vedette féminine du film, partenaire de Luis Mariano, était Martine Carol. Le film fut tourné aux studios des Buttes-Chaumont et certaines séquences, comme le finale, dans les décors et les costumes d'*Andalousie* à la Gaîté Lyrique, ce qui nous permet d'avoir un vivant témoignage de la production d'Henri Montjoye. En effet, Mariano tournait dans la journée, tandis qu'il continuait à assurer les représentations de l'opérette en soirée.

Dans ce film, à l'intrigue très mince, Luis Mariano incarne un chanteur adulé de son public qui a pour secrétaire-imprésario une femme qui ressemble comme deux gouttes d'eau à Jeanne, jouée par Colette Brosset. Il doit reconquérir l'amour de son épouse qu'il adore. Elle croit être trompée et se désole de ne jamais voir son mari, entraîné dans le tourbillon de sa carrière. Un rôle décalqué sur la réalité, sauf que Luis était toujours célibataire. Pour les besoins du scénario, il était marié et sa femme n'était autre que l'adorable Martine Carol.

Et la réalité rejoignit la fiction. Non pas que Luis

Mariano épousa Martine Carol, mais une idylle passionnée naquit entre les deux partenaires. Une scène un peu trop romantique, un baiser un peu trop fougueux, et les deux cœurs s'enflammèrent. L'incendie dura près d'un an. Puis, les vicissitudes professionnelles des carrières des deux vedettes – dont les réactions excessives des adhérentes du « Club Luis Mariano » –, les amenèrent à se séparer. C'était dommage. Luis et Martine formaient vraiment un couple charmant. Certes, il y eut parfois des orages, des éclats volcaniques, car l'un et l'autre possédaient un tempérament de feu, mais leur gaieté naturelle et leur joie de vivre reprenaient toujours le dessus.

Comme Luis Mariano, Martine Carol, de son vrai nom Maryse Mourer, était basque. C'était déjà un grand point commun. Elle était née à Biarritz, une ville que Mariano affectionnait particulièrement. C'est la fille d'André Luguet, Rosine, qui lui donna l'idée de faire du théâtre et du cinéma. Elle prit comme premier pseudonyme le nom de Maryse Arley, et s'inscrivit au Conservatoire du Cinéma dirigé par Pierre Bertin. Ensuite, elle alla s'inscrire, comme tout le monde, au cours très en vogue de René Simon. C'est en 1943 qu'elle tourna son premier film *La Ferme aux loups* et, sur les conseils de son partenaire François Périer, elle adopta le nom de Martine Carol (en hommage à son idole Carole Lombard) qui devait la mener à la célébrité. On la vit dans un petit rôle au Théâtre de la Renaissance, dans *La Route du Tabac*. Mais le grand vedettariat tardant à venir, la gentille starlette devient une abonnée de la presse à scandales. Elle fait des virées nocturnes au bois de Vincennes avec le bandit Pierrot le Fou, « l'ennemi public n° 1 », et prétend avoir été violée par l'individu. Elle vit ensuite une romance avec le jeune premier Georges Marchal, qui se détache d'elle pour les beaux yeux de Dany Robin. Alors, elle ameute les journalistes et se jette dans la Seine depuis le pont de l'Alma. Naturellement, elle est immédiatement repêchée et sauvée mais, désormais, la France entière connaît son nom.

C'est à cause de ce début de notoriété que Guy Lacourt et Pierre Montazel la choisirent pour être la partenaire féminine de Luis Mariano dans *Je n'aime que toi.* Martine possède une frimousse adorable, un regard de chat pailleté d'or. Petite, son corps pulpeux est fait au moule. Martine Carol est véritablement l'incarnation de la Femme, ce que nous appellerions aujourd'hui un symbole sexuel. Elle a une aura érotique extraordinaire et Mariano est subjugué. Elle aussi. Comment résister à ce beau brun, aux yeux verts ensorceleurs, au sourire éclatant, à la voix sublime et au charme irrésistible ? Comment ne pas succomber à sa gentillesse, à sa courtoisie, à son accent de soleil qui semble transformer la vie en une éternelle chanson ? Martine, de son côté, est une fille adorable, espiègle, imprévue, et sa moue parfois boudeuse ferait fondre n'importe quel cœur masculin.

Luis et Martine ne se quittent plus. On les voit ensemble dans tous les endroits à la mode de la capitale. Ils font des escapades à Bruxelles, à Chamonix. Ils partent souvent passer des week-ends à Biarritz. Martine réalise même ce prodige de se voir adoptée et reçue par la señora Gregoria et par M. Gonzalèz. Un amour de cinéma, comme on les rêve, mais trop beau pour durer !

Quelques années plus tard, Mariano sentira un léger pincement au cœur quand il chantera :

« Biarritz ! dans ta chambre d'amour,
J'ai passé tant de jours,
Tant de nuits à rêver
À des yeux adorables... »

Après sa rupture avec Luis Mariano, Martine Carol épousa l'Américain Steve Crane en 1949, puis le metteur en scène Christian-Jacque en 1954, après avoir été la « Caroline Chérie », dont toute la France fut amoureuse, dans le film de Richard Pottier. Elle tourna avec de nombreux réalisateurs très importants, de René Clair à Max Ophuls, en passant par Roberto Rossellini. Elle fit encore d'autres mariages malheureux, pour épouser en fin de compte le Britannique Mike Eland en 1961. Mais, depuis plusieurs années, un autre astre montant, Brigitte Bardot, l'avait éclipsée au firmament cinématographique et rejetée peu à peu dans l'ombre. Elle se suicida en 1967 dans une chambre d'un palace de Monte-Carlo, presque oubliée de tous. Toute sa vie, elle se plut à dire que Luis Mariano avait été un des plus beaux amours de son existence.

Contrairement à *Cargaison clandestine* qui avait été réalisé pendant un été caniculaire, le tournage de *Je n'aime que toi* s'effectua en plein hiver, par un froid sibérien. Or, une des séquences du film exigeait que Mariano tournât nu dans son bain, et naturellement en train de chanter. Pour les besoins de cette scène, la production fit exécuter pour la vedette un petit slip en caoutchouc couleur chair... que Luis détestait. Il dut rester près de six heures dans la baignoire (les tournages sont toujours longs au cinéma), avant que Pierre Montazel se déclarât satisfait de la scène. Entre chaque prise de vues, Jeanne, la secrétaire de Mariano, venait ajouter de l'eau chaude dans le bain pour que le chanteur ne prît pas froid. Mais le seau était grand, les prises nombreuses, mais courtes, et lorsque la séquence fut terminée, Luis était rouge comme un homard, et ses orteils pelaient. Dans une autre scène, pour les besoins de la chanson « Boumgali », Luis Mariano apparut déguisé en Papou, entouré des plus belles « Bluebell Girls » du Lido. Son costume l'amusa beaucoup au début car, avec ses plumes sur la tête, ses colliers de pacotille et ses anneaux aux oreilles, il lui rappelait le temps des bals des Beaux-Arts de Bordeaux. On avait invité des adhérentes du « Club Luis Mariano » comme figurantes représentant le public d'un grand cabaret. Mais, quand Mariano parut dans son étrange costume, elles poussèrent de tels cris d'effroi qu'il se prit à avoir des doutes sur l'efficacité de sa tenue... Et, en dehors du cercle des projecteurs où il alla se réfugier, il faisait un vrai froid de canard, d'autant plus que le costume de Papou le laissait torse nu! Mais, comme il y a un ange protecteur des artistes, il eut la chance de ne pas attraper une bronchite ou un refroidissement quelconque.

Ce « Club Luis Mariano » prenait de plus en plus d'extension et d'importance dans la vie et dans la carrière du ténor. À la première publique du film *Je n'aime que toi* au cinéma Paramount du boulevard des Italiens, les marianistes étaient plus de deux mille qui faisaient la queue devant l'établissement depuis l'aube. Quand la projection du film fut terminée dans un déluge de cris enthousiastes et d'applaudissements, Luis Mariano et le réalisateur Pierre Montazel durent se réfugier dans un café voisin pour échapper aux démonstrations d'admiration un peu trop vives de ces demoiselles. Ils furent bloqués dans l'arrière-salle du café assez longtemps; cela inspira à Montazel l'idée du film suivant qu'il tournerait avec Luis Mariano : *Pas de week-end pour notre amour.*

Il y a dans *Je n'aime que toi* une charmante chanson qui expose à merveille la vie et la psychologie de Mariano. C'est « La Vie en chantant » :

« Le matin, quand je me lève,
Je m'en vais chantant
Ciribirribin, Carmen, Tosca ou La Bohême!
Je me répète sans trêve
Ces refrains charmants :
La Bell' de Cadix, *Andalousie*, c'est ça que j'aime! »

Et c'était vrai! La vie de Luis Mariano était une grande fête, une éternelle chanson, une merveilleuse opérette!

Depuis que la famille Gonzalèz était venue vivre à Paris, c'est-à-dire les premiers mois de *La Belle de Cadix*, une habitude s'était installée qui ne devait s'arrêter qu'en 1959. Dès que Mariano rentrait chez lui, un rayon de lumière s'allumait sous la porte de la chambre de ses parents.

La señora Gregoria ne dormait pas. Elle attendait le retour de son fils bien-aimé, n'importe quelle heure fût-il, pour que Mariano lui raconte ses faits et gestes de la journée, et aussi pour lui donner des conseils. C'était ce que Patchi appellera plus tard, le « confessionnal ». Mais c'était une habitude, un jeu auquel Luis adorait s'adonner : un des nombreux signes de cet amour exceptionnel entre cette mère et ce fils exemplaire. Ensuite, quand la « confession » était terminée, à voix très basse bien sûr, car M. Gonzalèz dormait paisiblement, la señora s'endormait rassérénée et Mariano pouvait aller, à son tour, bénéficier d'un sommeil bien mérité après une journée bien remplie.

Quand Luis était en tournée, c'était par téléphone qu'il racontait sa journée à sa mère. Car, jamais sans cet appel, Mme Gonzalèz n'aurait pu trouver le repos. C'était peut-être, pour certains, le signe d'une mère possessive, mais c'était merveilleux et charmant.

Après le tournage de *Je n'aime que toi*, Luis Mariano continua de jouer *Andalousie* pendant deux mois à la Gaîté Lyrique. Puis, il emmena l'opérette en tournée à Lyon, à Marseille, à Bordeaux et à Toulouse. Partout, l'accueil du public fut aussi enthousiaste qu'à Paris. À Marseille, cela tint du délire. À peine le ténor paraissait-il sur le seuil de son hôtel qu'il était escorté par un bataillon de jeunes filles dont l'admiration tournait à l'hystérie. Les sorties du Théâtre du Gymnase, où chantait Luis Mariano, viraient à l'émeute et provoquaient des embouteillages monstrueux. Souvent, la police dut intervenir pour dégager la star. Un jour, pendant une émission à Radio-Marseille, les admiratrices déchaînées envahirent la scène, bousculant et renversant speaker et musiciens, et Luis dut s'enfuir à toutes jambes. C'était dans ces instants qu'il était utile d'avoir été champion de course aux jours de sa jeunesse basque à Saint-Sébastien !

Cela n'empêchait pas le ténor de continuer à faire des farces d'étudiants à ses partenaires. Un dimanche où l'on donnait une corrida aux arènes de Marseille, Mariano s'y rendit, pendant l'entracte, dans un costume de matador d'opérette pour voir travailler le grand matador Luis Miguel Dominguin. On présenta la vedette de la chanson, du cinéma et de l'opérette à la vedette des arènes. En hommage, Dominguin offrit à Mariano l'oreille du taureau qu'il venait de combattre et de tuer. Luis mit l'oreille dans un bout de papier et la ramena au théâtre. Là, pendant le second acte d'*Andalousie*, il glissa l'oreille sanguinolente du taureau dans la main de Maurice Baquet. Inutile de dire la tête que fit le fantaisiste en ouvrant le petit paquet que venait de lui donner Luis Mariano!

Le passage de Luis à Marseille fut si triomphal que la municipalité de la cité phocéenne lui remit solennellement une plaque de bronze gravée à son nom et le fit citoyen d'honneur de la ville. Cette distinction n'avait eu jusque-là que deux titulaires : le général Charles de Gaulle et le boxeur Marcel Cerdan. Le ténor Luis Mariano fut très flatté d'être le troisième récipiendaire.

À Toulouse, Luis dut quitter le célèbre Théâtre du Capitole en s'échappant par les caves.

Après cette tournée d'*Andalousie*, Luis put s'octroyer un cadeau merveilleux : des vacances! Trois semaines de vacances avec sa famille. Il avait loué une villa à Biarritz et c'était un bonheur sans égal d'offrir ce luxe à M. et à Mme Gonzalèz, ainsi qu'à Maria-Luisa. Trois semaines à profiter au maximum de la tranquillité, de la mer et du soleil. Ensuite il fallut rentrer. Il allait faire un gala à Londres puis partir pour la première fois en Amérique!

C'est également en 1949 que Luis Mariano va rencontrer celui qui, toute sa vie, sera à la fois le chauffeur, l'homme de confiance, l'homme à tout faire, le garde du corps, le confident, l'ami, celui que la vedette considérait comme son frère : François Lacan, dit Patchi, diminutif basque de François. Du jour où Mariano l'engagea, les deux hommes ne se quittèrent pratiquement pas, et il fallut le drame du 14 juillet 1970 pour mettre un terme à cette amitié rare et exemplaire, digne des grandes amitiés antiques comme celle d'Oreste et Pylade ou d'Achille et Patrocle.

Depuis les sorties difficiles de la Gaîté Lyrique et depuis que les tournées entraînaient le ténor en province, Mariano ne voulait plus que son père jouât le rôle de chauffeur. Il y avait eu plusieurs postulants à cette place, mais, après des essais plus ou moins brefs, aucun n'avait vraiment donné satisfaction à Mariano. Entre deux « chauffeurs stagiaires », le ténor employait des taxis pour se rendre au théâtre, à ses rendez-vous professionnels et pour rentrer chez lui. Luis cherchait avant tout quelqu'un de dévoué, d'honnête et de sérieux. Il en parla souvent dans son entourage et, un jour, un de ces cousins basques, établi à Paris, lui dit qu'il connaissait un garçon qui ferait certainement son affaire.

François Lacan était basque, lui aussi. C'était déjà, pour Mariano, un atout fondamental. François avait perdu ses parents très jeune. Il fut placé à l'Assistance publique où l'enfant, plongé dans une détresse profonde, se laissa dépérir. Il semblait même avoir perdu le goût de vivre. C'est alors que l'administration le plaça dans une famille de braves fermiers d'Arcangues, les Laborde. Il trouva auprès d'eux la chaleur d'un vrai foyer où il vécut heureux jusqu'à l'âge de vingt ans. Il s'occupait activement des travaux de la terre et de la ferme. Puis, il décida de s'engager dans l'armée, et effectua trois ans de service dans la Marine nationale. À la fin de cette période, il décida d'aller s'installer à Paris, car c'était là pensait-il, qu'il lui serait plus facile de trouver du travail. Il devint chauffeur-livreur chez Javel-Lacroix. Et le destin lui fit rencontrer un jour un ami, basque espagnol, le cousin de Luis

Mariano, qui lui parla de la place possible auprès de la vedette.

Bien sûr, cet emploi intéressait le jeune Lacan. Il alla se présenter chez Mariano mais ne fut reçu qu'à la troisième tentative. Luis lui demanda ses conditions financières. Ils se mirent déjà facilement d'accord sur ce point. Mariano ajouta que, chez lui, il n'y avait pas d'horaires fixes et que les congés étaient rares. Ce n'était pas grave : à l'époque, François Lacan était libre comme l'air, n'ayant aucune attache. Mais les deux hommes convinrent d'une période d'essai de quinze jours afin de faire plus ample connaissance.

Il fallut au nouveau chauffeur, qui n'avait jusque-là conduit que des cabines avancées, s'habituer à la grande Cadillac et à son tableau de bord compliqué. Et puis, il dut emmener Mariano dans Paris effectuer plusieurs courses et se rendre à ses rendez-vous. François avait eu la chance d'être immédiatement pris en sympathie par la señora Gregoria qui demanda le soir à son fils ce qu'il pensait du nouveau chauffeur. Mariano était encore indécis. Il trouvait le jeune Basque plein de bonne volonté, mais ne savait pas encore qu'il ferait l'affaire !

L'affaire en question allait durer vingt ans !

François Lacan fut immédiatement adopté par le clan Gonzalèz et, dès le début, Mariano lui demanda de le tutoyer. C'est Luis qui le surnomma « Patchi » et, pour tous les gens qui constituaient l'entourage de la vedette, comme pour les membres du Club, il fut seulement Patchi, le bras droit de Mariano. Et les deux hommes se vouèrent une confiance aveugle et éternelle, avec raison. Patchi, dès lors, prend tout en main. Il s'occupe des galas, de la régie, des répétitions, des maisons. Il a sur lui les papiers de Mariano, comme sa carte de résident étranger ou son chéquier, car Mariano est très étourdi et perd souvent des affaires. La vedette n'a, non plus, jamais d'argent sur lui. C'est Patchi qui règle tous les achats et toutes les dépenses. En fin de compte, Patchi n'eut jamais de salaire ni de contrat. Il vivait sur la caisse commune familiale, comme un membre intégral de cette dernière, ce qu'il était devenu. Et, quand plus tard il se mariera et aura des enfants, la famille s'agrandira avec eux, et Mariano veillera aux besoins de chacun. Le ténor combla Patchi et les siens de cadeaux. Jamais il n'aurait pu faire un présent à sa mère, à sa sœur ou à son père, sans en faire un à Patchi. Il acceptait rarement une invitation chez des amis si son « alter ego » n'était pas invité. On les voyait rarement l'un sans l'autre. Ce fut vraiment l'amitié fraternelle par excellence.

VI

L'Amérique ! Quel artiste n'a pas fait le rêve de devenir une vedette en Amérique ? Mirage de Broadway, d'Hollywood ou de Las Vegas. Vision des somptueuses comédies musicales et des grands orchestres ! Et quand un imprésario téléphone et que le contrat est prêt, quand on le signe, le rêve fait place à la réalité ! C'est ce qui arriva à Luis Mariano en 1949. Après ses triomphes français sur scène et à l'écran, c'était prévisible !

Lorsque le paquebot transatlantique *Ile-de-France* entra en rade de New York, quand il croisa la statue de la Liberté sur Ellis Island, quand les gratte-ciel de Manhattan se profilèrent à l'horizon au-dessus des vagues argentées de l'océan, Mariano était accoudé au bastingage et, tel un enfant médusé, il ouvrait ses yeux tout grands et regardait.

Le départ n'avait pas été facile. Vingt-deux valises qu'on fait et qu'on défait parce qu'on a oublié quelque chose. Des disques, des partitions, des photos, des tenues de scène qui vont de la tenue andalouse au fameux smoking blanc qui allait éblouir le Canada. Les coups de téléphone incessants des amis qui appellent pour vous souhaiter bon voyage et bonne chance (ce que détestait Mme Gonzalèz par pure superstition basque). Les dernières démarches administratives pour l'obtention du passeport et du visa américain. Une nuit où l'on dort mal, tout excité à la pensée d'une première traversée de l'Atlantique sur un paquebot de luxe... Et la perspective de chanter et de réussir en Amérique, cela a de quoi bouleverser un homme ! Le matin du départ, la foule des photographes autour de soi, Maman qui pleure à chaudes larmes, Papa qui refoule les siennes, les au revoir et le « Club » sur le quai de la gare Saint-Lazare, devant le train transatlantique, Mariano happé, hissé dans son wagon, réapparaît souriant à la fenêtre de son compartiment, Maria-Luisa, venue l'accompagner, range les bagages à main dans le compartiment. Le sifflet du train annonce le départ. Maria-Luisa embrasse son frère une dernière fois. Elle descend du train. Luis se penche à la fenêtre, sourit, envoie des baisers aux membres du Club, agite le bras pour dire au revoir. Les admiratrices crient sur le quai. Les éclairs des photographes fusent et tout cela, dans un tourbillon, une vitesse folle. Le convoi s'ébranle. Luis Mariano est parti à la conquête de l'Amérique !

À bord de l'*Ile-de-France*, Mariano voyagea dans la cabine de luxe « Chantilly », un endroit doté du dernier confort, un décor absolument ravissant, tout en bois légèrement rosé. Pendant la traversée de six jours, les fêtes et les galas furent nombreux. Mais l'emploi du temps était bien rempli : le matin, piscine, culture physique, jeux de plein air sur le pont des premières classes. À l'heure du déjeuner, un magnifique repas, avec toutes les finesses de la grande gastronomie française, attendait Luis Mariano. Ensuite, il avait le choix entre la sieste (une habitude typiquement espagnole, dont il n'avait plus la faculté pendant sa vie normale), le salon de musique ou le cinéma qui projetait les derniers films aussi bien français qu'américains, le salon de lecture qui comportait une belle bibliothèque et les derniers magazines tant de Paris que des États-Unis et du Canada, ou bien profiter de l'air du grand large en arpentant les ponts-promenades du navire. Le soir, Mariano se rendait au cabaret du bord, baptisé Le Café de Paris. Il y avait un orchestre de danse et des artistes que la Compagnie maritime avait engagés pour présenter leur tour de chant. Naturellement, le commandant avait demandé à Mariano de chanter quelque chose un soir. Luis s'exécuta bien volontiers, pour la plus grande joie des autres passagers. Il chanta quelques airs de *La Belle de Cadix* et d'*Andalousie*.

Quand l'*Ile-de-France* arriva en vue des côtes américaines, tout le monde à bord était devenu amis, et chacun regrettait déjà la brièveté de la traversée, et son atmosphère chaleureuse. Le gala que Mariano avait donné exceptionnellement au Café de Paris avait été fait au profit des œuvres de la Mer, c'est-à-dire des orphelins de la Marine marchande.

En fait d'arriver le matin, comme il l'aurait souhaité, Mariano fut en rade de New York vers quatre heures de l'après-midi. Tout était comme il l'avait vu tant de fois au cinéma, cela le choqua un peu, car il eut l'impression de voir un grand décor. Le paquebot *Ile-de-France* fut bientôt entouré de petits remorqueurs trapus qui guidaient le transatlantique vers le quai de la Compagnie générale transatlantique, réservés aux navires en provenance de France. D'autres petits bateaux-pompes envoyaient vers le ciel de grands jets d'eau, qui ressemblaient à d'immenses fontaines, pour souhaiter la bienvenue aux États-Unis aux nouveaux arrivants. Le tout sur fond sonore de sirènes mugissantes. C'était assez impressionnant.

À la douane, un flot de journalistes et de reporters, aussi bien américains que français, attendaient la vedette. Soudain, une jolie femme brune fend littéralement la foule et se précipite vers Mariano : c'est Carmen Torrès, la grande amie des débuts. Carmen Torrès dont le nom commence déjà à être célèbre en Amérique. La nuit tombe. Et c'est la grande parade féerique de New York qui commence, des milliers de fenêtres s'allument dans les gratte-ciel, qui ont l'air de gigantesques arbres de Noël bien que nous soyons en été. New York est une ville qu'il faut voir de nuit. New York « by night » c'est le rêve.

Sur-le-champ, Carmen Torrès fait prendre un taxi à Mariano et l'on se dirige vers Broadway, avenue magique, et sa débauche de lumières de toutes les couleurs. Voici les grands hôtels, le Pierre, l'Americana, le Waldorf-Astoria, le San Regis. Les magasins, et surtout les drugstores, sont encore ouverts et regorgent de clients. Voici les théâtres où s'affichent les grandes comédies musicales que l'on y représente : *Kiss me Kate* de Cole Porter, une adaptation de *La Mégère apprivoisée* de Shakespeare avec le grand Alfred Drake et Patricia Morison au Century Theater, *South Pacific* de Richard Rogers et Oscar Hammerstein Jr, avec Ezio Pinza, le célèbre baryton basse transfuge du « Met » (le « Metropolitan Opera » de New York), et Mary Martin, la reine de la comédie musicale de Broadway – dont le fils Larry Hagman deviendra mondialement célèbre en interprétant le rôle de J.R. dans la série télévisée *Dallas* – au Majestic Theater. Mariano ira applaudir cette pièce qu'il aimera beaucoup, mais il pensera qu'*Andalousie* était mieux montée à la Gaîté Lyrique. Cependant, *South Pacific* obtiendra le « Prix Pulitzer 1949 », c'est-à-dire une sorte d'Oscar du théâtre, et sera joué pendant 1 925 représentations.

Mariano fut très impressionné par les grandes avenues de Manhattan tracées à l'équerre. Il logeait au San Regis, au vingt-deuxième étage, chambre 2331. Sa suite était immense, comportant deux téléphones, la télévision bien sûr (beaucoup plus répandue aux U.S.A. qu'en France en 1949), une salle de gymnastique et une petite piscine privée. Mariano alla se coucher, fortement impressionné par le gigantisme new-yorkais, mais New York ne l'avait pas conquis. Il était trop latin, trop européen pour aimer ce genre de vie qu'on appelle l'« american way of life ».

Il s'étonna que les gens ne se serrassent pas la main pour se dire bonjour et, plusieurs fois, il resta la main tendue dans le vide. Les Américains se saluent par un « Hello ! » en agitant la main comme pour se dire au revoir. C'est une habitude qu'il dut adopter pendant son séjour new-yorkais. Mais ce qui le captiva, ce furent les drugstores qui n'existaient pas encore en France, ces magasins qui allaient de la pharmacie au bazar, en passant par les bars, les bureaux de tabac ouverts jour et nuit. Comme nous l'avons dit plus haut, il alla voir *South Pacific* et dîner au Waldorf-Astoria en écoutant le fabuleux orchestre de Xavier Cugat, qu'il apprécia énormément.

Mais il n'était pas à New York uniquement pour faire du tourisme. Il parut à la télévision américaine, invité d'honneur du plus célèbre show des États-Unis, l'« Ed Sullivan Show », une émission que suivaient régulièrement des millions de téléspectateurs. Ed Sullivan, producteur et présentateur de l'émission devait, d'ailleurs, rester un des grands amis de Luis Mariano outre-Atlantique. Dès le lendemain, la tranquillité de Mariano était terminée. Dès qu'il sortait dans la rue, les gens le reconnaissaient et le saluaient d'un « Hi ! French singer ! » ce qui équivaut à « Salut, le chanteur français ! » Et il dut signer maints autographes.

Il voulut également aller voir, à Harlem, le quartier noir de New York, une adaptation du *Carmen* de Georges Bizet entièrement interprétée par des artistes de couleur sous le titre de *Carmen Jones*. On était encore en pleine guerre de Corée et, dans cette comédie musicale tirée de l'opéra français, Carmen était devenue ouvrière dans une usine de parachutes. Don José était un sous-officier de la Military Police et son rival, Escamillo, de matador dans la version originale était devenu champion de boxe à Chicago. Mariano en fut extrêmement choqué. Harlem le déçut. Les grands orchestres de jazz, comme ceux de Duke Ellington, de Cab Calloway ou de Louis Armstrong avaient déserté leur quartier d'origine et le célèbre Cotton Club qui les avait vus naître. Ces formations étaient devenues d'immenses stars que les hôtels chic de New York, les boîtes de nuit californiennes ou les capitales étrangères applaudissaient. Harlem, aux murs de briques sales, lui parut un quartier triste où régnait la misère.

Quant à la mode féminine new-yorkaise, elle déçut également Mariano. Il trouva que les femmes étaient standardisées par une mode semi-industrielle. Comme on était loin des Parisiennes élégantes, qui savent s'habiller d'un rien, et se trouver chacune une personnalité propre! En somme, Mariano trouva New York étonnant, mais sans âme.

Avant de laisser New York pour Montréal, Carmen Torrès insista pour entraîner Mariano, Patchi et le pianiste Camille Merlin à aller applaudir Édith Piaf qui se produisait au cabaret Le Versailles. On était le 27 octobre 1949. Encore plus menue et plus fragile dans sa petite robe noire, Édith parut extrêmement pâle, comme foudroyée. On aurait dit un pauvre moineau atteint par un jet de pierre. Mais la voix jaillit encore plus émouvante que d'habitude. Le public, d'habitude si chaud et si vibrant, observait une attitude respectueuse et recueillie. Le monde entier venait d'apprendre que l'avion qui amenait Marcel Cerdan, le champion de boxe qui venait aux U.S.A. pour reconquérir son titre mondial, l'homme qui fut le plus grand amour d'Édith Piaf, venait de s'écraser contre une montagne des Açores. La violoniste virtuose, Ginette Neveux, avait également disparu dans l'accident. Toute la journée, on avait cru qu'Édith annulerait son tour de chant de la soirée. Mais la chanteuse avait maintenu sa prestation par respect pour son public et en mémoire de Cerdan. C'était elle qui avait insisté pour qu'il prenne l'avion au lieu du bateau afin de la rejoindre plus vite. C'était pour Marcel qu'en 1947, au début de leur fracassante liaison, elle avait écrit une chanson qui devait faire le tour du monde : « La Vie en rose ». Ce soir-là, Édith ne chanta que pour son amour disparu, la voix entrecoupée de sanglots, au bord de l'évanouissement, hurlant sa douleur comme un animal blessé à mort.

La présence de Mariano dans l'assistance était vraiment le fruit du hasard. Il aimait beaucoup Piaf. Il fut chaviré par le chagrin de l'artiste et son admiration pour la plus grande dame de la chanson française en fut encore accrue. Il ne se doutait pas encore que, deux fois dans sa vie, il se trouverait dans la même situation, lorsque son père, puis sa mère, le quitteraient pour toujours. Les Américains disent « The show goes on », le spectacle continue. La loi du music-hall est souvent impitoyable. Il faut que le public le sache. Les artistes ne sont pas que des marchands de bonheur et de rêve. Leur sensibilité exacerbée les rend encore plus vulnérables.

Si New York n'enthousiasma pas Mariano, le Canada, par contre, lui parut le pays charmant par excellence. Il traversa en voiture, puis en train, une partie de la grande forêt canadienne, que les teintes du début de l'automne transfiguraient. Il est certain que cela ne pouvait que faire les délices de son œil de peintre et d'amoureux de la nature. Il fut particulièrement frappé par le rouge éclatant que prennent les feuilles de l'érable – l'arbre symbole du Canada – en cette saison de l'année. On aurait dit que ces grands arbres s'étaient parés de myriades de minuscules capes de matador. Sa fidèle caméra ne le quittait pas et, comme il était impossible de faire des croquis à cause de la vitesse du train, il filma l'admirable paysage de la grande forêt canadienne.

Montréal, enserré par les deux bras de l'énorme fleuve Saint-Laurent, n'était pas encore, en 1949, ce mélange hallucinant d'Amérique et de vieille Europe. Il y avait encore des maisonnettes de briques aux escaliers en tortillon et des ruelles vétustes sillonnant les arrière-cours. Mais c'était déjà une métropole de plusieurs millions d'habitants, la seconde ville francophone après Paris, et la véritable capitale économique de la province du Québec. Mariano tomba immédiatement amoureux de cette ville, qui tomba aussi follement amoureuse de lui.

Les Québécois connaissaient déjà bien sa voix et adoraient ses disques qui passaient dans la « Parade de la chanson française », qu'animait Guy Mauffette sur la toute nouvelle station de radio CKVL.

À peine eut-il passé la frontière américano-canadienne que les reporters de radio et les journalistes de presse envahirent le compartiment de Luis Mariano. Les questions fusent, parfois indiscrètes. Mariano les élude avec son rire éclaboussant et son esprit : « Je n'ai pas encore aperçu la Cabane au Canada de Line Renaud!... C'est une de mes grandes amies qui en a écrit les paroles. Mireille Brocey, vous connaissez ? » Et de question en question, de rires en rires, au milieu d'une ambiance pleine de chaleur et de sympathie, comme on en trouve là-bas, le train arriva en gare de Montréal. Là, avec quelle surprise, Luis Mariano découvrit-il sur le quai une véritable foule qui agitait des petits drapeaux! Montréal lui réserve un accueil digne d'un chef d'État! Mariano s'étonne : il n'est encore jamais venu au Canada!

Une ravissante journaliste lui apprend, dans un sourire et avec cet accent qui nous chauffe le cœur, qu'il est très connu au Canada. Ses disques se vendent comme des petits pains et ses films ont fait de grosses recettes. On part en ville et l'on passe sous les arcs de triomphe fleuris où s'étalent en lettres majuscules des « Bonjour, Luis Mariano! » ou « Bienvenue à notre ami ! » Arrivé à son hôtel, des photographes et encore des photographes, cernent la vedette. Et il y a même des membres de la section canadienne du « Club Luis Mariano » venus saluer leur idole.

Luis Mariano ne se produit pas seul au Canada. Il est la vedette d'une troupe qui s'intitule « Le Music-Hall de Paris » qui comprend également le fantaisiste Francis Linel, un excellent artiste, et les célèbres Sœurs Étienne, réplique française des Andrews Sisters américaines.

Le spectacle débute dans un théâtre du nom de His Majesty's. Pour la première fois, Luis Mariano inaugure comme tenue de scène un magnifique smoking blanc. Et, dès le lendemain, les journaux canadiens sont dithyrambiques sur « le chanteur en blanc ». Par la suite, Mariano fera souvent des tours de chant dans son costume blanc, imité en cela par bien d'autres chanteurs qui suivront. Le ténor réussit un nouveau prodige, c'est de faire l'unanimité des deux publics canadiens : le francophone et l'anglophone. Et généralement les Anglophones détestent ce qu'aiment les Francophones. Mais, pour une fois, tout le monde fut d'accord. Bien sûr, les sorties de théâtre furent aussi mouvementées au Canada qu'en France. Mais, tout en signant des photos, Mariano fut ravi de retrouver plein de noms qui fleuraient bon la vieille France : des Lorrain, des Laframboise, des Charlemagne, des Charlebois, etc. Tous ces gens étaient adorables et le traitaient comme un ami de longue date de la famille.

Après Montréal, Luis Mariano chanta à Québec avec le même succès. Il eut encore le droit d'admirer, sur le chemin, l'impressionnante symphonie de couleurs de la forêt et le grandiose panorama du Saint-Laurent, si large qu'il est parfois impossible d'apercevoir la rive opposée. Le Saint-Laurent est sillonné de petits paquebots et, quelquefois, de grands trains d'énormes troncs d'arbres attachés entre eux, qui forment de gigantesques radeaux. Mariano se croyait au milieu du roman de Louis Hémon, *Maria Chapdelaine* ou dans un récit de Fenimore Cooper ou de Jack London.

À Québec, ville historique entre toutes, l'influence française se fait encore plus sentir qu'à Montréal. Luis se promena dans les fiacres pittoresques qui font le tour de la vieille ville. Il adora là aussi la chaude sympathie et l'amitié sincère du public canadien. En compagnie de Patchi, de Francis Linel et des Sœurs Étienne, il alla visiter une réserve indienne près de Montréal. On fuma le calumet de la paix avec un grand chef Comanche, on admira les danses des guerriers, et on revêtit de grandes parures de plumes. Là, on rencontra également un autre artiste français en tournée au Canada, Charles Trenet.

Cette première visite au Canada marqua beaucoup Luis Mariano. Il nota ses différentes impressions qui lui servirent pour écrire, plus tard, en 1953, une chanson en collaboration avec Mireille Brocey, sur une musique d'Henri Bourtayre qui s'intitulera : « De Québec à Montréal ».

Avant de rentrer en France, Luis Mariano repassa par New York. C'était, en effet, de là qu'il devait reprendre un paquebot transatlantique qui le ramènerait en Europe. Comme, fait extraordinaire, il avait quelques jours devant lui, il en profita pour visiter le célèbre Rockefeller Center, un des plus hauts gratte-ciel de la ville, trois cent trente-six mètres de haut. Il monta également en haut de la statue de la Liberté sur Ellis Island et alla applaudir le spectacle d'un des plus grands et des plus fameux music-halls du monde, le Radio City Music Hall. En fait, c'est un immense cinéma de sept mille places, où les films alternent avec le show. Il y applaudit les Rockett's Girls, un ballet de cinquante filles. Elles ont toutes la même taille, la même couleur de cheveux, les mêmes mensurations. Impressionnant ! La scène du Radio City a cent trente-quatre mètres de long. Pendant le show, quarante danseurs et quarante girls y évoluent. Il y avait deux orchestres symphoniques, dont le célèbre Percy Faith, soixante choristes et, accompagné par la grande formation de Nelson Riddle (quarante musiciens), le tour de chant de Frank Sinatra, un des chanteurs préférés de Mariano. Les services du Radio City Music-Hall occupent huit étages. Outre trois ateliers de couture, il y a aussi un hôpital avec des infirmières et un médecin permanents, des dortoirs pour les girls. Le Radio City fonctionne de 10 heures 30 à 1 heure du matin sans interruption. Tout y est impeccablement réglé. C'est le music-hall à l'échelle américaine.

Sur la fin de son séjour, Mariano se vit abordé, dans le hall de son hôtel, par un homme d'un certain âge et d'un certain sérieux. Sans se présenter, l'inconnu demanda au ténor s'il connaissait Puccini. Mariano crut avoir affaire à un fou et lui répondit par l'affirmative. Il connaissait Puccini, Rossini, Verdi et d'autres compositeurs mondialement connus.

« Formidable ! » lui répondit l'inconnu en lui tapant sur l'épaule. « Je suis l'agent du Radio Theater de Broadway. Vous débuterez chez nous en décembre dans un show de Puccini. O.K. ? »

Mariano fut interloqué mais se reprit vite. Il expliqua à l'homme qu'il s'embarquait dans deux jours, pour rentrer à Paris où il avait signé pour débuter le mois suivant.

« Aucune importance ! Nous allons vous dégager et nous paierons le dédit ! »

Mariano répondit qu'avec la meilleure volonté c'était impossible. Les Américains lui proposèrent un pont d'or. Il persista dans son refus. Ce que les New-Yorkais ne pouvaient comprendre c'est que Mariano avait un rendez-vous d'amour à Paris, avec une jolie brune qu'il avait connue quatre ans plus tôt, une fille « aux yeux de velours ». *La Belle de Cadix* devait reprendre ses représentations et ravager les cœurs au Théâtre de l'Empire, avenue de Wagram.

À bord de l'*Ile-de-France*, pour le voyage de retour, Mariano eut la surprise et la joie de retrouver son vieux professeur de chant, le Maître Miguel Fontecha. Luis s'était également laissé pousser une petite moustache à l'américaine, style Errol Flynn ou Clark Gable. Mais, lorsque le paquebot fut en vue des côtes françaises, il la rase par crainte des réactions des membres de son Club.

Les répétitions de *La Belle de Cadix* à l'Empire furent difficiles. Tant de modifications avaient été apportées à la pièce que Mariano ne s'y retrouvait plus. Il y avait une nouvelle chanson d'entrée qui s'appelait « Chanter », et les paroles d'autres chansons avaient été modifiées. De plus, des contrats antérieurs l'obligeaient, à chaque fin de semaine, à chanter en Belgique et cela le fatiguait beaucoup. En outre, il avait insisté pour exécuter un numéro de danse gitane avec le danseur Juanito Garcia et sa partenaire Miralda. Pour ce numéro, il portait un pantalon très ajusté style espagnol, une chemise à gros pois, et un curieux chapeau pointu qui ressemblait à la coiffure de Chico Marx, un des Marx Brothers. Il avait aussi des chaussures de danse, des « bottes », comme on dit dans le milieu de la danse typique espagnole, et comme il n'était pas habitué à ce genre de souliers, il perdait toujours un talon en scène. Mais, bien sûr, ce n'était jamais le même! Miralda était une Gitane authentique. Mariano entrait, une rose à la bouche, et le visage pratiquement caché par son couvre-chef insolite à la Marx Brothers. Il intervenait quand la danse de Juanito et de Miralda était commencée. Mais, comme Juanito ne mesurait guère plus de 1,50 m, le numéro tournait carrément au burlesque, ce que Mariano avait désiré. Le public ne le reconnaissait qu'à la fin de la danse lorsqu'il venait saluer. Le succès était énorme.

Outre Luis Mariano qui reprenait son rôle vedette de Carlos Médina, la distribution comprenait Lucien Frébert, Édith Georges, René Simon (le célèbre professeur d'art dramatique, dont ce fut une des dernières apparitions en tant que comédien), la délicieuse fantaisiste anglo-saxonne Daisy Daix, les Ballets Sol y Sombra avec Juanito Garcia et Miralda, et la belle Lina Dachary, de l'Opéra-Comique, dans le rôle de Maria-Luisa. Lina Dachary, elle aussi originaire du Sud-Ouest, avait débuté très jeune comme doublure de Jacqueline Francell dans *Coup de roulis* d'André Messager et Albert Willemetz au Théâtre Marigny. Elle était ensuite passée à l'Opéra-Comique, où elle avait créé *Malvina* de Reynaldo Hahn. Sa voix était somptueuse, c'était une superbe jeune femme brune au type très espagnol. Elle était soprano lyrique, mais si elle avait été mezzo, elle aurait été idéale pour chanter *Carmen*. Maurice Lehmann l'avait engagée à Biarritz. Il lui avait fixé rendez-vous dans un salon de thé, et le hasard avait voulu qu'elle fût habillée à l'Espagnole, alors qu'elle ignorait totalement ce que M. Lehmann allait lui proposer. Et c'était le rôle de « Maria-Luisa » aux côtés de la grande star qu'était devenu Luis Mariano.

Non, tout ne fut pas facile pour cette Belle de Cadix seconde version. Pour l'Empire, les auteurs et Maurice Lehmann avaient prévu une scène légèrement « osée » pour l'époque, qui devait montrer le jeune premier Carlos Médina (alias Luis Mariano) et Miss Hampton (alias Daisy Daix) en maillots de bain sur la plage. Mariano dut subir un entraînement d'athlète avec le professeur Motta qui donnait des leçons de culture physique à tous les Don Juan de la scène et de l'écran français. Exercices pénibles pour dessiner les pectoraux et les abdominaux, séances de bronzage artificiel, rien ne fut épargné au ténor! Il en était tout moulu et courbatu, et tous ses muscles lui faisaient mal. Un jour, en plus, pendant une répétition, Mariano faillit avoir un accident grave en recevant sur la tête un « taps » (un immense rideau aux dimensions du cadre de la scène de l'Empire) qui s'était détaché des cintres et qui, ironie du sort, représentait la carte de l'Espagne. Un autre jour, en entrant en scène, il glissa, tomba et se foula le bras. Douleurs atroces qu'il fallut calmer en faisant des piqûres à la vedette. Mais, pour Mariano, il fallait – comme il le fera toujours –, assurer la représentation du soir. Chaque fois que Daisy Daix s'approchait trop près de lui, il lui murmurait à voix basse de ne pas lui toucher le bras. Ils durent jouer leurs scènes d'amour à deux mètres l'un de l'autre, au plus grand étonnement du public. Et quand la mise en scène exigeait que Mariano enlaçât la pulpeuse Daisy, le pauvre garçon ne pouvait réprimer une grimace de douleur.

Vraiment, cette nouvelle Belle de Cadix connut des débuts pénibles, car de nombreuses grèves éclatèrent (électricité, métro, postes), empêchant ainsi le public d'aller applaudir son chanteur favori au Théâtre de l'Empire. En outre, un matin, en se levant, Mariano sentit comme un coup de poignard au côté droit. Or, l'après-midi, il y avait matinée au théâtre. Juste avant d'entrer en scène, Mariano fut pris d'un malaise. On appela d'urgence le médecin de service qui diagnostiqua une appendicite aiguë. Mais Mariano devait jouer à tout prix. Il était trop tard pour faire appel à une doublure. Comme les souffrances du ténor augmentaient, il demanda une vessie remplie de glace, que l'on plaça sous sa ceinture. Il put ainsi terminer la pièce, non sans d'énormes difficultés. Après la représentation, on le transporta d'urgence à la clinique de Neuilly. Il passa une très mauvaise nuit sans trouver le sommeil et on l'opéra aux premières heures de la matinée.

La chambre de Mariano fut vite submergée de fleurs, de lettres, de poupées envoyées par les admiratrices. Trois merveilleuses infirmières s'occupaient de lui. Elles avaient pour nom Renée Garnier, Marcelle Leblanc et Aline Calame. Les visites se succédaient, leur créant pas mal de travail supplémentaire, d'autant plus que la vedette avait émis le souhait qu'on lui amenât le petit singe Philippe, que des membres du Club lui avaient offert et qui avait l'habitude de dévorer les fleurs.

Cette appendicite fut également la cause de la brouille avec Jeanne Lagiscarde et le renvoi de la secrétaire. À peine venait-on d'opérer Mariano dans le service du professeur Berger de la clinique de Neuilly que – et c'était bien normal –, le chanteur réclama la présence de sa mère. Patchi alla chercher Mme Gonzalèz. Mais Jeanne le prit très mal. Elle demanda à Mariano de choisir entre la señora Gregoria et elle. Bien que Jeanne eût été l'amie des bons et des mauvais jours, la première qui ait vraiment cru en la carrière de Luis Mariano, il n'y avait pas d'hésitation possible. Luis a toujours été le meilleur fils qu'une mère puisse désirer avoir. Sa mère a toujours été le premier amour, le plus grand amour de sa vie. Quand elle s'éteindra en 1959, la vie du ténor basculera.

Il répondit donc à Jeanne que ce n'était pas une question qu'il fallait poser à un fils digne de ce nom. La place de Mme Gonzalèz était au chevet de son fils malade. Alors Jeanne est partie. Elle a bouclé ses valises et a demandé à Patchi de la conduire à Meudon. Plus jamais le clan Gonzalèz n'eut de ses nouvelles. Exit Jeanne Lagiscarde!

Plus tard, Mariano apprit qu'elle était dans le besoin. Il travaillait maintenant avec Félix Marouani, un des plus grands imprésarios de Paris. C'est par son intermédiaire que le ténor fit parvenir un chèque important à Jeanne Lagiscarde qui partit en Amérique du Sud.

Luis Mariano, de nouveau sur pied, retrouva l'Empire et *La Belle de Cadix*. Quand il chantait la reprise de la chanson « Maria-Luisa » à sa partenaire Lina Dachary, devant le fameux taps de la carte d'Espagne, il terminait en posant un baiser sur les lèvres de la jeune femme. Ils avaient tous deux convenu que le ténor mettrait son pouce sur les lèvres de Lina. De la salle, on ne voyait rien, et les spectateurs croyaient à l'authenticité du baiser. Un soir, Mariano en eut assez de tricher et ne posa pas son pouce. Ce furent vraiment ses lèvres qui se posèrent sur la bouche de Lina

Dachary qui en fut ravie. Jeanne, encore présente, avait tout vu de la coulisse et fit une scène de jalousie épouvantable à la chanteuse. La jalousie était le grand défaut de Jeanne Lagiscarde. Elle avait, par contre, d'énormes qualités de secrétaire et d'imprésario. Mais, elle avait trop tendance à s'approprier le ténor et à le materner. À la vérité, elle était follement amoureuse de lui et certainement très malheureuse que cet amour fût unilatéral, puisqu'il n'était pas partagé.

Pour cette Belle de Cadix à l'Empire, Luis Mariano avait conçu et dessiné un grand finale dans le style du peintre espagnol Vélasquez, qu'il admirait profondément. Maurice Lehmann le réalisa dans sa mise en scène et tout Paris fut ébloui par ce « finale Vélasquez », dont on parle encore.

Un bruit courut un soir dans les coulisses. Des machinistes, des comédiens et des danseurs affirmaient que, depuis quelques soirs, une femme mystérieuse était dans une avant-scène, côté cour. Enveloppée dans un précieux manteau de fourrure, elle l'entrouvrait dès que Mariano entrait en scène. Et la belle inconnue était entièrement nue sous son manteau de fourrure. Mariano, pris par son jeu, ne l'avait jamais remarquée. D'ailleurs, on ne voit pas grand-chose de la salle quand on est sur la scène, car les projecteurs vous éblouissent. Maintenant qu'il était au courant, Luis vint se placer à la cour pendant un tableau et regarda dans la direction des baignoires. L'inconnue ouvrit son manteau. Elle ne portait, en effet, aucun vêtement sous son manteau. Mariano faillit s'en étouffer. À l'entracte, il envoya un camarade pour joindre la femme au manteau de fourrure. Mais la dame avait disparu. La presse, mise au courant, mentionna la « femme nue sous son manteau de fourrure ». Mais, hélas, elle ne revint jamais à l'Empire. Mariano le regretta.

D'autres artistes prétendirent que l'anecdote leur était

arrivée. Ce qui est faux. Car c'est pour Luis Mariano, à l'Empire, que vint l'inconnue au manteau de fourrure.

Ce fut également à cette époque que Luis Mariano tourna le quatrième film de sa carrière, et le second sous la direction du metteur en scène Pierre Montazel : *Pas de week-end pour notre amour*, avec la brune Maria Mauban comme partenaire. Le couple était entouré d'acteurs chevronnés : Jules Berry, inoubliable depuis sa création du Diable dans *Les Visiteurs du soir* de Marcel Carné ; Bernard Lajarrige ; Louis de Funès qui, pour la seconde fois, tournait aux côtés de Mariano ; et Denise Grey. L'histoire avait été inspirée par l'admiration étouffante et explosive que des admiratrices portaient à un acteur-chanteur, et contrariaient ainsi ses amours. C'était presque une décalque de l'emprise du « Club Luis Mariano » sur la vedette. La plupart des chansons du film étaient dues à l'inspiration du compositeur Roger Lucchesi et les paroles à la plume de l'excellente parolière Mireille Brocey. Il faut noter, parmi celles-ci, « Ma petite infante », « C'est magique », « Une femme de Paris » et une très jolie valse, « La Valse des beaux jours ».

Mariano engagea également comme secrétaire Mireille Brocey. En fait, l'ensemble des tâches dont s'occupait Jeanne fut réparti entre Mireille, Patchi et l'imprésario Félix Marouani qui se chargeait des galas.

Il y avait aussi dans *Pas de week-end pour notre amour* deux très belles chansons typiques : « Nuits », que Mariano chantait en français et en espagnol, sur des paroles d'un très grand auteur ibérique, Jesus-Maria de Arozamena, qui sera pratiquement le seul auteur de Mariano en Espagne, un des meilleurs amis de la vedette également président de la Société des auteurs espagnols. L'autre chanson était un boléro mexicain : « Anoche hable con la luna ». Chantée en espagnol dans ce film par Luis Mariano, la chanson remporta un grand succès des deux côtés de l'Atlantique.

Une des séquences du film fut tournée au Théâtre des Champs-Élysées. Pierre Montazel avait eu l'idée de demander à de véritables adhérentes du « Club Luis Mariano » de venir faire de la figuration dans une scène. On fit ce tournage un samedi pour que ces demoiselles puissent être libres. Et l'on tourna. Maria Mauban jouait une journaliste qui venait dire au public que le chanteur qu'elles attendaient ne viendrait pas. Les filles, ne se rendant plus compte que l'on était en train de tourner un film, donc que l'on était en pleine fiction, prirent l'annonce de Maria Mauban pour de l'argent comptant. Elles poussèrent des cris désespérés, mais, lorsque Luis Mariano apparut, comme le prévoyait le scénario, ce furent des hurlements de joie, des applaudissements frénétiques et même quelques évanouissements authentiques non prévus. La caméra enregistra tout fidèlement. Le réalisateur Pierre Montazel était ravi. Il fit faire une pause avant de tourner une seconde fois la séquence pour plus de sécurité. Et là Mariano se trompa de porte pour sa seconde entrée. Il atterrit au beau milieu des filles déchaînées, et il dut piquer un joli sprint pour leur échapper. Le lundi, quand on reprit le tournage, on fit appel à des figurantes professionnelles.

Pour le lancement du film *Pas de week-end pour notre amour*, la production avait invité la presse à un déjeuner sur un bateau-mouche qui devait emmener les journalistes en croisière sur la Seine avec, naturellement, la présence effective de Luis Mariano et de quelques autres comédiens qui tenaient des rôles importants, comme Maria Mauban, vedette féminine du film. Or, la veille, Luis était encore en tournée et chantait à Caen en Normandie. À l'heure où « entre la poire et le pont de la Concorde, le fromage et le pont Neuf » – comme le racontait Mariano lui-même –, la star devait chanter les meilleures chansons du film, Mariano était, en fait, en panne de voiture entre Lisieux et Paris. Le bateau-mouche prit donc son départ sans lui. Les nombreuses marianistes qui s'étaient groupées sur le quai pour l'acclamer, l'avaient attendu en vain. Quand le bateau-mouche passa sous le pont de Grenelle, une jeune femme lança une petite boule de papier qui atterrit sur la tête du capitaine. C'était le message d'un des membres du Club qui avait téléphoné au Vésinet. Mme Gonzalèz avait averti la marianiste de la panne et lui avait demandé de faire savoir aux convives du déjeuner de presse que, dès la panne réparée, Luis rejoindrait Paris et le bateau le plus rapidement possible. Le petit bateau fit demi-tour au pont d'Issy, et reprit la route de la Concorde. Il arriva au pont de l'Alma où d'autres membres du Club le guettaient pour avertir le capitaine que Luis Mariano était enfin arrivé et attendait le bateau au débarcadère du pont de Solférino.

C'est là que la vedette monta à bord du bateau-mouche. Les journalistes virent arriver un jeune premier mal rasé, les vêtements fripés et le corps moulu. Mais tout le monde aimait tant Mariano pour sa gentillesse, son amabilité, sa bonne humeur et sa courtoisie que la presse, qui n'était pas toujours facile, embrassa et fêta la star. Et le petit bâtiment repartit pour un nouveau tour de Seine. Cependant, ce jour-là, les assistants n'eurent droit... qu'aux enregistrements des chansons du film, car le ténor était trop fatigué pour les interpréter en direct.

Les représentations de *La Belle de Cadix* à l'Empire se terminèrent au début de l'été 1950. Quelque temps auparavant le grand producteur de cinéma Edouard Harispuru (un autre Basque!) proposa à Luis Mariano d'être la vedette du premier film français à être tourné en couleurs. Ce film, réalisé avec le procédé « Gevacolor » était une adaptation cinématographique de l'opérette *Andalousie* que Mariano avait fait triompher à la Gaîté Lyrique. En fait, le film était la première grande coproduction entre la France et l'Espagne. En Espagne, le film devait avoir pour titre *El Sueño de Andalucia* (*Le Rêve d'Andalousie*). Au début de l'affaire, Luis Mariano ne devait être la vedette que de la version française, réalisée par Robert Vernay, sur une adaptation cinématographique de Jean-Pierre Feydeau et Robert Vernay, et des dialogues de Jean-Pierre Feydeau. Mais le coproducteur espagnol, la Société C.E.A. de Madrid, avait demandé que Mariano fut également la vedette de la version ibérique réalisée par Luis Lucia.

Au générique, on relève également les noms de Liliane Bert, Arlette Poirier, Noël Roquevert et de Maurice Baquet qui reprenait le rôle de « Pépé », qu'il avait créé à la scène. Sa partenaire était Arlette Patrick. La partenaire féminine de Luis Mariano, pour interpréter le rôle de Dolorès, n'était pas encore choisie.

Quand on apprit à Mariano que les extérieurs du film devaient se tourner en Espagne, exactement à Séville et au village voisin de Carmona, cela posa des problèmes. Depuis 1936, le gouvernement de Madrid considérait Luis Mariano et ses parents comme des réfugiés ayant fui le régime franquiste. Ils n'avaient pas le droit de franchir la frontière. S'ils pénétraient en territoire espagnol, ils risquaient l'incarcération ou, pire, l'impossibilité de revenir en France. Confronté à ce problème, Luis Mariano est très ennuyé. Il va en parler avec un de ses grands amis, le préfet-poète Louis Amade (qui sera, en 1953, le découvreur de Gilbert Bécaud et son parolier). Amade conseille à Mariano de se faire naturaliser Français mais, pour cela, Luis doit effectuer une courte période dans l'armée française. Cela n'enchante pas du tout Mariano. Il a déjà rayé six ans de sa vie pour échapper à la conscription franquiste. Pendant l'occupation, il a pris le maquis pour fuir le Service du travail obligatoire et les camps de jeunesse. Non! Mariano n'acceptera, toute sa vie, de porter un uniforme militaire que sur scène ou à l'écran. Il n'avait pas l'âme d'un soldat.

Mariano eut alors l'idée d'aller trouver l'ambassadeur d'Espagne à Paris. Eu égard à l'importance du chanteur franco-espagnol et à l'image qu'il donnait de son pays natal à travers ses opérettes et ses chansons, et également à l'importance qu'avait pour l'entente des deux pays la première coproduction cinématographique franco-espagnole, l'ambassadeur solutionna vite le problème et, avec l'autorisation des autorités madrilènes, délivra à Mariano un passeport pour rentrer en Espagne, en juin 1950.

Quatorze ans après son départ d'Irún en flammes, Mariano retrouva son pays natal. Le hasard voulut que ce fut le 30 juin, le jour de la Saint-Martial, le patron de la petite cité frontalière. Pour une fois, il n'y avait ni journalistes ni photographes. C'était un véritable cœur-à-cœur de Mariano avec sa terre. Il revit sa famille, ses anciens amis d'enfance qui venaient tous le saluer. Et sa caméra fonctionna énormément. Il tourna tout ce qu'il put des fêtes, des cousins et des amis.

Mais il fallait quitter Irún pour rejoindre d'abord Madrid, où auraient lieu des auditions pour trouver la future partenaire de Mariano, puis Séville et l'Andalousie pour faire des repérages pour les extérieurs du film.

Comme d'habitude, Patchi conduisait la splendide Cadillac décapotable. Mariano était heureux. Il retrouvait son Espagne. Mais ce qu'il ignorait encore c'est qu'il allait au rendez-vous de l'amour!

VII

« C'est elle ! »

Il n'avait vu qu'elle, sur le plateau de ce studio madrilène, où se déroulaient les auditions qui devaient donner à Luis Mariano une partenaire, pour jouer Dolorès dans le film *Andalousie.* Et pourtant, il y avait beaucoup de postulantes. Mais, dès que les yeux du ténor s'étaient posés sur elle, il avait su que ce serait elle, et personne d'autre, et son cœur avait battu un peu plus vite, et un peu plus fort.

Une Espagnole, une Andalouse, comme on les rêve ! Des cheveux d'un noir magnifique, des yeux qui brillaient comme deux diamants de feu, des lèvres couleur de grenade qui ourlaient une bouche magnifiquement dessinée, un sourire à faire pâlir tous les saints du Ciel, un corps sublime à damner un peintre ou un sculpteur, et des pieds faits à ravir. Elle était très jeune. Elle n'avait pas encore vingt ans et il émanait d'elle une naïveté désarmante et une joie de vivre enivrante. Elle était danseuse, tout en elle le prouvait, sa grâce, sa féminité et la fougue dont elle a fait preuve en dansant le flamenco.

« Muy bien !... Comment vous appelez-vous, señorita ? »

Mariano n'a pas laissé les autres poser la question. C'est lui qui, en premier, s'adresse à la jeune fille.

« Carmen Sévilla, señor ! »

Et en plus, elle a le parler chantant des Andalous ! Cette fille est vraiment un rêve fait femme !

Son véritable nom est Maria del Carmen Garcia-Galiléo. Mais elle décide, dès l'âge de quatorze ans, de prendre pour pseudonyme Carmen Sévilla, en hommage à sa ville natale. Toute enfant, elle a dansé avec les Gitans de Triana. Elle s'installe avec ses parents à Madrid et passe en attraction dans divers « tablados », où elle obtient beaucoup de succès. Elle danse dans le style des grandes danseuses gitanes, Imperio Argentina, Pastora Imperio, la Chunga ou Carmen Amaya. Elle a seize ans quand Estellita Castro, la grande vedette de la chanson « cuple », la créatrice du célèbre paso doble « Mi Jaca », l'engage dans son ballet. C'est là que le grand réalisateur espagnol, Juan de Orduna, la remarque et l'engage pour un petit rôle dans *Sérénade espagnole*. Ensuite, le marquis de Montenar la prend dans son ballet, et le grand chanteur mexicain, Jorge Negrete, qui s'adonne parfois à la mise en scène cinématographique, écrit pour elle un rôle sur mesure.

Malgré son extrême jeunesse, ce n'est donc pas une débutante qui se présente devant Luis Mariano. On l'a déjà vue dans La *Guitarra de Gardel*, *Los Cuentos de la Alhambra* et une adaptation pour l'écran d'une « zarzuela » célèbre, *La Revoltosa* du compositeur Chapi.

Aujourd'hui, après une longue carrière au cinéma, Mme Carmen Sévilla est devenue une des plus grandes stars de la télévision espagnole sur le réseau TV5. Elle tourne aussi de nombreuses séries aussi démesurées et sans fin que le sont les séries américaines. La star brune est devenue blonde, mais son charme est resté intact. Elle est une des familières de Sa Majesté la reine d'Espagne. Mais elle n'a pas oublié et n'oubliera jamais Luis Mariano !

Dès que ces deux-là se rencontrent, un courant spécial s'établit entre eux, une attraction mutuelle, presque un coup de foudre. Le tournage du film commence et Luis et Carmen ne se quittent pratiquement plus. Elle lui fait découvrir cette Andalousie qu'il avait beaucoup chantée et qu'il ne connaissait pas. Luis Mariano vit des heures extraordinaires et, cependant, il n'ose pas encore avouer à Carmen qu'il est éperdument amoureux d'elle.

Mais il y a cependant un film à tourner ! Dans le petit village de Carmona, Mariano se trouva être l'objet bizarre de la curiosité des habitants. Il pensa d'abord que les Andalous étaient tous des cinéphiles, et qu'ils venaient s'initier aux péripéties du tournage d'une importante production. Mais un jour un petit garçon, plus hardi que les autres, se décida à venir lui parler :

– Ça te plaît de voir tourner un film, muchacho ? lui demanda la vedette.

Le gosse le regarda dans le blanc des yeux :

– Moi ?... Absolument pas !... Je m'en fiche !

– Alors, pourquoi es-tu là, du matin au soir, au premier rang avec tes petits copains ?

– C'est mon père qui m'a dit de venir te voir... Il m'a dit : Regarde-le bien, ce Luis Mariano ! Et écoute-le aussi ! C'est un gars du Nord !

En effet, si pour nous, Français, Mariano était l'homme du Sud par excellence, pour cette foule andalouse, il était un garçon du Nord, un Basque, qui ne parlait pas l'espagnol exactement comme eux, et qui avait des réactions très différentes des leurs. Il y avait, en fait, entre Mariano et ces gens de Carmona, autant de différences qu'il peut y avoir entre un homme de Dunkerque et un Marseillais.

Mariano éclata de son rire sonore quand le petit « muchacho » lui fit sa réflexion. Il eut beaucoup l'occasion de rire et de s'amuser pendant ce tournage d'*Andalousie*, et puis aussi il faut dire que la présence d'une femme qu'on aime, même si on ne lui a pas encore dit (mais il y a tant d'autres choses que des mots qui peuvent traduire ces sentiments !) vous entraîne à tout voir en rose et dans la bonne humeur.

Il était assez difficile de trouver des figurants disciplinés dans cette région de l'Espagne. La discipline n'a jamais été le fort des gens du Sud. Quand Luis Lucia engageait de la figuration gitane pour les prises de vues du matin, on ne les revoyait plus l'après-midi. D'autre part, beaucoup de mères de famille interdisaient à leurs filles et à leurs fils de fréquenter « ces gens de cinéma », car la corporation n'avait pas très bonne presse parmi le grand public espagnol à cette époque. Or, pour tourner les plans d'ensemble de la corrida, le metteur en scène avait besoin que les gradins des arènes fussent noirs de monde. Alors, le coproducteur espagnol du film fit appel à l'armée. Mille hommes de troupe qui arrivent en tenue de campagne. Ils sont rapidement habillés par les soins des costumiers et des habilleuses, et c'était irrésistible de voir ses gaillards espagnols vêtus en Andalouses avec jupes à volants et hautes mantilles et les pieds chaussés... de gros souliers cloutés. Ils prenaient leur voix la plus haute pour crier les « Olé ! » qu'on leur demandait sur les gradins. Entre les prises de vues, ils retroussaient leurs jupes, des fleurs en papier piquées dans leurs perruques, et laissaient apercevoir des mollets musclés et poilus. Ils fumaient tous des pipes ou des cigarettes et bavardaient entre eux de leurs fortes voix viriles, en attendant les ordres de leurs chefs et des régisseurs de plateau.

Mariano, et son acolyte Maurice Baquet, n'en pouvaient plus. Ils se tenaient les côtes et couraient se cacher dans les roulottes qui servaient de vestiaires pour éclater de rire à leur aise !

Pour les grandes scènes de course, en plan éloigné, Mariano fut doublé par le célèbre matador Luis Miguel Dominguin, qu'il avait déjà rencontré à Marseille. Il aurait bien aimé toréer lui-même, mais la compagnie d'assurance qui veillait sur le film le lui interdit. Pour les gros plans, le « toro » de combat avait été remplacé par une bonne et paisible vache, qui était habituée à ce genre de sport car elle avait déjà travaillé dans pas mal de films. Mais le vrai « toro » était noir, et la vache avait le poil plutôt châtain. Or le film était tourné en couleurs. Alors le chef accessoiriste de la passer au cirage noir ! Luis était revêtu d'un magnifique costume de matador blanc et or et, chaque fois que la vache passait trop près de lui, le costume blanc était tout maculé. Entre chaque prise de vue, il fallait repasser la vache au cirage et talquer l'habit blanc de Mariano !

Maurice Baquet s'était acheté chez un fripier un vieux costume de torero dans lequel il était inénarrable. Mariano de son côté, et Baquet du sien, ont d'ailleurs fixé tout cela sur pellicule grâce à leurs caméras d'amateur personnelles. Ce tournage d'*Andalousie* fut, franchement, d'une folle gaieté.

Un jour, les parents de Carmen Sévilla invitèrent toute la troupe à venir boire un verre chez eux, à Séville. Maison typiquement andalouse, avec patio fleuri. Tous les gens présents, Mariano et Patchi en tête, furent très étonnés qu'on leur servît à boire dans de tout petits verres. Mais ils comprirent bientôt, en le buvant, que le vin d'Andalousie est très dangereux et qu'il monte vite à la tête. « Ça fait tourner la tête ! » chante Dolorès dans l'opérette et dans le film !

Un autre jour, à l'Hôtel Alphonse XIII, où il résidait à Séville, Mariano voulut prendre un bain en rentrant du tournage. Or en été, en Andalousie, l'eau est rare et les robinets, même grands ouverts, ne laissent tomber que quelques rares gouttes d'eau dans la baignoire. Sous l'effet de la chaleur et de la fatigue, Mariano s'endormit après avoir lu quelques pages d'un magazine. Quand il se réveilla, la baignoire avait débordé et le tapis précieux de la chambre était trempé. L'eau commençait même à envahir le couloir de l'hôtel. Affolé, Mariano appela le personnel. On retira le tapis imbibé d'eau, et on le mit à sécher. Quand il fut sec et qu'on le réinstalla dans la chambre, il avait rétréci, et il manquait quelques bons centimètres de chaque côté.

Après les repérages d'extérieurs, et avant le tournage proprement dit, l'équipe du film regagna Madrid. À cette époque, la fête nationale sous Franco tombait le 18 juillet. Des hauts personnages officiels du Palais du Pardo vinrent demander à Luis Mariano de venir chanter devant le « Caudillo ». Mariano était très embêté. Il avait toujours refusé, et il refusera toujours, de se mêler de politique. Mais, comme il avait déjà chanté à l'Élysée pour le président de la République française, il lui était très difficile de refuser de chanter pour le chef d'État espagnol. Madrid lui avait accordé, en outre, son passeport pour revenir en Espagne et aussi son visa de sortie pour regagner la France lorsque le tournage espagnol serait terminé. Aussi, le soir, alla-t-il chanter devant le généralissime, sa famille et le « Tout-Madrid ». La petite-fille de Franco, la señorita Maria-Carmen de Villaverde, dont le père était un des chirurgiens les plus célèbres de Madrid, devint même une marianiste fervente et le restera. À la fin de la soirée, le général et la señora Franco félicitèrent tous les participants et leur firent des cadeaux. Mariano reçut une gourmette. Lorsque Franco la lui remit, Mariano eut une idée subite. Il en profita pour demander au dictateur espagnol la permission, pour ses parents, de rentrer en Espagne. Franco lui demanda pourquoi ils ne le pouvaient pas. Mariano répondit qu'ils s'étaient réfugiés en France parce qu'ils étaient républicains.

– Mais vous, vous êtes toujours espagnol ? lui demanda Franco.

– Oui, Votre Excellence ! répondit timidement Mariano.

Finalement, il n'en menait pas large. Il avait été, peut-être, trop audacieux. Mais il reçut l'autorisation de téléphoner à ses parents depuis le Palais pour leur annoncer la bonne nouvelle : ils étaient autorisés à revenir sur le sol espagnol. Mariano vivait un bonheur total. M. Gonzalèz et la señora Gregoria seraient deux jours plus tard à Irún!

Carmen avait très envie de connaître les parents de Luis et vint avec lui à leur rencontre au poste frontière du pont international d'Hendaye. Mariano et la belle Andalouse n'étaient pas seuls : tous les cousins, les amis étaient là pour accueillir le retour de ces braves gens. Voyant cette foule, et ne comprenant pas bien ce qui se passait, le douanier fit du zèle et confisqua les précieux passeports que M. Gonzalèz était allé retirer à l'ambassade d'Espagne à Paris. Il pensa que ces individus devaient être dangereux. Mariano explosa de colère et crut que c'était une ruse du gouvernement pour emprisonner toute la famille.

Les parents de Mariano eurent l'envie de refranchir la Bidassoa au pas de course, pour regagner la France. Patchi les en dissuada, craignant que les gardes-frontières ne leur tirassent dessus. C'est alors que le cousin Edouardo Cortijo, qui était devenu adjoint au maire d'Irún, eut l'idée de téléphoner à Saint-Sébastien, où résidait alors le général Franco pour ses vacances, qui consistaient en majeure partie à aller pêcher le thon dans les eaux espagnoles du golfe de Gascogne. On ne réussit qu'à joindre son premier secrétaire qui ne comprit pas très bien tout d'abord ce qui se passait, mais qui assura au chef-douanier que les documents en question avaient bien été délivrés par ordre du chef de l'Etat espagnol.

Le gouverneur militaire d'Irún vint même présenter ses excuses à Luis Mariano et à Mme et M. Gonzalèz, qu'il avait bien connus avant les événements de 1936. Le douanier qui avait fait sa grève du zèle fut déplacé.

Avant de commencer le tournage des intérieurs d'*Andalousie*, qui devaient avoir lieu à Paris aux studios de Joinville, Mariano invita Carmen Sévilla à venir visiter la capitale française. Paris et ses trésors séduisirent immédiatement la belle Andalouse. Mariano lui offrit un magnifique renard argenté, fourrure alors introuvable en Espagne. Bien que l'on fût encore à la fin de l'été, les gens étonnés purent voir un soir la señorita Sévilla dîner au restaurant du premier étage de la Tour Eiffel, en tête à tête avec Luis Mariano, mais avec son renard argenté autour du cou.

Mariano et Carmen formaient vraiment, aussi bien à la ville qu'à l'écran, l'image parfaite du couple idéal. Ils étaient tous les deux jeunes, beaux et irradiés de bonheur. On les vit flâner partout, sur les quais, rue du Faubourg-Saint-Honoré, sur les Champs-Élysées, place du Tertre et dans les petites rues typiques du vieux Montmartre. Comme tous les amoureux du monde, ils marchaient en se donnant la main et les gens qui les croisaient, même s'ils reconnaissaient Mariano, évitaient de les déranger pour leur demander des autographes. Ils se firent prendre en photo devant la belle Cadillac décapotable du ténor, au pied de la Tour Eiffel, comme tous les touristes étrangers en visite sur les bords de la Seine.

Le tournage en Andalousie dura six mois, sous un soleil de plomb. C'était le metteur en scène Luis Lucia qui remplaçait Robert Vernay pour tourner la version espagnole de *El Sueño de Andalucia*. Les scènes se déroulaient soit à Séville (comme la corrida aux arènes ou dans les rues du quartier typique de la Giralda), soit au petit village de Carmona, à une cinquantaine de kilomètres de la grande cité andalouse. Le plateau regorgeait de petits Gitans, plus mignons et plus drôles les uns que les autres. L'équipe les nourrissait à midi, en leur offrant une partie du repas préparé par la cantine de la production. Ils rêvaient tous de voir Séville, car ils n'avaient jamais quitté leur petit village natal. La plupart d'entre eux vivaient pieds nus et en guenilles. Luis Mariano, Carmen Sévilla et Maurice Baquet leur achetèrent quelques vêtements et des souliers neufs. Le lendemain, les enfants réapparurent, toujours pieds nus et loqueteux. Ils avaient revendu tous les cadeaux que les vedettes leur avaient offerts!

Patchi fut même embauché par le réalisateur Lucia pour un tout petit rôle. Costumé en paysan, il dut recommencer des dizaines de fois et, le soir, il était absolument sur les genoux. Ce qui était la cause d'énormes fous rires de la part de Mariano. Mais, désormais, la star s'arrangea toujours pour que son fidèle chauffeur-secrétaire eût un petit rôle à jouer dans les productions dont Mariano était la vedette. Quand Patchi ne tournait pas, il donnait un sérieux coup de main à l'équipe, allant faire les courses. Patchi Lacan est un homme qui ne peut pas rester sans rien faire mais, ses moments de liberté à Carmona, il les utilisait à perfectionner son espagnol... avec quelques belles jeunes Andalouses!

Pour tourner la fameuse scène du baiser entre Juanito et Dolorès, toujours sous un ciel de feu, toute l'équipe avait décidé de faire une blague à Mariano et à Carmen, que l'on savait très épris l'un de l'autre. Après la sixième prise (qui, d'ailleurs, était la bonne), le metteur en scène fit mine de se mettre en colère et d'être excédé. Il demanda aux acteurs une prise supplémentaire. Alors, Mariano et Carmen unirent leurs lèvres une nouvelle fois, et leur baiser dura plutôt longtemps. Le metteur en scène ne disait toujours pas « Coupez! » et le couple semblait avoir complètement oublié le tournage et le monde autour d'eux. Mais, soudain, ils entendirent un rire énorme les entourer. C'était tous les techniciens qui fumaient tranquillement une cigarette pendant que les amoureux s'embrassaient. Carmen et Luis se séparèrent et, comprenant qu'ils venaient d'être victimes d'une énorme blague, ils prirent part à leur tour à l'hilarité générale.

Le soir, après le tournage, Mariano et Carmen allaient

faire un tour en voiture dans le vieux Séville, et là, c'était encore des baisers. Sauf lorsque Carmen apercevait une niche abritant une petite statue de la « Macarena », la Vierge andalouse protectrice de la cité. La jeune actrice se dégageait légèrement de son amoureux, faisait un léger signe de croix et se pelotonnait à nouveau contre Mariano pour recommencer de plus belle.

Mais lorsque Carmen revint à Paris pour tourner les intérieurs de la version française aux studios de Joinville, cela ne fut plus aussi facile qu'en Espagne. Elle logeait dans un superbe hôtel de la rue Pierre-Charron, mais la « señora Madre », Mme Mère, veillait sur elle et ne la quittait pratiquement pas d'un pas. Il fallait trouver des ruses de Sioux pour s'octroyer des apartés en dehors du plateau de tournage.

Lorsque le double tournage du film *Andalousie* fut terminé en Espagne et en France, un autre grand projet cinématographique attendait Luis Mariano. Le metteur en scène Richard Pottier, qui comptait déjà à son actif quelques très bonnes réussites cinématographiques, avait pris contact avec la vedette pour lui proposer un nouveau grand film intitulé provisoirement : *Rendez-vous au Mexique.*

Au début de l'affaire, les deux coproducteurs, la société française du cinématographie et la société des films Sirius, avaient demandé à Maurice Labro de monter ce film dont le titre était alors *Le Rendez-vous de Suresnes.* Labro avait abandonné et Richard Pottier se vit confier le projet. Il commença par changer le titre qui devint *Rendez-vous avec l'amour.* Les producteurs ne trouvèrent pas ce titre commercial et le film fut rebaptisé d'abord *Rendez-vous avec la chance* puis *Rendez-vous au Mexique.* Lorsque les premiers tours de manivelle furent donnés, le malheureux script trouva enfin son titre définitif : *Rendez-vous à Grenade.*

Le scénario et l'adaptation cinématographique étaient

de Gérard Carlier, les dialogues d'André Tabet, la musique et les chansons de Francis Lopez sur des paroles de Gérard Carlier et André Tabet. L'orchestre de la Société des concerts était dirigé par Jacques-Henri Rys, arrangeur habituel de Francis Lopez et orchestrateur des enregistrements de Luis Mariano. Autour de Luis Mariano, on peut voir Olivier Hussenot, Jean Tissier, Marthe Mercadier et la partenaire directe de Luis : la belle Nicole Maurey. Cette comédienne eut pour destin d'être la partenaire de grands chanteurs à l'écran, puisque après Luis Mariano, ce fut Bing Crosby qui tourna avec elle *Le Petit Garçon perdu*, le seul film que le grand crooner américain vint faire en France. Au générique de *Rendez-vous à Grenade*, il faut également noter la présence des célèbres « Bluebell Girls » du Lido sur une chorégraphie de Miss Bluebell, et dans un petit rôle, la présence de la magnifique Praline, le plus célèbre « Top model » des années 50, qui devait, peu après, trouver la mort dans un accident de voiture sur la route de Deauville.

Une histoire mince là aussi, qui sert surtout à de magnifiques numéros musicaux, dignes des productions américaines. Filmée au Lido même, la samba « Tchi-ki-tin » nous montre Mariano, le visage barbouillé de noir comme l'était Al Jolson, sortir d'une immense tumba et vêtu comme les travailleurs des plantations de canne à sucre. Puis il crève la peau d'un tam-tam et apparaît en costume cubain – comme au temps des Lecuona Cuban Boys –, pantalon blanc et chemise à manches garnies de volants multicolores.

Pour le paso doble « Sous le ciel de Grenade », on peut applaudir Luis Mariano dans son costume andalou de ses débuts. Il danse le paso doble aussi bien que le grand danseur de flamenco Antonio. C'est une image magnifique pour tous les vrais marianistes et, certainement, un des plus grands intérêts de ce film. Dans un autre numéro très hollywoodien, Luis Mariano, en spencer pailleté noir, chante « Femmes », entouré également des « Bluebell Girls ». Le numéro se développe comme dans les films de Busby Berkeley. Un double escalier dessine un « M » gigantesque. Sur chaque marche, les girls, plus ravissantes les unes que les autres. Mariano, soudain, se met à exécuter un stupéfiant numéro de claquettes dans le style de Fred Astaire ou de Gene Kelly. Apothéose de l'artiste qui est devenu superstar!

Après *Rendez-vous à Grenade*, Mariano effectua un second voyage aux États-Unis. Cette fois, il embarqua à bord du paquebot *Liberté*, qui avait pris le relais de l'*Ile-de-France*, et qui devait remporter le célèbre « Ruban Bleu », après avoir réduit de deux jours la durée de la traversée entre Le Havre et New York. Patchi, l'impresario Félix Marouani et le pianiste Maurice Darnell sont du voyage. La tournée américaine comporte New York, un retour au Canada et un engagement dans le plus grand night-club de La Havane à Cuba. Mariano a pu emmener avec lui son caniche nain, Johnny, dont il s'amuse à dire qu'il est le chien le plus chic de Paris, car il est habillé par Christian Dior! En effet, pour remercier Luis Mariano d'avoir participé à une grande fête des Catherinettes chez Dior avenue Montaigne, le grand couturier a créé une petite tunique pour ce caniche nain gris clair que Mariano adore, un peu comme un jouet.

Pour ce second « saut aux Amériques » – selon une expression encore chère aux vieux Basques –, Mariano trouva New York beaucoup plus sympathique qu'à son premier voyage. Il remarqua, lors de ce second séjour, que les voitures allaient moins vite qu'à Paris. Il avait embarqué la sienne à bord du bateau. C'était plus commode pour se déplacer. Mais, Mariano pensa que les grands parcs de stationnement américains étaient des inventions diaboliques, car ils se ressemblaient tous. Plusieurs fois il ne retrouva plus sa Cadillac et crut qu'on la lui avait volée. Il avertit Félix Marouani, son imprésario, et même la police new-yorkaise.

En fin de compte, et renseignements pris, le ténor s'était tout simplement trompé de parc de stationnement !

Il fit son tour de chant dans un des plus importants cabarets à la mode de Broadway, le Carnival. Mais l'endroit ne lui plut absolument pas. Les propriétaires l'avaient décoré dans le style des bouges apaches et des beuglants français du début du siècle. Ce décor ravissait la clientèle de l'endroit, qui était composée de « rois » de telle ou telle spécialité, comme le roi de l'acier ou le roi du coca. Ces milliardaires américains s'amusaient à l'idée de venir s'encanailler dans ce lieu, ou du moins, de faire semblant. Le premier soir, Mariano chanta quatre chansons, et malgré l'accueil chaleureux du public, il s'éclipsa ensuite pour ne plus revenir. Il apprit, par la suite, que la direction du cabaret avait fait faillite et que les successeurs avaient modifié la décoration et changé le nom de la boîte de nuit.

Plusieurs directeurs de grands théâtres de Broadway vinrent lui proposer des « idées très originales » de comédies musicales. La plus folle fut de faire venir autour de lui la troupe des Folies-Bergère de Paris. On aurait fait une sorte d'opérette-revue, et Luis Mariano aurait interprété le rôle d'un pâtre grec antique qui se serait égaré dans le XXe siècle. Il devait y avoir, naturellement, les tableaux traditionnels du « Gay Paree », tel que les voient le Américains, avec les agents de police moustachus aux grands bâtons blancs, les voyous et les gigolettes de la rue de Lappe, comme au temps de Mistinguett. Ce ne fut pas tellement cela qui provoqua le refus net de Mariano, mais l'idée d'être sur scène en petite tunique de berger d'Arcadie ne le séduisit pas du tout.

Par contre, il profita de ce séjour new-yorkais pour enregistrer avec le grand orchestre de la R.C.A. Victor ses premiers disques microsillons en 45 tours. La R.C.A. Victor était, aux U.S.A., la marque équivalente de La Voix de Son Maître, étiquette pour laquelle Luis Mariano enregistrait depuis le début de sa carrière. Les techniques d'enregistrement avaient bien changé depuis 1945. Quand Luis Mariano grava ses premières faces, il n'y avait que deux micros, énormes ! Un servait à enregistrer la voix du chanteur, et l'autre devait servir à tout l'orchestre et aux chœurs, quand il y en avait. D'autre part, on enregistrait directement sur une galette en cire. Si, par hasard, on se trompait – ce qui n'était pas spécialement recommandé ! –, il fallait changer de galette et recommencer la chanson depuis le début. Or, il n'y avait qu'un nombre limité de galettes vierges. Une fois l'enregistrement terminé, on coulait sur la galette « mère » un mélange de cuivre qui épousait les sillons à l'envers. Cela constituait une « matrice » qui servait ensuite comme moule pour faire les disques dans un mélange de cire et d'ébonite, qui étaient vendus dans le commerce. Ces disques tournaient à la vitesse de 78 tours minute, et ils étaient lourds et fragiles. Ils se cassaient et se rayaient facilement, mais ils nous ont permis de garder précieusement des chansons et des voix de grands artistes disparus depuis longtemps. On continua à fabriquer des 78 tours jusqu'au début des années 50 en France. La galette de cire fut ensuite remplacée par une bande magnétique à plusieurs pistes, qui vont aujourd'hui jusqu'à 48. Dans les années 50, les studios des grandes marques comme La Voix de Son Maître, Polydor, Decca et bien d'autres utilisaient des bandes qui pouvaient compter jusqu'à douze pistes, ce qui était déjà remarquable, et exigeait des techniciens du son fort expérimentés.

L'apparition du microsillon fut une révolution comparable à celle du disque compact laser, il y a quelques années. En 1951, quand Luis Mariano grave ses premiers 45 tours à New York, il est en avance de trois ans sur l'Europe. Comme le mot le désigne, le sillon du disque est beaucoup plus petit que celui du 78 tours. La matière aussi a changé : le vinyle a remplacé l'ébonite. La présence de la bande magnétique pour l'enregistrement permet l'effacement de passages où soit l'artiste, soit les musiciens ont pu faire des erreurs, et on peut recommencer uniquement le passage en question et garder le reste de l'enregistrement qui est bon. Le disque est beaucoup plus petit : 17 centimètres de diamètre au lieu de 25. Au début, il ne comporte qu'une chanson par face. Mais très vite, on va arriver au super 45 tours, qui comporte deux chansons par face, soit quatre en tout. Vont apparaître presque en même temps, les disques 33 tours, toujours micro-sillons, qui seront d'abord des 25 centimètres de diamètre avec cinq ou six chansons par face, soit dix ou douze titres par disque. Puis viendront les disques 30 centimètres avec douze chansons par face, soit vingt-quatre chansons en tout. De tels disques permettent l'enregistrement des principaux airs d'une seule opérette sur un seul disque. 45 et 33 tours sont très légers, incassables et pratiquement inusables. Par la suite, la stéréophonie fera son apparition dans les années 60, donnant ainsi à l'auditeur l'illusion totale d'écouter une œuvre comme s'il était dans la salle.

Naturellement, ces nouveaux disques entraînèrent la fabrication de pochettes spéciales pour les protéger, pochettes sur lesquelles figure la photographie de la vedette qui a enregistré le disque. D'où une nouvelle branche dans l'industrie du disque : celle des concepteurs et dessinateurs de pochette, car la présentation d'un disque entraîne une vente plus ou moins forte, selon que la pochette est attrayante ou non.

C'est de cette séance d'enregistrement effectuée dans les studios de la R.C.A. Victor à New York, sous la direction du chef d'orchestre Allan Mc Iver, que date la gravure de la très belle chanson américaine « Be my love » que Mario Lanza avait créée en anglais. Dans la voix magnifique de Luis Mariano, elle est devenue « Pour t'aimer », et un très grand succès pour notre ténor.

Mariano profita également de ce séjour à New York pour faire du lèche-vitrines et des achats. Et, comme Luis était un être essentiellement généreux, ce fut pour les siens qu'il fit des folies : une superbe cafetière électrique qui fonctionnait toute seule (chose qui, à l'époque, était totalement inconnue en Europe) pour sa maman ; pour toute la maisonnée, il fit l'emplette d'un mixer ; pour son père, la médaille en or du « Best of the fathers » (« Le meilleur des pères »), un stylo en or qui était également un briquet, et une splendide boîte à outils pour continuer à bricoler chez lui. Maria-Luisa eut droit à une valise pleine de costumes de fantaisie typiquement américains, comme des pantalons de cow-girl et un blouson de daim indien, mais la pauvre jeune fille ne vit jamais la valise, car elle fut volée entre Le Havre et Paris ! Enfin, Luis ramena à son intention personnelle le dernier-né des presse-fruits automatiques, qui pelait et pressait automatiquement n'importe quel fruit que l'on déposait dans sa cuve. Ce que Mariano ramenait également, c'était une nouvelle Cadillac toute neuve, couleur vert d'eau, dernier modèle, qui lui sera, par la suite, fort utile par son confort, sa vitesse et la protection qu'elle représentait. Il avait également fait l'acquisition d'un nouveau petit appareil qui permettait d'écouter les nouveaux 45 tours R.C.A. Victor (et d'autres !) qu'il avait enregistrés à New York.

En rentrant à Paris, Luis Mariano eut la joie et l'étonnement de découvrir dans le grand magazine *Paris-Match* qu'il était classé parmi les « hommes du demi-siècle ». Il était en très bonne compagnie puisque, juste avant lui, il y avait le matador Manolete, l'homme d'État turc Mustapha Kemal, Sacha Guitry, le mathématicien Einstein et le général de Gaulle. Le public féminin avait déclaré que, pour ces dames, Luis Mariano incarnait « l'homme idéal ».

Mais, avant de revenir en France, Luis Mariano était allé honorer un contrat dans la plus belle îles des Caraïbes, la perle des Antilles, ce pays qu'il avait tant célébré dans les refrains de ses chansons et dont il avait participé à populariser la musique en France : Cuba ! C'est au Sans-Souci, un des plus beaux night-clubs de La Havane, que le public cubain, pourtant habitué à écouter de grands chanteurs, fit de

Luis Mariano sa nouvelle idole. Le ténor eut la joie de rencontrer là le pianiste compositeur René Touzet, dont il avait chanté plusieurs compositions, et surtout le plus grand musicien cubain du demi-siècle, celui que la critique avait surnommé « le Gershwin de Cuba », le maestro Ernesto Lecuona en personne. Mariano rapporta de La Havane deux mélodies sublimes de Lecuona « Malagueña » et « Andalucia », qu'il enregistrera par la suite sous le titre de « Jardins d'Andalousie ». Il ramenait aussi dans ses valises un mambo, nouvelle danse très à la mode à Cuba qui allait devenir un des très grands succès de chanson de Luis Mariano : « Maria-Christina veut toujours commander ».

Mais si enchanteresses que purent être Cuba et sa merveilleuse capitale La Havane, il fallait revenir à Paris, où une consécration attendait Luis Mariano : le Châtelet lui ouvrait ses portes !

VIII

Lorsqu'il était arrivé à La Havane, Mariano avait appris que sa grande amie Carmen Torrès était soignée dans une clinique de la ville, car elle avait été victime d'un accident. Lorsqu'il arriva dans la chambre de la chanteuse, il la trouva plâtrée de haut en bas. Il demanda à son amie ce qui s'était passé. Il obtint un grand éclat de rire en guise de réponse, puis Carmen Torrès lui raconta qu'elle avait fait une chute malheureuse en descendant la passerelle du navire qui l'avait amenée à Cuba. Elle s'était cassé les deux jambes. On avait immédiatement appelé une ambulance pour la secourir. Mais elle expliqua à Mariano que les chauffeurs cubains conduisaient très vite et très mal. À peine l'ambulance avait-elle quitté le port pour se diriger vers la clinique que le chauffeur entra en collision avec un autobus et, dans l'accident, Carmen avait eu, cette fois, les deux bras brisés. Ce n'était vraiment pas de chance!

« Il n'y a qu'à toi que de telles choses arrivent! »

Il couvrit Carmen Torrès de fleurs et de cadeaux, mais chaque fois qu'il racontait cet incident, Mariano ne pouvait s'empêcher d'éclater de rire, tant il trouvait cela comique.

Pendant ce temps, en Europe, le film *Andalousie* était sorti sur les écrans français et *El Sueño de Andalucia*, la version espagnole, était présentée dans les plus grands cinémas de la péninsule ibérique. Les producteurs étaient ravis car les recettes étaient spectaculaires. À longueur de journées, les antennes radiophoniques diffusaient les airs du film. « Santa Maria », « Andalucia mia », « Le Marchand d'alcazaras », « Ole Torero ! » et « La Fête à Séville » étaient sur toutes les lèvres. C'était une réussite complète et, pourtant, ce n'était rien à côté de ce qui allait suivre.

Avant son départ pour les États-Unis, la Société de productions cinématographiques Lutecia avait demandé à Luis Mariano de prêter sa voix pour illustrer un court-métrage intitulé *Au Pays basque*, fait à la gloire du pays natal de Mariano. Trois très jolies chansons avaient été composées pour ce petit film par Francis Lopez sur les paroles de Pierre Apesteguy : « Biarritz », que nous avons déjà évoqué au sujet de Martine Carol, « Adieu Saint-Jean-de-Luz » (« Agur Donibane ») que Mariano chante en français et en basque et « Le plus joli pays du monde », trois succès de plus et trois grosses ventes de disques à l'actif de Luis Mariano en ce premier semestre de 1951.

Le grand succès d'*El Sueño de Andalucia* fait de Luis Mariano une immense star de la radio sur les ondes espagnoles. Cela réjouit et réconforte la vedette que certains Espagnols boudaient en disant qu'il avait préféré faire une carrière en France plutôt qu'au-delà des Pyrénées. Mais, désormais, l'Espagne accueillait à bras ouverts le fils prodige. Toutes les grandes villes le réclamèrent pour l'applaudir et le fêter. Il prit, à partir de ce moment-là, tous les ans un mois pour aller chanter l'été en Espagne. À Madrid, il était la vedette de la boîte de nuit la plus en vogue, le fameux Jardín de la Riviera. À la demande de la señorita de Villaverde, la petite-fille de Franco, il vint chanter chaque année au Palais du Pardo, pour l'anniversaire de la jeune fille, devant le chef de l'État et la haute société madrilène. À Valencia, il chante aux arènes archicombles pour les grandes fêtes de la ville. Toute la presse parle de ses amours avec Carmen Sévilla, qui vient de rompre avec le torero Carlos Arruza pour le beau Luis. Et le 1er septembre 1951, Mariano présente sur les ondes de Radio-Madrid une nouvelle chanteuse : sa propre sœur Maria-Luisa, que la critique va comparer à une nouvelle Raquel Meller ! Il faut d'ailleurs dire que Maria-Luisa avait doublé Carmen Sévilla en français pour les chansons du film *Andalousie*.

En août 1951, Mariano avait fait une nouvelle tournée en Afrique du Nord qui l'avait conduit en triomphe jusqu'au Nil, au Caire, à l'ombre des pyramides millénaires des Pharaons.

Si l'on fait exception de « La Belle de Cadix », la chanson qui reste la plus associée au nom de Luis Mariano est indiscutablement « Mexico ». Et c'est l'opérette dont cette chanson est le leitmotiv qui attendait la vedette pour son retour en France.

Ce fut également à cette époque que Luis Mariano quitta sa problématique propriété de l'avenue de Lorraine au Vésinet, pour emménager non loin de là, au 86 boulevard Carnot, dans la superbe demeure blanche de style plantation coloniale de la Louisiane, qu'il avait baptisée du nom de « Magreluma ». Ce nom était un assemblage des prénoms de la famille Gonzalèz : Mariano le père, Gregoria la mère, Luis et Maria-Luisa, les deux enfants. Mariano était fier de sa maison, à juste titre. C'était certainement une des plus belles maisons de stars françaises qu'il y ait eu, avec son magnifique jardin et sa splendide piscine devant la façade.

Pour la seconde opérette de Francis Lopez au Châtelet (la première avait été *Pour Don Carlos*), Maurice Lehmann avait proposé au compositeur un synopsis signé Félix Gandera et Henri Werner, intitulé *Le Rossignol de Mexico.* Francis trouva l'idée de base bonne, mais il demanda que Raymond Vincy, désormais son complice habituel, écrivît le livret définitif et les lyrics de l'ouvrage. Maurice Lehmann avait déjà pris contact avec Luis Mariano avant le départ du ténor pour les États-Unis. Les répétitions devaient commencer au mois d'octobre. La première réaction de Mariano à son retour fut de ne pas aimer le titre. Il trouva *Le Rossignol de Mexico* trop prétentieux, trop présomptueux. Vincy suggéra *Le Chanteur de Mexico* et tout le monde tomba d'accord sur ce titre. Bien sûr, les deux autres auteurs, Gandera et Werner, qui étaient à la base de l'histoire initiale, restèrent dans l'affaire et leurs noms figurèrent sur l'affiche, bien qu'il ne restât que peu de chose de leur histoire dans le sujet définitif.

L'action se passe en 1911 à Saint-Jean-de-Luz, ce qui nous donne l'occasion de voir enfin le Pays basque sur scène (« Il est un coin de France »). C'est l'histoire merveilleuse d'un jeune Basque, Vincent Etchebar, doté d'une voix de ténor peu commune, qui rêve de théâtre et veut tenter sa chance à Paris. Il se rend dans la capitale en compagnie de son meilleur ami d'enfance, Bilou. Dans la capitale, Vincent est obligé d'exercer différents métiers dont celui de peintre en bâtiment (« Quand on voit Paris d'en haut »). Un soir, il tente un concours de chanteur-amateur au Moulin-Rouge (« Rossignol de mes amours ») encouragé par une jolie voisine, Cri-Cri, tombée amoureuse de lui et qui travaille comme ouvreuse dans l'établissement. Il gagne le premier prix et obtient un contrat pour le Mexique, car il est le sosie d'une des plus grandes vedettes de ce pays. On retrouve donc Vincent dans la capitale (« Mexico »), sur les plages du Pacifique (« Acapulco »). Il va vivre des aventures fabuleuses :

enlevé par la Tornada, qui l'emmène dans son hacienda indienne pour le forcer à l'épouser. Quand Tornada se rendra compte que le chanteur n'est pas Miguel, mais son sosie Vincent Etchebar, la nouvelle idole du Mexique, tout se terminera bien au marché aux fleurs de Mexico et Vincent pourra épouser celle qu'il aime, Cri-Cri.

Pour cette première apparition au Châtelet, consécration de sa carrière, Luis Mariano était entouré par Pierjac, Jacqueline Chambard, Lilo, Albert Estève, Robert Jysor, Dario Moreno, la danseuse Laoust, le Ballet Sol y Sombra, et les Ballets basques Oldarra. Les arrangements musicaux étaient de Jacques-Henri Rys et de Paul Bonneau et le chef d'orchestre était Félix Novolone. Les décors et les costumes étaient de Raymond Fost.

Francis Lopez avait refusé le voyage que Maurice Lehmann lui offrait au Mexique. Il avait préféré écrire sa partition dans son petit appartement de Montmartre, qui dominait tout Paris, pendant que Mariano était outre-Atlantique. Un jour, il vint au Châtelet pour jouer à M. Lehmann quelques extraits de sa partition. Le directeur du théâtre apprécia beaucoup les premières chansons que Lopez lui fit entendre : « Maïtechu », « Acapulco » et surtout le grand numéro basque qui devait être la chanson d'entrée de Mariano : « Il est un coin de France ». Mais quand on en arriva à l'air principal, la chanson du titre – comme on dit dans le métier de l'opérette – en l'occurrence l'air intitulé « Mexico », Maurice Lehmann n'aima pas du tout la chanson. Il eut même à son encontre un mot grossier :

– Mais enfin, Lopez, c'est de la m... ! Vous me retirez ça de l'opérette et vous me faites une autre chanson sur le même titre ! Ça ne sera pas difficile pour vous ! Vous écrivez comme vous respirez.

– Mais c'est celle-là qui me plaît, monsieur Lehmann !... Je connais mon public. C'est cette image-là qu'il veut du Mexique !

– Vous retirez cette chanson... ou bien il n'y aura pas d'opérette !

– Réfléchissez, monsieur Lehmann ! Ne soyez pas si intransigeant ! Vous ne pouvez pas juger de la chanson, quand c'est moi qui vous la chante. Imaginez une seconde la voix de soleil de Mariano là-dedans. Moi, je n'ai plus de voix ! » Francis se mit à sourire et à prendre son air le plus charmeur, comme il savait seul le faire quand il voulait remporter une décision. Il poursuivit avec un clin d'œil qui demandait une sorte d'indulgence.

– Les cigarettes, les femmes et les nuits de Paris !

Maurice Lehmann soupira.

– Monsieur Lehmann, attendons le retour d'Amérique de Mariano. Ne prenez pas une décision définitive avant d'avoir entendu Mariano vous chanter « Mexico » !

– Eh bien d'accord, Lopez. Revenez avec Luis dès qu'il sera revenu à Paris.

Dès que Mariano fut de retour au Vésinet, Francis alla lui montrer les musiques écrites à son intention pour *Le Chanteur de Mexico*. Mariano fut très heureux de ce qu'il entendit. Il en adora particulièrement deux plus que les autres : « Rossignol de mes amours » et « Il est un coin de France ». Quand on arriva à « Mexico », Francis lui raconta la réaction de Lehmann avant de lui jouer la chanson.

– Bon ! On va voir. Joue-la-moi.

Francis joua et chanta la chanson.

– Tu vois, Francis ! fit Mariano lorsque Lopez eut terminé, Lehmann est sûrement un grand directeur, un bon administrateur, mais il n'a pas un très bon jugement en musique !... Je sais ce qui manque dans ton refrain pour que la chanson soit parfaite.

– Si c'est un pont musical, ce sera trop long. En fait, tu vois, ce sont presque deux refrains.

– Non, on va la *mexicaniser* ta chanson !

– La *mexicaniser* ?

– Oui, tu vas me mettre un *grito* quelque part. Tu sais,

cette montée de voix des Mexicains qui va jusqu'à la voix de tête... Ça ressemble un peu à notre *irritzina* basque !

– Oui, je vois... Je vais te mettre ça sur le second Mexico du début du refrain.

Mariano essaya : « Mexico, Mexi-i-co ». Puis, il jubila et se mit à rire : « C'est ça... Je crois qu'on l'a ! »

Après le départ de Francis, Mariano se mit à apprendre la chanson.

Il avait une facilité exceptionnelle pour ce genre de choses. Il écouta également les enregistrements des grands chanteurs mexicains qu'il possédait, comme Jorge Negrete et Pedro Vargas, pour s'imprégner du style très spécial des chanteurs « charros ». Le lendemain, dans le magnifique bureau de Lehmann au Châtelet, qui dominait la Seine, Luis Mariano chanta pour la première fois « Mexico », comme il allait le faire encore des milliers de fois au long de sa carrière, et il gagna. Ne voulant pas, par fierté, avouer qu'il avait eu tort, Maurice Lehmann dit d'un ton bourru : « Bon. On la garde ! On verra bien ce que ça donnera sur le public. »

La suite prouva que c'était tout vu !

Il y eut des représentations où Luis Mariano s'amusait, tandis qu'il chantait « Mexico » à garder la note du « grito » (le « i » de Mexi-i-co) tandis qu'il parcourait l'immense scène du Châtelet du jardin à la cour et de la cour au jardin. Et, en plus, le ténor souriait car il s'amusait vraiment à faire cet exercice incroyable qui tenait de la haute performance sportive. Inutile de dire que le public n'applaudissait pas, il délirait !

Il y avait un nombre fou de figurants sur scène : 200 personnes autour de Mariano pour le grand bal final du Marché aux fleurs de Mexico. Outre l'importance voulue de la mise en scène, il y avait une autre raison à cette exubérance de figuration. Maurice Lehmann souffrait perpétuellement de migraines atroces. Il suffisait que quelqu'un prétendît connaître un nouveau remède à ce mal pour qu'il fût engagé immédiatement comme figurant.

Quand Mariano arriva au Châtelet, il trouva que tout dans l'immense théâtre était réglé comme une pendule. Le spectacle devait tourner rond et chacun, du dernier figurant au directeur en passant par la vedette, devait savoir ce qu'il avait à faire, même si un changement de décor rapide devait se dérouler dans le noir.

Avant le début des répétitions, Maurice Lehmann demanda à Luis Mariano de venir voir le Châtelet en marche. Il lui présenta également une ravissante jeune femme blonde, à l'allure délurée, aux yeux pervenche et qui devait être la partenaire du ténor. Elle s'appelait Lilo et s'était fait un petit nom comme présentatrice des spectacles de l'A.B.C. Elle avait trouvé un « truc » qui lui était personnel, un « gimmick » comme l'on dirait aujourd'hui. En petite jupette ultracourte qui laissait aux spectateurs le plaisir d'admirer de fort jolies jambes, elle annonçait le numéro à venir en agitant sa crinière blonde et en criant « Youpi ! » Lilo venait de se fiancer à un gentilhomme qui l'adorait et se nommait le marquis de La Passardière. Maurice Lehmann présenta également Mariano à la vedette de l'opérette qui terminait sa série de représentations au théâtre. Il s'agissait de Georges Guétary, qui interprétait le rôle de Don Carlos dans l'ouvrage *Pour Don Carlos* de Francis Lopez et Raymond Vincy. Une légende bien entretenue par les journalistes voulait que Mariano et Guétary, les deux vedettes de l'opérette qui se partageaient le cœur du public, ne s'apprécient guère mutuellement. Or, Luis et Georges ne se gênaient absolument en rien, étant fort différents l'un de l'autre. Nombre de photographes et de journalistes surveillaient la rencontre espérant méchamment l'incident qui n'eut pas lieu, car tout se passa pour le mieux pour le passage du flambeau entre les deux grands. Il fallut quand même faire une photo pour la première page des quotidiens. Mariano fit semblant d'arriver avec une valise et Georges de lui serrer la main. On ne savait pas bien exactement si Guétary lui disait bonjour ou au revoir.

Après la dernière de *Pour Don Carlos*, les répétitions du *Chanteur de Mexico* commencèrent pour une durée de six semaines. La mise en scène était entre les mains de Maurice Lehmann mais c'était la dernière opérette que le directeur réalisait depuis 1928, date de la prise de possession du théâtre par M. Lehmann. En effet, Maurice Lehmann venait d'être nommé par le ministère des Affaires culturelles, directeur des Théâtres lyriques nationaux, c'est-à-dire de l'Opéra et de l'Opéra-Comique. Il devait monter, dès la création du *Chanteur de Mexico* au Châtelet, *Les Indes galantes* de Jean-Philippe Rameau avec un tel faste que ce spectacle fit date dans les annales du Palais Garnier.

Pour *Le Chanteur de Mexico*, Mariano a quatorze changements de costume. La pièce est très fatigante à jouer pour le premier rôle. Après la journée de répétition, qui commence certains jours à dix heures du matin pour se terminer vers minuit, Mariano est épuisé et s'endort dans la voiture que Patchi ramène vers le Vésinet. D'autres jours, ils vont dîner Chez Anna, un petit restaurant proche du Palais de Chaillot, tenu par une Basquaise qui considère Mariano plus comme un fils adoptif que comme un client. Ce petit restaurant du seizième arrondissement a vu défiler bien des célébrités étrangères comme Bing Crosby, Rita Hayworth et Ali Khan. Le vieil Aga Khan, père d'Ali, s'était même lié d'amitié avec Anna et l'emmenait parfois le dimanche jouer avec lui aux courses à Auteuil, Longchamp ou Deauville.

Comme il était de tradition au Châtelet, chaque nouvelle opérette présentait au public un clou. Pour *Le Chanteur de Mexico*, l'attraction maison se situait presque à la fin de la pièce, à l'avant-dernier tableau. Après bien des aventures provoquées par l'ardente et irascible Tornada, Vincent Etchebar (alias Luis Mariano) se retrouvait dans les ruines d'un temple aztèque, pieds et poings liés à un arbre. Son supplice consistait à être entouré d'une volée de flèches, un peu comme saint Sébastien. En plus, pour que la mort soit plus rapide, il était abandonné aux serpents. Un frisson d'horreur passait alors dans le public, et l'on vit parfois des marianistes ferventes s'évanouir. L'illusion était parfaite. Les serpents étaient fournis par une maison d'imperméables. Ils étaient en caoutchouc et les machinistes les gonflaient comme des ballons. Pendant les trois saisons que se joua l'opérette, il n'y eut jamais à déplorer une crevaison. Les baudruches étaient de fort bonne qualité.

Le rideau rouge du Théâtre du Châtelet se leva pour la première représentation du *Chanteur de Mexico* le 15 décembre 1951. L'opérette devait atteindre le chiffre astronomique de 1 000 représentations et durer trois années consécutives. Cela ne s'était jamais vu et *Le Chanteur de Mexico* détient toujours, à ce jour, le record absolu des entrées au Châtelet. 1 000 représentations signifient que, à Paris seulement, trois millions de spectateurs sont venus applaudir l'opérette. Dans les annales du théâtre, ce record est suivi par *Gipsy*, une autre opérette de Francis Lopez, Claude Dufresne et Daniel Ringold, qui a atteint le chiffre de 900 représentations. *Gipsy*, qui débuta le 19 février 1972, aurait dû être créée par Luis Mariano, si le drame du 14 juillet 1970 ne s'était pas produit. Elle fut chantée par le ténor sicilien José Todaro.

Le soir de la première, Luis Mariano perdit le ruban de toile de sa « chistera », avec laquelle il devait entrer au premier tableau. Or, selon la tradition, il faut pratiquement huit mètres de ruban pour attacher la chistera au poignet du « pelotari ». Course folle entre les coulisses et l'atelier de couture. C'était Francis Lopez lui-même qui avait été acheter cette chistera chez les Frères Gonzales à Bayonne, les seuls fabriquants de ce genre d'équipement sportif, et qui l'avait offerte à Mariano. C'est aussi pendant *Le Chanteur de Mexico* que Mariano commença sa célèbre collection de petites poupées et de fétiches qu'il aimait tant. C'est Monique Bert, qui jouait le rôle de Tornada, qui commença par lui offrir des petites grenouilles de porcelaine verte, bientôt suivie par les membres du Club qui arrivaient soit avec un animal en peluche soit avec une petite poupée fétiche espagnole ou des provinces françaises. Luis adorait bien sûr, plus que jamais, faire des farces. Un jour, dans la scène où Vincent (Mariano) et Bilou (Pierjac) invitent Cri-Cri (Lilo), leur jolie voisine, à venir prendre le petit déjeuner chez eux, Mariano remplaça le pain de Pierjac par une éponge, et le pauvre garçon faillit s'étouffer en scène. Il dut quitter précipitamment le plateau pour aller recracher le morceau d'éponge en coulisse. Un soir, Mariano entendit des bruits de discussion violente paraissant venir de la loge voisine, celle de Lilo. Il envoya Patchi voir ce qui se passait. La porte de la loge de Lilo était restée ouverte et Patchi laissa celle de la loge de Mariano ouverte également. La discussion virait à la dispute entre deux soupirants de la belle actrice. L'un des deux était le marquis de La Passardière, un jeune homme de très bonne famille, très épris de la chanteuse. Personne au théâtre, ne connaissait l'autre homme. Après plusieurs défis échangés entre le jeune, riche et beau marquis et l'inconnu d'âge mûr, après que la pauvre Lilo dut se prononcer sur celui pour qui battait son cœur, l'inconnu proposa au marquis de régler ce différend en un duel sur le pré, comme au siècle dernier. La Passardière demanda à l'inconnu s'il voulait être encore plus ridicule après avoir été défiguré. Le lendemain, en arrivant au théâtre, Lilo alla trouver Mariano dans sa loge. Pleurant et riant à la fois, elle lui annonça qu'elle serait bientôt Mme la marquise de La Passardière!

La générale du *Chanteur de Mexico* fut triomphale et la critique unanime, ce qui n'avait pas toujours été le cas et ne le sera pas toujours. Même Jean-Jacques Gauthier, le redoutable et redouté critique du *Figaro*, dont tous les artistes craignaient les réactions, car il pouvait par un article démolir un spectacle du jour au lendemain, inonda d'éloges Luis Mariano et « la magnifique opérette qui entourait le ténor ». C'était vraiment exceptionnel car, en outre, il était rare que les critiques de cette importance daignassent s'intéresser à l'opérette, encore considérée par eux, comme un « genre mineur ». Et pourtant, l'opérette est le plus difficile des spectacles à réussir. Elle nécessite des artistes complets, qui sachent aussi bien danser, jouer la comédie que chanter. En ces années 1950, les critiques de la presse écrite influençaient encore beaucoup le public. Aujourd'hui, il n'y en a pratiquement plus dans les grands quotidiens, et ce sont les campagnes de publicité payantes et les promotions de disques à la télévision qui attirent les spectateurs dans les salles.

En ce soir du 15 décembre 1951, les plus importantes personnalités du « Tout-Paris » se sont donné rendez-vous pour applaudir Luis Mariano dans *Le Chanteur de Mexico.* Au premier rang, Luis peut apercevoir M. Gonzalèz père, la señora Gregoria et Maria-Luisa. Patchi est en coulisses, veillant comme un bon ange sur son patron pour qu'il ne manque de rien. Ils ont tous les quatre autant le trac que Luis. Mais dès les applaudissements frénétiques qui saluent la chanson d'entrée, « Il est un coin de France », le clan Gonzalèz sait que la partie est gagnée. Francis Lopez et Raymond Vincy, proches de Maurice Lehmann, sont également tendus. Mais tout à l'heure, quand sonnera l'heure des saluts, et que de sa voix vibrante Mariano leur demandera d'apparaître à ses côtés sur scène, ils auront leur large part d'acclamations. Dans une loge, somptueuse, ravissante, éblouissante, une jeune femme brune aux yeux de feu n'a de regards que pour le ténor. Elle est venue spécialement de Madrid car Luis Mariano, pour que son bonheur fût complet, a invité à Paris sa grande amie, la magnifique comédienne andalouse Carmen Sévilla. Par la suite, elle ne manquera aucune des générales des spectacles de Luis Mariano. Aujourd'hui encore, Mme Sévilla déclare que l'opérette qu'elle a le plus aimée reste *Le Chanteur de Mexico.*

Jamais, dans l'histoire de la musique légère, un ouvrage n'a lancé autant de succès populaires : « Mexico » bien sûr, mais aussi « Rossignol de mes amours », « Acapulco », « Maïtechu », « Il est un coin de France » sont sur toutes les lèvres. Les radios les passent du matin au soir et, bien vite, signe de réussite totale, ces chansons font partie du répertoire de tous les orchestres. Le Châtelet, avec ses trois mille places, ne désemplit pas. Il y a onze représentations par semaine. Il faut louer des mois à l'avance. On vient applaudir Mariano des quatre coins de France, par cars entiers. On vient même de l'étranger, de Belgique, de Suisse et du Canada. On en arrive à assimiler Mariano au théâtre. Beaucoup de gens pensent encore aujourd'hui que toute la carrière de la star s'est déroulée au Châtelet et, si justice était vraiment rendue, on devrait aujourd'hui baptiser ce théâtre « Théâtre Luis Mariano ». Mais hélas, en 1995, le Châtelet est devenu une salle de concerts, une scène qui accueille de temps en temps des productions étrangères, et il n'y a plus de temple de l'opérette!

En ce début de l'année 1952, après le succès de son film *Andalousie* et le triomphe du *Chanteur de Mexico*, Luis Mariano est au pinacle. Peu d'artistes, à part peut-être Brigitte Bardot, ont été autant photographiés et interviewés que lui. Ce diable de garçon a une résistance physique extraordinaire. Onze représentations par semaine d'une pièce où il est en scène pratiquement du début à la fin, quatorze changements de costumes, des numéros dansés et des chansons difficiles à interpréter. En effet, les mélodies de Francis Lopez paraissent faciles quand on les écoute, mais elles présentent de réelles difficultés vocales, surtout quand on les chante en série. Et pourtant, Luis Mariano est toujours en forme, souriant, débordant de sympathie et de joie de vivre. Il trouve encore le moyen de participer à de très nombreuses émissions de radio et à de grandes manifestations populaires, comme le Salon des arts ménagers où il signe ces centaines de photos et de disques au stand de *France-Soir* ou au Grand-Palais où il est l'invité de Mme Sophie Bleustein-Blanchet, à l'époque rédactrice en chef du célèbre magazine féminin *Elle*. Elle est l'épouse de Marcel Bleustein-Blanchet et la fille du célèbre leader socialiste Édouard Vaillant. Une amie qui restera très proche jusqu'à la disparition du ténor.

Naturellement, quand un ouvrage dure aussi longtemps que *Le Chanteur de Mexico*, il faut être très strict sur la discipline à observer avec un personnel aussi important que l'était celui du Châtelet, tant sur scène que dans les coulisses. La belle ordonnance du début se relâche rapidement. Le régisseur du théâtre, M. Herbé – le père de la belle chanteuse Michelle Herbé – avait trouvé un truc pour que les entrées restent précises et que les chœurs gardent leur intensité. Dans certains morceaux, Mariano avait derrière lui jusqu'à quarante choristes et, certains soirs, après la deux centième, on n'entendait plus rien. Un tiers à peu près des choristes chantaient, les autres se contentaient d'ouvrir la bouche et c'était tout. M. Herbé se revêtait alors d'un grand poncho mexicain et d'un immense sombrero qui lui couvrait une partie du visage. Il entrait en scène à demi courbé et passait sous le nez des choristes pour voir qui chantait ou ne chantait pas. Vu de la salle, on aurait dit un conspirateur qui venait donner un mot d'ordre à ses complices.

Comme les chanteurs levaient la tête et les bras vers les cintres, ils ne s'apercevaient pas de l'arrivée du régisseur. Herbé ressemblait un peu à Louis de Funès ; il courait de l'un à l'autre et murmurait à voix basse : « M. X... mille francs d'amende ! Mademoiselle Y... mille francs d'amende ! » et, miracle, les chœurs soudain se mettaient à rejaillir et à entourer comme c'était prévu, la voix du ténor.

Aux environs de la 500e, le producteur américain Cy

Feuer vint au Châtelet assister à une représentation du *Chanteur de Mexico*. Alors que d'habitude les professionnels étrangers de cette importance ne se dérangeaient que pour la vedette du spectacle, ce n'était pas pour Luis Mariano que Cy Feuer était dans la salle. Il était là pour Lilo.

En effet, avec son associé le producteur Ernest H. Martin, Cy Feuer avait décidé de monter une comédie musicale au Schubert Theatre de New York, dont le sujet se déroulait à Paris à l'époque de Toulouse-Lautrec. C'était une idée qui lui trottait dans la tête depuis 1917, époque où, jeune soldat américain, il était venu se battre en France aux côtés des armées du général Foch. Il souhaitait monter un show sur la naissance du can-can. Il en fit part à son ami le célébrissime compositeur Cole Porter, qui avait également combattu en France pendant la Première Guerre mondiale. Porter était, en outre, un homme qui adorait Paris, la France et les Français. On confia l'écriture du livret à Abe Burrows et Porter se mit au travail, écrivant la musique et les paroles des chansons. Le personnage central était une jeune blanchisseuse montmartroise. Feuer et Martin tenaient absolument à engager une Française pour le rôle. Feuer vint donc en France et se mit à auditionner les principales actrices-chanteuses féminines de Paris qui paraissaient convenir pour le rôle. Il n'avait trouvé personne quand un ami journaliste lui parla de Lilo la vedette féminine du *Chanteur de Mexico*, l'opérette qui faisait courir tout Paris au Châtelet.

Feuer trouva, en effet, que Lilo était possible mais il ne voulait prendre aucune décision finale sans l'avis d'Abe Burrows et surtout de Cole Porter. Et puis il fallait savoir, en outre, si la fille parlait l'anglais et s'il était possible de la dégager de son contrat avec Maurice Lehmann. Feuer se mit donc en contact avec l'agent de Lilo. Un mois plus tard, quatre personnages importants prenaient place dans la loge de direction du Châtelet. Personne parmi les artistes n'était au courant de la présence ce soir-là de Cy Feuer, d'Abe Burrows et du mondialement célèbre Cole Porter qu'accompagnait son ami Francis Lopez, qui l'avait bien connu à New York. La représentation se déroula comme d'habitude et Luis Mariano ovationné à chaque chanson par son public en délire. Abe Burrows et Cole Porter furent d'accord pour engager Lilo pour jouer le personnage de « Pistache » dans *Can-Can*, qui devait débuter le 7 mai 1953 au Schubert Theatre de New York. Mais ce qui impressionna le plus Cole Porter, ce fut Luis Mariano. Il tint à faire la connaissance du ténor après le spectacle, le félicita chaudement et, pour lui prouver son admiration, il lui fit un cadeau royal.

Cole Porter tenait personnellement, si Mariano était d'accord à ce que le chanteur crée, en avant-première mondiale, les deux airs principaux de *Can-Can*. Il s'agissait de « I Love Paris » et de « C'est magnifique ! » Bien sûr, Luis accepta et remercia cordialement le compositeur américain. « C'est magnifique » devait devenir un des plus grands succès de la chanson de Luis Mariano. Le disque 78 tours qu'il en fit comportait au verso « I Love Paris ». Avec « C'est magnifique », Luis Mariano battit le record des ventes de disques en France à l'époque. Il fut le premier artiste à vendre 100 000 exemplaires d'un même titre. Sa maison de disques Pathé-Marconi, lui fit faire un disque en or massif de « C'est magnifique », remis par le directeur de la société, M. Pierre Bourgeois, en présence de la presse, des actualités cinématographiques et de la télévision, au cours d'un grand déjeuner chez Drouant. Luis Mariano était le premier artiste à recevoir un disque d'or !

Le public, une fois de plus, ne s'était pas trompé. Écoutez ce disque, dans la voix de soleil de Mariano, vous retrouverez son sourire éclatant, sa joie de vivre, son optimisme, son goût du bonheur ! Plus de quarante ans après, nous sommes obligés de dire, c'est vrai, que Luis Mariano, c'est magnifique !

Après quelques mois de représentation, *Le Chanteur de Mexico* fait déjà figure d'institution. Il faut avoir été au Châtelet voir Luis Mariano dans l'opérette. Le ténor en est profondément heureux. Mais cet immense succès ne le grise pas. Rien, dans sa carrière, ne lui fera tourner la tête. Il reste, et restera toujours, le garçon rayonnant de bonne humeur, qui adore sa famille et ses amis. Le fait de pouvoir décorer sa nouvelle demeure du Vésinet lui permet de donner libre cours à sa passion pour les meubles anciens, les tableaux et les œuvres d'art, dont il est à la fois grand amateur et grand connaisseur. C'était un vrai bonheur de parler peinture, sculpture et architecture avec Luis Mariano. Car il était plus qu'un homme de théâtre, c'était un homme fort cultivé qui s'intéressait à tous les domaines. Il était ce que le dix-huitième siècle appelait « un honnête homme » et ce que les philosophes comme Voltaire ou Rousseau appelaient « un homme éclairé ».

Pour meubler sa salle à manger, il acquiert en Espagne un splendide mobilier de style Renaissance espagnole authentique. Lorsque l'on entre dans le hall, un grand escalier monumental donne accès aux pièces privées du premier étage. Une tapisserie des Gobelins bleu et or garnit les marches pour se terminer en bas par une rosace où trônent un grand L et un grand M majuscules entrelacés. En haut de l'escalier, un immense tableau accueille le visiteur. Mariano l'a commandé à un jeune artiste espagnol, le peintre Albizu. Sur un fond de ciel où se dessine très au lointain l'Escurial, l'artiste a peint les quatre membres de la famille Gonzalèz : M. Gonzalèz père est assis à gauche, vêtu en costume de gentilhomme castillan. Assise sur le bras du fauteuil de son père, Maria-Luisa est en costume andalou avec la mantille. Au centre du tableau, Luis Mariano est debout en costume de gala de matador (comme on pouvait le voir dans *Andalousie*) et, à la droite du tableau, Mme Gonzalèz est en grande dame espagnole avec la mantille et le châle. Dans le salon, on peut voir le portrait de Mariano par le peintre Van Caulaert, et Luis a eu l'idée originale de transformer une authentique chaise à porteurs Louis XV en cabine téléphonique. Dans le salon également, où l'on trouvait près de la fenêtre un magnifique quart-de-queue noir Bösendorfer, Mariano avait installé une fort belle commode, qui avait appartenu au frère de Napoléon Ier, Joseph Bonaparte, quand l'Empereur avait proclamé ce dernier roi d'Espagne. Quant à la chambre à coucher, Mariano en avait dessiné lui-même l'ameublement, avec un lit à baldaquin en fer forgé, dans le style et les coloris chers à un des ses peintres favoris, Vélasquez.

À la fin de la première saison, Lilo quitta le Châtelet pour s'en aller outre-Atlantique créer le *Can-Can* de Cole Porter au Schubert Theatre de Broadway. Elle fut remplacée par la fantaisiste Doris Marnier. Parmi les choristes, certains devaient également prendre leur envol : Dario Moreno allait se faire un joli nom dans la chanson, et la jeune et ravissante Jane Rhodes une merveilleuse carrière internationale de diva d'opéra.

Quand arriva donc le mois de juillet 1952, le Châtelet ferma ses portes pour les vacances. Chaque artiste, du moindre figurant à la vedette, avait droit à un mois de congé estival. Mariano alla trouver M. Lehmann pour lui demander la faveur d'avoir un mois de congé supplémentaire afin de pouvoir tourner les extérieurs du nouveau film qu'il avait signé. Ces extérieurs se situaient aux environs de Madrid et en Andalousie, à Grenade. Pour toute réponse, M. Lehmann commença par refuser. Il poussa les hauts cris et, comme il était soupe au lait, il se montra presque injurieux envers Mariano. Le ténor avait eu la délicatesse de lui faire lire le scénario et il traita ce film de « guimauve » et de « sujet à l'eau de rose ». Finalement, Mariano obtint ce qu'il désirait en échange de la promesse de créer sa prochaine opérette au Châtelet. Le thème devait en être les aventures de Marco Polo.

Le film en question s'appelait *Violettes impériales.* Il allait être un immense succès international et l'apogée de la carrière cinématographique de Luis Mariano. Il retrouvait comme partenaire Carmen Sévilla pour former avec elle un des couples les plus merveilleux que l'écran ait connus.

Il y avait eu déjà d'autres versions cinématographiques de l'œuvre tirée d'un roman d'Henri Roussel *Amours impériales*, une première version espagnole au temps du muet avec déjà la grande vedette Raquel Meller. Dans les années trente, avec l'arrivée du cinéma parlant, les Espagnols avaient refait une nouvelle version de *Violetas Imperiales*, toujours avec Raquel Meller. Elle interprétait la célèbre chanson de José Padilla « La Violetera », qui donnait son titre au film, et que doña Raquel avait créée à Paris en 1925 dans une revue du Palace. D'autre part, Henri Varna, assisté de Marc-Cab et de René Richard, en avaient tiré une opérette pour le Théâtre Mogador, créée en 1949 par Marcel Merkès et Lina Walls sur une musique de Vincent Scotto. Dans toutes ces versions, le rôle principal était dévolu à Violetta, la petite gitane marchande de violettes.

Quand Pathé-Nathan envisagea de faire une nouvelle version de *Violettes impériales*, cette fois en couleurs procédé Gevacolor comme *Andalousie*, on pensa immédiatement à Luis Mariano pour en être la vedette, vu la popularité énorme de l'artiste et son impact sur le public. Mais il fallait complètement récrire l'histoire et faire de Don Juan de Ayala le héros principal de l'intrigue. Ce fut le scénariste-dialoguiste et auteur de théâtre apprécié, Marc-Gilbert Sauvageon, qui se vit confier cette tâche. Le scénario définitif de Sauvageon plut beaucoup à Luis Mariano car le personnage qu'il devait incarner était nouveau pour lui. Un gentilhomme espagnol qui était à la fois aventurier, redresseur de torts et batailleur. Dans l'enthousiasme de la lecture, il signa le contrat.

Mariano n'avait pas pensé tout de suite aux chansons. Il

savait qu'il existait une partition de Vincent Scotto qu'il n'avait pas eu le temps d'écouter, pris entre ses représentations au Châtelet, ses émissions de radio et de télévision (ça y est, ça commence en France!) et les manifestations auxquelles il accordait sa présence. Cependant, le jour arriva où il fallut en parler. Après avoir entendu la partition, d'ailleurs fort bonne de Vincent Scotto, Mariano était effondré : il n'y avait rien dans toutes ces chansons qui lui convenait sur le plan vocal. Ce qui semblait normal puisqu'elles avaient été écrites pour Marcel Merkès qui est baryton.

Alors, Luis pensa à son ami basque des débuts. Il avança le nom de Francis Lopez. Naturellement, les producteurs étaient entièrement d'accord si Lopez acceptait d'écrire la musique du film. Mais il fallait faire vite car on commençait à enregistrer huit jours plus tard. Par malchance, Francis n'était pas à Paris.

Francis était en voyage de noces en Italie, pendant qu'il faisait installer le nouvel appartement qu'il venait d'acquérir près de Saint-Germain-l'Auxerrois donnant à la fois sur la colonnade du Louvre et sur les quais de la Seine. Francis avait épousé, peu de temps avant, Mlle Colette Vaillant, une jeune fille originaire de Biarritz dont le père était directeur général des Douanes. Mariano avait été témoin du mariage à l'église Sainte-Jeanne de Chantal d'Auteuil.

Mariano réussit à le joindre à Venise. Il lui demanda de sauver l'affaire. La production était d'accord et l'orchestre de quarante-cinq musiciens dirigé par Jacques-Henri Rys était déjà convoqué pour le début de la semaine suivante. Francis répondit qu'il prendrait le premier avion le lendemain matin. Il demandait que Patchi vienne l'attendre à l'aéroport et lui apporte le scénario du film. Puis il demanda à Mariano de lui situer en gros le cadre des chansons. Luis lui dit qu'il devait en chanter une à cheval, en accompagnant une calèche occupée par des dames; une autre dans un atelier de couture, entouré de jolies ouvrières; une troisième, de style très espagnol, qui se situe dans une maison de danse; une quatrième, une grande chanson d'amour.

Pour la chanson d'amour, Lopez eut immédiatement le flash du titre : « L'Amour est un bouquet de violettes ». Le lendemain, à l'aube, il saute dans le premier avion pour Paris. Patchi était à l'aéroport avec le scénario. Francis commença à le parcourir en diagonale tandis que l'on rentrait vers Paris. Et, pendant le trajet, la musique de « L'Amour est un bouquet de violettes » jaillit dans la tête du compositeur : une valse magnifique dont il coucha les premières mesures sur la couverture du scénario du film. Le soir, Francis téléphona à Mariano. La musique des quatre chansons était faite. Dans l'inspiration, Lopez avait même écrit les paroles de la chanson de style espagnol, qui était en fait une « zambra » gitane et qu'il avait intitulée « Gitane ». Mariano adora les autres chansons que Francis venait de lui offrir, surtout la grande valse. Il faut dire tout de suite que cette chanson devait faire le tour du monde, et être traduite en douze langues, reprise par les plus grandes vedettes de chaque pays. « L'Amour est un bouquet de violettes » est l'un des plus grands standards du répertoire Mariano.

C'est Mireille Brocey qui eut le bonheur de paroler « L'Amour est un bouquet de violettes », ainsi que « Miracle de Paris » la valse de la maison de couture et « Plus loin », la chanson sur le cheval. Mariano enregistra à la date prévue avec le grand orchestre de Jacques-Henri Rys. Le tournage pouvait commencer.

Autour de Luis Mariano qui interprétait le personnage de don Juan de Ayala, cousin d'Eugénie de Montijo, future impératrice des Français, Carmen Sévilla dans le rôle de Violetta, la petite Gitane du Sacro-Monte de Grenade, dont Juan tombe éperdument amoureux. Violetta prédit à Eugénie un destin impérial. Devenue en effet l'épouse de Napoléon III, Eugénie prend Violetta, elle aussi profondément amoureuse de Juan, comme dame de compagnie. Pensant cet amour sans issue possible, Violetta prend la place de l'impératrice dans un carrosse contre lequel une bombe est lancée. Mais tout finira bien et Violetta épousera don Juan de Ayala dans la cathédrale de Grenade. L'impératrice Eugénie était merveilleusement interprétée par la grande comédienne Simone Valère, qui trouva là un de ses meilleurs rôles au cinéma. Louis Arbessier jouait un Napoléon III très crédible. On trouvait aussi dans la distribution Maria Riquelme et Colette Régis. Dans la scène de la maison de couture où Mariano chante « Miracle de Paris », une des figurantes danseuses qui évoluent autour de lui, n'est autre que... Brigitte Bardot, dont c'était une des premières apparitions à l'écran. La réalisation du film avait été confiée à Richard Pottier, qui fit un excellent travail.

Violettes impériales reste indiscutablement le « film culte » des marianistes. Il est exact que Luis Mariano fut rarement aussi bien photographié que dans ce film. Les gros plans, où on le voit regarder Carmen Sévilla en train de danser la zambra « Gitane », sont absolument admirables et Mariano y présente un des plus beaux visages masculins qu'on n'ait jamais vus sur un écran. En outre, son jeu de comédien est excellent et plein de sobriété. On sent qu'il aime le personnage qu'il incarne.

Et puis, il y a « L'Amour est un bouquet de violettes »! La chanson est un succès incroyable. Mariano l'enregistre également en espagnol, ainsi que les autres chansons du film, sur de très jolies paroles de Jesus-Maria de Arozamena, son parolier attitré pour les versions hispaniques de ses chansons. La chanson fait également des ravages dans tous les pays hispanophones. On ne tient pas les disques en magasin. Une presse fonctionne spécialement nuit et jour pour répondre à la demande du public des enregistrements de Luis Mariano. En 1953, revenant d'une tournée en Amérique du Sud où il était allé faire des galas et présenter *Violettes impériales*, Luis Mariano déclarera à l'émission quotidienne télévisée de

Jacques Chabannes et Roger Féral « Paris-Club » : « J'ai violettisé l'Argentine ! » Même si ce n'était qu'un joli trait d'esprit, c'était vrai. Et l'on peut dire qu'à ce moment-là, Luis Mariano est devenu une des plus importantes vedettes du monde.

De toute façon, les violettes poursuivaient Mariano depuis pas mal de temps. Il faut dire qu'il adorait les violettes, même avant qu'elles ne devinssent impériales ! Avant de monter à Paris, il passa quelque temps à Toulouse, la ville des violettes, comme chacun le sait. Des gens qui l'avaient entendu chanter à Bordeaux lui avaient proposé de participer à un gala dans la ville rose. Avant d'aller chanter le soir il se promena, solitaire, dans les rues de la cité. Il rentra chez un coiffeur pour se faire rafraîchir les cheveux et la barbe. Là, il fut tout surpris de constater que c'était une ravissante jeune fille qui avait pour mission de le coiffer et de le raser. Il voulait lui parler mais Mariano était timide avec les jolies femmes. Il n'osa pas puis, enfin, il se décida à l'inviter à venir l'écouter à son gala le soir. La jeune fille venait de lui avouer qu'elle l'avait reconnu à cause des affiches placardées en ville, mais elle ne l'avait jamais encore entendu. En effet, à l'époque, Mariano ne faisait pas encore de disques. Dès son retour à son hôtel, il fit envoyer un superbe bouquet de violettes à la jeune fille. Mais la belle ne vint pas le soir...

Le lendemain, Mariano retourna au salon de coiffure pour se faire raser. Il invita de nouveau la jeune fille mais, cette fois, à dîner. Tandis qu'elle le rasait, il lui demanda si elle avait eu peur de lui ! Non, c'est d'elle qu'elle avait peur ! Elle vint à cette seconde invitation. Après le dîner, ils allèrent flâner sur les quais de la Garonne et sous les ombrages d'un parc, ils échangèrent leur premier baiser. La belle rentra même avec Mariano à son hôtel. Et les trois jours qu'il devait passer à Toulouse se transformèrent en douze journées de bonheur enivrant, de passion et d'amour. Mais il dut repartir vers son destin. Très discret sur tout ce qui concernait sa vie privée, Mariano ne révéla jamais à personne le nom de la belle coiffeuse.

Peut-être vit-elle toujours à Toulouse et qu'en lisant ce livre, elle se reconnaîtra et aura un petit pincement au cœur.

Toujours est-il que, quelques années plus tard, elle vint le voir dans sa loge du Châtelet et lui présenta son mari qui, coïncidence du destin, se prénommait Louis. Elle avait aussi un fils qui avait à peu près dix ans.

Les extérieurs de *Violettes impériales* furent tournés en majeure partie à Grenade avec de magnifiques prises de vues dans les jardins de l'Alhambra. La séquence où Mariano sur son cheval chante « Plus loin », se situe dans le parc de la Granja, près de Madrid : une des résidences royales de Charles IV et de la reine Marie-Louise de Parme et propriété de l'État espagnol. Les intérieurs furent filmés aux studios de Joinville aujourd'hui disparus, à l'extrémité du bois de Vincennes, à Paris.

Carmen Sévilla fut logée dans une suite à l'hôtel George-V sur les Champs-Élysées. Pendant ce tournage à Paris, elle eut un léger accident à l'œil et fut tenue éloignée des studios pendant plusieurs jours. Mais Mariano venait la voir dès qu'il avait le moindre moment de libre et l'invitait très souvent chez lui au Vésinet. Elle put ainsi constater la force de la vie familiale chez les Gonzalèz, où tout tournait autour de l'extraordinaire personnalité de la « madre », la señora Gregoria. Mme Gonzalèz put aussi se rendre compte de l'importance de la place que tenait Carmen Sévilla dans la vie de Luis Mariano.

Il est certain, et il se plaisait à le dire, que sans la présence de Carmen à ses côtés, Mariano aurait eu du mal à supporter certaines exigences du tournage : la chaleur suffocante pendant les extérieurs andalous, les petits cigarillos qu'il était obligé de fumer et qui lui donnaient parfois la nausée (lui qui ne fumait plus depuis les jours d'« Erresoïnka » à Sare en 1936), et les véritables exploits équestres qu'il devait accomplir.

Il y eut aussi pendant le tournage des intérieurs des moments intenses. On avait reconstitué une « bodega » andalouse où devait se dérouler une bagarre plutôt violente. Les figurants étaient des cascadeurs et Mariano pensa qu'il serait mieux de se battre comme dans la réalité. Les cascadeurs, eux, selon leur habitude feignaient de donner et de recevoir des coups. Mais Luis se déchaîna pour de bon. Il faut dire que le chanteur n'était pas manchot. Son adversaire, un cascadeur espagnol, ne comprit pas pourquoi Mariano se battait comme dans une véritable bagarre. Il répondit aussi violemment aux assauts du chanteur, à un point tel que Patchi dut intervenir pour que la vedette ne finisse pas en piteux état. D'autre part, pour cette séquence, le mobilier de la « bodega » était en matériel ultraléger et sur les tables les cruches étaient en sucre. Hélas, le régisseur avait oublié d'enlever un gros pichet en argile véritable, empli d'eau fraîche. Dans le feu de l'action, Carmen Sévilla le saisit et le fracassa sur le crâne d'un malheureux Gitan du Sacro-Monte qui s'évanouit pour de bon.

Cette même année 1952, Luis Mariano retrouva également les caméras du réalisateur Pierre Montazel pour une des séquences de *Paris chante toujours*, un film à sketches conçu autour des plus grands noms de la chanson de l'époque et produit par Clément Duhour, l'ex-comédien chanteur, mari de Viviane Romance, passé à la production cinématographique. C'était un peu comme, par la suite, on fera des émissions de variétés télévisées style les « Numéro 1 » des Carpentier. On pouvait y voir et y entendre, entre autres, Luis Mariano, les Compagnons de la Chanson, Tino Rossi, Édith Piaf, Yves Montand, Line Renaud, etc. La séquence où l'on peut voir Luis Mariano se situe au pied de la Tour Eiffel. Il arrive dans sa somptueuse Cadillac décapotable, en complet veston, coiffé d'un très beau borsalino clair. Il descend de sa voiture et, accompagné par trois guitaristes espagnols qui le suivent en marchant, il chante « Je te dis merci, Paris ». Dans un autre sketch, il interprète également une chanson d'Henri Bourtayre pour la musique, qui sera un des succès de Luis et dont il écrivit lui-même les paroles avec Francis Blanche : « Notre tour de France ».

Il fit également, cette même année, une autre apparition du même genre dans un autre film à sketches, produit aussi par Clément Duhour. *La Route du bonheur* était une coproduction franco-italienne. Avec Luis Mariano, nous trouvons au générique Georges Guétary, Line Renaud, Georges Ulmer, André Claveau, Aimé Barelli et Lucienne Delyle, et les orchestres de Louis Armstrong, Sydney Bechet et Django Reinhardt. Une affiche à faire pâlir d'envie n'importe quel directeur de music-hall. Luis Mariano intervient à la fin du film en star des stars. Filmé sur la scène du Châtelet, dans un des grands décors du *Chanteur de Mexico*, dans un de ses costumes de mexicain blanc, poncho brodé sur l'épaule, fabuleux de beauté, d'aisance et d'allure, en possession de sa voix au meilleur de sa forme, il chante et danse avec le corps de ballet « La Valse mexicaine », dont Francis Lopez lui avait écrit les paroles et la musique.

En septembre 1952, il reprend les représentations du *Chanteur de Mexico* au Châtelet pour la seconde saison. À cette occasion, Maurice Lehmann fit une seconde générale, moins importante que la première. Dans une loge, on pouvait voir Carmen Sévilla, venue à Paris pour terminer les prises de vues de *Violettes impériales*. Aux côtés de la star espagnole, se trouvaient deux de ses grandes amies, Maria-Luisa Gonzalèz, la sœur de Luis, et Mme Lucien Soula, épouse de l'un des dirigeants de la nouvelle station de radio Europe n° 1. Ils étaient liés avec le ténor depuis pratiquement son arrivée à Paris. Lorsque vint la fameuse scène des flèches et des serpents, Carmen faillit s'évanouir. Les relations entre Mariano et elle avaient évolué au grand beau fixe pendant le tournage de *Violettes impériales*.

Luis Mariano assura toutes les représentations du *Chanteur de Mexico* pendant cette seconde saison. Il quitta l'opérette pour les vacances 1953. Il devait effectuer d'autres engagements, notamment d'importantes tournées à l'étranger, qui le réclamaient.

IX

Une gondole passe doucement sous le pont des Soupirs à Venise. Dans la gondole, un bel homme en chemise de couleur, le col grand ouvert, la caméra à la main, filme les merveilles architecturales et les eaux frissonnantes de la lagune. Ce touriste, parmi tant d'autres, c'est Luis Mariano lui-même. En Italie, il vient de faire plusieurs shows télévisés à Milan. Il en a profité pour assister à une grande représentation de *La Tosca*, à la Scala, avec la célébrissime Maria Callas et le ténor Carlo Bergonzi. Il a voulu prendre un peu de temps pour se rendre à Venise. De là, c'est Rome qu'il visite. Toujours caméra en main, il filme les ruines de la Rome impériale des Césars, tout en expliquant à Patchi l'histoire grandiose de la Ville éternelle. Profondément croyant, il se rend au Vatican et, en peintre expérimenté, s'extasie sur les fresques de la Chapelle Sixtine dues au pinceau de Michel-Ange. À Naples, Mariano se mêle avec joie à la foule grouillante de la grande ville. Il écoute avec ravissement les sérénades des pêcheurs et des chanteurs sur le port et se dit qu'il enregistrera un jour, plus tard, quelques-unes de ces mélodies magnifiques. Pour l'instant, il ramène dans ses valises des succès contemporains, dont ce « Souvenir d'Italie », que Francis Lopez parolera en français.

Impossible de résister à l'appel de Pompéi. Dans la ville endormie et presque intacte après l'éruption du Vésuve en 79 ap. J.-C., Mariano filme les thermes, la « maison du Faune », l'amphithéâtre et la masse imposante du volcan qui les domine. En 1968, par un après-midi de relâche du Châtelet, Mariano m'avait montré ces films en couleurs, dont il était très fier et les photos que Patchi avait prises de lui en train de tourner, le viseur de la caméra à l'œil.

Après ces vacances italiennes, Mariano repart aux États-Unis et au Canada. Nouvelles émeutes du Club pour le départ du train transatlantique à la gare Saint-Lazare. Avant son départ, Mariano a enregistré à l'intention de ses amis canadiens la chanson « De Québec à Montréal » qu'il avait écrite, avec la collaboration de Mireille Brocey, sur une musique de Henri « Ricou » Bourtayre. « Ricou », comme l'avait surnommé Mariano, faisait désormais partie du cercle très fermé des intimes du chanteur. Mariano traverse à nouveau l'Atlantique à bord du paquebot *Liberté*, toujours détenteur du « Ruban bleu ».

Quand Luis Mariano débarque à New York, il se rend compte que son imprésario américain, Marcel Ventura, a fait un travail gigantesque. Luis bénéficie d'une publicité monstrueuse, très « à l'Américaine ». D'immenses panneaux annoncent ses concerts. Avant lui, seuls des artistes étrangers comme Maurice Chevalier, Édith Piaf ou Jean Sablon avaient bénéficié de tels privilèges. Résultat : les salles où chante Luis Mariano en français et en espagnol sont archicombles et l'on refuse du monde. Les grandes stars américaines, comme Bing Crosby, Frank Sinatra et Judy Garland viennent l'applaudir, ainsi que le fameux Cole Porter et son confrère Irving Berlin. Profitant de deux jours de liberté, Mariano se rend au Schubert Theatre applaudir Lilo, son ancienne partenaire du Châtelet, dans *Can-Can* de Cole Porter, où la jeune femme – désormais à la ville Mme la marquise de La Passardière – obtient un vif succès. Il a la surprise également de voir, à la devanture des grands disquaires new-yorkais, des vitrines entières qui lui sont consacrées. Les Américains ont fait un montage photographique où l'on peut voir le ténor attablé à une terrasse de bistro typiquement parisien : « Luis Mariano, the greatest French singer, the singing heart » (« Luis Mariano, le plus grand chanteur français, le cœur qui chante »).

À Montréal, nouvel accueil encore plus chaleureux qu'à ses autres visites. Le Théâtre Saint-Denis de Montréal ne désemplit pas. Ensuite, Mariano effectue une tournée dans la province canadienne, passant par Québec et Trois-Rivières. Il chante également au Canada anglophone, notamment à Toronto. À son tour le Canada est « violettisé ». Partout « L'Amour est un bouquet de violettes » reçoit un accueil fantastique, tout comme « C'est magnifique » et « I Love Paris ».

Et du Canada Mariano gagne le Mexique. « Le Chanteur de Mexico » devient réellement chanteur à Mexico. Il faut s'imaginer la fougue et l'enthousiasme volcanique du public mexicain pour comprendre l'accueil que le Mexique réserva à Luis Mariano. Luis tomba immédiatement amoureux de ce pays sauvage et tendre, où le modernisme le plus américain côtoie l'antiquité aztèque et maya et l'âge de la conquête espagnole au XVIe siècle. Certains coins lui rappelaient même cette Andalousie si chère à son cœur. Et puis il y a cette musique qu'il adore, les boléros, les rancheras, les chansons « charros » des gauchos mexicains, et les chanteurs du pays qu'il aime tant, les Negrete, Pedro Infante, Pedro Vargas et autres.

L'accueil du public est si délirant qu'il est impossible de trouver des salles assez grandes pour contenir le public qui vient pour écouter et applaudir Luis Mariano. On est obligé d'organiser les galas dans les immenses stades de football du pays. Ainsi, à Mexico City, au célèbre stade Atzeca, il y eut plus de 160 000 spectateurs ! inutile de dire que les gradins, la pelouse et même les murs d'enceinte étaient noirs de monde. Mariano fut surpris de constater que les autorités avaient élevé une petite muraille de fil de fer barbelés entre le plateau sur lequel il chantait et le public. La police mexicaine et les organisateurs connaissaient bien leur monde.

Pendant son séjour au Mexique, Luis Mariano rencontra Miguel Alemán, dont le père avait été président de la République des États Unis du Mexique. Alemán alla jusqu'à offrir une Cadillac à Mariano, pour ses déplacements en territoire mexicain. Alemán et Mariano resteront toujours de très grands amis. Le fils de l'ex-président était devenu un très important producteur de cinéma. Il emmena Mariano visiter les gigantesques studios de Churumusco. Luis fut très impressionné. C'était aussi important, par l'étendue, que ceux de la M.G.M. ou de la Paramount à Hollywood. Miguel Alemán aurait beaucoup aimé que Luis Mariano vienne tourner un grand film dans ses studios. La star lui dit que, dès que son emploi du temps le lui permettrait, il le ferait.

Mariano avait beaucoup chanté « Mexico » et le Mexique le lui rendait bien. Il fut traité comme un roi. Les plus grandes célébrités organisèrent pour lui des fêtes somptueuses, comme celle qu'Emilio Fernandez, grand acteur de cinéma, donna en l'honneur de Luis Mariano dans son extraordinaire hacienda des environs de Mexico. On se serait cru dans un grand film en Technicolor : ballets typiques des grandes provinces (le Jalisco, Vera-Cruz, etc.), les meilleurs ensembles de « mariachis » de la capitale, comme le Vargas de Tenochtitlán, sangria à volonté, « quemada », les plus jolies filles de la capitale, les femmes les plus élégantes, les membres du gouvernement, l'intelligentsia artistique du pays, tout le monde était là ! Il y avait près de mille invités. D'immenses banderoles proclamaient dans le ciel « Viva Luis Mariano ! » et Emilio Fernandez lui présenta l'artiste le plus célèbre du pays, le « musico poeta » Agustín Lara, le compositeur de « Granada » et de « Noche de Ronda » et l'émouvant « Solamente Una Vez ». Une nuit d'apothéose pour Luis Mariano.

Luis découvrit également la célèbre station balnéaire pour milliardaires qu'est Acapulco et sa baie, une des plus belles du monde. Il vit les étrangers « voladores », ces Indiens qui tournent à toute vitesse en haut d'un mât d'une vingtaine de mètres, et dont la trajectoire circulaire devient, par leur allure, parallèle au sol. Et les jeunes plongeurs qui sautent d'une hauteur de cent mètres dans une faille du Pacifique pour aller chercher les pièces de monnaie qu'on leur jette. Près d'Acapulco, toujours blottie auprès des vagues écumant du Pacifique, les plages de Puerto-Marqués et de Mazatlán lui parurent, dans leur simplicité naturelle, d'une émouvante beauté.

Il en fut si troublé qu'il demanda à son pianiste Maurice Darnell de composer une musique sur un poème qu'il venait d'écrire. La chanson s'appelait « À Puerto-Marqués » et Mariano l'enregistra à son retour en France.

À Mexico City, Luis Mariano se produisit dans un night-club très élégant du quartier de « Insurgentes », Le Capri. Il obtint un énorme succès. Quand il lui arrivait de se promener dans les rues de la capitale mexicaine, les gens le suivaient. Ils ne lui demandent ni photos ni autographes, mais crient sur son passage : « Mariano, eres el más grande ! » (« Mariano, c'est toi le plus grand ! »). Un soir, alors qu'il participe à un gala au Théâtre de Bellas Artes, l'Opéra de Mexico, une spectatrice jette un bouquet sur scène en s'exclamant : « Seigneur, qu'il est beau ! qu'il est blanc ! » Tout est question de relativité. En France, Mariano était considéré comme un beau brun au teint mat, mais pour les Mexicains, il avait le teint très blanc !

À Montevideo, capitale de l'Uruguay, sur les bords du Rio de la Plata, 100 000 spectateurs étaient venus l'applaudir au stade. Une foule compacte et énorme l'accompagnait dans tous ses déplacements, de son hôtel jusqu'à l'endroit où il chantait. Et inutile de dire que ces gens n'étaient pas muets ! Ce n'était que cris d'enthousiasme, des vivats, des « Olé Mariano ! El más grande ! Mariano, Mariano ! » Cela frôlait l'hystérie et ce n'était pas de tout repos. Pourtant, Luis parvint à se ménager quelques heures de tranquillité pour aller faire le lézard sur les magnifiques plages de sable fin, ombragées de palmiers et frangées d'une végétation luxuriante, et de plonger dans les eaux bleu-vert du Rio de la Plata.

À Buenos Aires, capitale de l'Argentine et du tango, Luis Mariano chanta au Teatro Colón, qui est la salle d'opéra la plus célèbre et la plus importante d'Amérique du Sud. Ses sorties du théâtre donnèrent lieu à de véritables émeutes sur l'avenida Colón, l'équivalent des Champs-Élysées à Paris. Mais Buenos Aires est surtout la cité de Carlos Gardel, dont le souvenir dans le cœur du public porteño – les « Porteños » sont les habitants de Buenos Aires –, est encore aujourd'hui si vivace qu'il est l'objet d'un véritable culte. Partout, il y a des bustes de Gardel, sur lesquels on vient déposer des bouquets de fleurs, et de jeunes chanteurs de tango se rendent là pour improviser sur leur guitare un morceau à la mémoire du grand artiste disparu dans un accident en 1935 à Medellín, en Colombie, à l'apogée de sa gloire. Mariano, grand admirateur de Carlos Gardel, alla se recueillir sur sa tombe. Il voulut également lui rendre un hommage personnel. Accompagné par le meilleur orchestre argentin de l'époque, celui de Francisco Canaro – le frère de Raphaël Canaro, l'orchestre des débuts de Luis et qui avait lui-même accompagné Gardel au début des années 30 –, Mariano enregistra dans les studios de la R.C.A. Argentina une des compositions les plus fameuses de Carlos, « Mi Buenos Aires querido », « Mon Buenos Aires chéri ». Dans cette séance, il grava également un autre tango du grand Argentin, « Madreselva » ainsi qu'une « guarania » – rythme typique urugayen dû aux Indiens Guaranis – de Maria-Térésa Marquez, qu'il avait rapportée de Montevideo et qui s'intitulait « Anahi ». Cette chanson très douce, au rythme lascif et ensorceleur, raconte la légende d'une jeune Indienne perdue dans la forêt tropicale et qui est transformée en fleur. La version de Luis Mariano, toute en demi-teintes, est un véritable chef-d'œuvre vocal. Quatrième face du quarante-cinq tours, une chanson due à la plume du compositeur argentin Lorenzo Barcelata, « Maria Elena », également chantée avec des demi-teintes tout à fait exceptionnelles. Quand le grand chanteur américain Nat King Cole entendit le disque de Luis Mariano, il décida de l'enregistrer à son tour, suivi par un duo de guitaristes sud-américains « Los Indios Tabajaras ». La chanson que Luis découvrit par hasard à Buenos Aires devint un grand succès international.

Lorsque le disque de Luis Mariano sortit, il se vendit comme des petits pains, aussi bien dans tous les pays hispanophones qu'en France.

Quel bonheur de voir apparaître la façade blanche de la villa « Magreluma » et, quand le portail s'ouvrit, de voir la famille réunie autour de la señora Gregoria qui l'attendait sur le perron ! Sa maman se précipita au-devant de lui et Mariano la serra très fort entre ses bras.

– Je suis heureux de te revoir, Maman !... Tu m'as manqué !

– C'est si long d'être loin de toi, mon chéri !

Ils avancèrent vers la maison, Mariano tenant sa maman par la taille. Il embrassa tendrement son père qui lui rendit un baiser patriarcal sur le front, puis Maria-Luisa qui s'écria en regardant son frère :

– Eh beh !... Tu as drôlement bruni !

La merveilleuse vie de famille reprenait son cours. Mais des événements importants attendaient Luis Mariano pour son retour en France.

Le premier fut la remise de son disque d'or par sa maison de disque, Pathé-Marconi, dont nous avons déjà parlé. Mais les ventes augmentaient sans cesse. Et Luis prit place dans le peloton de tête des ventes, devançant notamment Tino Rossi. Quand M. Bourgeois lui remit son disque d'or, il dit au ténor dans un sourire qu'il avait de la chance que ce fût encore un 78 tours, c'est-à-dire une galette de 25 centimètres de diamètre. En effet, on ne faisait plus maintenant que des 45 tours. Mariano sourit et dit qu'il espérait que son disque soit vraiment en or car, lorsque la veuve du grand ténor italien Enrico Caruso voulut vendre le disque d'or que l'on avait offert à son époux, on s'aperçut que la galette était en fait en cuivre recouvert d'or fin.

« C'est le cas ! » répondit M. Bourgeois en souriant à son tour. « Il a fallu faire vite et je vous promets que vous aurez très bientôt votre disque en or massif ! »

M. Bourgeois tint parole et, peu de temps après, Luis Mariano reçut son disque en or réellement massif. Il en était heureux et s'amusait avec, comme un grand enfant qui joue avec un nouveau jouet.

Mais un nouveau rendez-vous d'amour attendait à présent Luis Mariano, avec une jolie femme qu'il connaissait maintenant depuis huit ans. Il allait retrouver une fois de plus l'ardente « Maria-Luisa », car il allait commencer à tourner une version cinématographique en couleurs de *La Belle de Cadix*. Réalisé par Raymond Bernard, le film ne compte pas dans les réussites de la carrière de Luis Mariano à l'écran. Disons tout de suite que Luis n'est pas en cause. Mais on ne le sent pas à l'aise. Les grandes scènes d'amour et les chansons, à part « La Fiesta bohémienne » du finale, ne sont pas bien filmées. Luis est très mal cadré quand il chante « Maria-Luisa ». On ne le voit pratiquement pas pour « Le Clocher du village ». Cependant, sa partenaire féminine était l'adorable Carmen Sévilla, qu'il retrouvait avec joie. Dans la distribution, on notait également Jean Tissier, Pierjac et la sculpturale Gisèle Robert. Mais l'adaptation à l'écran s'éloignait trop de l'opérette. Elle donnait trop d'importance à la partie comique alors que l'intrigue amoureuse et la partie musicale étaient reléguées au second plan. Autant l'opérette sur scène était rapide, joyeuse et rythmée, autant le film, par moments, est ennuyeux et lent. On sent que le metteur en scène n'était pas un amoureux fervent de l'opérette et du film musical.

En tournant *La Belle de Cadix* une fois de plus dans cette Andalousie qu'il aimait tant, Mariano ne savait pas encore que ce film serait le dernier que Carmen et lui joueraient ensemble. Les deux jeunes gens étaient encore au zénith de leur amour quand les prises de vues commencèrent. Mais les hasards de la vie et les exigences du métier devaient éloigner Luis et Carmen peu à peu l'un de l'autre, et leurs relations se relâchèrent progressivement.

Au départ, ce fut pendant le tournage de *La Belle de Cadix* que Mariano demanda à Carmen Sévilla de devenir sa femme. Ils étaient seuls, à l'écart des techniciens, des figurants et des autres comédiens, dans un coin d'un décor. C'était pendant une pause. Nul ne pouvait les voir et encore moins les entendre.

Ils étaient l'un contre l'autre. Mariano regardait Carmen au fond des yeux. Sa voix était blanche et vibrante d'émotion :

– Carmencita, je t'aime!... Je t'aime de tout mon cœur... plus que ma vie!

– Moi aussi, Mariano, je t'aime. Je t'aime beaucoup!

– Veux-tu m'épouser ?

Carmen se dégagea quelque peu. Elle rougit, puis pâlit sous son maquillage. Son cœur battait la chamade.

– Je suis trop jeune pour me marier, Mariano! J'ai à peine vingt ans. Je ne connais rien de la vie!

Mariano insista et la reprit dans ses bras :

– La vie, c'est moi qui vais te l'apprendre. Il n'y a que toi qui comptes pour moi au monde.

Elle s'éloigna de lui une seconde fois. Elle avait totalement repris le contrôle d'elle-même.

– Non, Mariano... Je ne veux pas me marier. Le jour où je m'engagerai devant Dieu, j'abandonnerai ma carrière. Et ça, pour l'instant, je ne le veux pas. Tout commence trop bien pour moi. Tu vois, le mariage n'est pas possible pour nous. Ta vraie raison de vivre ce n'est pas moi, Mariano ! C'est ton métier ! Les exigences de ta vie de vedette...

– La vraie raison c'est que tu ne m'aimes pas assez pour m'épouser. Tout le reste n'est pas valable.

La discussion tourna court. La voix du régisseur les appelait pour reprendre le tournage. Pour Mariano, le ciel était lourd.

Il y avait déjà eu quelques nuages dans l'air. Il y eut une légère brouille au moment de l'élaboration de l'affiche de *Violettes impériales*. Carmen, son entourage, son agent et sa mère, avaient désiré que l'annonce du film fut ainsi libellée : « Carmen Sévilla et Luis Mariano dans *Violettes impériales* ». Le clan Gonzalèz, la señora Gregoria en tête, y fut totalement opposé avec raison. Si l'on connaissait désormais Carmen Sévilla, c'est parce que son nom avait été associé à celui de Luis Mariano. La presse et le film *Andalousie* avaient haussé au rang de vedette la petite danseuse des ballets d'Estellita Castro. Mme Gonzalèz, qui l'avait trouvée très sympathique au début du tournage d'*Andalousie*, trouvait maintenant qu'elle avait la tête tournée.

Ce qui est pratiquement certain c'est que la rupture fut largement causée par « las madres », la mère de Carmen et celle de Mariano. La señora Garcia-Galiléo ne faisait que répéter à sa fille qu'elle était trop jeune, que la carrière cinématographique qui s'ouvrait à elle (après *Andalousie* et surtout *Violettes impériales* Carmen Sévilla était couverte de propositions et de projets) était trop prometteuse pour qu'elle voue sa vie à un homme plus âgé qu'elle, idole de millions de femmes amoureuses de lui. Pourtant Carmen, de son côté, ne manquait pas d'admirateurs, même sur les plateaux de tournage et Mariano voyait parfois d'un mauvais œil tous ces garçons faire les jolis cœurs autour de sa dulcinée. Peut-être la jalousie de Mariano fit-elle un peu peur à Carmen. Du côté de Mme Gonzalèz, dès qu'elle se rendit compte de l'importance que Carmen prenait dans la vie de son fils adoré – qu'elle considérait comme sa propriété exclusive –, elle fit tout pour empêcher une union entre « son » Mariano et la Sévilla.

En fait, avec le recul, il est peu probable que le mariage eût pu durer longtemps. Luis et Carmen était devenus l'un et l'autre des stars trop importantes pour que leurs deux vies puissent converger. Finalement, ils restèrent brouillés pendant près de trois ans. Quel dommage que cette histoire, qui avait commencé comme un conte de fées, se soit terminée ainsi ! Ils formaient vraiment tous les deux le couple mythique idéal des amoureux latins.

Mariano en fut peiné, blessé dans son amour-propre. Mais le tourbillon de sa carrière l'emportait et cela contribua petit à petit à cicatriser la blessure. Cependant, il n'y aura jamais dans sa vie une autre femme qu'il aimera avec tant de passion d'autant plus vive que rien, à part des échanges de baisers, ne se passa jamais entre eux. Il est vrai que, plus tard, Mariano reverra avec joie Carmen Torrès, l'amie des débuts difficiles, devenue elle aussi une vedette importante. On ira parfois jusqu'à parler fiançailles et même mariage entre eux. Cela n'aboutit jamais. Luis Mariano, l'idole couverte de femmes, celui qui comme Rudolph Valentino, fut « L'amant du monde », « The Latin Lover », était condamné à rester un homme seul sur le plan sentimental. Et cette solitude le fit d'autant plus souffrir que cet homme bon et généreux, qui aurait vraiment pu faire le bonheur total d'une épouse, aurait été un père de famille fabuleux. Il est certain que le fait de ne jamais avoir eu d'enfant fut une blessure cruelle, car Mariano adorait les enfants.

Carmen, de son côté, fut très déçue. Au fond d'elle-même, elle aurait bien aimé être Mme Luis Mariano. Mais il y avait trop de pressions autour d'elle. Elle se lança à cœur perdu dans le cinéma tout en allant de flirt en flirt. Elle revint en France tourner *Don Juan* avec Fernandel et *Plume au vent* avec Georges Guétary. Puis elle tourna au Mexique, où Mariano l'avait recommandée à son ami Miguel Alemán aux côtés de Pedro Infante et de Jorge Negrete. Mais jamais elle ne retrouva les énormes succès qu'elle avait partagés avec Luis Mariano et, à jamais pour le public, leurs deux noms seront éternellement associés.

Quelques années plus tard, Carmen finit par épouser Agustín Alguero Jr, compositeur, chef d'orchestre et éditeur de musique très connu à Madrid. Elle en eut un fils. À l'époque, Mariano et elle se revoyaient en amis, de temps en temps. Luis était à Madrid où il venait d'acheter un appartement, quand Carmen devint maman. Accompagné de Patchi, il alla rendre visite à la vedette espagnole qui était encore en clinique. Elle lui présenta son nouveau-né :

« Tu vois, Mariano, il aurait pu être ton fils ! », lui dit-elle avec un léger sanglot dans la voix.

Quelques larmes perlèrent dans les yeux de Luis Mariano.

En France, les Films L.P.C., avec à leur tête M. Eugène Lépicier, associés aux Films Mars avaient mis sur pied une grande coproduction franco-espagnole, avec le producteur madrilène Benito Perojo. Le grand ami de Mariano, Jesus-Maria de Arozamena, qui a écrit pratiquement toutes les paroles espagnoles des chansons de Luis Mariano, fut quéri pour écrire une adaptation cinématographique très libre d'un mélange du *Barbier de Séville* et du *Mariage de Figaro* du grand dramaturge français du XVIIIe siècle, Caron de Beaumarchais. Le film s'appelait *L'Aventurier de Séville* pour la

France et *Las Aventuras del Barbero de Sevilla* pour l'Espagne et les pays de langue espagnole. La mise en scène fut confiée au réalisateur d'origine hongroise Ladislas Vadja. Pour la musique, on engagea deux compositeurs de grand renom, l'Espagnol J. Quintero et le Français Francis Lopez. Luis Mariano écrivit les paroles des chansons en collaboration avec Mireille Brocey pour la version française et avec J.-M. de Arozamena pour la version espagnole.

Le film était une superproduction en Technicolor. L'action se déroulait à Séville, bien sûr, et en Andalousie ainsi qu'à Saint-Domingue, dans les Antilles alors espagnoles. Luis Mariano était naturellement Figaro, le barbier de Séville. Il portait fièrement perruque et habit de soir du XVIIIe siècle. Autour de Luis Mariano, dont la partenaire était, ironie du destin, une autre Sévilla prénommée Lolita, on trouvait la blonde Française Danielle Godet, Jean Galand, Pierre Cour et, dans un petit rôle, François « Patchi » Lacan, ainsi qu'une pléthore d'artistes espagnols.

Les chansons signées Lopez étaient les chansons d'amour douces et charmeuses : « Quand je suis loin du pays » (« Al otro lado del Mar »), « Si vous croyez aimer » (« Canciùn de amor de Figaro »), « Douce Madone » (« Plegaria de Figaro »), des mélodies que le public français adorait. Les musiques de Quintero étaient beaucoup plus typiques, tirant beaucoup sur le style flamenco que Mariano chantait très bien. Elles étaient vraiment destinées au public espagnol : « Bulerias de Figaro » (« Figaro »), « Canción de la Sierra » (« Chanson de la Montagne ») et le magnifique paso doble « Camino de Gloria » (« Chemin de Gloire ») que Mariano chantait avec tous les soldats. « Camino de Gloria », c'était un titre qui pouvait vraiment s'appliquer à l'extraordinaire carrière de Luis Mariano.

Comme d'habitude, l'orchestre était dirigé par Jacques-Henri Rys.

Pour ce film, Mariano dut exécuter des prouesses physiques. Tout d'abord l'escrime. Attaque, esquive, coup d'arrêt, parade... tandis que l'on chante en même temps, ce n'est pas d'une simplicité enfantine, car même si la chanson passe en play-back pendant les prises de vues, les lèvres doivent remuer pour prononcer les paroles, et le visage trouver les expressions qui conviennent à la chanson. De plus, les prises devaient être faites deux fois car les mots espagnols n'exigent pas les mêmes mouvements de lèvres que les paroles françaises. Mariano devait également sauter d'un premier étage, grimper aux arbres, plonger, ramer. Comme les plans sur lui étaient rapprochés, il n'était pas question d'employer un cascadeur. Il faut avouer que tous ces exercices très sportifs ne sont pas exactement dans les cordes d'un chanteur dit de charme, et pourtant, Mariano les réussit à merveille.

Les leçons d'escrime prises pour *L'Aventurier de Séville* lui seront très utiles plus tard, quand il devra ferrailler sur scène pour *Le Prince de Madrid.*

Et au milieu de tout cela, il ne faut pas oublier les coups de téléphone quotidiens au Vésinet, où Mme Gonzalèz attendait impatiemment chaque jour les nouvelles de son fils, « la confession » comme dirait Patchi. Et si l'appel tardait, c'était elle qui s'arrangeait, par n'importe quel moyen, à l'avoir au bout du fil. C'est ainsi que Luis connut, pendant son séjour à Mexico, une des plus belles peurs de sa vie. Il roulait dans la superbe Cadillac que lui avait offerte Miguel Alemán sur le Paseo de la Reforma, l'équivalent mexicain de nos Champs-Élysées. Soudain deux policiers motocyclistes stoppèrent la voiture :

– Vous êtes bien el señor Luis Mariano ? Nous vous avons reconnu !

– Oui, c'est moi.

– Très bien... Suivez-nous jusqu'au commissariat... Il y a une communication téléphonique de Paris pour vous !

Mariano eut un pincement au cœur. Il crut qu'un malheur était arrivé chez lui. Il prit le récepteur et reconnut, très lointaine, la voix de sa mère. Elle lui disait qu'elle le cherchait partout car elle était très inquiète. Le petit coq chinois préféré de Mariano avait disparu et on ne le retrouvait plus.

Mariano était soulagé. Il ne répondit pas tout de suite. Puis il dit :

– Il ne fallait pas téléphoner pour ça, Maman ! Tu pouvais me l'écrire ou même attendre que je revienne. Tu te rends compte que tu viens de dépenser une fortune au téléphone !

– Ça n'a pas d'importance. Je te rembourserai sur mon argent personnel ! Et tu n'avais qu'à m'appeler hier comme convenu.

Il était exact que l'appel de Mme Gonzalèz avait coûté très cher, car elle avait demandé que la communication fût mise en attente dans tous les commissariats de Mexico. En fait l'histoire du coq n'était qu'un prétexte. La « Madre » ne pouvait pas se passer d'entendre son fils lui donner de ses nouvelles. Une autre fois, au Canada, elle l'appela en pleine nuit car elle avait complètement oublié de penser à la différence d'heure due aux fuseaux horaires. Mariano dormait à poings fermés. Il entendit quand même le téléphone dans son sommeil et décrocha.

– Oui, tout va bien, Maman !... Mais je dors, je suis au lit.

– Au lit ! À cette heure-ci... Mais quelle vie mènes-tu ? Qu'est-ce que tu me caches, Mariano ? Tu es malade. Dis-moi tout de suite ce que tu as, querido hijo mío (mon fils chéri) ?

Et Mariano de lui expliquer le décalage horaire et que, lorsqu'il est dix-sept heures au Vésinet, il est plus de deux heures du matin au Québec.

Ça, c'était Mme Gonzalèz. Elle était incapable de se passer de Mariano et Mariano était incapable de se passer d'elle. Quand il était loin de sa mère, il la revoyait sans cesse, glissant d'une pièce à l'autre, comme une duègne du Greco, s'inquiétant des moindres désirs et des moindres besoins de son fils. Elle était pour Luis la seule personne au monde dont il acceptât les reproches et, croyait-il, la seule capable de bien le conseiller. C'était pour rendre hommage à cette femme admirable, à cette mère exemplaire, qu'il désirait qu'elle figurât le plus possible sur les photographies des reportages sur son intimité de star. Il adorait aussi son père. Une immense affection liait les deux hommes, mais sur un plan moins démonstratif. Mariano lui savait gré d'avoir lutté toute sa vie pour que sa famille ne manquât de rien et c'était grâce à lui que Luis avait pu faire ce qu'il avait voulu, et était ainsi arrivé aux sommets où il se trouvait.

M. Gonzalèz était un homme tranquille, silencieux, qui s'occupait fort bien de tous les détails techniques de la vie domestique. Il avait horreur de la foule et passait ses loisirs à lire ou à méditer. Parfois, on le voyait surgir au salon pendant que Luis répétait. Il s'asseyait et écoutait. D'autres fois, il arrivait à l'improviste dans la chambre de Mariano. Alors, comme par pudeur de trop s'aimer, le père et le fils échangeaient quelques paroles en basque, tout simplement.

Oui, Luis Mariano fut un fils modèle, qui adorait ses parents. C'est à côté d'eux qu'il dort désormais et cela doit être pour lui, et pour eux, un bonheur éternel.

Pour *L'Aventurier de Séville*, le tournage, censé se situer aux Antilles espagnoles, fut effectué au sud de l'Andalousie, dans la région de Marbella. Marbella n'était pas encore la belle station balnéaire qu'elle est devenue aujourd'hui. C'était alors un petit village de pêcheurs entouré de marais, de champs de canne à sucre, qui figuraient très bien la campagne de l'île de Saint-Domingue. Techniciens, acteurs et figurants pataugeaient dans la vase et la boue, et leurs pantalons de soldats de 1750 étaient tout noirs quand ils sortaient de l'eau. En plus, les malheureux avaient des sangsues qui leur collaient aux jambes et ils étaient dévorés par les moustiques.

Afin de promouvoir l'essor de la future station balnéaire, la municipalité de Marbella offrit aux artistes du film, notamment à Luis Mariano, et aux noms les plus en vue du show-business espagnol, comme Carmen Sévilla, des parcelles de terrain gratuites afin d'y faire construire. Luis refusa. Carmen en fit autant. Il faut avouer qu'à l'époque, Marbella n'était rien. Mais, quelques années plus tard, la ville avait commencé à être à la mode. Les terrains devinrent d'abord hors de prix, puis introuvables. Mariano et Carmen, qui étaient redevenus les meilleurs amis du monde, achetèrent deux terrains jumeaux dans une petite ville toute proche de Marbella, San Pedro de Alcántara. Là, Luis fit élever une « finca », une délicieuse maison dans le pur style des demeures andalouses. Il en avait, bien sûr dessiné les plans et, dès qu'il le pouvait, il aimait venir y passer quelques semaines de vacances. Il m'en parlait tellement qu'en 1968, je lui écrivis une chanson « À San Pedro », sur une musique de Billy Nencioli, qui marcha très fort.

En ce milieu des années cinquante, Luis Mariano est une des meilleures ventes de disques en France. Il est, sans conteste, un des rois de la chanson. Il va tourner également beaucoup de films jusqu'au début des années soixante. Puis, il se consacrera uniquement à l'opérette. C'est la raison pour laquelle beaucoup de gens, tant du public que des médias, ne voient en lui qu'une immense star – la dernière star – du genre. Mais nous venons de voir et nous verrons encore, que Luis Mariano fut une star de première grandeur dans tous les domaines.

C'est l'époque de « Histoire d'un amour », une superbe mélodie sud-américaine, que Luis a ramenée dans ses bagages et dont Francis Blanche a écrit une version française très réussie. Le compositeur Hubert Giraud et le parolier Marc Fontenoy lui écrivent « Buenas noches, mi amor » qui fait, comme on dit, un « malheur » en terme de métier, puisque toute la France chante et danse sur cette chanson. Les refrains d'origine italienne commencent à envahir la France. Ils offrent à Luis Mariano un de ses plus grands succès « Maman, la plus belle du monde ». C'est, certainement, une des plus jolies chansons que Mariano ait chantées, un vibrant hommage à sa mère, dans lequel l'artiste mettait tout son cœur. Mariano la créa au cours d'une émission de télévision de Jean Nohain « Trente-six chandelles », une des émissions les plus regardées de la télévision française, encore en noir et blanc à cette époque. Luis chante la chanson et, soudain, on lui amène un énorme bouquet de fleurs. Dans une loge sur la droite de l'écran, Mme Gregoria Gonzalèz, en manteau de vison, est assise avec Maria-Luisa. Luis se précipite vers sa maman, lui offre le bouquet, l'embrasse de tout son cœur, et lui chante directement le second refrain. Ce fut un grand moment d'émotion intense pour toute la France et pour toute l'équipe de télévision, car la réaction de la vedette avait été totalement improvisée.

C'est aussi à cette époque que Luis Mariano fait l'acquisition de son splendide appartement madrilène de la Calle O'Donnel, derrière la célèbre Porte d'Alcala, dans un quartier très résidentiel de la capitale espagnole, un peu l'équivalent d'Auteuil ou de Passy à Paris. Désormais, pour Luis Mariano, les Pyrénées n'existent plus. Superstar espagnole en France, il a installé sa propriété au Vésinet avec un ameublement très ibérique. Considéré comme une immense vedette française en Espagne, il a entièrement meublé l'appartement de la Calle O'Donnel en style Louis XVI français. C'était, presque quarante ans avant la lettre, une préfiguration de la Communauté européenne de 1995. Cette dualité des deux parties, on la retrouvera également à Arcangues, sa propriété basque qu'il fera édifier aux alentours des années 60. La façade qui regarde la France est de style basque français et la façade qui regarde la chaîne pyrénéenne et l'Espagne de style basque espagnol.

En ce milieu des années cinquante, Luis Mariano est au zénith de sa forme. Il a atteint le plein épanouissement de ses moyens vocaux et de son art de comédien. C'est alors que le cinéma allemand fit appel à lui pour un film à très gros budget dont il serait la vedette. Il s'agissait d'une nouvelle version filmée en Technicolor de l'opérette du célèbre compositeur viennois Franz Lehár intitulée *Le Tzarévitch.*

Dans cette coproduction, les Allemands étant majoritaires, il avait été normal qu'un sujet germanique, qui en fait se passait en Russie, fut choisi. Dans les années trente, il y avait déjà eu une première adaptation cinématographique allemande, tournée en noir et blanc, avec le grand acteur Ivan Pétrovitch dans le rôle du titre. Dans la nouvelle version que l'on envisageait, Pétrovitch devait, avec l'âge venu, incarner le Tsar, père du Tsarévitch Luis Mariano.

L'œuvre de Franz Lehár avait été créée à Berlin en 1927 par un des plus célèbres ténors allemands, Richard Tauber, qui était le meilleur ami de Franz Lehár. En fait, le tandem Tauber-Lehár avait été l'équivalent du tandem Mariano-Lopez dans le domaine de l'opérette germano-viennoise. Tout comme Francis Lopez écrivait spécialement pour Luis Mariano, Franz Lehár composa *Der Tzarévitch* pour Richard Tauber. L'œuvre est plus un opéra-comique qu'une opérette. C'est cette raison qui poussa Luis Mariano à accepter le rôle. Il pouvait ainsi prouver qu'il était capable de chanter autre chose que des « espagnolades » dont il commençait à se lasser. Chanter la musique de Franz Lehár, succéder à Richard Tauber était vraiment une promotion artistique et cela classait le ténor dans la même catégorie que les grands ténors lyriques internationaux comme l'Italien

Benjamino Gigli ou le Viennois Fritz Wunderlich. Mais l'avantage que possédait Luis Mariano sur ces artistes, était son physique de jeune premier élégant, dont raffolait le public féminin.

Mais le sujet du film était difficile, triste et sombre pour le public français. Quand *Le Tzarévitch* fut créé en 1938 à Paris, au Théâtre de la Gaîté Lyrique par le ténor José Janson, vedette de l'Opéra-Comique, le succès fut mitigé malgré la présence du compositeur Franz Lehár qui était venu diriger l'orchestre en personne. Par contre, à Berlin, à Munich, à Prague et à Vienne les représentations avaient été triomphales.

Une orchestration somptueuse accompagna Luis Mariano avec, à mon avis, un emploi peut-être trop abusif des chœurs. Mais il est intéressant et insolite, quand on est marianiste, d'entendre Luis Mariano dans un allemand pratiquement impeccable, chanter de superbes mélodies comme la « Wolgalied » (« Le Chant de la Volga ») ou « Warúm hat jeder Frühling núr einen Mai ? » (« Pourquoi chaque printemps n'a-t-il qu'un mois de mai ? »). La chaleur, la puissance, le charme et les demi-teintes de la voix de Mariano sont absolument superbes.

Autour de Luis Mariano, deux partenaires féminines : Sonja Ziemann, l'Allemande et Germaine Damar, la Luxembourgeoise. Il s'entendit fort bien avec les deux jolies actrices. Sonja Ziemann était l'épouse du producteur allemand du film. On engagea deux réalisateurs, Pierre Gaspard-Huit pour la version française et l'Allemand Arthur Maria Rabenhalt pour la version germanique. Le procédé Technicolor fit des merveilles. Les couleurs du film sont encore aujourd'hui ravissantes. Ce qui surprit un peu le public français c'est de découvrir un Mariano avec une légère moustache alors que, outre-Rhin, cela plut beaucoup. Mais la véritable performance de Luis Mariano pour ce film fut de s'exprimer en allemand. Les Latins ont tous des difficultés pour prononcer les langues anglo-saxonnes. Un professeur d'allemand avait été engagé spécialement pour faire travailler Mariano. Il ne le quittait pas du matin au soir, que ce soit dans sa loge, sur le plateau, ou même hors du tournage, comme dans les magasins ou les restaurants. Il exigeait de la vedette de ne s'exprimer que dans la langue de Goethe. Il le reprenait chaque fois qu'il faisait des fautes et tout cela avait le don d'exaspérer Luis. Il y avait de quoi !

Le tournage des extérieurs eut lieu dans l'ex-Yougoslavie, dans la région des Carpates et dans les environs de Dubrovnik, et les intérieurs dans les studios de Berlin. Il y a des scènes de chevauchées dans la chaîne des Carpates d'une beauté à couper le souffle. Luis est toujours vêtu d'un uniforme militaire russe, et souvent accompagné de deux énormes dogues noirs. Les ballets tziganes russes sont également très réussis. Et puis, il y a la magnifique musique de Franz Lehár superbement chantée par Mariano.

C'était la première fois que Mariano se rendait au-delà du rideau de fer. Son œil de peintre fut frappé par la luminosité extraordinaire du ciel yougoslave de Dubrovnik, le charme médiéval de la cité et les couleurs de la ville comme de la campagne. Quand il franchit la frontière yougoslave, il eut quelques ennuis avec la douane. Il avait acheté un magnétophone à Berlin et faisait ses exercices de diction grâce à ses appareils. Les douaniers exigèrent d'écouter l'intégralité des bandes et vérifièrent les exercices en imposant à Mariano de les refaire devant eux. Puis ils fouillèrent la voiture de fond en comble. Alors, ils comprirent que la personne en question était bien Luis Mariano Gonzalèz, chanteur et artiste de cinéma de profession, et ils le laissèrent entrer ainsi que Patchi en Yougoslavie. Ils les avaient soupçonnés d'être espions, tout simplement !

À sa sortie, le film fut très bien accueilli en Allemagne, en Autriche, en Belgique et dans le nord et l'est de la France. Paris et le reste de la France réagirent moins bien. On y préférait Mariano sans moustache, habillé en Espagnol, en Gitan ou en complet veston, et chantant des refrains musicalement plus accessibles.

Pendant le tournage du *Tzarévitch*, Luis Mariano eut le privilège d'être sollicité par Sacha Guitry pour faire partie de l'éclatante distribution de son prochain film *Napoléon*. Luis fit donc un saut à Paris pour rencontre le Maître, dans son hôtel particulier de la rue Élysée-Reclus.

– C'est un plaisir de vous accueillir chez moi, fit Sacha au ténor. Cher Luis Mariano, je désire rassembler autour de moi les plus prestigieuses vedettes françaises dans ce film, tout comme je l'ai déjà fait pour *Si Versailles m'était conté* et pour *Si Paris m'était conté*...

– C'est un grand honneur que vous ayez pensé à moi, Maître!

– Vous voyez, mon cher ami, l'Histoire a des caprices bizarres. Les mêmes phénomènes se répètent souvent, comme en un cycle. Le personnage que je souhaiterais vous voir incarner, le chanteur Pedro Garat, fut exactement le Luis Mariano du Paris de l'époque du Directoire. Comme vous, Garat était Basque. Comme vous, il fut un ténor exceptionnel, d'une grande beauté, et l'idole des femmes. Cher Luis Mariano, il n'y a que vous pour jouer ce Garat qui tourna la tête des Merveilleuses du Palais-Royal!

– Maître, vous me comblez. Mais je...

– Que signifie ce mais, s'il vous plaît?

– Je ne suis pas libre... je n'ai pas terminé le tournage de mon film à Berlin et...

– Et vous allez trouver une solution... coupa Sacha. On ne refuse jamais rien à Sacha... Pour vous être agréable, je bloquerai tous vos plans en quelques jours... et vous me chanterez *Plaisir d'Amour*!

– Je serai ravi d'être votre interprète, Maître. Vous pouvez compter sur moi.

Quand Mariano fut de retour à Berlin et qu'il raconta à ses producteurs l'entretien qu'il avait eu avec Sacha Guitry, il obtint d'eux assez facilement une aimable autorisation pour participer au tournage de *Napoléon*.

Mais Garat était imberbe. Luis dut donc raser sa moustache. Il fit des allers et retours entre Paris et Berlin-Ouest. Quand il revenait dans les studios allemands, les maquilleuses lui collaient une fausse moustache, tout à fait semblable à celle qu'il portait. Dans *Napoléon* on voit Mariano habillé en habit Directoire, avec perruque à catogan, adossé contre un grand clavecin, entouré de musiciens en costume d'époque. Il chante la célèbre mélodie de Florian « Plaisir d'Amour » qui, depuis cette époque, est un succès éternel. Naturellement, nombre de journalistes avaient envahi le plateau pour le tournage de cette séquence. Quand les prises de vues furent terminées, Sacha Guitry, coiffé de son grand feutre légendaire, s'avança vers Mariano pour le féliciter de sa prestation. Puis, se tournant vers les journalistes, il lança : « Allez-y, Messieurs ! Prenez vos photos. Un duo comme celui-là vous ne le reverrez jamais ! » Sacha Guitry-Luis Mariano, quel duo pour la postérité ! Avant de quitter le plateau de *Napoléon*, Mariano s'avança timidement vers « Le Maître » pour lui demander de mettre quelques mots sur un petit livre où il consignait quelques phrases de gens célèbres qu'il avait été fier de rencontrer, et qu'il admirait. De sa large écriture royale, Sacha écrivit : « À une voix d'or, il fallait un livre d'or ! » Magnifique, tout simplement magnifique !

Le film *Napoléon* fut présenté le 10 mars 1955 en première mondiale à l'Opéra de Paris, en présence de M. René Coty, président de la République, aux bénéfices des orphelins de la guerre d'Indochine. Luis Mariano y assistait, bien sûr, et reçut sa part bien méritée des ovations qui saluèrent l'ouvrage.

En ce temps-là, Mariano éprouva le besoin de posséder un coin de campagne où il pourrait aller prendre un peu de repos avec sa famille, après dix années de voyages autour du monde, et de travail acharné. Rien ne lui plaisait autant que la vie au grand air, dans ce Pays basque verdoyant, qui était sa terre, son ciel et ses racines.

La Cadillac, avec Patchi au volant et Mariano assis à côté de lui, amorce un virage en haut d'une côte. On est tout près de la frontière espagnole, en plein cœur du pays. Le paysage est d'un calme et d'une beauté surprenants. Mariano aperçoit un panneau indicateur : « Sare 4 km ».

– On va s'arrêter à Sare ! fit Mariano à Patchi. Tu vois, j'aimerais bien trouver quelque chose ici. Ça me rappellerait mes années de jeunesse et la chorale Erresoïnka... On va aller voir Paul Dutournier. C'est un copain et c'est le maire ! Il doit bien connaître quelque chose.

– C'est une bonne idée. On y va ! répond Patchi.

La Cadillac est entrée dans le village. Patchi s'arrête devant la petite église sur la place principale.

– Peut-être que Marie-Jeanne, mon ancienne logeuse et l'Abbé Laborda sont toujours là ?

– Pourquoi pas ? fit Patchi en descendant de voiture.

Paul Dutournier accueillit les voyageurs avec une grande joie. Il leur montra plusieurs demeures mais, en fin de compte, Mariano se décida pour une vieille ferme, qu'il trouva très bien située.

Il fallut entreprendre de très onéreux travaux pour rendre la maison habitable. Installer une maison était toujours une joie pour Mariano. C'était son côté architecte-décorateur qui reprenait le dessus. Puis, il s'aperçut que la villa « Hangoïna », tel était son nom, présentait quelques inconvénients.

Elle était mal protégée des curieux car, devant la maison, il y avait un grand pré qui était juste en bordure d'une route. Bien vite, les membres du Club connurent le chemin du refuge de leur idole dont le repos fut troublé. Mariano en arrivait à ne plus sortir de chez lui.

Aujourd'hui encore, M. Fagoaga et sa sœur, qui avait connu Mariano aux jours d'« Erresoïnka », se souviennent fort bien qu'on voyait peu la star dans le village. Il y descendait surtout pour aller à une sorte de grande épicerie, où l'on vendait des marques d'apéritifs qu'on ne trouvait nulle part ailleurs que Luis réservait à ses amis. Par contre, on voyait tous les jours Mme Gonzalèz venir faire son marché. M. Gonzalèz l'attendait en fumant une cigarette et buvait un petit apéritif à la terrasse du café qui se trouve juste en face de l'hôtel des Fagoaga. Mais les Basques, discrets, laissaient Luis et sa famille en paix, même quand Maria-Luisa descendait elle aussi faire ses emplettes au village.

Tout, dans la vie de Luis Mariano, était chanson ou sujet de chanson et la maison de Sare n'échappa pas à la règle. Un des amis de Luis Mariano était, nous l'avons vu, le préfet-poète Louis Amade. La première chanson qu'il écrivit, sur une très jolie musique de Henri « Ricou » Bourtayre – un habitué d'« Hangoïna » à Sare – fut « Le chalet bleu » que Mariano enregistra, chanta sur scène dans ses tours de chant, et qui devint un beau succès. Quelques années plus tard, Ricou Bourtayre récidivera, cette fois sur un poème de Francis Blanche, avec « Ma maison dans la montagne », inspirée également par la ville de Sare. Bourtayre n'en restera pas là. Quand Mariano, plus tard, délaissera Sare pour Arcangues, c'est à lui que le ténor demandera de mettre en musique le très beau poème du marquis Pierre d'Arcangues sur son petit pays. « Arcangues » sera un des derniers grand succès de Luis Mariano.

Désormais, Mariano se rend au Pays basque dès qu'il a un instant de libre. Bordeaux est souvent la ville étape, Bordeaux où il a gardé tant d'amis et de souvenirs. On va voir les cousins qui vivent toujours à Caudéran, un des faubourgs de la métropole girondine, et l'on fait halte au Chapon Fin, où M. Sicard, le directeur, appelle toujours Mariano « M. Gonzalèz ». On ne sait pas encore qu'à quelque cent mètres de là, à l'hôtel Continental, un jeune garçon de Royan fait ses études d'anglais et commence à écrire ses premières chansons. Bientôt, son chemin va croiser la route de celui qui est depuis dix ans sa grande idole. Ce jeune garçon s'appelle Daniel Ringold et deviendra le parolier des dix dernières années de la carrière de Luis Mariano et l'un de ses grands amis.

Parfois, Mariano fait un détour par Toulouse, afin d'y aller embrasser des cousins chez qui il vécut quelque temps dans la cité des violettes. Le fils de ses cousins est, en outre, son filleul. Peut-être avait-il encore quelques pensées pour la petite coiffeuse qui s'était mariée maintenant, et qui était venue lui présenter au Châtelet son époux et son fils ? Patchi Lacan m'a raconté qu'un jour, un jeune homme brun qui ressemblait vaguement à Luis Mariano, est venu poser à Arcangues devant la tombe et la propriété de Mariano. Puis, il convoqua la presse à scandale et affirma, ni plus ni moins, être le fils naturel du ténor. Or, un fait est certain, Luis Mariano n'a jamais eu d'enfant naturel. Il est certain que beaucoup de pensées étranges passent dans la tête de certaines femmes, ce qui relèverait plus de la psychopathie que de l'admiration pour un chanteur. Comme celle qui ne pouvait remplir le devoir conjugal avec son mari qu'en écoutant les disques de Mariano. Il faut plaindre de tout son cœur le pauvre mari ! Une autre femme, enceinte, regardait à longueur de journée les photographies de Mariano, afin que l'enfant qu'elle portait ressemblât à Luis.

Tout cela, bien sûr, était écrit dans les lettres enflammées du courrier que Mariano recevait par tonnes. Il les lisait toutes, y répondait parfois personnellement, ou bien ses secrétaires le faisaient à sa place. Il avait adjoint à Mireille Brocey, débordée et maintenant souffrante, une jeune femme prénommée Micheline. Certaines réponses pouvaient aussi être obtenues dans les colonnes de *Cinémonde*, le grand hebdomadaire de cinéma, qui avait ouvert une rubrique intitulée « Luis Mariano vous répond ». Les lettres étaient classées, soigneusement rangées par petits paquets attachés avec des faveurs de couleurs différentes. Une pièce de la maison du Vésinet leur était spécialement consacrée. Le projet de Mariano était de les relire quand il serait vieux et qu'il se serait retiré du métier. Il aurait ainsi revécu sa stupéfiante carrière et l'impact prodigieux qu'il avait eu sur ses innombrables admiratrices. Mais c'est un souhait que le destin ne lui a pas permis d'exaucer.

Luis Mariano était très attaché à ses parents. La place que la señora Gregoria tenait dans la vie de son fils était spectaculaire, tout comme était hors du commun la personnalité de cette femme d'origine modeste, que l'ascension extraordinaire de son fils n'avait absolument pas grisée; elle gardait bien les deux pieds sur la terre. Mme Gonzalèz était autant à l'aise à faire le ménage chez elle, qu'en manteau de fourrure, impeccablement coiffée et parée de bijoux pour aller applaudir son fils un soir de première. Elle était aussi naturelle avec ses fournisseurs du Vésinet qu'avec les personnalités importantes qu'elle avait l'occasion de côtoyer et de recevoir chez elle.

M. Gonzalèz était différent. C'était le type même du brave homme tranquille. Il était peu expansif. C'était un ouvrier, un mécanicien, et le monde automobile était resté pour lui une grande passion. Patchi aime à se souvenir d'un soir de Noël au Vésinet. Un grand sapin de Noël est dressé dans le hall de la villa « Magreluma », tout illuminé et fort bien décoré. Là, étaient disposés les cadeaux à l'intention de la señora Gregoria et de Maria-Luisa. M. Gonzalèz vint vers le sapin, chercha et ne vit rien à son nom. Il regarda Mariano d'un air étonné et déçu. Alors, Luis éclata de son rire sonore, et lui dit : « Ouvre la porte, Papa ! Ton cadeau est là, dehors ! Il t'attend ! »

M. Gonzalèz ouvrit la porte. Devant le perron de la maison il vit une splendide Cadillac dernier modèle, entourée de rubans. Elle était noire et elle étincelait sous les projecteurs qui éclairaient la façade. Alors, M. Gonzalèz, au comble de l'émotion, se retourna vers son fils et se mit à éclater en sanglots. Mariano, Mme Gonzalèz, Maria-Luisa et Patchi firent de même.

Ce devait être, hélas, le dernier Noël de Mariano Gonzalèz père. En effet un jour, quelque temps auparavant, le docteur Blondé, qui était le médecin de M. Gonzalèz, était sorti de la chambre et avait pris Mariano et Patchi à part.

– M. Mariano..., avait-il dit au ténor. Il va falloir être très courageux. Votre père est atteint d'un cancer qui se généralise...

– Il faut tout tenter, docteur. Sauvez-le-moi.

– Nous ferons tout ce qu'il faudra, mais je dois vous dire que la maladie est trop avancée... Il est inopérable.

– Combien de temps ? fit Mariano d'une voix blanche.

– Quelques semaines !

Le docteur partit. Mariano et Patchi gardèrent ce pénible secret pour eux. Mme Gonzalèz et Maria-Luisa n'en surent jamais rien jusqu'aux derniers moments. Mariano s'efforça d'exaucer tous les désirs de son père pour que les derniers mois du vieux monsieur se passent dans un bonheur complet. Ainsi, après avoir reçu la Cadillac noire, M. Gonzalèz désira se rendre au Pays basque avec sa femme. Mariano le trouvait trop fatigué pour conduire sur une si longue route. Il voulut que Patchi conduise ses parents à Sare et revienne ensuite à Paris par le train. Mais cela ne plut pas du tout à M. Gonzalèz qui se fâcha et déclara tout net qu'il pouvait très bien conduire « sa » voiture et sa femme jusqu'à Sare.

Ce qu'il fit. Mais Luis n'était pas tranquille et il demanda à Patchi de suivre la voiture de ses parents avec sa Cadillac personnelle. Heureusement! Car, arrivé à Tours, un pneu de la Cadillac des parents Gonzalèz creva et Mariano senior n'avait plus la force de changer la roue. En plus, il était tellement en colère qu'il en perdait tout son sang-froid. Patchi répara la crevaison. M. et Mme Gonzalèz reprirent la route. Le voyage se poursuivit sans encombre et ils arrivèrent, fiers comme Artaban, à Sare où les habitants contemplèrent d'un œil curieux et amusé les deux Cadillac qui se suivaient. Patchi reprit vite la route de Paris et vint rassurer Mariano et Maria-Luisa.

M. Gonzalèz s'éteignit discrètement le 10 novembre 1956, après, selon la formule, une longue et pénible maladie qui le fit cruellement souffrir pendant cinq ans. Luis, sa maman et sa sœur en ressentirent une douleur cruelle, une blessure profonde que rien ne pourrait cicatriser. Mariano se retrouvait donc le seul homme de la famille. Il fallait qu'il aime sa mère et sa sœur encore plus fort, si cela était possible. Depuis longtemps, il jouait le rôle de chef de famille, puisque c'était lui qui ramenait l'argent pour faire vivre la maisonnée. Mais, désormais, c'était lui qui devenait réellement le chef du clan Gonzalèz. La perte de son père creusa en lui un grand vide. Finis les apartés où l'on se parlait avec des regards qui en disaient plus long que des mots, finie la sensation de cette main ferme qui se posait sur son épaule pour lui dire en silence « Bravo, mon petit! » Mariano comprenait combien il était dur de perdre les siens. C'était le premier vrai grand chagrin que la vie, qui avait été si favorable à son égard, lui imposait. Après la perte de son mari, Mme Gonzalèz commença à avoir des problèmes cardiaques. Mariano sentait une autre menace peser sur lui.

Mariano obéit au désir de son père de reposer au Pays basque. M. Gonzalèz fut inhumé provisoirement au petit cimetière de Sare, dans un caveau appartenant aux cousins du maire Paul Ducournet qui était un grand ami de la famille Gonzalèz.

Luis Mariano était l'incarnation même de la bonté et de la générosité. Ayant appris qu'une dame âgée habitait un endroit insalubre dans le quartier de la République, il alla trouver Jean Nohain, le présentateur de télévision le plus populaire de l'époque. Mariano lui proposa de monter une émission publique, dont les bénéfices iraient au profit de la vieille dame. Nohain accepta. L'émission marcha très bien. En outre, Mariano fit un don personnel important à la vieille dame, pour qu'elle puisse faire installer l'eau courante dans le réduit qu'elle habitait.

D'un autre côté, il s'occupait activement et financièrement d'un hospice de deux cents enfants handicapés, situé à Saint-Fargeau. Jamais, de son vivant, il n'en fit étalage. C'était son jardin secret. Mais, à chaque création d'opérette, les enfants étaient ses invités et souvent, il les raccompagnait lui-même jusqu'au car qui les avait amenés. Sa plus belle récompense était de lire la joie et l'émerveillement dans les yeux de tous ces gosses.

Souvent, Mariano se rendait dans les hôpitaux pour chanter pour les malades et les grands blessés, pendant la guerre d'Indochine et plus tard celle d'Algérie. Pendant les représentations de *Chevalier du Ciel* à la Gaîté Lyrique, il organisa avec la maréchale Juin des quartiers libres pour les militaires de passage dans la capitale.

C'était ça, le vrai Luis Mariano, l'homme au grand cœur, auquel on ne faisait jamais appel en vain.

Retour devant les caméras pour tourner la version cinématographique d'une des premières opérettes de Francis Lopez, *Quatre Jours à Paris*, qu'Andrex, un fantaisiste marseillais en renom, avait créé à Bobino en 1948. Le film, tourné en Technicolor, fut produit par Francis lui-même, fondateur d'une société de production cinématographique, la Lyrica Films. La réalisation du projet avait été confiée à André Berthomieu, un metteur en scène très adroit. La partenaire de Luis Mariano était une jeune femme blonde, jolie et pimpante, Geneviève Kervine, qui était une jeune première très appréciée en ce milieu des années cinquante. Autour du couple Mariano-Kervine, nous remarquons au générique la présence du remarquable comique Roger Nicolas (« Écoute! Écoute! »), d'Andrex, de Jane Sourza, de Darry Cowl (encore un Basque!) et de l'inénarrable couple que formaient Fernand Sardou et son épouse Jackie Rollin, aujourd'hui plus connue sous le nom de Jackie Sardou.

Deux énormes succès de chanson dans ce film : « Paris, c'est du champagne! » et la sensationnelle « Samba brésilienne » qui a fait danser toute la France sur son rythme effréné. Naturellement les paroles étaient dues à Raymond Vincy et, comme toujours, la baguette de chef d'orchestre était tenue par Jacques-Henri Rys. Le film fut tourné en extérieurs naturels presque entièrement à Paris. Et c'est avec un peu de nostalgie que l'on redécouvre ce Paris de 1955, aux artères moins encombrées qu'aujourd'hui, où les 4 chevaux Renault roulaient en reines. Les intérieurs furent filmés aux studios de Joinville et quelques scènes comme celle de la fameuse « Samba brésilienne » dans les environs de Nice et aux studios de la Victorine.

Naturellement la presse du cœur alla imaginer tout de suite une romance entre Luis Mariano et Geneviève Kervine. Mais il n'en était rien. Mariano et Kervine étaient simplement de très bons camarades, qui s'entendaient à merveille et qui s'amusaient beaucoup à jouer leurs personnages. La distribution comptait également la sculpturale comédienne Gisèle Robert, déjà aperçue dans le film *La Belle de Cadix*, en ce temps-là l'élue du cœur du producteur-compositeur Francis Lopez.

Un jour où Mariano devait tourner une scène pendant laquelle il devait éclater de son rire légendaire, le ténor arriva sur le plateau, la mine sombre et tourmentée. Ce que personne ne savait, à part Patchi, c'est que M. Gonzalèz était au plus mal. Malgré tous les efforts qu'il faisait pour rire, Mariano, d'habitude si enjoué et si gai, n'y parvenait pas. Soudain, pourtant, le rire célèbre éclata comme un coup de soleil qui chassait les nuages. L'irrésistible Roger Nicolas avait trouvé un truc, hors champ, pour dérider Mariano. Il avait baissé son pantalon et exhibait son postérieur. Cela remit Luis de bonne humeur pour la journée.

Le film remporta un vif succès lorsqu'il fut projeté sur les écrans à Paris comme en province et la « Samba brésilienne » fit à nouveau des ravages sur les ondes et dans les bals.

X

Incontestablement, dans ce milieu des années cinquante, Luis Mariano est « la » vedette numéro 1 en France. Après avoir tourné les nombreux films dont nous avons parlé, il revient à l'opérette en 1955. Comme nous l'avons dit, il en était au stade où il en avait un peu assez d'incarner toujours des Espagnols ou des Mexicains. Il voulait sortir quelque peu de cette couleur et, cette fois-ci, il collabora lui-même aussi bien pour le livret que pour les lyrics à l'opérette qu'il allait créer. Le théâtre choisi fut la Gaîté Lyrique.

Depuis quelque temps déjà, Mariano avait revu plusieurs fois la directrice, Mme Germaine Roger. Germaine Roger avait repris le siège directorial du théâtre après la mort de son mari, Henri Montjoye, celui-là même qui avait ouvert les portes de la Gaîté Lyrique au tandem Mariano-Lopez pour la création d'*Andalousie*. Elle se souvenait avec émotion des salles bourrées à craquer, de l'enthousiasme que suscitait Luis Mariano sur le public, et des sorties du théâtre. C'était pourtant elle qui avait provoqué l'arrêt de la pièce car, comme elle était elle-même diva d'opérette, elle voulait remonter *La*

Grande Duchesse de Gérolstein pour interpréter le rôle titre. Mais le spectacle n'avait pas reçu l'accueil qu'elle escomptait. Les spectacles suivants non plus d'ailleurs. Un théâtre n'a pas tous les jours la chance d'avoir un Luis Mariano à l'affiche pour que la salle soit archipleine des mois à l'avance. Aussi, Germaine Roger avait toujours entretenu des relations amicales avec son ancien pensionnaire, et elle lui avait dit que le théâtre serait toujours libre pour lui et le spectacle de son choix.

Mariano écrivit donc un sujet avec Paul Colline, un auteur qui avait déjà fait ses preuves. Ce qui plaisait beaucoup au ténor c'était que le scénario était très contemporain, et même très actuel. Déjà le titre était tout un programme : *Chevalier du ciel.*

Oui Luis Mariano avait choisi, cette fois-ci, d'incarner un officier de l'aviation de marine. L'uniforme était seyant, et Luis le portait avec une rare élégance. Dans cette opérette, nous sommes en plein roman d'action, parmi les gradés, les matelots d'un porte-avions, le *Valeureux*, dont le port d'attache est Toulon. Les femmes et l'amour, l'espionnage international vont faire des ravages chez ces jeunes hommes. Le lieutenant de vaisseau Jean-Louis d'Ascain, interprété par Luis Mariano, a le cœur partagé entre Marilyn Van Loo, une richissime Américaine et une bergère bretonne, Anne-Marie Le Guerch. L'action se déroule à bord du porte-avions, puis à Tahiti, en Bretagne, à Fort-de-France en Martinique et dans la forêt guyanaise. Après des péripéties dignes de James Bond, dont un accident d'avion – dont il réchappe, bien sûr –, Jean-Louis d'Ascain épousera la bergère de son cœur dans le village breton natal de la jeune personne. Et tout cela pimenté par une excellente partie comique et surtout, ce qui est primordial, par d'excellentes chansons.

Pour la seule fois de sa carrière d'opérette, Luis Mariano est infidèle à Francis Lopez. C'est à son autre grand ami basque, à Henri Bourtayre, qu'il demande d'écrire la partition de *Chevalier du ciel.* Il y avait longtemps qu'il avait promis à

« Ricou » de faire un grand spectacle avec lui. Déjà le célèbre compositeur biarrot lui avait écrit nombre de succès de chansons et il se tira fort bien de la rude entreprise de composer toute une partition d'opérette. À part la fameuse chanson-marche du titre, « Chevalier du ciel », il y a d'autres très bonnes chansons comme « Seul », « Mes paradis », la très belle « Prière païenne », le grand air « Sans ton amour » et la « Valse des amours ». Ce fut Jacques-Henri Rys qui orchestra très adroitement comme d'habitude, les mélodies d'Henri Bourtayre. Plus qu'une opérette, *Chevalier du ciel* est, par certains côtés, une comédie musicale. Et c'est exactement l'ambiance que désirait Mariano pour son prochain spectacle après avoir assisté aux grandes opérettes américaines de Broadway.

Autour de Luis Mariano, une distribution brillante avec notamment Claudine Céréda, Lucie Dolène et, pour la première fois dans une opérette, le grand comique Francis Blanche. Autant dire que l'atmosphère n'était pas triste dans les coulisses du théâtre tout comme sur la scène. Ainsi un soir, lorsque Mariano chantait son grand air « Sans ton amour », Francis Blanche sortit de son tricot de marin une immense montre pour chronométrer la chanson. Un autre soir, après « Mon bonheur s'est enfui comme un rêve » – qui est une chanson d'amour nostalgique –, le public découvrit Francis Blanche en train de tricoter une chaussette de plusieurs mètres de long tout en fredonnant la chanson à sa manière. Parfois, dans le tableau de la jungle équatoriale, il apparaît déguisé en Tarzan, avec un tatouage lui barrant la poitrine et déclarant « J'aime Mariano ! » Et dire que ce farceur avait une âme de grand poète délicat ! Il n'est qu'à bien écouter les paroles d'« Histoire d'un amour », de « Ma maison à la montagne » ou des « Cloches de Lisbonne » pour s'en rendre compte. Et certainement que Francis Blanche au cœur tendre devait souffrir quelquefois d'être condamné à faire rire.

Cet humoriste de premier ordre s'entendait à merveille

avec Luis Mariano, également un homme dont l'esprit pétillait de malice, de fantaisie et de sous-entendus. C'était en plus cela que Mariano adorait dans le dialogue de Paul Colline, qui était aussi un auteur plein d'humour, pour *Chevalier du ciel*. La pièce remporta un vif succès pendant toute une saison. C'était là un bel hommage que Mariano rendait à son ami basque Ricou Bourtayre qui, sans défrayer la chronique parisienne, accrochait une palme d'or au long palmarès de ses succès.

Pendant ses rares loisirs, Luis Mariano se tourna alors vers l'écriture de mémoires et de romans. Après avoir publié en 1950 *La Chanson de ma vie*, à la Bibliothèque France-Soir, qui racontait les souvenirs de ses débuts, il publie en 1954 *Ma vie et mes amours*, qui est un récit de sa vie plus complet. Il a tiré un roman de son film *Le Tzarévitch*, en 1954, aux Éditions André Martel, intitulé tout simplement *Le Tzarévitch*. La même année, il écrit un conte basque *Le Noël de Yatcha*, publié dans le numéro spécial de Noël de *Cinémonde* de cette année-là. En 1956 paraît, aux Éditions du Rond-Point, son roman *Flammes* et, la même année, un autre roman *Chevalier du ciel*, tiré de l'opérette du même titre. Notons que *Ma vie et mes amours* s'est vendu à 200 000 exemplaires et *Flammes* à 400 000, ce qui est plus qu'appréciable pour un chanteur de profession. Ces chiffres durent laisser rêveurs plus d'un écrivain de métier, et surtout, ils attestent de la popularité énorme de Luis Mariano.

Naturellement, à part cela, il fait sans arrêt des dessins partout, sur des factures qu'on lui envoie, des enveloppes qu'il reçoit, ou sur les nappes de restaurant. Et puis, bien sûr, sur des carnets de croquis ou de grandes feuilles de papier Canson qui sont précieusement conservées aujourd'hui encore par Patchi Lacan à Arcangues. Et, quand il ne dessine pas, il peint. Mariano ne sait pas, ne peut pas rester inactif.

Lorsque les représentations de *Chevalier du ciel* s'arrêtent au début de l'été 1956, Luis Mariano entreprit tout d'abord l'habituelle tournée d'été qui le conduisit dans les casinos des principales stations balnéaires françaises et espagnoles puisque maintenant, c'est acquis, il consacre un mois de sa tournée à l'Espagne. Comme c'est aussi devenu une habitude, les sorties de galas sont de véritables aventures. À Bordeaux, après avoir chanté au célèbre music-hall de l'Alhambra situé rue d'Alzon, il faut que les pompiers interviennent avec une lance à incendie pour ouvrir un passage au ténor à travers la foule. À Liège, lorsqu'il sortait du Forum, c'était devenu une habitude de quitter le théâtre dans le fourgon cellulaire du commissariat de police voisin. En août, au plus fort de la canicule, les frères Marouani, célèbres imprésarios parisiens, organisèrent une nouvelle tournée de Luis Mariano en Afrique du Nord, de Casablanca à Tunis, avec une grande escale à l'hôtel Aletti d'Alger, dont ses amis, Mme et M. Azzopardi, étaient les propriétaires. Ils avaient plusieurs enfants, dont un, Jacky, jouait fort bien de la guitare et était un excellent musicien. Ce qu'il est toujours d'ailleurs. Quelques années plus tard, en 1961, Jacky Azzopardi, devenu Jack Arel, compositeur de profession depuis son arrivée à Paris, écrira plusieurs musiques pour Luis Mariano. Il composa « Car ma chanson, c'est toi », qui fut la première chanson dont j'écrivis le texte pour Mariano et « Sortilèges d'Andalousie », en collaboration avec Armand Canfora, sur un poème de Mick Micheyl, un des plus grands noms de la chanson française. Elle fut la première femme auteur-compositeur à interpréter ses propres œuvres et a signé, entre autres, « Le Gamin de Paris, » et « Je t'aime encore plus quand tu n'es pas là ».

La popularité de Mariano au Maghreb est énorme. Cela est dû à la projection de ses nombreux films dans les cinémas, tant dans les villes importantes que dans les petits villages. La tournée fut encore plus triomphale que les précédentes, mais Luis devait rentrer en France où l'attendait un nouveau contrat cinématographique.

Les productions Jason Interproductions, en la personne de Mme Suzanne Goosens, proposèrent à Luis Mariano de tourner la version cinématographique de la triomphale opérette qu'il avait créée au Châtelet, *Le Chanteur de Mexico.* Mariano devait retrouver Richard Pottier, son metteur en scène de *Violettes impériales*, et, à ses côtés, le merveilleux Bourvil, qui allait succéder à Pierjac dans le rôle de Bilou ; la trépidante et sympathique fantaisiste Annie Cordy, qui devait jouer Cri-Cri ; la blonde Tilda Thamar – que tout Paris avait surnommée « la bombe Argentine » – dans le rôle d'Eva Miller ; également Gisèle Grandpré. Bien sûr, pour les séquences basques qui eurent lieu place Louis XIV à Saint-Jean-de-Luz et au petit village de Lesaca, les Ballets basques Oldarra furent aussi de la fête.

Le film du *Chanteur de Mexico* fut un succès commercial encore plus fort que *Violettes impériales.* Il resta numéro 1 au box-office pendant près d'un an, après six mois d'exclusivité au Gaumont-Palace, le cinéma géant de la place Clichy qui comptait près de cinq mille places et qui, malheureusement, n'existe plus aujourd'hui. Le succès ne fut pas seulement français mais mondial. Il faut dire que, lorsqu'on revoit le film, Luis Mariano est à l'apogée de sa forme. Jamais, au point de vue jeu dramatique, il n'a été plus naturel que dans ce film. Il faut dire qu'il s'entendait très bien avec le metteur en scène Richard Pottier qui, d'origine viennoise, adorait l'opérette et savait très bien l'adapter à l'écran. Et puis, il y avait Bourvil et le Normand et le Basque s'entendirent comme larrons en foire. Pourtant, avant de rencontrer Mariano, et pendant les discussions du contrat, Bourvil avait eu des exigences quant aux plans et aux scènes qu'il devait tourner avec la première vedette.

Mais l'extraordinaire sympathie, la chaleur humaine et l'impact qui rayonnaient de Mariano eurent vite fait de reléguer ces prétentions professionnelles dans l'ombre et une réelle amitié naquit entre les deux stars. Quelle crise de rire quand les deux hommes menaient le troupeau de moutons et avec quelle véracité ils interprétèrent le duo fameux « Quand on est deux amis ».

Pour Annie Cordy, ce fut vraiment autre chose. Une amitié profonde, qui devait durer jusqu'à la disparition du ténor, naquit entre la petite Belge pétaradante et le beau Basque au tempérament de feu. Et ceci dès le premier instant. Ces deux-là avaient dû naître pour devenir des « copains ». Ce qui le prouve, ce fut la réaction des membres du Club qui instinctivement le sentirent. Plus tard, quand Luis et Annie joueront ensemble l'opérette *Visa pour l'Amour*, elles ne prendront jamais ombrage d'Annie, alors qu'elles avaient l'habitude de vouer aux enfers les partenaires féminines de leur idole, y compris Carmen Sévilla. Plusieurs fois, au cour d'interviews de télévision, Annie Cordy déclarera : « Mariano et moi, nous étions comme deux copains de régiment ! » Et pour rire, et faire des blagues, Luis et Annie n'étaient pas les derniers. Il faut dire qu'en compagnie de la pétulante « Nini » (ainsi qu'il aimait l'appeler), Mariano pouvait donner libre cours à son tempérament fantaisiste. Car souvent, les grands charmeurs rêvent de jouer les comiques, tout comme les comiques adorent les rôles tristes où généralement ils excellent.

Entre deux séquences de tournage, pendant des plans dont ils ne faisaient pas partie, Mariano et Cordy partaient faire des excursions dans le Pays basque. Luis adorait montrer les beautés naturelles et architecturales de son pays aux amis qui lui étaient chers. Il entraînait Annie chez les antiquaires, tant aux environs de Biarritz qu'à Saint-Sébastien. Dans la capitale du Guipúzcoa, il fit visiter à la jeune femme les vieux quartiers garnis de bars typiques où l'on peut déguster les « tapas », ces minuscules sandwichs basques succulents et goûter au véritable jambon « Serrano », ce jambon fumé qui fond dans la bouche comme du sucre, arrosé avec un bon rosé de pays ou une goulée d'Irouléguy, le vin basque par excellence. Mariano fit également admirer à Annie les « faroles », ces lanternes en fer forgé suspendues devant les façades des maisons le long des rues. Ainsi, Mariano lui montra la maison du pelotari Otharé, qui fut l'ami du romancier Pierre Loti et qui lui inspira le personnage principal de son roman *Ramuntcho.* Et le film *Ramuntcho,* tourné en 1936 à Sare, n'avait-il pas été la première apparition de Mariano sur un grand écran ?

À part Lesaca et Saint-Jean-de-Luz, le film fut tourné également à Saint-Sébastien. En effet, la Concha de la grande station balnéaire basque ressemble beaucoup à la baie d'Acapulco, et les séquences censées se passer sur la célèbre plage mexicaine furent filmées à cet endroit. À Saint-Sébastien également, dans le magnifique parc floral où Luis Mariano, en costume blanc, chante « Acapulco » au milieu des fleurs et de ballerines plus jolies les unes que les autres. C'est une très belle séquence du film. Extraordinaire et nous laissant à jamais l'image du finale grandiose du *Chanteur de Mexico* sur scène, le finale du film fut tourné au Châtelet dans le décor exact de l'opérette et avec l'énorme figuration qui entourait la vedette. Luis Mariano, en costume de « mexicain Noir », chante naturellement le célèbre « Mexico ». Cette séquence est chère au cœur de tous les admirateurs de Mariano. Elle nous laisse à jamais l'image lumineuse, scintillante, de l'inégalable vedette, telle que nous voulons tous la conserver. En regardant ce passage du film on comprend vraiment ce que le mot « star » signifie totalement.

Très belles images aussi de Luis Mariano en costume de troubadour quand il chante « Rossignol de mes amours » au concours de chant du Moulin-Rouge. À noter que pour la chanson « Paris d'en haut », Luis tourna réellement à la Tour

Eiffel, au premier étage, sans être doublé. Il ne fallait pas avoir le vertige!

Pour le film, Francis Lopez ajouta deux nouvelles chansons à sa partition, une pour Bourvil, le « Cha-Cha-Cha » où Annie Cordy est désopilante de drôlerie quand elle danse sur cette chanson et une autre pour Annie elle-même : « Le Dimanche matin ».

Les intérieurs du film eurent lieu aux studios de Boulogne. Et là une belle surprise attendait Mariano. Le fait de pouvoir réaliser un rêve d'enfant. Depuis toujours, dès l'époque d'Irún et de Saint-Sébastien, le jeune garçon avait été amoureux de la célèbre star française Danielle Darrieux. Il allait voir tous ses films, collectionnait toutes ses photographies dans des albums. La perte de ces derniers, envolés en fumée dans l'incendie d'Irún, fut une de ses grandes peines. Cette passion platonique mais dévorante pour la blonde star française se poursuivit quand le jeune garçon devint l'étudiant bordelais, puis le jeune chanteur débutant à Paris. Maintenant Luis était arrivé à l'apogée de sa carrière. Il était une star peut-être encore plus importante que Danielle Darrieux, mais l'admiration qu'il lui portait restait la même. Donc, un jour, le régisseur des studios de Boulogne apprit à Mariano que Danielle Darrieux tournait dans les mêmes studios, sur des plateaux différents, un grand film du metteur en scène Claude Autant-Lara, *Le Rouge et le Noir*.

Luis émit, bien sûr, le désir de rencontrer et de saluer celle qui avait illuminé de sa beauté son enfance. Ce ne fut pas facile. Il fallut trouver le moment où les deux vedettes ne tournaient pas pour que Mme Darrieux puisse recevoir M. Mariano dans sa loge. Ce moment arriva. Il fut court.

Danielle Darrieux, qui avait débuté à l'écran à l'âge de quatorze ans, était dans tout l'éclat de sa beauté de femme quand elle joua le personnage de Mme de Rênal dans *Le Rouge et le Noir*. Quand Mariano, l'homme pour qui des millions de femmes se pâmaient et se battaient, se trouva devant l'idole de ses jeunes années, il fut timide comme un jeune collégien rougissant :

– Madame, j'ai vu tous vos films quand j'étais un jeune garçon à Irún... Je n'en manquais jamais! *La Fausse Maîtresse*, *Battements de cœur*, *Katia*, *Premier rendez-vous*! Madame, vous avez toujours été pour moi, la femme idéale!

– M. Mariano, je suis ravie de vous connaître. Je n'ai jamais eu l'occasion de vous applaudir, parce que je travaille sans arrêt, mais je connais bien vos chansons, et je les aime beaucoup... Je suis moi-même musicienne et j'adore les gens qui ont une jolie voix!

– Oh, madame, c'est merveilleux de vous voir devant moi. J'avais collectionné toutes vos photos, mais elles ont brûlé pendant l'incendie d'Irún... Madame, excusez-moi, mais je suis si ému!

Danielle Darrieux sourit. Mariano la regardait intensément en murmurant avec un étonnement puéril : « Danielle Darrieux! »

À cet instant, le régisseur frappa à la porte de la loge de la star.

– Madame Darrieux, M. Autant-Lara vous demande sur le plateau!

– J'arrive!

Danielle Darrieux se leva. « Excusez-moi, monsieur Mariano, mais le travail commande! Vous savez ce que c'est! »

Mariano posa galamment ses lèvres sur la main que lui tendait la star. En sortant, elle lui lança gentiment :

– On fera peut-être un jour un film ensemble, qui sait ?

– Qui sait ? répondit-il en la regardant s'éloigner.

Danielle Darrieux fut émue de cette attitude de la part d'un artiste aussi important et populaire que Luis Mariano. Ils eurent l'occasion de se croiser plusieurs fois par la suite, mais Danielle Darrieux était toujours accompagnée de son mari Georges Mitsikindès. Luis a toujours dit qu'il aurait aimé tourner avec elle. Quels merveilleux duos nous aurions pu avoir, car Danielle Darrieux chante merveilleusement bien. Pour lui prouver son admiration, Luis Mariano tint à enregistrer la chanson qui avait été le plus grand succès de Danielle Darrieux : « Le premier rendez-vous ». Et, une fois de plus, il mettait tout son cœur et toute son âme dans la chanson.

Car naturellement, au milieu de ses tournages et de ses tournées, Mariano n'oubliait pas la chanson et ses disques étaient toujours des ventes énormes. Il avait le don de rendre charmantes les fadaises que, parfois, sa maison de disques l'obligeait à enregistrer parce que c'était des « tubes », comme la « Luxembourg Polka » ou la chanson « Et flûte, et zut ! » d'origine brésilienne. Mais, à côté de cela, il y a des chansons remarquables où le charme et l'éclat de Mariano sont inégalables, des chansons qu'il choisissait lui-même parce qu'il avait eu le coup de cœur en les entendant : « Le Charme de Dolorès », « La Légende de la chambre d'amour » où il vante une fois de plus son Biarritz et son Pays basque, et ces « Caravelles de Christophe Colomb », dont le compositeur n'était autre qu'Agustín Alguero Jr, celui-là même qui venait d'épouser Carmen Sévilla. Ce qui prouve que, lorsqu'il s'agissait de son art, Luis Mariano savait mettre ses sentiments en arrière. Notons aussi, dans le domaine de la chanson, un très beau tango qu'il avait ramené d'Argentine, « Sensual ».

Ricou, l'ami Bourtayre, n'est pas oublié. Il écrit pour Mariano une très bonne chanson d'entrée pour ses tours de chant : « J'ai dans mon cœur une chanson ».

Le film *Le Chanteur de Mexico* battit des records de recette. Mariano était au maximum de sa popularité et de son vedettariat. Les salles devenaient partout trop petites lorsqu'il était annoncé pour un gala, et les super-espaces comme le Zénith ou Bercy n'existaient pas encore. Pourtant, en resituant les faits sur une échelle actuelle, on peut affirmer que la popularité de Luis Mariano en ce milieu des années cinquante, c'est aujourd'hui celle de Patrick Bruel ajoutée à celle de Rock Voisine ou de Johnny Hallyday.

Pour faire face à cette immense vague de public qui se ruait pour applaudir le ténor, Jacques Rudeau, son nouvel impresario, eut une idée géniale. Luis Mariano allait chanter sous le chapiteau d'un cirque géant qui parcourerait la France, permettant ainsi à douze mille spectateurs de l'applaudir à chaque représentation. M. Charles Spiessert, propriétaire-directeur du cirque Pinder, allait accueillir Luis Mariano. C'était un événement sans précédent dans le monde du spectacle : une supervedette de la chanson, de l'opérette et de l'écran se produirait sur la piste, offrant ainsi le mariage spectaculaire du cirque et du music-hall.

La campagne publicitaire de lancement fut gigantesque, à l'américaine. Car, aux États-Unis, il y avait eu un précédent au début du siècle. M. Barnum, propriétaire du plus grand cirque ambulant du monde « The Barnum Circus », avait présenté au public américain sous son chapiteau à trois pistes, la cantatrice suédoise Jenny Lindt. D'immenses affiches de couleurs vives furent placardées sur tous les espaces libres des villes et des villages de France, annonçant en lettres énormes le nom de Luis Mariano, avec son visage souriant dans un macaron. D'autres affiches représentaient la star à cheval, en costume Louis XV (en raison du film *L'Aventurier de Séville*) et proclamant « Luis Mariano, le Chevalier du Cirque » (faisant ainsi allusion à sa dernière opérette *Chevalier du ciel*). Le ciel était sillonné par deux petits avions appartenant au cirque, qui laissaient flotter derrière eux au gré du vent d'immenses banderoles sur lesquelles on pouvait lire en lettres géantes le nom de Luis Mariano. C'était fantastique. On n'avait jamais vu ça !

M. Spiessert, le directeur de Pinder, n'avait lésiné sur rien pour accueillir l'idole de la France. Il lui avait fait construire une magnifique caravane dont l'intérieur était tout en bois précieux, du palissandre, et doté de tout le confort moderne imaginable. Sur les flancs de la caravane, le nom de Luis Mariano flamboyait en lettres de couleurs. Le moins qu'on puisse dire, c'est que là, ça manquait de discrétion. Le pauvre Luis en fit les frais. Les premiers jours de la tournée, il alla dormir dans sa caravane, mais il ne put fermer l'œil. En effet, pendant toute la nuit, ses admiratrices déchaînées hurlaient son nom, chantaient ses succès, et se ruaient sur la caravane au risque de la déséquilibrer et de la faire basculer. Alors, Mariano prit la décision d'aller dormir dans un hôtel dont le choix restait « top-secret » et qui se trouvait dans un rayon d'une vingtaine de kilomètres autour de la ville où se produisait le cirque. Cela lui permettait en plus de rendre visite à tous les antiquaires des régions traversées. Il adorait chiner, et il pouvait ainsi assouvir sa passion pour les vieux meubles et les œuvres d'art. Il faisait aussi de fréquents détours pour aller admirer de vieilles églises et des demeures historiques, qu'il appréciait en amateur avisé et en réel connaisseur. Car, nous ne le dirons jamais assez, Luis Mariano était un homme d'une grande culture. Enfin, troisième avantage, les bons petits restaurants, les charmantes auberges dont regorge la France, et dont les cartes succulentes récompensaient le ténor qui était aussi un fin gourmet.

Le tour de chant de Luis Mariano chez Pinder occupait la seconde partie du spectacle. Sur une scène spécialement aménagée, c'était un vrai show de music-hall, avec des girls emplumées entourant le chanteur en blanc. Mariano était accompagné par l'orchestre de Fred Adison. Des retrouvailles, car ils étaient des amis de longue date. C'est chez

Fred Adison, au Caveau de Bordeaux, que Luis avait commencé à travailler lors de son arrivée dans la capitale aquitaine, quand il était un tout jeune homme. Maurice Darnell, le pianiste habituel du ténor, s'asseyait au piano. Luis rentrait sur l'entraînante chanson d'Henri Bourtayre « J'ai dans mon cœur une chanson ». Le tour comportait naturellement les classiques du répertoire de Mariano : « La Belle de Cadix », « Andalousie », « Santa-Maria », « Acapulco », « Rossignol de mes amours », « C'est magnifique », « Maman, la plus belle du monde », « Histoire d'un amour », « L'Amour est un bouquet de violettes » et « Granada ». Les autres chansons étaient choisies en fonction des nouveaux disques qu'il venait d'enregistrer et de l'accueil qu'ils rencontraient sur les ondes. Mariano interprétait plus de vingt chansons. Mais, invariablement, il terminait son tour de chant à cheval, en faisant un tour de piste et en chantant l'immortel « Mexico ». C'était du délire à chaque représentation. Les gens debout, trépignant, hurlant, criant. Triomphe semble un mot petit pour décrire ce qui se passait. Incroyable et cependant vrai !

Luis Mariano fut très heureux pendant cette première tournée Pinder. D'abord, il avait tout de suite été adopté par le monde des gens du voyage et il s'était parfaitement intégré à eux. Sa simplicité, sa bonne humeur, son contact chaleureux avaient été appréciés de tous, du plus petit monteur aux trapézistes vedettes en passant par les clowns. Il aimait fréquenter les chevaux et la ménagerie, car il adorait les animaux, et s'était rapidement lié d'amitié avec Jacky Rex, le dompteur vedette du cirque. Il était même allé jusqu'à entrer dans la cage aux fauves avec lui. Il fallait le faire ! Cette ambiance du cirque plaisait à Mariano. Elle répondait au côté bohème de sa nature qu'il avait toujours eu. Et puis, il constatait avec bonheur à quel point les gens du voyage formaient une véritable grande famille et cela lui plaisait. Au bout de quelques semaines il en vint à se considérer lui-même comme un homme du voyage.

Il faut insister sur ce point car ce ne fut pas le cas d'autres artistes, comme Gloria Lasso, qui succéda à Mariano sous le chapiteau Pinder et qui quitta le cirque avant la fin de la tournée. Mariano, d'ailleurs, lança la mode pour les grandes vedettes de variétés de se produire sous chapiteau. Charles Trenet, Édith Piaf, Tino Rossi et l'orchestre de Jacques Hélian, firent également des tournées avec le Super-Circus de Jean-Jacques Vital, mais aucune de ces tournées n'eut l'éclat et le succès de la tournée de Luis Mariano chez Pinder.

Et, de plus, Luis Mariano découvrait la France profonde. Depuis plus de dix ans qu'il était devenu une immense vedette, il avait chanté dans beaucoup de villes, mais il ne connaissait d'elles que les théâtres qui se ressemblent tous. Il fallait tout de suite repartir et regagner Paris ou un plateau de cinéma. Avec la tournée du cirque, il pouvait rester plusieurs jours dans les grandes villes et, comme les étapes n'étaient pas longues, il pouvait également vagabonder entre deux cités et découvrir au passage des paysages et des villages qui l'enchantaient. Il découvrait également un autre public, celui des gens de la terre qui étaient autant ses « fans » que les citadins. Luis Mariano avait l'impression de prendre la France dans ses bras.

Chez Pinder, Luis Mariano avait retrouvé un vieil ami bordelais, Gérard Laboual, un ancien artiste de music-hall qui faisait un très bon numéro de main à main. Il avait maintenant la concession de la buvette du cirque et il lui fut d'un bon secours pour son introduction dans la famille du cirque.

– Tu vas voir ! dit Laboual à Mariano. Ici, on est tous frères. Quand tu deviens le copain de l'un d'entre nous, tu deviens immédiatement le copain de tous les autres ! Ce soir, on va aller dîner chez Jacky Rex.

– Le dompteur ? Avec les tigres ? » répondit Mariano en riant.

– Non, sans les tigres! Tu verras, c'est un type formidable et une fois le copain de Jacky, tous les autres t'adopteront.

– D'accord, Gérard! On va aller voir Tarzan!

Le dîner chez Jacky Rex se déroula dans une ambiance extraordinaire. Les gens du cirque furent ravis de découvrir que son immense succès n'était pas monté à la tête de Mariano et que le chanteur adulé des foules était, avant tout, un homme qui adorait rire et s'amuser, en toute simplicité, comme tout un chacun. Dès ce soir-là, Mariano fut considéré par tous comme le nouveau membre de la famille.

Naturellement, cette longue tournée, qui débuta à Tours – où Pinder tenait ses quartiers d'hiver –, connut les habituelles émeutes qui se déroulaient lors des passages de Luis Mariano, et qui se terminaient par le départ de la vedette en camion cellulaire. À Bordeaux, cité de ces débuts, ce fut terrible. La vitrine de chez Bermond, le grand disquaire qui fait le coin de la rue Sainte-Catherine et du cours de l'Intendance, fut brisée pendant la séance de dédicaces de disques qu'y faisait Mariano. Le chanteur calcula qu'il avait donné plus de mille signatures en une heure. C'était ça le bonheur de Luis Mariano. Plus que jamais il se disait que, dans sa vie, il avait deux grands amours : sa maman et son public.

Chez Pinder, le public avait pris une nouvelle habitude. À la fin de son tour de chant, tandis que Mariano fringant sur son beau cheval blanc faisait ses tours de piste sous les acclamations, les vivats et les rappels, les gens lui jetaient des fleurs, comme on lance des bouquets au matador vainqueur après la corrida. En Espagne, ce sont des « claveles », des œillets que l'on offre ainsi à l'idole de l'arène. Mais, comme tous les gens du spectacle, Luis était très superstitieux et n'aimait pas les œillets, qui ont mauvaise réputation pour les gens de scène. Le public le savait et, le plus souvent, c'était des gerbes de roses qui récompensaient le ténor. L'habitude se garda après le cirque et jusqu'à *La Caravelle d'Or* Mariano fut une star inondée de roses. Il adorait les fleurs et, aujourd'hui encore, les fleurs ne quittent jamais le lieu de son dernier repos.

Naturellement, la petite Vierge d'Irún que Luis possédait depuis *Andalousie*, semblable aux madones qui suivent les grands toreros, ne quittait jamais la vedette. « Nuestra señora de Guipúzcoa » était enfermée dans un petit coffret doublé de satin entièrement garni de médailles pieuses. Mariano ne manquait jamais de se recueillir devant elle quelques minutes avant d'entrer en scène. Et puis, il y avait les rituels appels téléphoniques avec la « madre », surtout depuis que M. Gonzalèz n'était plus là et que la señora Gonzalèz vivait seule avec Maria-Luisa.

Jamais les recettes du cirque Pinder n'avaient atteint un tel chiffre depuis la fondation de l'établissement. Aussi M. Spiessert demanda-t-il à Luis Mariano d'être la vedette d'une seconde saison. La première tournée avait tellement enchanté Mariano, qui se sentait chez lui au milieu des gens du cirque, qu'il accepta volontiers. Quand Pinder reprit ses quartiers d'hiver en Touraine, Luis ne prit point de repos. C'est vers les caméras de cinéma qu'il se dirigea une nouvelle fois.

À la Jamaïque est une opérette de Francis Lopez, sur un livret et des lyrics de Raymond Vincy, qui avait été créée au Théâtre de la Porte-Saint-Martin en 1952. Contrairement aux autres œuvres du grand compositeur, les premiers rôles étaient tenus par des comédiens comiques, les excellents Jane Sourza et Jacques Morel. La partie chantée était assurée par une jeune et charmante Provençale, jolie, brune, à la voix de rossignol, Maria Candido et le jeune premier était Jacques de Mersant. L'opérette marcha très bien et, quelques années plus tard, on décida de la porter à l'écran.

La Lyrica Films, c'est-à-dire Francis Lopez lui-même

et son associé Eugène Lépicier produisirent le film, tout comme ils l'avaient déjà fait pour *Quatre jours à Paris*. Et l'on fit appel à la vedette chantante n° 1 du moment, c'est-à-dire à Luis Mariano qui, par amitié pour Lopez, accepta. Il y avait, comme d'habitude chez Lopez, des mélodies exquises telles que « Qu'ici, qu'ici » ou « Un petit nuage ». Mais dans la version scénique c'était la jeune première qui les chantait.

Raymond Vincy écrivit une adaptation cinématographique où, naturellement, le personnage incarné par Luis Mariano tenait le rôle principal et chantait les principales chansons. Jane Sourza reprenait le rôle de la milliardaire un peu folle qu'elle avait créé à la scène. La distribution comprenait également Fernand Sardou et une jeune Espagnole, Paquita Rico, qui ne laissa pas un souvenir impérissable. Là on était loin de l'adorable Maria Candido ! Mais quel délice d'écouter Mariano chanter « Jamaïca », « Un petit nuage » et « Qu'ici, qu'ici » ! Francis Lopez lui avait rajouté une autre jolie chanson « Olivia », faite sur le prénom que portait Paquita Rico dans le film. Ajoutons que le metteur en scène était André Berthomieu.

Mariano partit donc pour Nice et les studios de la Victorine où devait se dérouler le tournage. Mais Berthomieu n'était pas un homme de comédie musicale. Le rythme du film était lent et bien des scènes censées se dérouler dans le paradis tropical de la Jamaïque sentaient le décor de studio à plein nez. D'autre part, le cinéma prenait déjà un autre virage et ce genre de film était peut-être dépassé. La Nouvelle Vague était proche et le septième art devait prendre un autre langage.

Avec son intelligence aiguë et son flair habituel, Mariano le comprit de suite. Il voulait tourner moins. Il avait un autre contrat à remplir en 1958. Il le ferait, mais il voulait avant tout revenir à l'opérette.

Mais ce que lui offrait son grand ami Francis, c'était mieux qu'une opérette ! Une véritable « zarzuela » ! Ce genre typiquement espagnol est, en fait, un opéra-comique. Et cela allait permettre à Luis Mariano de triompher sur scène dans un superbe spectacle et dans son propre pays.

La Canción del Amor mío fut, une fois de plus, le résultat de l'amitié. Mariano ne pouvait vraiment bien travailler qu'avec des gens qu'il aimait. Le livret et les lyrics étaient de Jesus-Maria de Arozamena, son auteur espagnol depuis toujours, qui le connaissait bien, et qui venait en outre d'être nommé président de la Société des auteurs espagnols. La merveilleuse partition, qui n'avait rien à envier aux plus grands compositeurs classiques de la Péninsule, était due à la plume et à l'inspiration féconde de Francis Lopez. Pour cette œuvre, Francis put se laisser aller à toute l'hispanisation de sa musique : une grande « zambra » – un rythme que Lopez a toujours aimé – intitulée « España », un boléro espagnol authentique où la voix de Luis pouvait donner toute sa magnificence : « El amor en España », « Para que » et « Es hermoso morir » constituent les quatre grands airs de cette partition.

L'action se situait en Navarre et à Pampelune à l'époque d'Isabelle II, ce qui permettait de très jolis costumes. Elle est typiquement espagnole et traite de sombres histoires policières basco-navarraises. C'est pour cela que l'opérette ne fut pas reprise en France. Il fut question, un moment, d'en tirer un film *Noblesse aragonaise* avec Carmen Sévilla, mais le projet n'aboutit pas, les dates de liberté des deux vedettes ne coïncidant pas.

Avant d'être jouée à Madrid, *La Canción del Amor mío* devait être rodée à Barcelone. Elle ne le put pas car le théâtre où elle devait être représentée, Le Lyceo, fut détruit par un gigantesque incendie avant le début des répétitions. Ce qui obligea la production à lever directement le rideau sur la plus prestigieuse scène d'Espagne, El Teatro de la

Zarzuela, qui est tout simplement l'Opéra national de Madrid. L'ouvrage fut monté avec un grand faste. Il n'avait rien à envier aux productions que Maurice Lehmann présentait au Châtelet.

Quelle sensation d'immense satisfaction Mariano dut-il ressentir quand il se trouva sur ce plateau où les plus grands ténors d'opéra du monde étaient venus chanter avant lui ! D'Enrico Caruso à Benjamino Gigli – que Luis admirait tant –, de Tito Schipa à Miguel Fleta – l'Espagnol que Mariano aimait beaucoup – ils avaient tous reçu sur cette scène les ovations et les applaudissements du public madrilène ! Le soir de la première fut étincelant et mémorable. Pour la première fois, le compositeur Francis Lopez avait tenu à diriger lui-même l'orchestre symphonique de Madrid pour l'ouverture de *La Canción del Amor mío.* Le « Tout-Madrid » se bousculait à la Zarzuela, femmes élégantes, rutilantes de bijoux, quelques-unes en grand costume espagnol avec mantille de dentelle précieuse, hommes en habits ou en brillants uniformes militaires. La salle valait vraiment le coup d'œil. Instants de grand bonheur pour Mme Gregoria Gonzalèz qui avait réellement l'air d'une grande aristocrate espagnole, et pour Maria-Luisa, quand le public de Madrid acclamait le fils tant aimé, l'idole de son cœur. Dans l'assistance, le marquis et la marquise de Villaverde, fille et gendre du général Franco, et leur fille Maria-Carmen. Le gotha madrilène, des vedettes de la scène et de l'écran comme Carmen Sévilla, Lola Florès, la reine du flamenco, Celia Gamez (que l'on surnommait « la Mistinguett espagnole »), l'acteur de cinéma Fernando Rey, la grande star de la chanson et de l'écran Sarita Montiel, parée comme une châsse. Des toreros aussi : Luis Miguel Dominguin, son beau-frère Antonio Ordoñez. Le Vénézuélien César Giron et, bien sûr, l'auteur de la pièce, Jesus-Maria de Arozamena. Ajoutons que Francis Lopez était accompagné de sa nouvelle épouse, une très jeune créature de rêve, belle comme l'ange du péché, sculpturale et pulpeuse : Sylvia Lopez. D'origine russe, elle devait commencer une grande carrière internationale à l'écran, brusquement interrompue par le drame d'une leucémie à l'âge de vingt-six ans. Oui, le « Tout-Madrid » de la scène, des arts, de l'écran et de la corrida ne ménagea pas ses bravos, ses acclamations et ses rappels à Luis Mariano, heureux, resplendissant et souriant, en ce soir de la première de *La Canción del Amor mío*.

L'opérette fut jouée pendant huit mois, fait rarissime dans un théâtre d'opéra national où l'alternance des spectacles fait normalement la loi. Mais ce n'était pas tous les jours que la Zarzuela accueillait un artiste de la renommée et de l'importance de Luis Mariano !

Mariano profita de ce séjour à Madrid pour parfaire l'ameublement et l'installation de son bel appartement de la Calle O'Donnel. Comme il avait décidé de le meubler « à la française », il fit venir des tentures, des fauteuils de Paris, ainsi qu'une foule de petits détails qui donnèrent à sa résidence madrilène l'aspect d'une demeure très française. Il reçut fastueusement ses amis, comme seul il savait recevoir, avec sa gentillesse, sa courtoisie, sa bonne humeur et son allure naturelle de grand seigneur. Il savait admirablement mettre les gens à l'aise et une soirée chez Luis Mariano restait pour chacun un souvenir merveilleux.

C'est Mariano lui-même qui arrêta les représentations de *La Canción del Amor mío*. Elles auraient pu se prolonger encore longtemps. Mais il avait besoin de changer d'environnement. La France lui manquait. Il reprit ses grands galas à travers notre pays où il chanta dans les grandes villes d'eaux et les principales stations balnéaires. Puis, il reprit ses étapes espagnoles devenues traditionnelles. Il accepta aussi la proposition d'un grand imprésario milanais pour participer à plusieurs émissions télévisées devant les caméras de la R.A.I. Une fois en Italie, nouvelles visites à Rome et aux ruines antiques de Pompéi. Il fit un bond par-dessus l'Adriatique pour aller chanter à Athènes et visiter les grands sites archaïques de Delphes et d'Olympie. Il ramena quelques jolies chansons comme « Les Collines d'Athènes » et une prenante mélodie de Manos Hadjidakis, « Zingara ». Ce jeune compositeur devait être ensuite mondialement connu avec « Les Enfants du Pirée ».

XI

1958 fut un tournant dans la vie et dans la carrière de Luis Mariano.

D'abord le dernier grand film musical qu'il va tourner.

Comme d'habitude, c'est dans un climat amical que le film est préparé. Mariano retrouve le metteur en scène Richard Pottier, avec qui il s'entend très bien, son inséparable compositeur Francis Lopez, la belle Allemande Sonja Ziemann, avec qui il a tourné *Le Tzarévitch*, et son grand ami Bourvil. Le scénario et les lyrics des chansons sont de Camille François. Dans la distribution on remarque également le cascadeur Gil Delamare, Robert Rocca, célèbre chansonnier dont Luis avait souvent été la cible, les comédiens Yves Deniaud et Jean Paqui. Le film était un western, mais ce genre est typiquement américain, et seuls ces derniers savent bien le traiter. Luis avait voulu incarner un personnage nouveau. Certes il était superbe à cheval, caracolant comme personne, mais il était trop gentil, trop souriant, trop charmeur pour ce genre de caractère.

Quand Mariano proposa Francis Lopez pour la

musique, le compositeur était en Italie où son épouse Sylvia Lopez était la vedette d'un péplum, ces films sur l'Antiquité dont ces années cinquante étaient friandes, qui s'intitulait *Hercule et la Reine de Saba*, avec l'acteur culturiste américain Steve Reeves dans le rôle d'Hercule. Quinze jours après l'appel téléphonique, Francis débarquait à Paris et l'on enregistra. « Sérénade au Texas », l'air du titre est la petite sœur de « Mexico »; deux bonnes chansons « Quand j'ai trop de peine » et « Pour l'amour d'une belle ». Quant à « Ma chérie », Francis avait repris un des airs de *La Canción del Amor mío*, « Para que » sur des paroles françaises de Camille François. La seule chose qu'on peut dire, est que Camille François n'était pas Raymond Vincy! Heureusement, il y avait l'incommensurable talent de Luis Mariano dont l'art parvenait à tout faire passer.

Le film fut tourné en Technicolor aux studios de la Victorine à Nice. Le ballet final, qui dure une bonne dizaine de minutes, est digne des grandes comédies musicales hollywoodiennes, et Richard Pottier a filmé Mariano dans toute sa magnificence de superstar. Mais le sujet est mince. On le regrette, car avec des acteurs comme Luis Mariano et Bourvil, on aurait pu tirer beaucoup plus, même dans le genre western. Bien sûr, les scènes entre les deux vedettes sont d'excellents moments.

Pourtant, Mariano ne retrouva pas avec Bourvil les bons moments passés ensemble à rire et à s'amuser après le tournage, qu'ils avaient vécus au moment du *Chanteur de Mexico*. Sitôt les prises de vues terminées, Bourvil partait retrouver sa femme et ses enfants qu'il avait fait venir à Nice, et on ne le revoyait que le lendemain pour la séquence suivante. André Raimbourg, dit Bourvil, était un homme charmant, sympathique, mais il préférait l'atmosphère du foyer à l'ambiance du monde du spectacle. Luis Mariano, qui aimait tant la vie et tout ce que cette dernière lui offrait avec prodigalité, goûtait les deux. Il était heureux d'être au milieu de ses amis comédiens, musiciens, techniciens et danseurs, et il adorait la chaleur de la vie familiale. C'est pourquoi il fit venir à Nice Mme Gonzalèz et Maria-Luisa. La mère et la fille assistaient souvent aux prises de vues et c'était charmant de voir la señora Gregoria venir arranger un détail de la toilette de son fils pendant une pause.

Le regard inquisiteur, elle arrivait vers lui avec un sourire.

– Attends ! Ta cravate est de travers, Marianino. On va arranger ça.

Parfois, elle sortait de son sac une petite brosse et elle disait à son fils :

– Assieds-toi, Marianino ! Tu t'es mis plein de poussière sur ta veste.

Et les coups de brosse de la señora Gregoria étaient comme de tendres caresses sur le cou ou sur les épaules de son fils.

L'amour qui se dégageait de cette femme pour Mariano était émouvant, et le regard que Luis posait sur sa maman ne l'était pas moins. Quand on est capable d'un amour pareil, c'est que le Ciel vous a doté d'un cœur « gros comme ça » et c'était vraiment le cas de Luis Mariano Gonzalèz.

Second événement majeur de 1958 : de septembre à octobre pendant trois semaines, Luis Mariano est engagé par Bruno Coquatrix pour être la vedette du plus célèbre music-hall de France et d'Europe : l'Olympia. Une sorte de couronnement en somme. Paris est recouvert d'énormes affiches et de panneaux géants qui annoncent l'événement. Immense succès, triomphe foudroyant ! Les gens font la queue sur le boulevard des Capucines en attendant l'ouverture des portes du music-hall. Accompagné par un grand orchestre, sous la direction de Maurice Darnell qui tient également le piano, entouré de choristes et de girls, Luis Mariano, complet blanc cravate rouge et sourire ravageur, présente un tour de chant varié, qui va de ses grands airs d'opérettes, de films, à ses grands « standards » et à de nouvelles chansons, parmi lesquelles « Patricia » un superbe mambo, la dernière danse à la mode, composé par Perez Prado, le chef d'orchestre cubain mondialement connu et roi du genre. À l'annonce de certains titres comme « Granada » ou « Maman, la plus belle du monde », la salle éclate en applaudissements avant même la chanson. Pendant que Luis chante « Granada », les bravos crépitent sur la note aiguë de la fin du couplet, avant le début de la phrase orchestrale en forme de habanera qu'Agustín Lara, le compositeur mexicain, a écrite dans sa partition et que Mariano est le seul chanteur à avoir conservée dans son interprétation.

L'événement de ce passage de Luis Mariano à l'Olympia nous est conservé grâce à un enregistrement fait en public, « live », comme on dit aujourd'hui. Bien que souffrant déjà beaucoup de ses problèmes cardiaques, Mme Gonzalèz vient souvent écouter et applaudir son fils à l'Olympia. Elle devait être présente lors de l'enregistrement public car, si l'on écoute le disque avec attention, Mariano, à un certain moment, a un léger sanglot dans la gorge quand il chante avec tout son cœur l'émouvante chanson.

Le public apprécia beaucoup ce tour de chant à l'Olympia. Bien sûr, il y avait comme toujours des grincheux, qui préféraient un Mariano pailleté comme dans les opérettes, mais le passage de Luis à l'Olympia reste dans les annales des grands soirs du music-hall du boulevard des Capucines.

Le tour de chant ne fit pas l'unanimité de la critique. D'habitude, Mariano ne s'en souciait pas. Ce qui lui importait, c'était l'accueil fantastique que lui réservait son public, et l'importance des foules qui emplissaient chaque jour et chaque soir le théâtre. Pourtant quelques mots d'un journaliste eurent le don de mettre Mariano en colère. Et, pour cela, il en fallait beaucoup. L'écrivassier l'avait traité de « néant chantant ». Mariano fut écœuré. Il éclata, puis se calma. Il dit à Patchi et à sa mère que d'abord, ce monsieur le connaissait et lui, Mariano, ne le connaissait pas! Pour un « néant chantant », il vendait des centaines de milliers de disques. Des millions de spectateurs étaient venus l'applaudir au théâtre, en gala ou sur les écrans. Il possédait une belle maison, des voitures de luxe, des meubles précieux et splendides, des tableaux de grande valeur. Il distribuait du rêve et du bonheur à des millions de personnes. Qui était ce monsieur, qui prenait sans doute le métro? Certes, Mariano respectait les vrais critiques de presse, comme Jean-Jacques Gauthier, Jacqueline Cartier ou André Ransan. C'était des vrais professionnels. Ils n'étaient peut-être pas toujours d'accord sur un spectacle. Ils disaient, avec justesse parfois, ce qu'ils en pensaient mais ne le démolissaient pas systématiquement. Mais oser traiter de « néant chantant » un artiste que cinquante millions de Français, sans compter les Belges, les Suisses, les Canadiens, les Mexicains et les Sud-Américains idolâtraient, c'est quand même scandaleux!

Mariano se retourna vers Patchi :

– Patchi, comment s'appelle ce monsieur?

– Jean-François Revel!

Malheureusement, ce passage de Luis Mariano à l'Olympia restera unique. Il avait pourtant promis à Bruno Coquatrix de revenir sur la scène du boulevard des Capucines. Mais les caprices de sa carrière et du destin ne permirent pas au ténor en blanc de tenir sa promesse.

Après l'Olympia, Mariano repart pour l'Amérique. Il participe, une nouvelle fois à l'Ed Sullivan Show, l'émission de télévision la plus suivie outre-Atlantique. Mariano est présenté aux Américains par le crooner le plus célèbre du moment, M. Frank Sinatra lui-même, alors au sommet de sa prodigieuse carrière. Luis parle maintenant assez couramment l'anglais et il n'a aucune difficulté à répondre aux interviews. Il eut la chance à New York d'assister à la représentation d'une nouvelle comédie musicale dont on commençait à parler. *West Side Story* de Leonard Bernstein pour la musique et Stephen Sonheim pour les lyrics, avec une étonnante chorégraphie d'un jeune maître de ballet, Jerome Robbins (qui devait faire son chemin tant à Broadway qu'à Hollywood), racontait l'histoire d'un Roméo et d'une Juliette des faubourgs du quartier de West Side, et la rivalité de deux bandes de jeunes, les Sharks et les Jets. Hollywood allait bientôt en faire un film, avec la brune Natalie Wood, qui effectuerait le tour du monde et battrait des records de recette. Mariano adora la pièce et toutes les nouveautés qu'elle apportait. Il ramena le disque en France, fit écouter les quatre airs principaux à Christian Guitter, alors son directeur artistique chez Pathé-Marconi, et les enregistra sur un super 45 tours : « Maria », « Combien de nuits » (« To-night ») et « Si tu vas en América » (« America »), ainsi que « Jolie, jolie » (« I feel pretty »). Ils sont absolument remarquables, même s'ils sont un peu insolites dans le répertoire de la star.

De New York, Mariano partit une nouvelle fois pour le Canada qu'il aimait tant et qui l'adorait. C'est au Théâtre Saint-Denis de Montréal que le « Chanteur en blanc » présenta, dans un triomphe indescriptible, son tour de chant de l'Olympia. Il participa également à plusieurs émissions de télévision. C'était à la station de Télé-Radio-Canada, avec la fameuse animatrice canadienne Michelle Tisseyre, qui était alors un peu l'équivalent de notre Michel Drucker. L'émission s'appelait « Rendez-vous avec Michelle Tisseyre ». Il fut accueilli à une autre émission de variétés : « Music-Hall ». Le 11 novembre, il assista au défilé militaire de l'Armistice, rue Sherbrooke à Montréal. Un amateur le filma mais Mariano lui-même tournait la parade avec sa caméra amateur. Il fit également tout une séance de photos avec son grand ami le journaliste québécois Philippe Laframboise.

Il fait une escale au Vésinet pour les fêtes de fin d'année. En effet, il tenait à passer Noël et le Jour de l'An avec Maria-Luisa et Mme Gonzalèz.

Le soir de Noël, devant le grand sapin tout illuminé chargé de guirlandes et de cadeaux, Mariano embrassa affectueusement sa sœur et sa maman. Il pressa longuement Mme Gonzalèz contre son cœur. Il ne pouvait se résoudre à relâcher cette étreinte et à mettre un terme à ce long baiser. Ils n'échangèrent aucune parole, mais leurs regards à tous les deux étaient plus éloquents que des mots. Ils exprimaient cet amour filial incommensurable qui les liait l'un à l'autre. Dans les yeux de Mariano brillait aussi l'immense reconnaissance qu'il éprouvait pour la respectable vieille dame qui lui avait donné la vie et lui avait permis, en travaillant de toutes ses forces, de devenir l'immense vedette qu'il était.

Eut-il l'étrange pressentiment que ce serait leur dernier Noël ensemble ? Il reprend ensuite sa tournée européenne dans les grandes villes d'Espagne. Il va même jusqu'au Portugal où il chante au casino de l'Estoril, près de Lisbonne. Estoril est une élégante station balnéaire qui avait, à l'époque, la réputation d'être le lieu d'asile de toutes les familles royales détrônées d'Europe. Mariano chanta également dans la capitale du Portugal.

Cependant, une menace pointe à l'horizon. La vague « yé-yé » commence à envahir les ondes anglo-saxonnes et va bientôt déferler sur la France. Mais, tel un roc inébranlable, Mariano tiendra le choc qui va balayer tant de vedettes en place. Comme il fait ce qu'il veut de sa voix, il modifiera le style de certaines chansons et on le verra créer en français le grand succès d'un groupe américain qui fait rage : Les Platters. Et on peut affirmer qu'« Only you » compte également dans les grandes ventes de disques de Luis Mariano.

C'est à cette époque que Luis Mariano se défit de sa propriété de Sare, « Hangoïna », le chalet bleu de sa chanson. Il la céda à un descendant de l'auteur dramatique français du XVIIIe siècle, Caron de Beaumarchais. Alors, avec Patchi, il se mit à chercher un autre endroit pour y élever la demeure de ses rêves. Mariano entra en contact avec maintes agences immobilières du coin puis, un jour, il se laissa séduire par son vieil ami le marquis Pierre d'Arcangues, qu'il venait de rencontrer à Biarritz :

« Montez voir mon petit village ! Je suis sûr que vous l'aimerez. Situé comme il l'est, on a une vue splendide sur les montagnes et sur la mer. Arcangues est un havre de paix. Et je serais si heureux et si fier de vous compter parmi mes administrés ! » dit en souriant le marquis au ténor.

Dès le lendemain, Mariano et Patchi se rendirent à Arcangues. Chemin faisant, Patchi lança à Mariano : « Je serais content qu'Arcangues te plaise ! Tu sais que c'est à Arcangues que j'ai passé ma jeunesse, à la ferme des Laborde... J'ai été très heureux là-bas. »

C'était une raison de plus pour que Mariano, qui considérait de plus en plus Patchi comme son frère, fixe son choix sur Arcangues. L'endroit que choisit le chanteur offrait un panorama extraordinaire. De là, par temps clair, on découvre la chaîne des Pyrénées qui se dessine à l'horizon, bleutée l'été et enneigée l'hiver. Très loin, sur la droite, une ligne d'un bleu foncé indique la présence de l'océan Atlantique. Luis se rendit très rapidement acquéreur du terrain. Il reprit avec joie sa planche à dessin, ses crayons et se mit à dessiner tous les plans de sa future maison. Quand ils furent terminés, il en confia la réalisation à un architecte biarrot de ses amis, Jean Lambert. Étant donné que Mme Gonzalèz souffrait de plus en plus de son cœur malade, Mariano envisagea de faire aménager un ascenseur pour lui épargner de monter les étages. Mais cet ascenseur ne sera jamais construit car Mme Gonzalèz ne connut jamais la maison d'Arcangues.

En mars 1959, la France se couvrit à nouveau d'immenses affiches annonçant partout le passage de Luis

Mariano. La seconde tournée Pinder commençait, en partant de Tours, tout comme la première. Mariano était heureux de retrouver « sa » famille du cirque, son public, et cette ambiance particulière qu'il affectionnait tant. Il put se rendre compte, par l'accueil qu'il recevait et les ovations triomphales qui suivaient son tour de chant, qu'il n'était absolument pas touché par l'invasion des groupes anglo-saxons et la mode du rock, du twist ou du « yé-yé ». Il était maintenant une vedette intouchable par la mode, au-dessus du temps et des genres. Avant de partir, il avait enregistré un nouveau disque 33 tours comportant dix nouveaux titres parmi lesquels « Le Cirque est là », sur une musique de son pianiste Maurice Darnell et les paroles d'Hubert Ithier ; une autre chanson d'Ithier sur une musique de Charles Dumont (que Piaf devait révéler plus tard au grand public) intitulée « El guerillero » ; un cha-cha-cha flamenco en espagnol « Triana Morena » ; « Mandolines à minuit » que Perry Como, un grand crooner américain, avait lancé aux U.S.A. et que Luis avait rapporté dans ses bagages. La pochette du disque représente Mariano en tenue western devant le dessin du chapiteau de Pinder sur fond rouge. Inutile de dire que le disque, vendu au cirque, partait comme des petits pains. Il était titré : « Luis Mariano, Chevalier du Cirque n° 2 ».

Les hasards du voyage et des tournées firent qu'un jour Luis Mariano croisa Édith Piaf, elle-même en tournée en France. Les deux artistes, on s'en souvient, étaient très amis et avaient beaucoup d'estime l'un pour l'autre. Mariano invita Édith à sabrer le champagne dans sa luxueuse caravane après le spectacle. On but bien, on rit et on s'amusa beaucoup et même on chanta ensemble et les gens du cirque Pinder eurent la chance d'avoir en leur enceinte les deux plus grands noms de la chanson française réunis chez eux.

Et puis, dans ce ciel sans nuage, dans ce bonheur parfait et serein, le drame éclata soudain, foudroyant, accablant, horrible. Le cirque était à Roulers, en Belgique. C'était le

29 mai 1959. Luis, sur son beau et fringant destrier blanc allait bondir en piste pour effectuer son tour de chant. Il aperçut avant d'entrer un de ses amis bruxellois, Jacques Helman, un charmant garçon, qui venait d'arriver. Il lui fit un signe amical avant de s'élancer. Patchi s'avança vers le jeune homme :

– C'est gentil de venir nous voir, Jacques. Qu'est-ce qui t'amène ?

Patchi remarqua que Jacques Helman, qui était d'habitude si gai et si souriant, avait un air triste et sombre. En outre, le jeune homme ne répondit pas tout de suite. Patchi renchérit :

– Quelque chose ne va pas ?

– Écoute-moi, Patchi. C'est très difficile à dire... J'ai reçu un appel téléphonique du Vésinet...

Patchi se mit à trembler intérieurement. Il avait compris et devint atrocement pâle :

– Qu'est-ce qu'il y a ?

– La maman de Mariano...

Patchi ferma les yeux en disant : « Oh, mon Dieu ! »

Puis il éclata en larmes. Au loin, sur la piste du cirque Pinder, on entendait Mariano terminer « C'est magnifique ! » et les ovations du public éclatèrent.

Helman prit la main de Patchi.

– Comment on va lui dire ça ?

Patchi se ressaisit.

– Laisse-moi faire !

Mais son cœur ne pouvait s'empêcher de fondre à la pensée de la merveilleuse vieille dame qui l'avait accueilli comme un second fils à son arrivée dans la famille Gonzalèz. Elle était un peu autoritaire, certes, possessive – ô combien ! –, mais elle était la bonté et la dignité personnifiées.

Tout le monde était bouleversé. Comment Jacques Helman avait-il appris le décès de Mme Gonzalèz ? Deux versions circulent. La première dit que c'est Maria-Luisa elle-même qui aurait téléphoné la nouvelle à Helman. Selon la seconde, c'est Henri « Ricou » Bourtayre qui serait allé au Vésinet et qui serait arrivé peu après l'événement, c'est lui qui aurait téléphoné à Jacques Helman. C'est vraisemblable car Ricou, qui aimait beaucoup Mme Gonzalèz, allait souvent lui rendre visite et prendre de ses nouvelles quand Mariano n'était pas là. Aujourd'hui malheureusement, Jacques Helman n'est plus là, lui non plus, pour nous répondre.

Quand Luis eut terminé son tour de chant, il rentra en coulisses. Il sauta à bas de son cheval et se dirigea vers Patchi et Jacques Helman, entourés des autres artistes et des machinistes du cirque Pinder. En voyant les visages attristés et blêmes de tous ces gens et surtout les yeux rouges mouillés de larmes de Patchi, il comprit tout de suite. Il s'effondra en sanglots. Patchi le prit affectueusement par les épaules :

– Viens, Marianino.

C'était très rare que Patchi l'appelât par son diminutif.

– Je m'en doutais... Depuis la mort de Papa, elle n'allait pas bien... Mais, me quitter comme ça... Sans me dire au revoir... Sans me donner un dernier baiser. C'est pas possible... Pas possible.

– Viens... On va rentrer tout de suite à la maison.

– C'est affreux... Affreux, Patchi ! Plus rien n'existe quand on perd sa mère !

– Viens... On rentre !... insista Patchi.

– Non, Patchi. Je chanterai ce soir. On rentrera demain... Elle ne m'attend plus maintenant...

Et les pleurs du ténor redoublèrent.

D'un seul coup, le monde s'écroulait autour de cet homme adulé, redevenu un petit enfant qui venait de perdre ce qu'il avait de plus cher sur terre. Et elle était partie, comme ça, sans bruit, sans un adieu au fils tant aimé. C'était atroce !

Adieu les « confessions » quotidiennes, le rayon de

lumière qui l'attendait le soir quand il rentrait, les conseils et les reproches affectueux que nulle autre personne au monde n'aurait pu lui donner. Mme Gonzalèz avait voué sa vie à la carrière de son fils. La réussite de Mariano était son œuvre, et elle en était fière à juste titre. Même si elle avait un peu trop accaparé Luis pour elle seule, cette femme avait été une mère admirable et digne d'un immense respect.

« Le spectacle continue ! » C'est la dure loi du music-hall que Luis voulut honorer. Le soir même, il entra en piste faire son tour de chant. À la troisième chanson, il s'effondra, n'en pouvant plus. On le transporta jusqu'à sa voiture et, immédiatement, Patchi mit le cap sur le Vésinet. Là, Mariano s'enferma seul avec sa mère et put donner libre cours à son incommensurable chagrin. Mais quelque chose venait de se briser en lui. Il lui faudra des années pour retrouver sa légendaire bonne humeur et encore, il ne sera jamais tout à fait le même.

La solidarité entre gens du music-hall n'est pas un vain mot. Une autre grande vedette de la chanson, M. André Claveau, de passage également en Belgique, s'offrit spontanément auprès de la direction de Pinder pour remplacer Luis Mariano pendant quelques jours et il refusa même les cachets que lui proposait M. Spiessert. Chapeau, M. Claveau !

Mme Gregoria Gonzalèz s'en alla reposer à Sare auprès de son époux. Dans un beau geste d'amitié, Carmen Sévilla, encore plus ravissante depuis qu'elle était la señora Agustín Alguero Jr, vint spécialement de Madrid pour soutenir Luis Mariano dans la plus cruelle épreuve de sa vie et pour rendre hommage à celle qui l'avait si bien accueillie à ses débuts dans la carrière cinématographique, quand Mariano l'invitait au Vésinet. Ce deuil cruel rapprocha encore plus Mariano de sa sœur Maria-Luisa et de Patchi, dont l'affection amicale fut un soutien inappréciable en ces heures douloureuses.

Luis Mariano reprit sa place chez Pinder dès le 2 juin 1959. Le grand enfant est désormais devenu un homme plus mûr. Maria-Luisa va essayer de remplacer au maximum sa maman pour les conseils dont elle entourait Mariano. Luis va se consacrer encore plus à l'édification de sa demeure d'Arcangues. Il dessine son blason qui va figurer sur le fronton de la façade française de « Mariano-Ko-Etchéa » (« La maison de Mariano » en basque) : deux masques de théâtre, l'un qui rit l'autre qui pleure, enlacés dans un écusson. Sur la façade hispano-basque, celle qui regarde l'Espagne toute proche, il dessine un superbe cadran solaire.

Luis veut s'entourer d'amis plus sûrs, plus fiables, plus fidèles. Il y avait Annie Cordy et son mari Henri Bruno, le compositeur Henri Bourtayre, Mme Sophie Bleustein-Blanchet, Lucien Soula et son épouse Liliane (les amis des premiers jours à Paris), et surtout Edouardo Cortijo, le cousin germain de Mariano, qui restera toujours son plus grand confident comme aux jours heureux d'Irún et de Saint-Sébastien. J'eus le bonheur et le plaisir d'entrer quelques années plus tard dans ce petit cercle fermé. Je n'oublierai jamais les chaleureuses soirées d'Arcangues.

En 1959, Mariano, qui avait déjà eu pas mal d'imprésarios – Jeanne Lagiscarde, Félix Marouani, Jacques Rudeau –, fait la connaissance d'un jeune homme qu'il juge énergique et adroit. Il lui demande de s'occuper désormais de ses affaires. Ce nouvel imprésario s'appelait Johnny Stark. Par la suite, il allait se faire un nom très médiatique en lançant au firmament des stars une petite chanteuse avignonnaise nommée Mireille Mathieu. Mais la collaboration entre Johnny Stark et Luis Mariano fut brève. Il y eut vite incompatibilité d'humeur.

En compagnie de Stark, Mariano et Patchi s'envolèrent une fois de plus pour les U.S.A. et le Canada. Aux États-

Unis, circuit habituel des grandes émissions de télévision. À Montréal, Mariano se produit dans un grand cabaret, La Porte Saint-Jean. Un soir il y fit la connaissance d'un jeune enseignant français originaire de Pau. On était donc entre « pays ». Et, si loin de la France, on se lie plus facilement. Ce professeur se nommait André Labarrère. Il devait devenir maire de la ville de Pau et se lancer dans la carrière politique. Devenu député des Pyrénées-Atlantiques, il sera ministre des Relations avec le Parlement, dans le cabinet de Laurent Fabius. Mariano et lui eurent des relations très cordiales qui se poursuivirent en France. Souvent, ils se retrouvaient après le théâtre pour dîner au Pied de Cochon, près des Halles. Il y avait parfois plus de quinze personnes à la table de Luis Mariano, hôte seigneurial.

L'activité discographique de Luis Mariano ne ralentit pas. Pour la première fois dans le domaine de la chanson de variété – les opérettes étant naturellement mises à part –, il va enregistrer deux duos avec une jeune Espagnole du nom de Gloria Lasso, afin de lui donner un coup de pouce. Les deux chansons étaient un boléro « Ay ! amor no me quieras tanto » du compositeur portoricain Raphaël Hernandez, chanté en espagnol et « Canastos » du compositeur espagnol J. Palasco, sur des paroles françaises de Marc Fontenoy. C'était vraiment gentil de la part d'une grande star comme Luis Mariano mais l'ascenseur ne fut pas renvoyé par la maison de disques. Luis aurait dû être le premier à enregistrer la version française de « Stranger in Paradise » (« L'Étranger au Paradis »), extrait de la comédie musicale américaine *Kismet* de Robert Wright et Charles Forrest, sur des thèmes du compositeur russe Borodine. C'était Mariano lui-même qui venait de le ramener des États-Unis. Or, Maurice Tézé, alors directeur artistique de Pathé-Marconi et producteur de Gloria Lasso, fit enregistrer en premier le morceau par sa chanteuse et en inonda le marché. D'autre part, on ne trouvait pratiquement pas dans le commerce, le

33 tours de Mariano « Chevalier du Cirque n° 2 ». Mariano se mit alors violemment en colère et alla se plaindre auprès de M. Bourgeois, le P.-D.G. de la maison de disques. Maurice Tézé en perdit sa place.

Également à l'actif de Luis Mariano en cette fin des années cinquante, la belle version française de « White Christmas », due à la plume talentueuse de Francis Blanche. La mondialement célèbre chanson du compositeur Irving Berlin, avait été lancée par Bing Crosby et était devenue la signature musicale du fameux crooner américain. Jacques Datin et Maurice Vidalin avaient également adapté en français un grand succès grec « Xeri, xeri » devenu, pour Luis Mariano, « Quand on aime ».

Le Châtelet se préparait à accueillir de nouveau sa superstar. Nous nous souvenons que Luis Mariano avait promis à M. Lehmann, lors des vacances d'été 1952, de revenir au Châtelet pour y interpréter une opérette écrite autour du personnage du voyageur vénitien Marco Polo. Le personnage intéressait Mariano. En 1955, lorsque Luis décida qu'il devait faire une rentrée d'opérette à Paris (il en faisait une tous les deux ou trois ans), il ne put tenir sa promesse vis-à-vis de M. Lehmann, car ce dernier avait signé la création de *Méditerranée* de Francis Lopez avec, pour la première fois, Tino Rossi dans une opérette. Aussi, Mariano avait-il créé *Chevalier du ciel* d'Henri Bourtayre au Théâtre de la Gaîté Lyrique.

Mais maintenant le temps était venu pour jouer *Le Secret de Marco Polo*, puisque tel était le titre de l'ouvrage. Sur un livret et des lyrics de son habituel complice Raymond Vincy, Francis Lopez le magnifique avait écrit une partition qui est un bijou de plus dans le nombreux palmarès du prolifique compositeur. Ce n'était pas facile. Retrouver une atmosphère chinoise et tartare dans sa musique n'était pas évident.

Mais, comme Francis connaissait comme personne les possibilités de la voix sublime de Luis Mariano, il les utilisa au maximum. L'opérette comporte moins de grands succès populaires que les autres mais elle est d'une richesse musicale exquise. Certes l'air du titre « La Valse de Marco Polo » fut, lui, un succès énorme. En entrant sur scène, Mariano aurait pu chanter avec justesse :

« Au long des routes, au gré des flots,
Et tout autour de la terre,
J'ai fait claquer comme un drapeau
Le nom de Luis Mariano ! »

Car, après les triomphes qu'il avait remportés partout dans le monde entier, il aurait pu se le permettre. Et peut-être était-ce cela même qui avait inspiré M. Vincy !

À côté de « La Valse de Marco Polo », il y a l'extraordinaire finale du premier acte, « Cavaliers du Pays tartare », où Mariano entrait du fond de la scène à cheval, en attaquant directement sur un contre-ut (!) qu'il lançait à pleine voix. Dans « Belle », les admirables demi-teintes du ténor sont utilisées avec une science remarquable. Il y a aussi « J'irai te chercher au bout du monde » et l'exubérant « Viens avec moi en Italie ». Les duos avec une nouvelle venue charmante, Jeanine Ervil à la voix de rossignol, sont précieux comme des aquarelles : « Le Joli voyage » et « Tiki Tiki Tchou ». Mariano est au sommet de sa forme et de son art. Il est magnifique dans son costume de Marco Polo, mettant la main sur un planisphère du XVe siècle. Et quelle occasion unique pour acquérir ou se voir offrir des maquettes de jolis voiliers qui viennent compléter sa précieuse collection !

Mariano retrouve une fois de plus Pierjac comme partenaire fantaisiste. Les décors et les costumes sont de Raymond Fost, réalisés, pour les décors dans les ateliers de Simonini, et pour les costumes dans ceux d'Henri Lebrun. Les arrangements musicaux sont de Paul Bonneau, un excellent musicien Grand Prix de Rome et chef d'orchestre de l'O.R.T.F., qui est, désormais, le nouvel orchestrateur de Francis Lopez. Le résultat est une opérette absolument superbe, qui va attirer, une fois de plus, les grandes foules au Châtelet.

Un premier incident se produisit pendant les répétitions entre Luis Mariano et Maurice Lehmann. Il faut dire que le directeur était réputé pour son mauvais caractère, son orgueil et la verdeur de son langage. De son côté Mariano, conscient de ce qu'il représentait désormais, était susceptible. Lehmann lui avait dit de ne pas forcer sa voix pendant les répétitions car l'opérette était difficile à chanter et fatigante, et il désirait – c'était normal – que Mariano arrive en superforme le soir de la générale. Francis Lopez, au courant de cela, avait demandé qu'on lui fournît une bande « play-back total » pour le fameux contre-ut du couplet de « Cavaliers ». La répétition se déroulait normalement. La scène était encore vide de décors et les acteurs en costume de ville. Soudain, Maurice Lehmann qui dirigeait la mise en scène, comme toujours au Châtelet, entendit le contre-ut de Mariano claquer à pleine force. Il interrompit tout immédiatement :

– Monsieur Mariano, je vous avais demandé de ne pas donner toute votre voix et de marquer seulement vos chansons !

– Mais c'est ce que je fais, monsieur ! répondit Luis en souriant.

Francis Lopez expliqua au directeur l'utilisation du « play-back ». C'était lui qui l'avait demandé pour économiser la voix de Mariano. Lehmann, furieux de s'être laissé prendre au piège, se retourna vers Mariano et lui lança des termes injurieux :

– Vous n'êtes qu'un cabotin ! Un sale Espingouin !

Mariano ne répondit pas. Il se contenta d'aller prendre son veston, de l'enfiler et de déclarer à haute et intelligible voix en sortant :

– Je ne reprendrai les répétitions que lorsque j'aurai obtenu des excuses publiques !

Et il alla s'enfermer dans sa loge.

Lehmann était obligé de céder. Il était hors de question de remplacer Luis Mariano – ce qui était, en outre, impossible –, ou d'annuler l'opérette qui coûtait une fortune. Au bout d'un quart d'heure, Maurice Lehmann envoya son régisseur, M. Herbé, chercher la vedette. Luis revint, calme, froid et superbe. Le directeur lui fit des excuses devant toute la troupe et le personnel technique du Châtelet. Puis il ajouta :

– On reprend ! Mais sachez, monsieur Mariano, que vous ne reviendrez plus au Châtelet, tant que je serai directeur !

Mariano se contenta de sourire et reprit la répétition comme si de rien n'était. Mais pourtant, ce jour-là, un froid régna sur la scène jusqu'à la fin de la journée. Lehmann devait tenir parole. Cela n'empêcha pas Mariano de revenir au Châtelet en 1967 pour *Le Prince de Madrid.* Mais Lehmann n'était plus directeur !

Second incident. Après les derniers filages en décors et costumes, il fallut procéder à une coupure. La pièce était trop longue. Elle était présentée comme un retour en arrière, un « flash-back » comme l'on dit en langage cinématographique. Mais ce qui passe fort bien à l'écran se laisse mal accepter à la scène. L'opérette s'ouvrait donc sur un prologue qui se déroulait dans une prison de Venise où Marco Polo, déjà âgé, était en train de rédiger ses « mémoires ». Mariano y était habillé en robe de bure et affublé d'une grande barbe blanche. Les quelques journalistes qui assistaient, comme toujours au Châtelet, aux derniers filages, ne trouvèrent pas ce déguisement d'un très bon goût quand il s'agissait du jeune premier idéal qui faisait rêver la France depuis près de quinze ans. Lehmann renâcla, se fit prier. Même Lopez fut de l'avis des journalistes et intervint auprès du directeur, qui finalement céda et coupa. Mariano fut soulagé, car cette barbe ne lui plaisait pas du tout (mais il n'avait voulu rien dire pour éviter de nouveaux éclats) et, en plus, il trouvait le texte parlé du prologue trop long. Et il n'aimait pas les longueurs de texte, ce que l'on appelle en terme de théâtre, les tunnels.

Le soir de la générale, Carmen Sévilla, très en forme, vint d'Espagne pour soutenir et féliciter Mariano. Elle lui offrit une superbe nef vénitienne de l'époque en maquette, qui vint rejoindre le reste de l'escadre des bateaux de Luis. Une photographie a été prise dans la loge. On y remarque l'immense tristesse et le costume de deuil de Francis Lopez. En effet le 23 novembre 1959, Francis a conduit au cimetière Montparnasse sa jeune et ravissante épouse Sylvia Lopez, fauchée par une leucémie foudroyante à l'âge de vingt-six ans. Elle venait juste de recevoir des offres d'Hollywood quand la maladie frappa. Or, *Marco Polo* était une opérette qui était dédiée à la superbe jeune femme. Luis Mariano fut très peiné de cette disparition car il aimait beaucoup Sylvia Lopez. Et le soir, quand il chantait « Belle » ou « J'irai te chercher au bout du monde », il pensait souvent à la trop belle Mme Lopez, si tôt disparue. Francis est cruellement touché par ce deuil. Il n'écrira plus une seule note pendant deux ans.

L'amour blesse les uns. Il fleurit dans le cœur des autres. C'est un petit dieu capricieux, bénéfique ou malfaisant. Pendant les représentations du *Secret de Marco Polo*, Patchi succomba aux attaques de Cupidon. Dans le corps de ballet du Châtelet, il y avait une jolie jeune fille blonde, qui dansait fort bien. Patchi, toujours sensible aux charmes féminins, l'a bien vite remarquée. Elle se prénomme Françoise et est également originaire du Sud-Ouest, exactement de Meschers, un petit port de pêche situé à l'embouchure de la Gironde, à une vingtaine de kilomètres de Royan, en direction de Bordeaux. Un flirt se noue rapidement qui tournera très vite au sérieux. Parmi les autres danseuses, Françoise a une amie, une autre Françoise, originaire elle aussi de la région de Royan. Finalement, l'amour eut raison des deux filles : Françoise deviendra bientôt Mme Patchi Lacan et l'autre Françoise épousera un jeune chanteur qui allait vite devenir une immense vedette, Michel Sardou.

Le Secret de Marco Polo tint l'affiche du Châtelet pendant 358 représentations. Pour éviter de rentrer le soir au Vésinet, lorsqu'il était trop fatigué, Mariano avait fait l'acquisition d'un charmant petit appartement dans l'île Saint-Louis.

Il faut noter qu'à toutes les représentations, Mariano lança lui-même le fameux contre-ut de « Cavaliers », en entrant sur son cheval au finale du premier acte. Jamais le ténor n'aurait toléré et supporté l'emploi du « play-back », qui n'avait été utilisé que pendant les six semaines de répétitions. Un soir, le cheval que montait Mariano fut si troublé par l'éclat de la note aiguë du ténor, qu'il s'oublia sur scène à l'instant même du contre-ut ! Ce ne fut qu'au bout de quelques instants que Mariano comprit pourquoi, ce soir-là, il y eut quelques rires parmi le public.

Il fut difficile d'envisager une véritable tournée de l'opérette après Paris, car le matériel en était trop volumineux et difficile à transporter. Seules, quelques grandes villes comme Bordeaux, Lyon, Lille et Marseille, ainsi que Liège et Charleroi en Belgique, qui possédaient des théâtres pourvus de vastes scènes, purent accueillir et applaudir Luis Mariano dans *Le Secret de Marco Polo.*

Françoise et Patchi se marièrent à Bordeaux, pendant que Luis jouait à Lyon. Ce mariage posait un grave dilemme à Patchi : qu'allait devenir Mariano qui, depuis des années, ne peut plus se passer de Patchi ? En plus, la perte cruelle de ses parents a encore rapproché le chanteur de son frère d'adoption. Il y a plein de choses futiles de la vie quotidienne dont Mariano ne s'occupait jamais. Ainsi, lui qui avait la tête en l'air et perdait souvent ce qu'on lui donnait, avait pris l'habitude de n'avoir jamais ni chèques ni argent liquide sur lui. C'était invariablement Patchi qui s'occupait de tous les règlements. Tout comme il s'occupait des démarches administratives, lorsqu'elles se trouvaient imposées à des grands voyageurs comme eux, en un temps où la Communauté européenne et l'ouverture économique des frontières n'existaient pas. Il en résulta une légère tension entre Mariano et Patchi qui rendait ce dernier très malheureux. Mariano avait cru un instant que Patchi allait l'abandonner ou peut-être s'occuper moins de lui. Une bonne explication sincère, d'homme à homme, remit les choses en place. Patchi serait toujours aussi présent auprès de Mariano, chaque fois que le chanteur aurait besoin de lui. Ce qu'il fallait, avant tout, c'est que Mariano rencontre Françoise et fasse plus ample connaissance avec la jeune femme, qui est absolument charmante.

La rencontre eut lieu à Biarritz où Mariano avait prêté un des appartements qu'il possédait aux jeunes mariés. Mariano fut conquis à un point tel qu'il proposa au jeune couple de venir vivre avec lui à « Mariano-Ko-Etchéa », sa superbe propriété d'Arcangues. Françoise allait amener avec elle un rayon de soleil, grâce à sa beauté, sa gaieté et sa gentillesse. Mariano se reconstituait ainsi une seconde et nouvelle famille et, bien vite, Françoise devint pour lui une seconde sœur, d'autant plus que la jeune femme devint très amie avec Maria-Luisa qui continua, bien sûr, à jouer le rôle de maîtresse de maison laissé cruellement vacant par la disparition de Mme Gonzalèz.

Sur le plan disque et chansons de variétés, Luis Mariano lance deux grands succès étrangers en ce début des années soixante. Charles Aznavour a écrit spécialement pour lui la version française d'un « supertube » américain : « Esperanza ». Il enregistre également la version masculine d'un succès grec, « Les Enfants du Pirée », tiré de la bande sonore du film *Jamais le dimanche*, du réalisateur Jules Dassin, avec la grande comédienne hellénique Mélina Mercouri.

Mariano, considéré maintenant comme une sorte d'institution de la chanson, prête également sa voix à deux très bonnes chansons françaises qui ont été présentées au concours du Coq d'Or à l'Olympia, en 1960. Il va en faire deux « hits » : « Amour, je te dois » de Robert Gall – le papa de France Gall – pour les paroles et Pierre Dorsey pour la musique, et « L'Arlequin de Tolède ».

La pochette de ce super 45 tours nous montre un Mariano en très grande forme physique, en chemise légère blanche, s'appuyant sur le portail de sa maison basque d'Arcangues, « Mariano-Ko-Etchéa ». Il a, en fait, quarante-six ans à l'époque et en paraît facilement dix de moins. Étonnant !

C'est cette année-là également que la maison Pathé-Marconi et les Éditions Chappell vont faire cadeau à Mariano d'un autre très grand succès de chanson, qui va entraîner une vente de disques importante. On fit une grande opération commerciale et médiatique sur un calypso de Noël Roux pour les paroles et une musique du compositeur Armand Canfora : « Salade de fruits ». Pathé-Marconi fit enregistrer cette chanson à six vedettes de première grandeur de son écurie : Luis Mariano, Bourvil, Annie Cordy, Mathé Altéry et les orchestres de Franck Pourcel et de Georges Jouvin. Ce fut la version de Mariano qui marcha le mieux sur le public car Luis y avait mis toute sa bonne humeur, sa fantaisie, son soleil et son côté bon enfant.

Mariano fit également un court retour devant les caméras de cinéma. Il accepta d'incarner un dictateur sud-américain très drôle dans un sketch de *Candide* du réalisateur Norbert Carbonneau, adaptation fort libre de l'œuvre de Voltaire. C'est Jean-Pierre Cassel qui jouait le rôle de Candide. Luis Mariano a pour partenaires la comédienne israélienne Dahlia Lavi et le populaire Dario Moreno dans le sketch qu'il interprète. Il chante une chanson très comique, « Cunégonde », qu'il n'a, malheureusement, pas enregistrée.

Mariano ne s'arrêtait pas de chanter, de travailler. Il ne savait pas, ne pouvait pas rester sans rien faire. Au stade où il était parvenu, l'argent ne comptait plus beaucoup pour Mariano. S'il chantait, c'était parce qu'il n'était vraiment heureux qu'en exerçant son métier. C'était sa vie. Il aimait offrir son cœur, sa voix et tout le rêve possible à ce public qui lui était si fidèle depuis près de vingt ans. Et depuis près de vingt ans, aussi, le Club continuait de fonctionner. Les marianistes étaient toujours présentes. On ne savait comment elles apprenaient la date de telle séance d'enregistrement, de tel passage sur telle station de radio, mais Mariano était sûr de les retrouver à la porte du studio de Pathé ou devant l'entrée de la station de radio que ce fut rue Bayard, rue François-Ier ou avenue du Président-Kennedy. Mariano arrivait, leur souriait, serrait quelques mains et s'engouffrait dans l'établissement. Elles lui auraient beaucoup manqué si elles ne s'étaient pas trouvées là. C'était souvent les filles des admiratrices de *La Belle de Cadix* et d'*Andalousie*. Quand Luis chantait à l'étranger, certaines s'arrangeaient pour prendre leurs vacances dans le pays où il se rendait et aux dates auxquelles il chantait.

Avant de créer sa nouvelle opérette, Mariano fit une nouvelle tournée en Espagne. À Madrid, il chanta au Jardín de la Riviera. Carmen vint souvent l'y applaudir. Il interprétait notamment le merveilleux tango « Jurame » de la compositrice mexicaine Maria Grever, et une très belle « zambra » de J. Quintero, « La puerta de los caballos » sur le monde de la corrida.

XII

La maison d'Arcangues vient d'être terminée en cette année 1960. Sur la façade basco-espagnole, celle qui regarde les Pyrénées et l'Espagne, Mariano a fait graver sur une énorme poutre de chêne une inscription basque qui signifie : « En 1960, Luis Mariano m'a construite ». Sur la façade qui regarde la France, on peut lire la devise de Luis Mariano « Azkenak du Zérikusia », ce qui veut dire : « Seul le résultat compte ».

Mariano s'est occupé de l'aménagement complet de sa demeure. Il a même dessiné les moindres boutons de porte. Il y installe les meubles et les œuvres d'art, dont il était tombé amoureux pendant ses voyages et qu'il avait achetés : coffres, armures, luminaires. S'il ne trouvait pas le meuble de ses rêves, il le dessinait lui-même et le faisait exécuter par un artisan ébéniste du coin. Des céramistes de la région de Valencia, en Espagne, exécutent d'après ses dessins, des carreaux pour le cadran solaire de la façade espagnole, le puits et surtout la petite chapelle qui accueille le visiteur à l'entrée de la façade française. Pour le mur de sa salle de bains,

Mariano avait imaginé une fresque autour du dieu marin Neptune sortant de l'onde. Quelle ne fut pas sa surprise en découvrant que ses amis valenciens avaient dessiné sa tête à la place de la tête du dieu antique!

En contrebas, face à l'Espagne, il y a la piscine avec un charmant chalet et également la ferme ultramoderne. Depuis toujours, Mariano, l'homme couvert des plus somptueux costumes de scène qu'un acteur puisse souhaiter, rêvait de jouer au fermier. Il a des supertracteurs qu'il essaye de conduire lui-même. Il fait les foins, torse nu au soleil, riant et buvant un bon coup à la « chakoua », la gourde basque en peau de chèvre. Et il y a l'étable où les vaches sont traites électriquement. Des vaches, il en a maintenant quarante! Luis peut vendre son lait et son beurre et les œufs de ses poules. Les vaches sont logées chacune dans un joli box, au-dessus duquel on peut lire leur nom. Et ces noms sont ceux de toutes les partenaires féminines que Mariano a eues au cours de sa carrière. Il y a Annie, bien sûr, Carmen, Lolita, Paquita, Ludmilla, Geneviève, Sonja, etc. C'était très drôle, mais certaines de ces dames, qui manquaient d'humour, parfois n'apprécièrent pas.

À Arcangues, Luis Mariano ne veut plus être que M. Gonzalèz, un habitant du petit village comme les autres. Le dimanche, il va à la messe avec Maria-Luisa, Françoise et Patchi. Il serre la main des gens, bavarde avec eux des problèmes quotidiens du village et va prendre un verre à l'auberge d'Achtal. Il aime faire ses achats à la petite épicerie du pays où l'on trouve du chorizo et du fromage de chèvre basque « Etorki ». Le marquis Pierre d'Arcangues va le proclamer « fils honoraire d'Arcangues ».

Car Luis adorait faire le bien, sans que personne le sût. Ainsi avait-il donné une somme importante pour la rénovation de l'école d'Arcangues. Et il ne savait pas qu'en décidant de reposer pour toujours dans ce village, il en ferait à jamais un des hauts lieux du tourisme au Pays basque.

Même s'il adorait Arcangues, dès qu'il avait mis les pieds chez lui, Luis avait envie de repartir à travers son cher pays : on va à Irún, on va à Saint-Sébastien, à Biarritz, à Bayonne, à Ascain... Pour être plus indépendant, il décida de se mettre à la conduite automobile et acheta une petite Honda rouge. Il voulut la prendre pour aller rejoindre Patchi qui faisait la fenaison à la ferme. La petite Honda avait une boîte de vitesses automatique et était très facile à conduire. Mais une marianiste qui passait par là voulut aller au-devant du chanteur pour l'accueillir et lui, s'affolant afin de l'éviter, alla écraser la petite Honda contre un mur de la ferme. Il y eut de la tôle froissée mais Luis, heureusement, était indemne. Adieu pour toujours les rêves de conduite ! Décidément, Mariano ne serait jamais Fangio !

Néanmoins, même s'il ne conduisait pas lui-même, Mariano aimait beaucoup les voitures. Bon sang ne saurait mentir, on n'est pas fils de garagiste pour rien ! Au Vésinet, à part sa fidélité aux Cadillacs qu'il appréciait pour leur confort, leur sécurité, et l'importance du coffre arrière qui permettait de bien installer les tenues de scène, Luis possédait également une Dauphine et une Simca 1000 qui lui servaient à se déplacer dans Paris ou dans les environs. Quand il ne les utilisait pas lui-même, c'était Maria-Luisa ou Françoise Lacan qui prenait une des petites voitures. Bientôt, deux véritables bijoux vont venir rejoindre l'écurie automobile de Luis Mariano : tout d'abord un magnifique cabriolet décapotable Mercedes 280 SL vert bouteille à l'intérieur de cuir beige clair et la fameuse Rolls-Royce gris métallisé, une voiture absolument royale, qui soulevait l'admiration générale de tous ceux qui la voyaient. Oui, c'était vraiment le prince de l'opérette qui arrivait au Châtelet dans cette voiture hors du commun, le soir de la générale du *Prince de Madrid* ! Après la disparition de Mariano, quelques autres stars souhaitèrent se rendre acheteurs de la somptueuse voiture : l'acteur de cinéma Alain Delon et le talentueux imitateurchanteur Thierry Le Luron, qui admirait tant Mariano depuis sa tendre enfance ! Mais l'un comme l'autre pensèrent que l'achat de la Rolls de Luis serait mal jugé par le public, qui y verrait, peut-être, une publicité mal placée. De nos jours, la magnifique Rolls-Royce de Luis Mariano est toujours là et on l'exhibe parfois pour les concours d'élégance automobile sur la côte basque. Mariano avait raison quand il disait en parlant de sa voiture : « C'est cher, c'est vrai ! C'est snob et je n'aime pas les snobs ! Mais c'est un bon placement. Ça défie le temps et les modes puisque c'est déjà démodé au départ ! »

En 1961, l'acteur-comédien Jacques Fabbri propose à Mariano une courte apparition dans le film de Pierre Lary : *Les Pieds dans le plâtre*. Cette apparition, qui sera la dernière du chanteur à l'écran, est aux antipodes de ce que le public, son public, attendait de lui. Un Mariano en bleu de travail, assis sur un énorme bulldozer, entouré de filles qui agitent des foulards, et une chanson complètement « dingue » intitulée « Sur mon bulldozer ». Mais cela amusa personnellement beaucoup Mariano de faire ce genre de chose.

Il se rendit également compte de la rapidité avec laquelle les techniques cinématographiques avaient évolué. Une seule caméra suffisait à faire de longs plans-séquences, et on filmait en couleurs sans éclairages supplémentaires ! Ah ! Si seulement tout ça avait existé quand Luis avait tourné *Andalousie* et *Violettes impériales* sous l'ardeur du soleil et dans la fournaise de l'été andalou ! Les tournages auraient été plus faciles et plus agréables et, pourtant, on s'amusait bien !

De plus en plus, on voit Luis Mariano fréquenter les studios de la télévision française. Il participe à de grandes émissions de variétés, encore en noir et blanc, comme les populaires « 36 Chandelles » de Jean Nohain, réalisées par Lazare Iglésis. Une autre série de variétés, passant également à 20 heures 30, à laquelle Mariano participa souvent fut « Du Caf' Conc' au Music-Hall » écrite par le grand auteur de revues du Casino de Paris Jacques-Charles et réalisée par Jean Kerchbron. Le mérite de ces émissions était de faire chanter à Luis Mariano des chansons célèbres qu'il n'avait jamais enregistrées, comme « Je sais que vous êtes jolie » ou « Princesita » de José Padilla, qu'il interprète dans le costume andalou de ses débuts à l'A.B.C. On voit aussi souvent Luis Mariano dans l'émission quotidienne de Jacques Martin, « Midi magazine ». Jacques Martin est certainement un des « fans » les plus ardents et les plus sincères de Mariano. Il avait été ébloui quand il était petit garçon par la présence, l'éclat et la voix de Luis dans *Andalousie*. Et Jacques Martin, qui est également chanteur, sait de quoi il parle quand il s'agit du grand ténor. En outre, Martin, un de nos meilleurs humoristes, aimait en Mariano cette façon de se mettre légèrement en boîte lui-même. C'était vrai que Luis ne s'était jamais pris au sérieux. Pour Jacques Martin, Luis Mariano reste l'idole, et chaque fois qu'il a pu l'évoquer dans son émission du dimanche, « Dimanche Martin », il a toujours rendu un vibrant hommage au ténor disparu. Que grâces soient rendues à Jacques Martin!

Au printemps 1961, Luis Mariano prépare un nouveau 45 tours qui sera son disque d'été. Déjà, il en a choisi la pochette : assis sur des rochers au bord de la mer, sous un ciel lumineux, il est en chemisette rayée rose et blanc. Il porte un pantalon de toile bleue. Il sourit comme il sait seul le faire, et tient des lunettes de soleil à la main. Avec son nouveau directeur artistique de Pathé, Maurice Grosjean, il a déjà choisi une adaptation française d'un « tube » américain, « Spanish Harlem » devenu, grâce à André Salvet, « Nuits d'Espagne ». Gilbert Bécaud et Pierre Delanoé lui ont écrit spécialement pour ce disque « Cavaliers du grand retour », dans le style mexicano-western. Mariano compte beaucoup sur cette chanson. Il doit également interpréter pour ce disque « Le Voyageur sans étoile » qui vient de remporter le « Coq d'Or de la Chanson française 1961 » à l'Olympia. La quatrième face, comme on disait, n'était pas encore choisie.

Le comité de lecture des directeurs artistiques de Pathé-Marconi avait décidé, cette année-là, de donner une chance à des chansons d'auteurs peu connus, voire inconnus. Après une première et importante sélection par les directeurs eux-mêmes, qui recevaient beaucoup d'auteurs et de chansons, le comité écoutait les chansons choisies et les proposait à telles vedettes qui les acceptaient ou les refusaient, mais qu'il aurait été impossible aux auteurs de joindre directement. La condition pour que l'enregistrement ait lieu, était que les chansons devaient être éditées aux Éditions Musicales Pathé-Marconi.

Maurice Grosjean montra donc à Luis Mariano une dizaine de chansons qu'il avait choisies à son intention. Parmi celles-ci, une valse l'accrocha plus que les autres : la musique en était moderne, avec une couleur « Broadway » dans la mélodie et les harmonies. Elle était signée Jack Arel. Luis aima beaucoup le texte qui chantait l'amour d'une toute autre façon qu'on l'avait fait jusqu'à présent. Les mots étaient colorés et semblaient tenir compte de l'accent du chanteur. Luis choisit cette chanson qui était intitulée « Car ma chanson, c'est toi ! » J'en étais l'auteur et je fus informé de la bonne nouvelle par la secrétaire de Maurice Grosjean. À vrai dire, j'étais fou de joie et de bonheur.

Je ne connaissais pas personnellement Luis Mariano. Mais c'était mon chanteur préféré depuis le temps où j'étais élève au collège Émile-Zola de Royan. Dès l'âge de treize ans, en 1945, j'avais acheté tous les disques de Mariano, tant ceux de ses opérettes que des chansons que diffusaient les radios, comme « Mayoumba » ou « Perfidia ». J'avais la chance que mes parents partagent mes goûts, nous avions suivi pas à pas la fulgurante ascension du ténor et nous étions allés l'applaudir pour la première fois sur scène au music-hall de l'Alhambra de Bordeaux, situé rue d'Alzon. À l'époque, je faisais mes études d'anglais à la faculté des lettres de la capitale girondine. Depuis mon arrivée à Paris, et ma décision de tenter une carrière d'auteur de chansons, j'avais écrit pour des interprètes de premier plan comme Jacqueline François, Frank Alamo, Maurice Chevalier ou Les Surfs. Mais, pour moi, Luis Mariano c'était autre chose!

J'appris que l'enregistrement de ma chanson était fixé au 3 mai 1961 et que l'orchestration en avait été confiée à Paul Piot. Le 3 mai, c'était le jour anniversaire de ma maman. J'étais sûr que cela allait me porter bonheur. J'allais rencontrer mon idole! Mais ce que j'ignorais, c'est que cela allait changer ma vie!

Je décidai de me risquer aux studios d'enregistrement de Pathé à Boulogne. Il était environ treize heures lorsque j'arrivai. Il faisait un temps horrible et il pleuvait à verse. Je vis sur le panneau d'affichage que Luis Mariano devait enregistrer au studio 1, avec Alain Butet comme preneur de son. Le cœur battant, en proie au trac, j'allai m'enfoncer dans un des profonds fauteuils du grand hall vitré. Bientôt, je vis une Renault Dauphine s'arrêter devant l'entrée des studios. Un homme en sortit à toute vitesse en se protégeant la gorge avec son foulard. C'était Luis Mariano! Le chanteur fonça comme un bolide jusqu'au studio 1 proprement dit. Il était trempé. Ce n'était vraiment pas le moment d'aller me présenter!

La séance d'enregistrement commença. Je me risquai timidement plus près de la porte de la cabine de prise de son, qui était restée entrouverte. J'écoutai les titres que Mariano était en train de graver. Le ténor enregistrait très vite. Généralement, la première prise était la bonne, mais Luis et les techniciens tenaient à la doubler, pour plus de sécurité au montage. Un artiste comme Luis Mariano était un cas rare. Il y avait d'autres interprètes qui mettaient plusieurs heures pour enregistrer un seul titre. Avec Luis, dont la maîtrise vocale était extraordinaire, l'ingénieur du son principal, Alain Butet, disait : « Ça passe comme une lettre à la poste ! » Le seul problème, avec Mariano, était l'ampleur et la force de la voix du ténor. Parfois les micros « piezzo », ultra-sensibles, n'y résistaient pas. Il fallait les changer. Cela faisait rire Mariano. L'aiguille du potentiomètre de la console était souvent sur le rouge, et il fallait un technicien des plus compétents pour conduire la séance. C'est pourquoi Mariano aimait bien la présence d'Alain Butet qui, en plus, était un garçon fort courtois et sympathique.

Lorsque j'entendis l'orchestre, dirigé par Paul Piot, attaquer l'introduction de « Car ma chanson, c'est toi », j'entrai tout doucement et me fis tout petit pour me glisser dans la cabine. Dès qu'il eut fini de chanter, Mariano vient à son tour rejoindre l'équipe technique pour écouter ce qu'il venait de faire. À cet instant, son regard tomba sur moi.

– Que faites-vous ici, monsieur ?

La voix troublée par l'émotion, je me présentai et lui expliquai que j'étais l'auteur des paroles de la valse qu'il venait de chanter. Alors, Mariano me sourit et me tendit cordialement la main.

– J'aime beaucoup votre chanson. Et je vous remercie d'être venu ! C'est très gentil !

Puis, il retourna dans le studio pour faire la seconde prise de sécurité.

Mariano quitta Paris peu de temps après la séance d'enregistrement. De nombreux galas l'attendaient tant en France qu'à l'étranger. On était à la veille de l'été et c'était une période pendant laquelle les artistes ne chômaient pas, en ce début des années 60. Aujourd'hui, les temps ont bien changé. Le disque sortit, et la chance voulut que, sur les quatre chansons enregistrées, ce fut « Car ma chanson c'est toi » qui retint le plus l'attention des programmateurs de radio. Une grande station périphérique la choisit même comme indicatif d'une série d'émissions, dans laquelle Luis évoquait les femmes qu'il avait aimées.

Les Éditions Musicales Pathé-Marconi m'avertirent que Luis Mariano avait décidé d'inclure « Car ma chanson, c'est toi » dans son tour de chant sur scène. Quant à moi, avec l'été, je partis passer les vacances chez mes parents à Royan. C'est là que j'appris par la presse que Mariano se produisait à Bordeaux le 7 juillet, pour le grand gala annuel des employés municipaux. Ce « Gala des municipaux » devait se dérouler en plein air au Parc bordelais. Je partis donc pour Bordeaux applaudir Luis Mariano. Je connaissais bien la ville pour y avoir fait mes études et je savais dans quels grands hôtels les artistes avaient l'habitude de descendre. Je rencontrai la vedette à l'hôtel du Chapon Fin. Mariano m'invita gentiment à l'accompagner au gala. Je partis donc dans la Cadillac avec Luis, Georges Sallaberry, son pianiste de l'époque, et Patchi. Quelle émotion s'empara de moi quand Luis Mariano chanta ma chanson, et que je constatai le succès remporté!... Il y avait plus de dix mille personnes au Parc bordelais!

Après le gala, le soir, Mariano m'invita aimablement à dîner. C'était au très beau restaurant Etche Ona, sur la route d'Arcachon. Avant de nous quitter, il me tendit une petite carte sur laquelle il venait d'écrire son numéro de téléphone privé, et me demanda de l'appeler dès les premiers jours de septembre. Il avait une idée dont il voulait me faire part. Rentré à Paris, je téléphonai à Mariano vers midi. Nous étions le 3 septembre. Luis m'invita à déjeuner le jour même, chez lui, au Vésinet, 86 boulevard Carnot à la villa « Magreluma ». Après le repas – Mariano n'aimait pas parler travail à table –, on passa au salon pour le café et Luis me fit une proposition qui me laissa quelque peu abasourdi :

– Voilà! J'aime bien le style de vos paroles... Ça me

renouvelle... Alors, je vous propose de devenir mon parolier personnel !

Naturellement j'acceptai et je remerciai chaleureusement cette immense vedette qui me faisait l'honneur de me faire confiance. Nous nous mîmes immédiatement au travail. Mariano désirait enregistrer très rapidement un 45 tours comportant quatre chansons d'étudiants espagnols, de ces groupes appelés « tunas » que l'on voit souvent circuler dans les villes du sud de la France et parfois à Paris, avec leurs grandes capes noires garnies de rubans de couleurs vives, et qui chantent en chœur accompagnés par des guitares et des mandolines. Mariano avait déjà sélectionné une vingtaine de chansons. Il fallait en retenir définitivement quatre. Il désirait voir si nous nous rencontrerions sur le même choix. Ce qui se passa. Pour Mariano, ce fut le signe évident que nous devions travailler ensemble. Il insista sur le fait qu'il souhaitait que, dans la chanson principale qui s'appelait en espagnol « Horas de Ronda » (« Heures de promenade ») du compositeur Villelas, je devais expliquer que les rubans de couleurs qui flottaient aux capes des garçons correspondaient chacun à une fille aimée. La chanson fut intitulée, dans sa version française, « Laissez passer les étudiants » et devint un gros succès. Sur le même disque, je parolai « Estudiantina Madrileña », sur une musique du célèbre José Padilla à qui nous devons « Valencia » et « La Violeterra ». La chanson devint « Les Étudiants madrilènes » et sur un folklore de Madrid, « Despierta », j'écrivis « L'Éveil ». Le quatrième titre était le fameux « Clavelitos » de Montréal. La pochette, ornée des flots de rubans multicolores des étudiants espagnols, représente Luis Mariano photographié place d'Espagne à Madrid, devant la statue de Don Quichotte et de Sancho Pança.

Ainsi commença une collaboration qui devait très vite se transformer en une amitié sincère et profonde et ne s'achever que le 14 juillet 1970. Nous fûmes souvent des complices, car nous avions de nombreux goûts en commun : l'art, l'histoire, le cinéma et tant d'autres. Que de fous rires pendant ces dix années ! J'ai écrit quatre-vingt-huit chansons pour Luis Mariano, dont une vingtaine seulement eurent les honneurs du disque.

J'avais rapidement compris ce dont Mariano avait besoin dans les textes : le plus souvent possible, des « a » ou des voyelles ouvertes sur les notes aiguës, car cela aide à monter et à porter la voix. Des mots de lumière, de couleurs, de rêve qui seyaient au personnage que le public aimait retrouver dans l'artiste.

En cette fin d'année 1961, le Théâtre de la Gaîté Lyrique, et sa directrice, Mme Germaine Roger Montjoye, se préparait à retrouver Luis Mariano. Mais pas uniquement Luis Mariano. Le ténor arrivait avec une partenaire de choix et, pour la première fois, il allait partager la vedette. Annie Cordy, la blonde et pétulante fantaisiste adorée du public, une des meilleures amies de Luis, venait le rejoindre pour la nouvelle opérette concoctée avec soin par Francis Lopez et Raymond Vincy.

Pour ce duo insolite et inhabituel, le tandem Lopez-Vincy avait bâti plus une comédie musicale actuelle qu'une opérette au sens profond du terme. Le sujet, qui s'intitulait à l'origine *Square Lafayette*, part du postulat suivant. Le square Lafayette, situé dans la rue du même nom, est un territoire appartenant aux États-Unis et bénéficie d'une immunité diplomatique, c'est-à-dire qu'il est impossible de poursuivre les gens qui s'y réfugient. Raymond Vincy avait trouvé un excellent point de départ avec ce postulat. Luis Mariano, cheveux courts et complet de ville, est un jeune architecte sans situation, aux idées tellement farfelues que personne ne peut les adopter. Il mène joyeusement la vie de bohème à Paris, tandis qu'à Rome, Annie Cordy est la fille unique d'un diplomate italien qui aime faire parler d'elle dans le milieu de la jeunesse dorée de la Ville éternelle et mène la « dolce vita ». Les deux jeunes gens vont se rencontrer au cours d'une manifestation sportive, car le jeune architecte s'adonne également à la boxe. À Rome, ils effectuent des promenades sentimentales et s'arrêtent évidemment à la Fontaine de Trévi. Ils jettent, selon la tradition, quelques pièces de monnaie dans l'eau de la fontaine et formulent leurs souhaits. Ils échangent alors leur premier baiser, qui devient ainsi leur « visa pour l'amour », titre qu'allait prendre définitivement l'opérette.

Mais la différence de rang social entre le jeune homme, architecte sans situation, et la jeune aristocrate romaine est un obstacle à leurs projets amoureux. Cependant, elle vient le rejoindre à Paris sous le prétexte d'accompagner son père qui vient présider la Conférence internationale pour la Paix. Sur un coup de tête, elle s'enfuit avec l'homme qu'elle aime, bravant ainsi son père et l'opinion publique qui se déchaîne dans la presse à scandales. La police est aux trousses des amoureux mais les jeunes gens se réfugient au square Lafayette, se mettant ainsi sous la protection des États-Unis. Le scandale augmente, mais le « Tout-Paris » prend le parti des amoureux. Le diplomate perd la face. Nos amoureux deviennent des modernes Juliette et Roméo, mais l'amour sera plus fort que les préjugés et les frontières, et sera le grand vainqueur de cette moderne et romanesque aventure.

Visa pour l'amour bénéficia de très bons arrangements dans le style jazz faits par Armand Migiani. Les ballets, dont la chorégraphie était due à Jean Guélis, étaient magnifiques, et il y avait des chansons remarquables, comme c'était toujours le cas avec Lopez et Vincy. Luis entrait sur une excellente chanson « La Vie est là ». Il chantait également « Fontaine Romaine », « Juliette et Roméo », et une très jolie valse « Rien que l'amour ». Annie était également bien servie avec « Pour une bamba », « Encore de la musique » et « À Paris ». Sans parler, bien sûr, des duos. Qui n'a pas fredonné avec

Mariano et Cordy « Visa pour l'amour » ? Mais « Ah ! qu'il fait bon ! », « Les Moustiques » et le « Cha-cha des égoutiers » étaient, eux aussi, fort bien troussés.

Sur scène, Luis Mariano boxait et dansait remarquablement. Il faisait des claquettes dans le style Gene Kelly. Réunissant à la fois le public nombreux de Mariano et les admirateurs d'Annie Cordy, l'opérette fit salle comble pendant deux saisons, et une tournée de plus d'un an en province et au Canada. La complicité qui unissait les deux vedettes, Mariano et Cordy, était étonnante. Ils étaient déjà de très grands amis depuis le tournage du *Chanteur de Mexico*, mais *Visa pour l'amour* les rapprocha encore plus l'un de l'autre. Ce fut un véritable « visa pour l'amitié ». Annie avait pris l'habitude d'appeler Mariano « Loulou » et, pour Luis, Cordy était devenue « Nini ». En compagnie d'Henri Bruno, le mari manager d'Annie Cordy, ils ne se quittaient pour ainsi dire plus. Un soir, après le théâtre, ils allèrent dîner avec Patchi, Lucien Soula et son épouse Liliane, dans un petit restaurant italien de la rue Sainte-Anne, qui n'existe plus aujourd'hui. Mariano, d'excellente humeur, se mit à chanter, accompagné par les musiciens de l'établissement, les chansons italiennes que Bruno, d'origine méditerranéenne, adorait. Quand vint l'heure pour les musiciens de quitter le restaurant, Mariano continua *a capella*, c'est-à-dire sans être accompagné, et la soirée dura ainsi jusqu'à l'aube.

Nous avons dit combien Luis Mariano était superstitieux. Annie avait une habitude : quand elle n'était pas en scène, elle tricotait en coulisses. Cela irritait Mariano, qui prétendait qu'« il ne fallait pas croiser le fer sur un plateau ». Alors, il fit installer un paravent autour d'Annie. « Comme ça, lui dit-il, tu ne fais plus partie du plateau ! »

Il avait parfois, comme tous les artistes, des trous de mémoire. Cela lui arriva en chantant la valse « Rien que l'amour ». D'un coup Annie, d'abord médusée puis se tenant les côtes pour ne pas éclater de rire, entendit Mariano dire n'importe quoi, mais s'arrangeant tout de même pour que ça rime. L'impact de Mariano était si grand que le public ne se rendit compte de rien et fit au ténor son ovation habituelle. Un autre soir, pour « Fontaine romaine », Mariano entra en scène en ayant oublié de fermer la braguette de son pantalon. Annie s'en aperçut et, dans un jeu de scène, lui murmura à l'oreille : « Ta braguette est ouverte. » Luis, sans se départir de son calme, se tourna comme si c'était prévu, tout en continuant sa chanson et ferma l'objet du litige. Il s'amusait comme un fou dans cette opérette. Le public le sentait et partageait cette joie communicative. Parfois, Mariano faisait des grimaces irrésistibles à l'intention d'Annie ou improvisait une réplique pleine d'esprit, comme seul il savait le faire. Et Annie de pouffer de rire ! De retour en coulisses, elle avait beau lui dire : « C'est pas gentil, Loulou ! Ne me refais pas ça ! », il recommençait dès qu'il en avait envie. Mais les deux stars étaient unies et soudées. Elles ne faisaient qu'une personne, si un différend intervenait dans la troupe. Jamais Mariano n'aurait pris le contre-pied d'Annie, ni cette dernière le contre-pied de Mariano. Pour deux vedettes de cette importance, le fait vaut d'être relaté, car il est rarissime.

Pendant qu'il jouait *Visa pour l'amour*, Luis Mariano fit une performance étonnante. Il avait décidé, en accord avec sa maison de disque, de commencer une série de disques 33 tours dits « de fond », c'est-à-dire comprenant des chansons éternelles, au-delà de la mode et des styles. Il enregistra, cette année-là, douze mélodies napolitaines, proches des grands airs d'opéra et qui étaient au répertoire de grands ténors lyriques comme Caruso, Tito Schipa ou Benjamino Gigli. Bien sûr, il y avait « O Sole Mio », « Santa Lucia », mais aussi des mélodies très difficiles comme « Addio mia bella Napoli » ou « Dicitencello Vuie », qu'il avait vraiment exhumées et voulait ressusciter. Les très belles orchestrations de ce disque étaient dues à Paul Bonneau et la prise de son à Alain Butet. La direction artistique des séances était confiée à Maurice Grosjean.

Les douze titres furent enregistrés en trois fois, à deux heures du matin. Il fallait à Mariano beaucoup de foi, de courage et d'amour pour enregistrer ce remarquable album. Il en fut récompensé. La critique musicale, spécialiste du *bel canto*, en l'occasion la revue *Opéra*, compara Luis Mariano à Benjamino Gigli. Mariano en fut profondément heureux, et le fut encore plus quand il rencontra Gigli en personne, et que le grand artiste napolitain, une des gloires mondiales de l'art lyrique que l'on disait le successeur d'Enrico Caruso, le félicita chaudement pour son album de chansons napolitaines. Il ne pouvait y avoir de plus belles récompenses pour Mariano. Il se voyait traiter d'égal à égal par une de ses grandes idoles et, à partir de ce moment-là, nous pouvons dire sans crainte que Luis Mariano est déjà entré au Panthéon de l'art lyrique de son vivant.

Les trois années que Luis Mariano et Annie Cordy passèrent à travailler ensemble – deux saisons à la Gaîté Lyrique et une troisième en tournée – furent, de l'avis de l'un et l'autre des deux partenaires, les plus belles années de leur vie professionnelle. Un tel climat d'amitié, de confiance, d'estime réciproque et de complicité régnait entre eux que c'était une joie déjà de les voir. Aujourd'hui encore, Mme Annie Cordy ne peut évoquer son « Loulou » sans avoir les larmes aux yeux.

La tournée en province se passa dans l'allégresse et le triomphe. Tantôt, selon l'importance des villes et des théâtres où se produisaient les deux vedettes, on donnait l'opérette *Visa pour l'amour*, tantôt on faisait des galas de variétés où chacun faisait son tour de chant. Mariano et Cordy se retrouvaient en fin de spectacle pour une série de duos. Luis était accompagné par son pianiste Maurice Darnell, auquel se joignaient les musiciens d'Annie, et Annie était accompagnée par une petite formation de jazz menée par les deux célèbres joueurs de trombone français, Benny Vasseur et André Paquinet.

En vue de ces galas, Luis et Annie avaient enregistré un 45 tours de variétés avec deux très bons duos, « Aïe, pourquoi on s'aime ! » et le remarquable « C'est autre chose » de Ralph Bernet, qui travaillait alors beaucoup pour Johnny Hallyday, sur des paroles de Jean-Pierre Calvert, l'un des Compagnons de la Chanson. Sur ce 45 tours, Luis Mariano interprète également en solo une très belle chanson, « Plus je t'entends », d'un jeune auteur-compositeur interprète, Alain Barrière. Mariano met dans cette interprétation une touche émouvante et personnelle qui en font une grande création. Nous constatons ainsi que Luis Mariano évolue avec les changements qui interviennent dans la chanson française de ce début des « sixties ». C'est cette évolution qui va assurer la pérennité de sa carrière jusqu'à sa disparition. Il faut voir là le signe d'une grande intelligence de sa part, car il aurait très bien pu rester figé dans le style qui était le sien à ses débuts, et qui avait jusqu'alors fait ses preuves.

La tournée internationale de *Visa pour l'amour* passe par la Belgique et le Canada. À Montréal, sous l'égide de l'imprésario Henri Koudriavtzeff, le Théâtre Saint-Denis affiche Luis Mariano et Annie Cordy dans *Visa pour l'amour*. Ils jouent à guichets fermés pendant trois semaines, ce qui est une performance rarissime pour Montréal. Les deux vedettes participent à de nombreuses émissions de télévision, tant à l'intention du public francophone que des Canadiens anglophones. Tous les restaurants, les petits cafés et les bars situés dans le périmètre du théâtre ont fait imprimer sur leurs nappes les photographies d'Annie et de Luis. D'immenses affiches parsèment les espaces publicitaires de la métropole québécoise.

C'est dans une ambiance délirante que la tourné de *Visa pour l'amour* se termine à Angers le 3 mai 1964. Ce qui n'empêcha pas Mariano et Cordy de se retrouver et de se fréquenter le plus souvent possible dès que leur carrière respective leur en laissait le loisir.

Côté chanson, Mariano lance « Viens à moi » un grand succès mexicain de l'Indien Paco Michel, dont il me fit faire la version française. Je lui adaptai également « Kiss me quick », sous le titre de « Un baiser », une chanson américaine que Mort Schuman – qui devait par la suite faire une belle carrière d'auteur-interprète en France –, avait écrite aux États-Unis pour... Elvis Presley, « the King »! On peut constater là encore l'étonnante évolution de Luis Mariano. Sur ce même disque, le ténor enregistre le thème du grand film *Le Docteur Jivago*, la célébrissime « Chanson de Lara » due à la plume du grand compositeur Maurice Jarre, le père de Jean-Michel Jarre. Plus dans son style, Luis a rapporté d'Espagne l'« Himno de Andalucia », du compositeur andalou Juan Garcia Escobar et que j'intitulai en français « Chant d'Andalousie ». Luis Mariano vient de découvrir pour ses enregistrements de variétés un jeune chef d'orchestre, Bernard Gérard, qui allie un immense talent d'orchestrateur à une gentillesse à toute épreuve. Luis et lui deviendront de grands amis.

Au milieu des tournées, des galas, des radios et des émissions de télévision, Mariano trouve le temps de poursuivre sa série de 33 tours de fond inaugurée avec les « Chansons napolitaines ». Sur de somptueuses orchestrations de Paul Bonneau, il enregistre douze chansons classiques espagnoles. Ses interprétations de « Granada », du grand compositeur mexicain Agustín Lara et de « Valencia », la populaire chanson de José Padilla, vont rester dans toutes les mémoires et dans toutes les discothèques. Ce sont aujourd'hui des « incontournables » de Mariano. Luis les présente à la télévision ainsi que « Laissez passer les étudiants » dans l'émission « Discorama » que la productrice Denise Glaser consacre entièrement à la légende vivante qu'est devenu Luis Mariano. Pour cet album de chansons espagnoles, dont la couverture représente un Mariano souriant devant l'admirable panorama de la ville de Tolède, le ténor a également choisi quelques compositions de musiciens classiques ibériques : « La jota » de Manuel de Falla, « Malagueña » et « Andalucia », extraits de la Suite symphonique espagnole d'Ernesto Lecuona. À côté de ces musiques dites sérieuses, Mariano chante « El Vito », un folklore castillan et le paso doble « El Relicario », un succès mondial que José Padilla composa dans les années vingt pour Raquel Meller. Mariano nous donne de cette chanson une interprétation très personnelle, et c'est encore là un cas où il est facile d'affirmer que Mariano avait le don de créer une seconde fois les anciens succès qu'il lui arrivait de reprendre.

Mariano ne tenait pas en place. À peine la tournée de *Visa pour l'amour* fut-elle terminée qu'il repartit sur les routes de gala en gala, car, nous le savons maintenant, Mariano, depuis la mort de ses parents, n'était vraiment heureux que lorsqu'il chantait pour son public et qu'il offrait son cœur dans des gerbes d'harmonie, de soleil et de rêve.

Dès l'automne 1964, il entreprend une nouvelle tournée du *Chanteur de Mexico* à travers toute la France. La première représentation a lieu tout près de Paris, à Rouen au Cirque-Théâtre. L'orchestre symphonique de ce théâtre était dirigé par une jeune femme fort sympathique et très compétente, Hélène Claudine. C'était une des premières femmes à conduire l'orchestre d'un grand théâtre en France. Quand on lui apprit qu'elle allait diriger le célébrissime Luis Mariano dans *Le Chanteur de Mexico*, un des plus grands succès du ténor, la jeune femme fut prise d'un immense trac, que la gentillesse de Luis calma de quelques mots dès son arrivée à la répétition :

– Ne vous en faites pas, mademoiselle!... Tout se passera très bien!

Toutefois, un léger incident se produisit un peu plus tard. La répétition se déroulait normalement. Arlette Patrick jouait Cri-Cri et Luc Barney, qui s'était illustré en reprenant fort brillamment *L'Auberge du Cheval Blanc* au Châtelet, jouait Bilou. Et l'on en arriva au moment où Mariano devait chanter « Acapulco ». Luis écouta l'introduction musicale, les huit mesures où les guitares font le rythme, et il interrompit les musiciens en s'adressant au chef :

– Je suis désolé, Mademoiselle!... Mais il manque des maracas!

Les maracas sont de petits instruments de percussion d'origine cubaine. Ils se présentent sous la forme de deux petites boules que le percussionniste agite en cadence. Le grésillement rythmé qu'ils produisent est absolument indispensable dans les morceaux à couleur exotique.

La jeune chef d'orchestre rougit et balbutia timidement :

– Nous n'avons pas de maracas dans l'orchestre, monsieur!

– Eh bien, débrouillez-vous! Allez en chercher... Et je vous avertis que je ne chanterai pas ce soir si vous n'avez pas de maracas!

La répétition reprit. Pendant ce temps, le directeur envoya quelqu'un qui alla dans les différents magasins de musique de Rouen, pas de maracas! Dans les différentes boîtes de nuit de la ville où jouaient parfois de petits orchestres de danse. Les boîtes étaient fermées car elles n'ouvraient qu'en fin de semaine (or, on était un jeudi). Finalement, le directeur envoya son messager faire un aller et retour ultrarapide à Paris, d'où il rapporta les fameux maracas qui furent donc présents derrière la voix de Luis Mariano pour l'interprétation d'« Acapulco ».

Cette petite histoire montre la grande conscience professionnelle de Mariano qui voulait que tout fût aussi parfait en province que cela l'avait été sur la scène du Châtelet à Paris.

En avril 1965, la tournée du *Chanteur de Mexico* fait halte à l'Opéra de Nice. Luis et Patchi logent dans un hôtel de l'arrière-pays, qui est un ancien monastère transformé en hôtel. Mariano adorait ce genre d'établissement. Tous les jours, Patchi téléphonait à son épouse Françoise, alors enceinte et sur le point d'accoucher, pour prendre de ses nouvelles. La jeune femme était restée à Arcangues, car Patchi et Mariano désiraient que l'enfant naquît au Pays basque. Le matin du 13 avril, Françoise Lacan appela son mari pour lui annoncer qu'elle partait pour la clinique. Patchi, trop ému pour conduire car c'était son premier enfant, prit l'avion Nice-Biarritz. Quand il arriva en fin d'après-midi au chevet de sa femme, il fit la connaissance de son premier fils.

Afin d'honorer Luis Mariano, et pour lui faire plaisir, ils appelèrent le petit garçon Marianín, c'est-à-dire petit Mariano, et demandèrent au ténor d'être son parrain. Mariano accepta de grand cœur. Il prit immédiatement son rôle très au sérieux. Le baptême du petit Marianín fut une fête somptueuse, comme seul Mariano savait en donner. Luis était vraiment heureux. Un rayon de soleil entrait dans son cœur. Il se prit à aimer le bébé comme s'il avait été réellement son fils, lui qui avait toujours souhaité de toute son âme avoir un fils un jour. Le baptême de Marianín Lacan, d'abord fixé au 24 juin, eut lieu en fin de compte le 30, date de la Saint-Martial, le patron d'Irún. Parmi les nombreuses personnalités qui y assistaient, il y avait le marquis Pierre d'Arcangues et Mme Sophie Bleustein-Blanchet, ainsi qu'Edouardo Cortijo et les membres de la famille espagnole de Luis Mariano. Après la cérémonie, tout le monde se rendit à Irún dans l'après-midi pour se joindre aux festivités de la Saint-Martial.

Si l'on avait ainsi reculé la date du baptême, c'était parce qu'il était impossible à Mariano de se libérer des représentations du *Chanteur de Mexico* au Grand Théâtre de Bordeaux. On jouait à guichets fermés, et le directeur,

M. Lalande, était obligé de faire prolongations sur prolongations.

Je vins rejoindre Mariano à Bordeaux. J'étais passé par le Vésinet et Maria-Luisa m'avait confié des chemises et des bouteilles de sirop pour la gorge, afin de les remettre à Luis. Mais je lui apportais surtout quelques textes de nouvelles chansons, dont « Tes yeux », adaptation du succès américain « Spanish eyes » du compositeur germano-californien Bert Kampfert, qui avait écrit « Strangers in the night » pour Frank Sinatra. « Tes yeux » remportèrent un immense succès. Au plus fort de la vague « yé-yé », Luis Mariano resta six mois dans les cinq premières places du « hit-parade » de France-Inter, et un an en tête du « hit-parade » canadien. Nos cousins du Québec sortirent un 33 tours avec « Tes yeux » en titre vedette et onze autres chansons que j'avais écrites pour Luis. Sur le même 45 tours original français figurait aussi une très jolie chanson, « Séville », que j'avais faite sur une ravissante mélodie de Christian Sarrel. Cette chanson restera une des faces favorites du ténor et des marianistes fervents. Dans « Adios Lima », écrite sur une composition du regretté Paul Durand, Mariano vocalise avec une facilité surprenante sur des contre-ut à faire pâlir tous les autres ténors.

Au cours d'une brève escale au Vésinet, Mariano me téléphona pour m'annoncer une excellente nouvelle. Sa rentrée sur une grande scène parisienne, dans une nouvelle opérette, était imminente. Il me demanda de réfléchir sur ce qui pourrait être fait autour du personnage de Christophe Colomb. Je lui répondis tout de go que l'histoire de Christophe Colomb manquait d'aventures sentimentales, à moins d'inventer une idylle, même platonique, avec la reine d'Espagne Isabelle la Catholique. Mariano déclara qu'il n'en était pas question. Il me demanda alors de venir le rejoindre à Bordeaux. Il avait une autre idée.

Je pris donc la petite Floride blanche que je possédais à

l'époque et partis pour Bordeaux. En arrivant au Grand Théâtre, je frappai à la loge de la vedette. J'entendis « Entrez ! » et dis, timide et poli :

– Bonsoir, monsieur Mariano !

– Si tu ne me tutoies pas tout de suite, et si tu ne m'appelles pas Luis ou Mariano, tu sors et je ne te parle plus !

C'était vraiment la grande porte de son amitié fraternelle qu'il venait de m'ouvrir. Pour moi, ce fut un peu difficile au début de tutoyer une star d'une telle grandeur car je suis plutôt d'une nature timide. Après une représentation triomphale, et la traditionnelle émeute de la sortie, nous nous retrouvâmes dans un calme petit bistrot du quartier du Marché des Grands Hommes. Mariano m'expliqua qu'il désirait jouer une pièce sur une période de la vie du peintre aragonais Francisco Goya, qu'il admirait énormément. Comme il en avait assez de jouer les jeunes premiers, il voulait prendre le rôle du peintre à l'âge de quarante ans. Cela permettait ainsi à Mariano d'aborder les grands premiers rôles, et de prendre un virage dans sa carrière. Quarante ans, c'est l'âge où Goya devient le peintre officiel du roi Charles IV, et où il défraie la chronique madrilène par sa liaison scandaleuse avec Maria-Cayetana, duchesse d'Albe et de Berwick. J'étais emballé par cette idée que je qualifiais de grandiose. Mariano me proposa alors de suivre cet été-là la tournée espagnole qu'il allait entreprendre et de glaner le maximum de renseignements et de documents sur cette époque de la vie du peintre.

Mariano désirait également me présenter à Francis Lopez qui allait composer la partition de l'œuvre. Il pensait que le temps était venu, et me fit le plus beau cadeau du monde. Luis me traçait le chemin de ma carrière. Hélas, à l'heure où j'écris ces lignes, Francis vient de rejoindre son interprète préféré. Je me sens abattu, très peiné, un peu orphelin. En me présentant au génial compositeur, Luis pressentit-il que nous écririons, Francis Lopez et moi, trente-deux opérettes ensemble ?

Pendant la tournée d'été, Mariano me présenta « son » Espagne sur un plateau d'argent. Il me montra et m'expliqua tout ce que l'Espagne possédait de mieux. À Madrid, il me fit rencontrer le célèbre matador El Cordobès et Mme Carmen Sévilla. Un soir, Luis invita à dîner le plus grand compositeur du Mexique, le señor Agustín Lara. Lara félicita Mariano pour son enregistrement de « Granada ». Il le qualifia de « hors de pair » et lui déclara que, pour lui, le disque de Mariano était le meilleur fait jusqu'à ce jour. Je pense qu'il l'est encore. Après le dîner, Agustín Lara nous fit la grâce de se mettre au piano, et, toute la nuit, Mariano chanta les plus belles chansons du « Musico-Poeta » de « Granada » à « Solamente una vez ». Une soirée comme on n'en vit pas deux dans une vie!

À Huesca, Luis chantait sous un chapiteau. Les gens étaient tellement serrés qu'il aurait été impossible de glisser une feuille de papier à cigarette entre deux spectateurs, et il y avait autant de monde à l'extérieur qu'à l'intérieur. À Sitgès, Mariano arriva la veille de ses débuts dans le cabaret le plus élégant de cette station balnéaire qui est le Saint-Tropez espagnol. Le soir, nous allâmes, Luis, Patchi et moi, écouter le tour de chant de la magnifique Sarita Montiel, alors la plus importante star du cinéma espagnol. Nous dînâmes ensuite en sa compagnie. Je me croyais dans un autre monde.

Le plus hallucinant eut lieu à Valencia.

Mariano, son pianiste et Patchi étaient descendus en avion de Madrid à la capitale de la province du « Levante », où je les rejoignis en voiture. À l'aéroport, une limousine les attendait pour les mener jusqu'au grand hôtel où leurs chambres étaient retenues. En traversant Valencia, Mariano n'aperçut aucune affiche annonçant son spectacle sur les murs de la ville. Il trouva cela bizarre. Installé à son hôtel, il convoqua l'« empresa », le directeur des arènes de Valencia, qui avait organisé le gala qui devait avoir lieu le soir même. L'homme arriva.

– Je suis très étonné de n'avoir vu aucune affiche en ville, señor! lança Luis, un brin de colère dans la voix.

– Je vais vous expliquer, señor Mariano! Nous les avons retirées depuis cinq jours. À peine les avions-nous placardées que toutes les places étaient vendues. Il ne reste plus rien pour ce soir!... Vous allez avoir cinquante mille spectateurs, señor!

– Mais les arènes ne peuvent contenir que quarante mille personnes!

– Nous avons dû mettre des chaises sur la piste! Nous avons serré au maximum!

Mariano demanda alors à l'organisateur qui étaient les autres artistes qui passaient au même programme. L'« empresa » lui apprit que la fin de la première partie était assurée par un jeune chanteur espagnol, Raphaël, qui venait de remporter le 1er Prix au Concours de l'Eurovision avec la chanson « Yo soy aquel ». Mariano se dit intérieurement que c'était peut-être dangereux, mais ne laissa rien paraître. Un conflit de générations, en somme! Luis pensa qu'il lui fallait trouver quelque chose pour pallier cela. Quand l'organisateur se fut retiré il demanda à Patchi de convoquer son pianiste et son chorégraphe, Alfredo Gil, dès que le ballet serait arrivé à l'hôtel. Il n'était que six heures du soir et Luis devait entrer en scène vers 23 heures. On avait le temps.

Mariano arriva aux arènes de Valencia assez tôt. C'est là que je le rejoignis. Il voulait assister de la coulisse à une partie du tour de chant de Raphaël. Le jeune Espagnol faisait du succès, surtout quand il chanta son tube « Yo soy aquel ». Puis, ce fut l'entracte. Mariano alla se préparer. Son coup était prêt.

Le public, remuant, bruyant, comme tous ces publics populaires des fêtes de nuit d'été, regagna ses places. Le pianiste de Mariano, Georges Sallaberry, alla prendre sa place pour conduire le grand orchestre de vingt musiciens qui allait accompagner la star. La formation attaqua un « medley », c'est-à-dire un pot-pourri des plus grands succès de Luis Mariano. À la fin de ce « medley » les applaudissements crépitèrent. Les faisceaux des projecteurs inondèrent les arènes, balayant le public de droite à gauche, puis de gauche à droite. Soudain, ils montèrent tout en haut des gradins. Là, ils découvrirent Luis Mariano, tout en blanc, cravate rouge, souriant, et derrière lui la théorie des danseuses et des danseurs en costume valencien, avec des paniers remplis d'oranges sur la tête. Luis descendit lentement au milieu du public étonné et délirant, chantant sans micro la célèbre chanson de Padilla « Valencia ». La voix, puissante, lumineuse, surnaturelle, emplissait le cirque des arènes. Quand Luis, une fois arrivé sur son podium, termina la chanson, les applaudissements, les vivats, les cris furent si forts, si violents, qu'on put croire que les arènes de Valencia allaient s'écrouler ! Le tour de chant se déroula dans une ambiance indescriptible. Luis chanta plus de vingt chansons, heureux, détendu, sans fatigue apparente, offrant sa voix et son cœur à ce public de Valencia. Il avait gagné une fois de plus. C'était ça, Luis Mariano ! Au-dessus des modes et du temps, il restait la star incomparable qu'il avait toujours été.

Le lendemain, quand la voiture vint le chercher à son hôtel pour le reconduire à l'aéroport, une foule immense l'attendait avec des bouquets. Cette foule fit une halte fleurie jusqu'à l'entrée de l'aéroport, situé à une dizaine de kilomètres de là, lançant ses bouquets à la vedette souriante et comblée. Alors, Mariano se retourna vers moi :

– Tu pourras dire à tout Paris que je suis une aussi grande vedette en Espagne qu'en France !

Rentré dans l'hexagone, Mariano entreprend une autre tournée, mais en récital de tour de chant. Il est entouré des Ballets madrilènes, dirigés par Alfredo Gil et son épouse, Pilar de Oro. Ce couple était considéré comme les meilleurs chorégraphes d'Espagne. Ils étaient des amis très proches de Mariano depuis *Andalousie*. Leur ballet, dont les danseurs étoiles étaient les jeunes Martin Romero et Carmela Montero, nièce de Pilar, étaient d'une qualité absolument exceptionnelle.

Le 20 décembre 1965, Luis Mariano était annoncé en soirée au casino de Royan. J'étais moi-même chez mes parents en cette période des fêtes de Noël. Luis s'arrangea pour arriver dans la petite ville en fin d'après-midi et sa première visite fut pour nous. Quand la voiture s'arrêta devant le joli magasin de haute couture que possédaient mes parents, Luis descendit et entra dans la boutique. Ma mère, mon père et les vendeuses n'en revenaient pas. J'étais au premier étage et me précipitais pour l'accueillir. Il me vit et me lança en souriant :

– Mais dis donc, on se croirait chez Dior ici !... Tu m'avais caché ça !

Je lui présentai mes parents qui lui demandèrent de monter à l'appartement. Il remit la chose au lendemain car il voulait vite se rendre au Casino pour voir la salle et répéter un peu pour l'acoustique.

– Tu viens avec nous ? me demanda-t-il.

– Bien sûr ! répondis-je.

Le soir, nous assistâmes mes parents et moi au spectacle qui remporta le triomphe habituel. Mais Luis, dans son infinie gentillesse, me réserva une surprise. Dans son tour de chant, il interprétait une douzaine de chansons que j'avais écrites pour lui et, comme il était dans ma ville, il annonça :

– Mesdames, messieurs, les chansons que vous venez d'entendre ont été écrites par un jeune garçon de Royan que vous connaissez bien, Daniel Ringold !

Je ne savais plus où me mettre. La salle éclata en bravos. Je regardais ma mère et mon père. Ils avaient les larmes aux yeux. C'était, pour eux, la récompense de tous leurs efforts et le remerciement de tous les bienfaits qu'ils m'avaient apportés. Luis poursuivit :

– Allez lève-toi !... Qu'on te voie un peu !

Je me levai. Les applaudissements redoublèrent. Un bonheur, un rêve!

Le lendemain, Mariano vint déjeuner à la maison, avant de reprendre la route pour aller chanter à La Rochelle. Maman avait divinement fait les choses : champagne, médaillons de langoustes avec « L. M. » dessiné sur chacun à la mayonnaise. Cela plut beaucoup à Mariano. On fit des photos. Le temps du bonheur, car aujourd'hui, ils ne sont plus là, ni Maman, ni Papa, ni Mariano!

La tournée mena également Luis Mariano chez ses grands amis Joséphine Baker et Jo Bouillon, dans leur propriété des Milandes, en Dordogne, où « Jo » se consacrait exclusivement à élever sa « tribu arc-en-ciel », douze enfants de races, de nationalités et de religions différentes, que Jo Bouillon et elle avaient légalement adoptés. À Arcachon, Mariano rendit visite à un vieil ami, l'antiquaire Boris Orekoff, qui s'était retiré là, dans sa ville natale. Partout, à chaque étape, il y avait des copains, des amis, des relations à qui Mariano tenait à serrer la main et à passer un peu de son temps précieux avec eux. Luis avait un sens profond de l'amitié comme peu de gens l'ont. C'est d'ailleurs, un des traits caractéristiques des Basques. Ils ne gaspillent pas leur amitié, mais quand ils vous l'offrent, c'est pour toujours.

C'est également cette année-là que Mariano tourna au Pays basque un grand show télévisé pour le réalisateur François Chatel. L'idée en était qu'un journaliste (incarné par le comédien Henri-Jacques Huet) partait à la recherche de Luis Mariano dans un petit village basque. Il rencontrait divers personnages typiques, un fermier, un épicier, un curé, un douanier, un mécanicien (vieux souvenir paternel sans doute), et un vieux paysan de quatre-vingts ans qui sont tous incarnés par Mariano. Luis adora faire cette émission, car elle lui permettait de s'évader totalement de son personnage traditionnel, de se déguiser et de changer de visage (il adorait ça) et surtout de montrer les multiples facettes de son talent de comédien. La séquence de l'épicier fut tournée à Biarritz, chez Félix Arostéguy, un ami de toujours, une des épiceries les plus huppées de la côte basque. Félix Arostéguy, que l'on peut comparer à un Fauchon ou un Hédiard basque, était le fournisseur habituel de Mariano en confits et en Moscatel, une sorte de grenache espagnole que le ténor adorait. Disons également que M. Arostéguy était le grand animateur de la troupe basque des Ballets Oldarra, qui ont tant accompagné Mariano.

Quand Luis rentra à Paris, il fut assailli de propositions pour sa rentrée. Si Maurice Lehmann avait déclaré, après la brouille de *Marco Polo*, que Mariano ne remettrait jamais les pieds au Châtelet tant qu'il en serait le directeur, les propriétaires des autres grandes scènes parisiennes souhaitaient tous accueillir la superstar chez eux. Cela faisait maintenant plus de trois ans que Luis n'avait pas chanté à Paris. Max Régnier et son fils Bernard lui ouvraient les portes du Théâtre de la Porte-Saint-Martin. Ils lui proposèrent une opérette composée par Charles Aznavour, dont *M. Carnaval* avec Georges Guétary et Jean Richard marchait très bien au Châtelet. L'ouvrage était intitulé *Le Prince des Sables* et était vaguement inspiré par le film *The Sheik* joué par Valentino. Luis ne refusa pas mais n'accepta pas non plus. Les Régnier étaient également en pourparlers avancés avec Francis Lopez pour l'opérette sur Goya. C'était évidemment le sujet qui tenait le plus au cœur de Luis.

Il fut également fortement question d'une grande revue au Casino de Paris, dont Luis serait la vedette, et qu'Henri Varna, le maître du genre et des lieux, mettrait en scène. La revue devait s'appeler *Paris-Madrid*, et Mariano voulait un tableau où il aurait chanté « La Plume au vent », extrait du *Rigoletto* de Verdi, au milieu des filles qui n'auraient eu que quelques plumes sur elles. Mariano était très séduit par ce projet de revue. Mais il ne parvint pas à se mettre d'accord avec Henri Varna au sujet de ses cachets.

Tous les jours, Francis Lopez venait le voir au Vésinet. Francis se mettait au piano, esquissait des mélodies que Luis finissait en improvisant. L'osmose entre les deux complices de toujours était totale. Quand on demanda un jour à Mariano, au cours d'une interview télévisée, si Francis Lopez était son compositeur fétiche, il répondit simplement :

– Je ne crois pas au compositeur fétiche. C'est l'amitié et la confiance mutuelle qui nous unissent, Francis et moi. Personne ne me connaît mieux que lui et il sait par cœur toutes les possibilités de ma voix.

En ces jours-là, Mariano était persuadé que *Goya* se jouerait à la Porte-Saint-Martin. Pourtant, un miracle, mené par Lopez, allait le faire revenir au Châtelet, pour l'apogée de sa fabuleuse carrière.

En cet automne 1965, Luis Mariano fut involontairement la victime d'un canular de presse, dont les conséquences auraient pu être néfastes. À la fin de sa tournée d'été espagnole, sur le chemin du retour vers Paris, Mariano s'arrêta trois jours en Catalogne. Il avait décidé de rendre visite au grand chanteur José Mojica, un baryton très populaire, dont Mme Gonzalèz adorait les disques, et qui avait porté la chanson « Granada » à la connaissance du public. Or, Mariano avait appris que Mojica avait abandonné sa carrière artistique, après avoir eu la révélation de la foi. Il était entré dans un couvent proche de Barcelone, et y avait prononcé ses vœux. Mariano, qui l'avait rencontré plusieurs fois au cours de leurs carrières communes, voulut aller échanger quelques mots avec celui qui était plus que Frère José et l'assurer de son amicale sympathie. Or, des photographes de presse, qui suivaient les faits et geste de Mariano – des « paparazzi » en quelque sorte – prirent des clichés de Luis entrant au couvent de Montserrat. Des journalistes de la presse à scandales, en mal de copie, titrèrent en gros caractères : « Luis Mariano entre au couvent » et allèrent inventer une histoire rocambolesque. Ils osèrent annoncer, et c'était cela qui était grave, que le ténor abandonnait sa carrière, le cinéma et l'opérette.

Cela écœura Mariano et révolta le petit cercle de ses intimes qui le connaissaient bien. Certes, Luis était très croyant, pratiquant lorsque sa carrière lui en laissait le temps, mais de là à entrer au couvent et à prononcer ses vœux, il y avait une marge ! Nous voyions mal cet homme, qui retrouvait depuis peu sa joie de vivre et sa gaieté proverbiales, cette vedette adulée qui adorait son public, ses amis, sa famille et la vie en général, revêtir une robe de bure et terminer ses jours dans une petite cellule aux murs blanchis à la chaux. C'était aberrant ! Mariano, son accès de colère et d'abattement passé, refusa même de donner un démenti. Cela lui aurait paru s'abaisser. La suite de sa carrière allait être la preuve éclatante que, jamais au grand jamais, Luis Mariano n'avait eu un jour la moindre envie d'entrer au couvent.

Il n'y était allé que pour porter un fraternel salut d'amitié à un ancien confrère.

XIII

À Paris, Lopez, le musicien inspiré, le magicien, ne chômait pas. Il se transforma en homme d'affaires. Au Châtelet, pendant la seconde saison de *M. Carnaval*, Maurice Lehmann, que ses migraines faisaient de plus en plus cruellement souffrir, avait décidé de passer la main. Il occupait le fauteuil directorial depuis le 29 novembre 1928, d'abord en association avec Alexandre Fontanes, puis seul à partir du 18 décembre 1931, date de la première de *Nina Rosa* du compositeur américain d'origine allemande Sigmund Romberg et Albert Willemetz, avec André Baugé en vedette. Cet ouvrage obtint un très gros succès.

C'est Francis Lopez qui présenta Marcel Lamy à Maurice Lehmann. Le grand compositeur, à qui le Châtelet devait tant de soirs glorieux, pensait avec raison que, sur le plan artistique, M. Lamy était la personne la plus capable de prendre la lourde succession de M. Lehmann à la tête du théâtre géant. D'autre part, il savait que s'il réussissait dans son entreprise, il ouvrait de nouveau les portes du Châtelet à son ami Mariano et, par conséquent, à sa nouvelle opérette sur Goya, dont le titre n'était pas encore établi définitivement. De plus, Marcel Lamy était un vrai directeur de théâtre. Il l'avait prouvé à Nancy et à l'Opéra de Genève et il était aussi un amateur et un connaisseur éclairé des grandes voix lyriques. Il avait également un sens aigu de la mise en scène à grand spectacle.

Lamy et Lehmann se mirent d'accord. Ce fut alors que Lopez avertit Mariano que c'était au Châtelet et non à la Porte-Saint-Martin qu'aurait lieu sa grande rentrée parisienne. Francis tenait à avoir un livret très solide. Marcel Lamy avait d'abord demandé à Jean Valmy d'écrire le livret. Il y eut dix versions différentes qui n'emballèrent ni Mariano ni Lopez. Finalement, on appela le compagnon de toujours, le talentueux et irremplaçable Raymond Vincy. Il avait l'habitude de travailler avec Lopez et Mariano. Il savait que le ténor et le compositeur n'aimaient ni l'un ni l'autre les scènes parlées trop longues. Il fallait des répliques courtes, incisives tout en étant explicatives. Pas de « tunnels », c'est-à-dire des phrases qui n'en finissent pas et qui allongent inutilement le texte, les répliques devaient amener les numéros musicaux. Francis Lopez, Raymond Vincy et Luis Mariano se mirent d'accord sur le titre définitif de l'ouvrage qui allait désormais s'appeler *Le Prince de Madrid.*

Il est curieux de constater que, lorsqu'une idée est dans l'air, plusieurs artistes s'en emparent. Ainsi, bien avant que la presse ne parlât du projet de rentrée de Luis Mariano à Paris, les journalistes annoncèrent que le compositeur classique Tony Aubin préparait pour le Palais Garnier un opéra sur Goya. Mariano s'en émut quelque peu. Mais *Le Prince de Madrid* éclipsa bien vite ce spectacle dont on parla peu et qui ne connut que quelques représentations. Par contre, on peut dire en toute certitude que *Le Prince de Madrid* fut l'apogée total de la carrière de Mariano.

L'opérette fut montée avec un luxe inouï. On ne recula devant rien. Marcel Lamy engagea le peintre espagnol Emilio Burgos, directeur de l'Academia Goya à Madrid, pour faire les maquettes des décors et des costumes, d'après les tapisseries et les tableaux du grand peintre aragonais. Tous les tableaux de l'opérette (il y en avait vingt-huit) étaient pratiquement des reproductions des toiles de l'artiste. On n'oubliera pas la maison de danse du premier tableau, les bords du Manzanarès, la corrida, les terrasses du palais Liria, la féria de Séville (finale du premier acte), le pont sur le Manzanarès, et l'extraordinaire finale rouge et or du second acte.

Une partition fabuleuse, quasiment un opéra-comique, des mélodies sublimes, des ballets dont la splendeur musicale font parfois penser à Granados, une œuvre où le chant est magnifié. Francis Lopez fait un cadeau royal à Luis Mariano pour sa rentrée au Châtelet. L'air d'entrée, « España », est une des plus belles chansons d'entrée jamais écrite. Luis apparaissait au premier étage de la maison de danse où il chantait le couplet :

« España ! Tu m'as donné la vie ! »

Puis, dans un maniement de cape extraordinaire, il descendait l'escalier et venait rejoindre les vingt-cinq danseurs des Ballets Goyescas d'Alfredo Gil et Pilar de Oro. Et là, de table en table, il interprétait le refrain :

« España, tu chantes pour moi
Le vin, le soleil et la joie !... »

Puis, il dansait le paso doble avec tout le ballet espagnol, entouré à sa droite d'Alfredo et à sa gauche de Pilar. Mme Jacqueline Cartier écrivit dans *France-Soir* : « Il danse comme Antonio, manie l'épée comme d'Artagnan, et chante comme Luis Mariano ! » Les autres chansons de Mariano n'en étaient pas moins sublimes, « Torero » avec sa coda en aigus flamencos où Luis égale les meilleurs du genre ; « Le Prince de Madrid », la valse du titre, à l'envolée mélodique éclatante ; « La Féria de Séville », finale du premier acte, où, dans le couplet, le ténor tient un *la* aigu pendant seize mesures (!); « Toi mon seul amour », un grand air qu'il chantait après s'être battu à l'épée avec quatre cascadeurs. Imaginez le souffle qu'il fallait avoir pour faire un tel exploit! Il faut citer également le charmant « Florecita » et les deux duos « La Carriole » et « Laissons faire le temps ». Luis chantait ce duo avec Mme Maria Murano dans le décor magnifique de la chapelle de San Francisco El Grande de Madrid, fidèlement reconstituée sur la scène du Châtelet avec les fresques de Goya. Un duo que Verdi n'aurait pas renié et dans lequel Mariano rejoignait les plus grands ténors d'opéra de l'époque.

Luis dansait également avec le ballet une sévillane qui est un pas extrêmement difficile à exécuter. Le rôle était lourd avec vingt-deux changements de costume. Jamais, pendant les deux saisons que dura *Le Prince de Madrid* (il y eut 544 représentations), Luis Mariano ne se fit remplacer une seule fois. À deux reprises, en proie à une bronchite tenace, il refusa de se laisser doubler et chanta par-dessus le mal. Sa science approfondie du chant le lui permettait. Il y avait, à l'époque, onze spectacles par semaine. La première publique eut lieu le 3 mars 1967 et la grande générale de presse le 16. Générale brillante s'il en fut, le « Tout-Paris » était dans la salle. Maurice Chevalier, ami et admirateur de Luis de longue date, Mme Alexandre-Debray, Patachou, Jean Richard et Georges Guétary (vedettes de la précédente opérette), Carmen Sévilla étaient présents.

Luis arriva à bord de sa magnifique Rolls, conduite par Patchi. Il était drapé dans sa cape espagnole noire, doublée de rouge, qu'il savait porter avec noblesse comme personne. Maria-Luisa, sa sœur, l'accompagnait ainsi que Mme Françoise Lacan, enceinte de quelques mois, dans une superbe toilette du soir, et le petit Marianín, son filleul, costumé en « niño », en petit garçon du temps de Goya. Naturellement, voici Francis Lopez, accompagné de sa sculpturale et flamboyante épouse Anja Lopez et de leur fils Rodrigo qui était pratiquement du même âge que Marianín. Mariano avait adopté une nouvelle coiffure inspirée de celle des autoportraits de Goya et s'était laissé pousser les favoris, car il refusait de porter des postiches.

Le jeune premier s'est transformé en un premier rôle extraordinaire, avec une maturité et une solidité admirables. Douze rappels le soir de cette générale. Une unanimité de la critique parisienne qui donne à Mariano le surnom qui le suivra dans l'éternité : « Le Prince de l'opérette ». Sur la scène, entouré par toute la troupe c'est-à-dire plus d'une centaine de personnes, Luis Mariano, Francis Lopez et Marcel Lamy exultent. Leurs sourires illuminent le théâtre encore plus que les batteries de projecteurs braqués sur eux. La rentrée de Luis Mariano à Paris n'est pas un succès, c'est un triomphe, une apothéose comme on en a rarement vus. Mariano vient de mettre, de son vivant, un pied dans la légende.

Il est physiquement magnifique, radieux. Il est fier de déclarer que son poids et ses mensurations n'ont pas varié depuis *La Belle de Cadix* : 77 kilos pour 1 mètre 77. La voix est au maximum de sa puissance et de ses possibilités. On le sent heureux et ce bonheur, qui inonde le public, participe à l'immense succès de l'opérette. Un bonheur qui a pour cause un petit garçon rieur : son filleul Marianín.

Autour de Luis Mariano, une pléiade d'artistes aussi talentueux les uns que les autres. À un « Goya » aussi prestigieux, il fallait deux partenaires féminines. Jeanine Ervil, qui avait déjà chanté avec Mariano dans *Le Secret de Marco Polo*, joue le rôle de Josefa Bayeu dite « Florecita », qui épousera le peintre; Maria Murano, un des bijoux de l'Opéra-Comique, une des plus belles « Belle Hélène » que l'on ait connues, incarne la célèbre duchesse d'Albe, l'ardente maîtresse du peintre. Lucien Lupi, magnifique baryton basse, est

Costillares, le matador rival de Goya dans le cœur de la duchesse. La partie fantaisiste est assurée par l'irrésistible Maurice Baquet et une nouvelle venue ravissante, à la voix fraîche, Éliane Varon. Citons également Mme Suzanne Baugé, la veuve du grand André Baugé; la délicieuse comédienne Simone Sylvia; René Novan, qui joua tant de fois sur cette même scène du Châtelet; Jean-Louis Simon, dans le rôle d'Horatio, le valet de Goya; Jacques Villa, un comédien sûr qui jouait Alfonso; Jean Chesnel qui incarnait Godoy, le ministre, amant de la reine Maria-Luisa, elle-même jouée par la plantureuse et belle Monique Faraut.

Alfredo Gil et Pilar de Oro, que Mariano aimait et appréciait tant, avaient dessiné une chorégraphie remarquable. Nul n'oubliera leur duo de castagnettes, devant un taps représentant une tapisserie champêtre de Goya. On avait l'impression que les castagnettes parlaient et tenaient une conversation. Le couple de jeunes danseurs étoiles étaient Martin Romero et Carmela Montero.

Ainsi que nous l'avons déjà vu, le livret et les dialogues étaient signés Raymond Vincy qui devait, hélas, nous quitter pendant le cours des représentations. Les splendides arrangements musicaux étaient de Paul Bonneau et le grand orchestre du Châtelet était dirigé par un jeune chef qui devait faire son chemin, Jean-Claude Casadesus. Quant aux décors, imaginés par Emilio Burgos, ils furent réalisés par Messieurs Simonini, Pelegry et Laverdet. Les costumes, dessinés également par le Maître Burgos, furent exécutés par Mme Madeleine Bonpuget dans les ateliers du Châtelet, et ce fut Henry Lebrun qui se chargea de ceux de Luis Mariano, dont le célèbre costume rouge et or du finale, et de ceux de Jeanine Ervil et Maria Murano. La mise en scène était due au directeur Marcel Lamy.

Quant aux lyrics, il y eut un problème. Mariano et Lopez avaient souhaité que je les écrive. Mais cela ne put se faire. Il manquait une forte somme d'argent pour monter la pièce. Jacques Plante, un auteur de chansons fort connu et fort talentueux, versa cette somme manquante et il écrivit les paroles des chansons de l'opérette. J'en fus très déçu et très peiné. Il me faudra attendre 1972 et *Gipsy* pour être chanté au Châtelet. Mais, hélas, Luis Mariano n'était plus là!

À chaque représentation, Mariano dessinait un très joli portrait de la duchesse d'Albe, incarnée par Maria Murano. Inutile de dire que les partenaires et les amis de la star attendaient fébrilement que Luis leur offrît une de ses esquisses, ce qu'il faisait volontiers. Il en existe encore une superbe que Patchi conserve précieusement à Arcangues. Mais l'esprit farceur, dont il avait fait preuve toute sa vie, ne quittait pas cet ex-étudiant des Beaux-Arts dont la carrière avait fait une idole. Pour le finale du premier acte, qui représentait la fameuse Féria de Séville, Mariano en costume « goyesco » blanc, entrait avec la duchesse d'Albe, dans une véritable carriole tirée par un véritable cheval blanc dressé par un jeune garçon nommé Alain Bressy. Mariano avait l'habitude de s'asseoir dans la carriole, en coulisses, pendant le précédent tableau. Mme Murano arrivait pour se mettre à ses côtés au dernier moment. Un soir, il s'amusa à mettre du fluide glacial à l'endroit où se posait la cantatrice. La duchesse d'Albe arriva pendant que sur scène le ballet espagnol préludait à l'entrée de Goya. Les trompettes de l'orchestre commencèrent à sonner l'introduction de la « Féria de Séville » et la calèche s'ébranla. Maria Murano frissonnait. Mariano n'en pouvait plus de pouffer de rire. Avant de descendre de la carriole, comme s'il disait son texte, il lui lança :

– Vous avez froid, duchesse?... Il fait pourtant 38 degrés à Séville! puis il éclata carrément de rire avant de commencer sa chanson. Mme Murano sourit puis rit également.

Le soir de la dernière, il répondit à Monique Faraut,

qui avait une fort belle poitrine et qui jouait la reine d'Espagne, lorsqu'elle lui demanda s'il acceptait de faire son portrait : « Oh, madame, bien sûr ! Surtout quand on a ce que vous avez ! », tout en joignant le geste à la parole. Toute la salle s'unit à Mariano dans un éclat de rire. Il y avait, dans la pièce, un tableau qui ennuyait un peu Mariano mais qui était superbe vu de la salle. C'était celui de l'Inquisition, qui accusait Goya d'avoir peint la nudité de la duchesse d'Albe dans le tableau dénommé *La Maja desnuda*. Mariano répondait aux questions que lui adressaient les juges par des phrases qui commençaient par « Si, señor ! » suivi d'autres mots, mais il ne chantait pas dans ce tableau. Ce qui l'agaçait quelque peu. Un soir, il dit à Patchi et à moi qu'il nous pariait un dîner à L'Alsace aux Halles qu'il ne dirait que ses « Si, señor ! » et bafouillerait n'importe quoi après. Ce qu'il fit et le public ne s'aperçut de rien tant l'aura de Luis Mariano était forte.

Nous pûmes aussi constater l'impact de cet immense star sur le public, grâce à un événement dont Patchi, le pianiste Georges Sallaberry et moi furent les témoins. Mariano avait accepté d'être la vedette d'un gala donné au Palais de la Mutualité, au bénéfice de l'Association des Basco-Béarnais de Paris. Il arriva à la Mutualité un peu avant une heure du matin, après avoir joué et chanté *Le Prince de Madrid* au Châtelet. Il avait troqué son magnifique costume rouge et or du finale contre son célèbre complet d'alpaga gris anthracite. Lorsqu'il entra en scène, ce fut une immense ovation qui accueillit le Basque le plus célèbre de France. Luis chanta, ce soir-là, une vingtaine de chansons, oubliant totalement la fatigue de l'opérette, tant le succès que lui réservait le Palais de la Mutualité lui chauffait le cœur. Souriant, radieux, il allait quitter la scène en saluant profondément, quand le public se mit à crier sur l'air des lampions : « Fandango ! Fandango ! Fandango ! Fandango ! » Luis se retourna vers la coulisse, où nous nous tenions Patchi et moi. Patchi lui tendit un verre d'eau. En prenant le verre, Mariano lui dit, l'air inquiet : « Je ne la sais plus ! » En effet, il n'avait plus chanté « Fandango du Pays basque » sur scène depuis près de vingt ans. Patchi lui répondit : « Ça ne fait rien ! Vas-y. »

Un sourire éblouissant aux lèvres, Mariano revint vers le centre de la scène. Il fit un signe à son pianiste qui se mit à jouer l'introduction de la célèbre chanson. Et voici ce que nous entendîmes :

« Fandango du Pays basque !
Fandango du Pays basque !
Ay ! Fandango, Fandango, Fandango,
Fandango, Fandango, Fandango !... »

Et ainsi jusqu'à la fin de la chanson. Le public se leva pour faire une « standing ovation », une ovation debout, à la vedette. Et tout le monde était persuadé que Mariano venait de chanter la chanson avec les paroles exactes. Tant était intense, lumineuse, magnifique, la présence en scène de Luis Mariano !

Mais cette idole des foules savait rester, dans le privé, un homme courtois, distingué et d'une grande classe. Le mardi suivant la générale du *Prince de Madrid*, Luis Mariano invita au Vésinet les auteurs et ses principaux partenaires du *Prince de Madrid*, M. et Mme Lamy, et d'autres personnes de ses amis à une paella géante. On déjeunait à l'heure espagnole, c'est-à-dire vers quatorze heures trente, quinze heures. Mariano accueillait lui-même ses invités au bas du grand escalier du hall, dominé par le grand tableau qui représentait la famille Gonzalèz. À ses côtés, sa sœur Maria-Luisa faisait office de maîtresse de maison. Les guitaristes espagnols du ballet jouaient des flamencos en fond sonore. Jesus, le major-dome, avait l'œil sur tout et surveillait les deux extras qui avaient été engagés pour la circonstance.

Quand Francis Lopez arriva, souriant et heureux, il

était accompagné de sa sculpturale épouse Anja, en manteau de vison blanc sur une extraordinaire robe également blanche. Coiffée d'un grand chapeau assorti, ses longs cheveux auburn artistiquement coiffés, étincelante de bijoux, elle attira tout de suite l'attention de l'assistance entière. Le sourire de Mariano fut encore plus éclatant quand il vit Anja. Il l'aimait beaucoup car la magnifique jeune femme alliait à sa beauté un esprit étincelant.

Quand tout le monde fut installé à table, Jesus et les deux serveurs apportèrent les immenses plats de paella dont Luis lui-même avait surveillé l'élaboration. En apercevant Anja, Jesus fut pétrifié. Il était médusé devant cette apparition hollywoodienne. On aurait dit qu'il n'avait jamais contemplé une femme d'une telle beauté de sa vie. Il faillit en renverser le grand plat de paella par terre. Mariano s'en aperçut, se leva et dit en riant :

– Oh, Anja, tu as changé Jesus en statue !

Et Mariano prit le plat des mains de Jesus toujours immobile et sans voix, et se mit à assurer lui-même le service !

Avant de commencer les répétitions du *Prince de Madrid*, Luis Mariano fit pour la première fois une tournée dans les pays de l'Europe de l'Est, spécialement en Roumanie et en Bulgarie. Il y reçut un accueil extraordinaire et y remporta des triomphes hors du commun, devant des salles archicombles, comme à Bucarest et à Sofia, où il se produisit dans les gigantesques opéras populaires de ces deux capitales. Les Ballets madrilènes d'Alfredo Gil et Pilar de Oro l'accompagnaient.

Une semaine avant la première au Châtelet, il effectue un grand retour en force devant les caméras de la télévision française, dans « Le Palmarès des chansons » de Guy Lux, réalisé par Roger Pradines. Guy Lux lui consacre un coup de chapeau spécial, devant les affiches de ses principales opérettes, et Francis Lopez vient tout exprès se mettre au piano pour l'accompagner. Il a participé également au Super Palmarès du 13 juillet 1967, où toute une séquence lui était spécialement consacrée. Les Ballets madrilènes entouraient naturellement le ténor.

Au retour de Bulgarie et de Roumanie, Mariano fait un saut à Montréal, au Canada. Télé-Métropole, une importante station de télévision du Québec, lui consacre quatre émissions dans la série « Histoire d'une Étoile », animées par la charmante Lucille Dumont. Les textes de l'émission étaient rédigés et signés par le journaliste canadien Philippe Laframboise, un ami de longue date de Mariano. Durant ces quatre émissions, Luis fit des confidences très intéressantes sur sa vie, sa carrière et son métier, à Lucille Dumont.

Pendant la première saison des représentations du *Prince de Madrid*, où le Châtelet jouait pratiquement à guichets fermés, Françoise Lacan donna le jour à une mignonne petite fille rousse, que Patchi et sa jeune épouse prénommèrent Maïté, un prénom vraiment basque. Mariano profita du jour de relâche du théâtre qui, à l'époque, tombait le mardi, pour organiser un magnifique baptême pour la petite fille à Arcangues. Avec ses invités, il fit un aller et retour en avion au Pays basque.

Le lendemain soir, qui était un mercredi, je vins saluer Mariano dans sa loge, à l'entracte. J'y trouvais la star en grande forme. Luis avait revêtu un magnifique peignoir fait dans le même tissu doré que son costume du finale de l'opérette. Étaient également présents, Patchi, Maria-Luisa, ainsi que M. et Mme Lamy, les directeurs du Châtelet, qui avaient apporté une bouteille de champagne. Nous étions en train de reparler du baptême quand, sur le seuil de la porte de la loge ouverte, vint s'encadrer la majestueuse silhouette de Francis Lopez. Mariano l'aperçut en premier :

– Ah ! Tu tombes bien. Tu sais que j'ai été hier à Lourdes ?

– À Lourdes, fit en riant Francis. Et pourquoi ?

– Pour remercier la Vierge du premier milliard de recette. C'est normal ! répondit Mariano.

Francis regarda le ténor en souriant encore plus.

– Mais ce n'est pas la Vierge qu'il faut remercier, Mariano ... c'est moi !

Nous nous regardâmes tous, interloqués, et ne sachant trop quoi répondre.

Au Vésinet, quand le petit Marianín fêta son deuxième anniversaire, Mariano va filmer le petit garçon en train de souffler les bougies de son gros gâteau. Désormais, Luis ne va vivre que pour couvrir de cadeaux son filleul et sa petite sœur.

Au cours d'un trajet pour se rendre à un gala, Luis et Patchi échappèrent de justesse à un grave accident. Cela déclencha chez Mariano une idée sérieuse : il décida d'adopter le petit Marianín pour le préserver, si quelque chose d'irrémédiable lui arrivait. Luis et Patchi firent donc les démarches nécessaires. Mariano eut-il, à ce moment-là, un pressentiment ? Nul ne le saura jamais.

Les événements de mai 1968 le bouleversèrent quelque peu, surtout lorsque l'Odéon fut envahi. Il craignit que le Châtelet ne le fût à son tour, mais, heureusement, rien ne se produisit de ce côté-là. L'été 1968, il accepta de prendre des vacances dans sa belle « finca » blanche d'Andalousie, à San Pedro de Alcántara. Naturellement, toute la famille l'accompagna. Il s'amusait des heures entières avec Marianín et Maïté dans la piscine. Parfois, un acteur américain voisin venait échanger quelques mots en espagnol avec Mariano. Cette star hollywoodienne s'appelait Mel Ferrer et il était l'époux de la ravissante Audrey Hepburn, la « My Fair Lady » de l'écran. Souvent il partait en mer avec Patchi et des amis du coin pour pêcher au gros. Il adorait ça, et cela l'amusait énormément. Et puis, il y avait aussi la voisine immédiate Carmen Sévilla, qui possédait la maison mitoyenne. Quand elle arrivait, c'était la joie, la gaieté, au cours de dîners merveilleux où les deux ex-amoureux, redevenus les meilleurs amis du monde, se retrouvaient. Que d'éclats de rire à l'évocation des anciens souvenirs communs des tournages des années cinquante ! L'après-midi, Mariano peignait souvent, et Patchi a gardé de très jolies toiles de ce lumineux été 1968, dernier été de bonheur de la superstar.

Pendant tout ce temps, l'activité phonographique de Luis Mariano reste très importante. Il continue sa série de 33 tours « de fond ». Il enregistre à cette intention six nouvelles chansons dont plusieurs en basque. En l'honneur de la petite Maïté Lacan, fille de Patchi, il choisit « Maïté », extrait d'une « zarzuela » du compositeur basque P. Sorozabal, ainsi que la berceuse basque « Aurtxoa seaskan » de Gabriel de Olaizola, sur un très bel arrangement de son ami et chef d'orchestre Bernard Gérard. Il écrit, avec ma collaboration, deux chansons qu'Henri Bourtayre – Ricou –, met en musique : « La Fête basque » et « Agur, agur » qui font toutes les deux un beau succès. L'autre face est consacrée à la réédition de grandes chansons du répertoire de Luis consacrées au Pays basque : « Fandango du Pays basque », bien sûr, « Adieu Saint-Jean-de-Luz », « Biarritz » et le fameux « Il est un coin de France », tiré du *Chanteur de Mexico*, toutes de Francis Lopez. Il y a également sur ce disque le « Fandango de Bayonne » et « Bayonne, mes amours » sur des musiques d'Henri Bourtayre et des paroles de Pierre Apesteguy et Luis Mariano.

Le 1er août 1967, Luis Mariano, tenue de pelotari, pantalon blanc, chemise blanche, ceinture, béret et espadrilles rouges, ouvre en personne les Grandes Fêtes de Bayonne. Du haut du balcon extérieur du théâtre, il chante « Bayonne, mon amour » et lance les clefs de la ville au public immense massé devant le monument. Plus tard, il chantera et dansera le « Fandango de Bayonne » entouré du Ballet basque Oldarra. Moments inoubliables dont la caméra gardera le souvenir !

La pochette de ce disque basque représente « Mariano-Ko-Etchéa », vue de la piscine, c'est-à-dire la façade hispano-basque de la villa. Mariano a écrit de sa main : « Je dédie ce disque à tous les Basques du monde, et au Basque au grand cœur, le marquis d'Arcangues, maire de mon village, où un jour, à mon tour, j'irai me reposer pour toujours. »

Là, ce n'est pas un pressentiment. Mais Mariano, en effet, vient de prendre une concession perpétuelle dans le charmant cimetière qui touche la petite église d'Arcangues, si pittoresque dans son style du pays. C'est là qu'il fait inhumer son père et sa mère, qui reposaient à Sare. Il disait que, de sa chambre, il pouvait voir la tombe de ses parents, et que cela le rendait heureux et lui réchauffait le cœur, si le cafard le prenait.

Un important imprésario américain Marcel Ventura, proposa à Luis Mariano de faire une grande tournée de quarante galas dans les grandes capitales de l'Amérique latine. Mariano, ravi, accepta et l'on fixa la tournée pour l'été 1970. Cela donna à Mariano l'idée d'enregistrer un autre 33 tours de fond consacré aux grandes mélodies sud-américaines. Il sélectionna les chansons les plus mondialement connues, reprenant naturellement « Amor, amor » et « Besame mucho » ; le célébrissime « Brazil » d'Ary Barroso qu'il voulait enregistrer en brésilien ; les grandes chansons mexicaines comme « La golondrina », « Cielito lindo » et « El rancho grande » ; les deux rumbas classiques d'Ernesto Lecuona « Maria La O » et « Siboney » ; le « porro » vénézuélien « Alma llanera » que Xavier Cugat avait créé dans le film *Le*

Bal des Sirènes – le « porro » est une danse typique des plaines du Venezuela, voisine de la « ranchera » mexicaine ; le fameux « El manisero », « Le Marchand de cacahuètes » du compositeur cubain Moïses Simons, un des pionniers de la rumba ; « La Cumparsita », un des plus grands tangos argentins en hommage à Carlos Gardel ; une autre chanson brésilienne, le « Baia » d'Ary Barroso.

Il voulait prendre son temps pour enregistrer ce disque, car il voulait le soigner particulièrement. Bernard Gérard se chargea des orchestrations, qui sont dignes des plus grands chefs américains comme Cugat ou Percy Faith. Mais Mariano avait également ses 45 tours de variétés à enregistrer. Il en fit trois à cette époque, ce qui représente douze chansons et est énorme par rapport à la production des autres chanteurs. J'eus l'honneur d'écrire la plupart des titres de ces disques. Parmi ces chansons, signalons « Brasilia » du trompette américain Herb Alpert, un grand standard orchestral ; « À San Pedro », une chanson inspirée par la « finca » andalouse de Luis et « Il n'est jamais trop tard », un slow dans le style des grandes chansons de Mario Lanza, ces deux chansons sur des musiques de Billy Nencioli ; « Cocolito », qui allait devenir un grand succès, sur une samba d'Henri Bourtayre ; « Luna de Miel », un boléro de Francis Lopez qui devait rester trois mois au « hit-parade » de France-Inter. Citons aussi « Les Calanques de Piana » sur une musique du guitariste Claude Ciari, « L'air de l'été » sur un thème de Gérard Calvi. Mariano avait rapporté plusieurs chansons d'Espagne, dont une « cumbia », un rythme colombien qui faisait fureur sur les plages d'Andalousie : « Cartagenera, ma brune », chanson dont les radios furent très friandes. Du Portugal, il ramena « Lisboa a noite », dont je fis « Bonsoir Lisbonne » et qui fut aussi un gros succès, tout comme la « Chanson païenne », succès des années 30 créé par Ramon Novarro, dont je réalisai une nouvelle version et le standard de Mabel Wayne « It Happened in Monterey », que Frank

Sinatra avait remis à la mode et que je baptisai « Un soir à Monterey ».

Une activité phonographique vraiment intense, et des disques qui furent tous de gros succès. Luis avait rapporté d'autres chansons d'Espagne mais il les gardait pour plus tard.

XIV

Pendant la seconde saison du *Prince de Madrid*, Luis Mariano ne chôme pas. À part les onze représentations hebdomadaires de l'opérette, le ténor se partage entre les émissions de télévision, les radios, les interviews, les séances de photos et l'enregistrement de ses disques. Souvent, le mardi jour de relâche, il fait des galas en province. Ou bien, à bord de sa Rolls, il prend la route sitôt que le rideau est tombé le lundi soir, et se rend à Arcangues. Il y passe quelques heures et remonte à Paris pour être sur scène à 20 h 30 le mercredi soir au Châtelet. Or, il y a plus de huit cents kilomètres de Paris à « Mariano-Ko-Etchéa ». Il agit toujours comme s'il avait éternellement trente ans. Mais c'est quand même maintenant un homme qui va sur cinquante ans et il commence à éprouver parfois une grande fatigue. Il ne le montre pas, reste d'une bonne humeur indéfectible, mais pour ceux qui le connaissent bien, il a parfois quelques signes de lassitude. Seuls, la voix reste splendide, le regard pétillant et le sourire ensoleillé. Mais le visage commence à se creuser.

Certes, il est heureux, profondément heureux. Et ce

bonheur, c'est à Patchi et à Françoise qu'il le doit et aux deux bambins que le couple lui a donnés. Plus qu'un parrain, c'est un véritable « Papa Gâteau ». Il n'est pas de jours où il n'offre des cadeaux superbes à Marianín et à Maïté. Il s'amuse comme un fou avec eux, avec leurs jouets. À ces moments-là, M. Gonzalèz n'est plus l'idole Luis Mariano. C'est un homme comme tous les autres, heureux au milieu des siens, et son seul but est de leur faire une vie douce et confortable. Ce qui est le cas. Il chérit aussi particulièrement sa sœur Maria-Luisa sur qui il a reporté une partie de l'immense amour qu'il portait à sa maman.

Le Prince de Madrid marche à merveille. Les recettes sont fantastiques. Mariano est très conscient que cela est dû surtout à la présence de son nom en haut de l'affiche. Toujours fidèle en amitié, et pour remercier Marcel Lamy de lui avoir réouvert les portes du Châtelet, il accepte d'enchaîner la saison suivante sur une prochaine opérette. Il n'a jamais fait cela : deux opérettes pratiquement l'une après l'autre à Paris. Il veut aussi conforter l'assise financière du nouveau directeur. M. Lamy lui propose un sujet sur le Portugal, écrit par Jean Valmy, et auquel le directeur tient beaucoup : *La Caravelle d'Or*. Luis accepte et signe.

En attendant, *Le Prince de Madrid* poursuit sa fabuleuse carrière. Il y a des jours où l'avenue Victoria et la rue Édouard-Colonne sont bouchées par la foule des admirateurs qui attendent soit l'arrivée, soit la sortie de Luis Mariano. Parfois, quand il y a matinée et soirée, au lieu de se reposer entre les deux, le « Prince » descend et va jusqu'à la loge de la concierge, Mme Lazaure. Il est encore maquillé et porte son superbe costume rouge et or du finale, avec sa grande cape rouge. Il ouvre la porte de l'entrée des artistes et apparaît à la foule, en jetant à la volée des photos qu'il a préalablement signées. Inutile de dire le délire et la bousculade des filles pour attraper les précieuses photographies. Il rit, il est heureux de cette vague d'amour qui déferle sur lui et qui est sa plus belle récompense.

Certains soirs, après le théâtre, il se rend au studio de Pathé-Marconi à Boulogne pour enregistrer une ou deux chansons du disque sud-américain. La séance commence à 1 heure du matin et va durer jusqu'à 4 heures. Or, Mariano vient de chanter *Le Prince de Madrid*, opérette difficile sur le plan vocal. Il use et abuse de ses forces. Quand ses intimes le lui reprochent, il répond sur un ton enjoué : « Si je le fais, c'est que je peux le faire ! » Pourtant, un mardi où il doit faire un gala à Marseille, il cède aux insistances de Patchi et accepte de subir quelques examens médicaux. Ces examens révèlent que son appareil digestif n'est pas en très bon état. Or, Luis ne boit pas, ne fume pas. Il mène une vie quasi monacale, mais il travaille trop.

Une pluie d'honneurs et de distinctions s'abattait sur cette idole devenue un véritable mythe de son vivant. Sur la scène du Châtelet, il reçut les palmes du Mérite social et le Mérite philanthropique français le 20 septembre 1967. Le 1er juillet 1968, il est reçu à l'Élysée par le général de Gaulle, président de la République, qui lui déclare dans une lettre autographe du 3, qu'il est un de ses grands admirateurs. Il est décoré également du Mérite civil espagnol, et du Mérite civique. Il a reçu les médailles de citoyen d'honneur des villes de Marseille, Bruxelles, Québec, Montréal, Ostende et Mexico.

Le 10 décembre 1969, son excellence don Pedro Cortina Mavri, ambassadeur d'Espagne en France, décore Luis Mariano de l'Ordre d'Isabelle la Catholique. Il était très fier de cette dernière décoration. Quand il fermait les yeux et qu'il y pensait, quel merveilleux chemin parcouru depuis les jours de juin 1936, où il avait dû fuir avec sa famille Irún ravagé par la guerre civile et l'incendie ! En février 1969, il recevait également la médaille de l'Ordre de la courtoisie française. C'était pure justice, car peu d'hommes furent aussi courtois que Luis Mariano.

Les représentations du *Prince de Madrid* se terminèrent en octobre 1968 au Châtelet. Entre le Prince et la prochaine création de *La Caravelle d'Or*, Marcel Lamy va remonter, pour une centaine de représentations chacune, deux grandes pièces, *L'Auberge du Cheval Blanc* et *L'Aiglon* d'Edmond Rostand, afin de sauvegarder l'exclusivité de ces ouvrages au théâtre. C'est ce que l'on appelle le « privilège ».

La tournée du *Prince de Madrid* avec Luis Mariano, bien sûr, et les principaux créateurs commença au Théâtre Sébastopol de Lille le 9 novembre 1968. Lille n'est pas très éloigné de Paris et cela permettait au ténor de revenir souvent se replonger dans la chaude atmosphère familiale du Vésinet qu'il affectionnait tant. Lorsque la pièce arrive au Grand Théâtre de Bordeaux, parmi les cascadeurs locaux engagés pour ferrailler contre Mariano-Goya dans la scène du duel près du pont de Manzanarès, il y a deux jeunes Bordelais, deux frères, qui feront par la suite chacun une belle carrière à la télévision : les frères Mamère. Noël présentera un jour le journal télévisé, puis se lancera dans une carrière politique. Le second, Jean, deviendra un brillant commentateur sportif. Ils conservent, tous les deux, un souvenir brillant et ému de leur rencontre avec Luis Mariano. La tournée, qui se poursuit après la France en Belgique, n'est qu'un long triomphe ininterrompu. Cela cause un énorme plaisir à la vedette qui se sent de plus en plus fatiguée.

Et pourtant, Luis ne s'arrête pas. Pendant une brève escale à Paris, il se rend chez Francis Lopez, qui habitait alors au 8 de l'avenue Franklin-Roosevelt. Le compositeur, qui a fait de sérieuses études de médecine, se rend compte du mauvais état de santé de son ami et interprète. Avant de lui jouer les principaux airs qu'il a composés à son intention pour *La Caravelle d'Or*, il supplie Mariano de remettre le projet à plus tard et de prendre une année sabbatique. Luis refuse énergiquement. Il a appris que les reprises montées par Marcel Lamy ne marchaient pas très fort. Il doit absolument faire sa rentrée comme prévu pour renflouer l'état des finances du Châtelet.

– Tu comprends, Francis... Il y a plus de deux cents personnes qui dépendent de ça!

Désormais, cette phrase de dévouement extrême sera le leitmotiv de Luis Mariano.

Il repartit pour l'Espagne. À Barcelone, il fit une sorte de « one-man show », entouré des Ballets d'Alfredo Gil et Pilar de Oro, qui retraçait sa vie et sa carrière et dans lequel il interprétait ses plus grands succès. Le spectacle dura un mois. À Madrid, il fut pendant un autre mois, la vedette du night-club El Jardín de la Riviera. Il résidait dans son superbe appartement de la Calle O'Donnel et sortait beaucoup, car il adorait la vie du « Madrid by night ». On aurait dit qu'il voulait brûler la vie par les deux bouts.

Il passa une partie de l'été dans sa propriété de San Pedro de Alcántara, près de Marbella, où, souvent, sa voisine Carmen Sévilla, accompagnée de son fils, venait le rejoindre pour dîner avec la famille Lacan en mangeant des sardines grillées.

Avant de regagner Paris et le Châtelet, Luis Mariano rejoint Montréal et son cher Canada. Il a signé avec le producteur français Nick Varlan – qui a tant fait pour l'opérette française, ce dont nous le remercions –, une série de représentations de l'inépuisable *Chanteur de Mexico* à la salle Wilfrid Pelletier, place des Arts. Mariano a dessiné lui-même la maquette de l'affiche qui fut réalisée d'après ce dessin. C'est l'éblouissante fantaisiste Arta Verlen qui joue Cri-Cri, Maurice Baquet, toujours fidèle au poste, reprend son rôle de Bilou et la soprano Maria Baroni chante Eva. Les Ballets d'Alfredo Gil et Pilar de Oro sont de la fête. La mise en scène est de Nick Varlan lui-même et la direction musicale est assurée par un chef toulonnais, Léonce Romano, qui sera le dernier pianiste de Luis. La chorégraphie est de Colette Muzelle et Alfredo Gil pour les ballets typiques. C'est l'imprésario Koudriavtzeff qui a organisé les représentations canadiennes.

Pendant toutes les représentations, la salle Wilfrid Pelletier, aussi vaste que celle du Palais des Congrès à Paris, ne désemplit pas. Un soir, après le spectacle, Mariano, Patchi, Nick Varlan, Arta Verlen et Maurice Baquet – une joyeuse bande s'il en fut –, décida d'aller souper dans une crêperie bretonne de la rue Sainte-Catherine. Quand Luis entra, la patronne de l'établissement se précipita au-devant de lui en s'écriant avec le plus bel accent méridional :

– Oh, M. Mariano! Quel bonheur de vous accueillir chez moi!

Luis la regarda d'un air étonné et le sourire aux lèvres :

– Mais... vous n'êtes pas bretonne!

– Non, monsieur Mariano... Je suis de Marseille, mais mes crêpes, elles, sont bretonnes!

Et tout le souper se passa à rire en pensant à la Marseillaise dont le Canada avait fait une Bretonne.

C'est au Canada que Mariano va enregistrer ses derniers disques, sous la direction de son pianiste chef d'orchestre, Léonce Romano. Deux 45 tours simples, car les 45 tours à quatre faces sont passés de mode : une chanson espagnole « La Primavera » de Palito Ortega, que j'avais intitulée « J'aime l'été » en français et, au verso, « Sylvie ». Le second 45 tours comportait une autre chanson espagnole, « La vida sera igual », dont le compositeur était un jeune Madrilène, footballeur de profession au Réal Madrid, qui adorait Luis Mariano, et qui se nommait Julio Iglesias. Il deviendra vite une superstar. J'en fis la version française sous le titre de « La Vie continue ». Ironie du destin, le disque sortit le lundi 15 juillet 1970, exactement vingt-quatre heures après la disparition de Luis Mariano. Au verso, je fis de la « Canción para una rosa », « Chanson pour une rose ». Mariano avait choisi lui-même ces chansons en Espagne et me les avait rapportées après son dernier séjour à San Pedro de Alcántara.

Toujours à Montréal, Mariano tourne deux grandes émissions de télévision, qui lui sont consacrées à « Terre des hommes » pour la télévision Métropole. C'était le mardi 30 septembre 1969. Les deux émissions s'intitulaient « Sous le ciel de Montréal avec Luis Mariano ». Le réalisateur en était Jean Claveau. La partenaire féminine de Luis était Francine Robert, qui venait d'être élue Miss Cinéma Canada 70, et l'auteur du scénario n'était autre que Philippe Laframboise, dont nous avons souvent parlé en évoquant les passages de Mariano au Québec. Les téléspectateurs canadiens purent constater avec douleur que Luis Mariano était déjà physiquement atteint.

Avant de commencer les répétitions de *La Caravelle d'Or*, Mariano donna encore quelques représentations de *La Belle de Cadix* dans la province française. Sa partenaire, qui jouait Maria-Luisa, était une jeune et talentueuse chanteuse du nom de Danny Califano. C'était la première fois que la jeune femme avait un partenaire aussi prestigieux en face d'elle. Certes, elle était habituée au monde de l'opérette car son mari était Henri Regard, le directeur de scène d'Henri Varna au Théâtre Mogador. Mais donner la réplique et chanter en duo avec Luis Mariano, au comble de sa célébrité, n'était pas chose facile. L'après-midi de la répétition, Luis, fatigué ne vint pas. Son pianiste était là pour donner le mouvement exact des chansons de la star et le metteur en scène indiquait aux autres acteurs les emplacements que prendrait la vedette. Situation vraiment embarrassante pour une jeune chanteuse qui n'a jamais joué l'ouvrage. Le soir, Mariano arriva au théâtre assez tôt. On lui présenta Danny :

– Oh ! J'ai de la chance... Vous êtes ravissante, Mademoiselle, et on m'a dit que vous aviez une très jolie voix !

Danny rougit, et sentit son trac redoubler.

Plus tard, Luis, tout prêt pour son entrée, vint frapper à la loge de Danny Califano.

– Ça va ? En forme ?

La jeune artiste était en train de se maquiller. Alors, Mariano s'assit et lui donna quelques conseils pour améliorer son maquillage de scène. Elle avait l'impression d'avoir auprès d'elle un grand frère et non une supervedette au faîte de sa carrière. Et elle se sentit soudain rassurée.

La représentation se passa bien et *La Belle de Cadix* remporta son triomphe habituel. Après la représentation, Luis remercia Danny Califano, dont les premiers pas dans la carrière de l'opérette venaient d'être excellents. Voilà comment Luis Mariano, idole des foules, agissait avec les débutants. Voilà l'excellent camarade et l'excellent partenaire qu'il savait être. Un exemple pour beaucoup d'autres ! Danny Califano ne devait pas démentir les prédictions que lui fit Mariano en lui disant qu'elle ferait une belle carrière. Quelques années plus tard, elle sera la vedette féminine du *Vagabond Tzigane* de Francis Lopez et moi-même au Théâtre de la Renaissance, à Paris.

Pendant les répétitions de *La Caravelle d'Or*, Luis procéda également à l'enregistrement du 33 tours de l'ouvrage. Bientôt, les murs de Paris se couvrirent d'immenses lithos, représentant Luis Mariano dans son grand costume de don Pedro de Bragance, justaucorps doré, et grand manteau d'hermine. Mais le public remarqua également combien il avait maigri et combien ses traits étaient tirés.

L'opérette était longue et lourde, encore plus chargée et plus somptueuse que *Le Prince de Madrid*. Marcel Lamy n'avait lésiné sur rien. Il fit exécuter aux dimensions de l'immense scène du Châtelet un rideau de scène spécial en cuir repoussé, représentant les armes du royaume du Portugal et de la maison royale de Bragance. Une immense fontaine en « azulejos », ces carreaux de faïence portugais typiques de couleur blanc et bleu, était poussée sur scène par six machinistes tant elle était lourde. Une caravelle avec son double pont et sa voilure entrait en scène, grandeur nature. Le « clou » du deuxième acte était un ouragan tropical dans la jungle brésilienne qui faisait absolument frissonner et trembler le théâtre.

Le livret de Jean Valmy était long et compliqué. Deux actes et trente-huit tableaux (!). Vingt changements de costumes pour Luis Mariano! On avait à nouveau fait appel au Maître Emilio Burgos pour les décors et les costumes. Francis Lopez avait écrit une partition superbe, mais où se croisaient deux couleurs : la couleur typiquement Mariano pour les airs de la vedette, et une couleur qui avoisinait de très près l'opéra-comique pour les autres chanteurs. Les arrangements musicaux avaient été confiés par Francis à Bernard Gérard, et Jack Ledru tenait la baguette de chef d'orchestre.

Le livret s'inspire d'un fait historique authentique : les amours de don Pedro de Bragance (Luis Mariano) avec la princesse Marie-Françoise de Bourbon, duchesse de Nemours et cousine germaine de Louis XIV. Marie-Françoise était promise au frère aîné de don Pedro, le roi Alphonse VI du Portugal, un souverain brutal, débauché et antipathique. Par contre, don Pedro était beau, galant, ardent et généreux. Marie-Françoise et lui furent victimes d'un coup de foudre réciproque dès le premier regard. Jaloux, le roi exila son frère au Brésil, mais il fut détrôné. Don Pedro fut proclamé roi du Portugal et put épouser la princesse.

Jacques Plante écrivit les lyrics de la pièce, suite du contrat qu'il avait exigé lors de la coproduction du *Prince de Madrid.* Luis Mariano a d'excellentes chansons : « Soleil », sa chanson d'entrée, toujours très soignée et percutante comme Francis en avait le secret; « Bandeirantes », que l'on peut considérer comme une « bossa nova » et qu'il chantait dans l'admirable décor de la forêt brésilienne; « Une valse dans la nuit »; le grand finale « Lisbonne »; l'admirable duo « La Caravelle d'Or » qu'il interprétait avec Danielle Castaing.

Autour de la superstar Luis Mariano, nous trouvons de grands chanteurs que Marcel Lamy a débauchés de l'Opéra, la ravissante Danielle Castaing, à la voix de cristal qui joue le rôle de la princesse de France, Jacques Doucet, merveilleux baryton basse qui incarne le roi Alphonse VI, Franca Duval, qui fut une des plus belles « Traviata » et également une grande vedette des Folies-Bergère. Elle est Yara la Gitane, la maîtresse toute-puissante du roi. La partie fantaisiste est assurée par l'extraordinaire Maurice Baquet, qui a pour partenaire l'exquise Marina Hotine, qui créa *Andalousie* avec Luis Mariano. Et puis, comme pour *Le Prince de Madrid*, des comédiens sûrs. Citons l'adorable Simone Sylmia qui jouait Doña Catarina, Jean-Michel Dhermay qui était Louis XIV, Jean-Louis Simon, Jacques Villa et tant d'autres plus talentueux les uns que les autres. Alfredo Gil et Pilar de Oro avaient dessiné une excellente chorégraphie. Cette fois-ci, leur duo n'était pas un duo de castagnettes comme dans *Le Prince de Madrid*, mais un duo de coquillages (le Portugal est un pays de marins) qui faisait un effet très spectaculaire. Les danseurs étoiles du Ballet étaient, comme pour *Le Prince*, Manuel Romero et Carmela Montero.

La générale de *La Caravelle d'Or* eut lieu le 12 janvier 1970. Comme d'habitude pour les spectacles dont Luis Mariano était la vedette, le « Tout-Paris » s'y bouscula. On découvrit un Mariano mince comme à ses débuts, mais le visage pâle et tiré, malgré son sourire éclatant. Pourtant, la critique dira qu'il souriait moins. Luis répondra : « Ou bien l'on me reproche que je souris trop, ou bien on m'accuse de ne pas sourire assez ! Il faut savoir ce qu'on veut ! » Ce que les gens ignorent c'est que Luis, affaibli, a pris un léger coup de froid pendant les répétitions. Il chante avec près de 39° de fièvre et n'a pas voulu remettre la générale, dont les invitations avaient été lancées, par courtoisie envers le public invité. Mais la voix était toujours aussi sublime, extraordinaire, ensoleillée et généreuse. Paris fit à Mariano un accueil fabuleux.

Le Noël 1969 avait été son dernier Noël. Il était heureux, souriant, et on le croyait très détendu quand il filmait la joie du petit Marianín et de Maïté Lacan découvrant leurs cadeaux au pied du grand sapin illuminé. En réalité, il est déjà atteint d'un virus intestinal et on le soigne en conséquence.

Dès les premières semaines de *La Caravelle*, il est de plus en plus fatigué. Parfois, on était malheureux de le voir ainsi. Ses cheveux commençaient à tomber, et il prenait un bouchon calciné pour se passer les favoris et les sourcils au noir. Il accentuait son maquillage pour cacher la pâleur excessive de son teint. Il arrivait très tôt au théâtre, emmitouflé dans un grand manteau, coiffé d'un chapeau, et du coton dans le nez. Il prenait une mixture de couleur violette pour sa voix, médicament que le docteur Labarraque, son oto-rhino, avait composé spécialement à son intention. Pour lui éviter de remonter jusqu'à sa loge, on lui avait installé un endroit dans les vastes coulisses, près de la cabine où se trouvait Alain Baugé le directeur de scène, où il pouvait se changer. Par la suite, on installa même un transat, où il venait s'allonger entre deux tableaux. Patchi et Suzanne Rochon, son habilleuse, étaient d'un dévouement total.

Il feignait d'aller mieux, plaisantait comme d'habitude, et s'efforçait d'être toujours aussi aimable et gentil avec son entourage. Il riait, mais ceux qui le connaissaient bien sentaient que son rire sonnait faux. Mais une chose est certaine, Mariano ne pensa jamais une seconde qu'il pouvait mourir. Il faisait plein de projets et cela l'aidait à survivre. Car les jours passaient et son état empirait. Bientôt, on en arriva à lui faire des piqûres avant d'entrer en scène. Ses amis proches, dont je faisais partie, étaient toujours présents au théâtre. Luis a besoin d'être aimé, admiré. Parfois, on le supplie d'arrêter quelque temps. Et c'est toujours la même réponse : « Si je m'arrête, je mets deux cents personnes au chômage ! Je n'en ai pas le droit ! »

Les représentations du mois de mai furent pour Mariano un véritable calvaire. Un matin il se réveilla tout jaune. Le diagnostic était sans appel : hépatite virale. Tout avait commencé par une grippe qu'il avait négligé de soigner et qui avait évolué ainsi. C'était en mars, et une épidémie sévissait à Paris. Il m'avait demandé de venir le chercher au Vésinet car toute la famille était atteinte, y compris Patchi. Je lui dis : « Fais attention à toi, Luis ! Prends des médicaments pour te préserver. » Il avait ri et répondu : « Penses-tu... Moi, je suis comme un roc ! » Et puis, il avait été atteint à son tour, et avait continué ses onze représentations par semaine, dans un Châtelet archicomble qui lui faisait chaque soir un triomphe.

Il continua aussi, certains soirs après le théâtre, à enregistrer le disque sud-américain qui n'était pas terminé. Il chanta « Brésil » et « El Rancho Grande » en se tenant au grand piano droit du studio. Nous en avions les larmes aux yeux, mais ne voulions rien laisser paraître. Ce soir-là, il ne put chanter « Baia ». Et, lorsque le disque sortit, après le départ de Mariano, Maurice Grosjean décida de mettre l'orchestre seul, dernier hommage de sa maison de disque au grand chanteur disparu.

Le 18 mai 1970 est un dimanche. Le Châtelet est archicomble. Mariano est arrivé très tôt, vers midi et demi. Il se repose dans sa loge et a demandé à ne pas être dérangé. Je rencontre Patchi à La Fauvette, le petit café qui est inséré dans le bâtiment du Châtelet, au coin de l'avenue Victoria et de la rue Édouard-Colonne. Il est environ une heure et demie. Je demande des nouvelles à Patchi qui me fait un compte rendu fidèle de l'état de santé de Mariano. Ce dernier, depuis quelques jours, a souvent des étourdissements mais il ne veut toujours pas arrêter les représentations. Il se doit à son public et à son théâtre.

Vers deux heures et quart – la pièce commençait à quatorze heures trente –, nous montâmes, Patchi et moi, à la loge de Mariano. Suzanne Rochon l'avait habillé, il s'était maquillé, mais, malgré les fards, je constatai qu'il était aussi blanc que son costume d'entrée. Il plaisanta, mais avoua quand même que la tête lui tournait. On entendit le brigadier taper les trois coups, l'orchestre jouer l'ouverture. Et le rideau se leva. Le décor qui allait jusqu'au fond de la scène représentait un champ de blé au Portugal avec des moulins. Luis entrait presque au début du tableau. La mise en scène prévoyait qu'il descendait le plateau jusqu'à la rampe en courant, tandis que l'orchestre jouait l'introduction de la chanson sur un rythme de samba. Patchi aida Mariano à descendre l'escalier qui menait de sa loge au plateau. Faisant un grand effort sur lui-même, Mariano esquissant un pauvre sourire, se lance en courant sous les salves d'applaudissements. Il lance « Soleil ! » Au second « Soleil ! », sa voix se brise et il s'écroule. Le Châtelet pousse un cri d'horreur et d'effroi. Le rideau tombe. On transporte Luis évanoui dans sa loge.

Cinq minutes après, le spectacle reprend avec la doublure de Luis Mariano, Juan Pereniguez qui assurera les représentations de *La Caravelle d'Or* jusqu'à l'arrêt de l'opérette. Le pauvre garçon, mort de trac, refuse, par respect pour Mariano, de porter les costumes somptueux de la star.

Mariano resta évanoui pendant près de vingt minutes. Le médecin du théâtre, Patchi et Suzanne Rochon étaient auprès de lui. Quand il fut un peu mieux, Patchi fut autorisé à le reconduire au Vésinet.

Sur le plan artistique, on peut dire que Luis Mariano est mort ce jour-là.

Chez lui, tendrement entouré et soigné, il se repose et reprend des forces. Il veut retourner au Châtelet, et recommencer à jouer *La Caravelle d'Or*, mais les médecins s'y opposent. Cependant, le mercredi suivant ce dimanche fatal, Mme Lazaure, la concierge du Châtelet, croit avoir une hallucination en voyant Mariano, drapé dans sa cape noire, apparaître devant sa porte. Toujours aimable, il lui demande la clef de sa loge. Il vient y chercher quelques affaires et notamment son perroquet vert qu'il aime beaucoup. Il restera trois heures là-haut, revoyant sans doute les étapes de sa fabuleuse carrière. Ce dut être très triste.

Cette superbe cape noire, Mariano la portera à nouveau deux fois. La convalescence que lui avaient imposée Patchi et les médecins lui permettait de ne pas aggraver outre mesure un état de santé précaire, qui le voyait, hélas, dépérir de jour en jour. Il reçut une invitation de Georges Pompidou, qui avait succédé au général de Gaulle à la présidence de la République, pour assister à une grande réception des Arts et Lettres au palais de l'Élysée. Il se rendit donc au palais présidentiel dans sa superbe Rolls, conduite par Patchi. Tous les assistants remarquèrent combien il avait changé en peu de temps. Pâle, amaigri, il avait perdu son sourire légendaire et son regard joyeux et malicieux était devenu terne et triste. Il était drapé dans sa grande cape noire de seigneur espagnol et, sur son beau costume d'alpaga noir, il avait fièrement épinglé sa décoration de l'Ordre d'Isabelle la Catholique. Il salua le président Pompidou et son épouse. Mme Pompidou était une de ses grandes admiratrices. Ils échangèrent avec Mariano des propos aimables, puis il alla rejoindre ses grands amis Marcel Merkès et Paulette Merval. On évoqua le bon vieux temps de la jeunesse bordelaise, les professeurs que l'on avait eus en commun, et Mariano leur dit qu'il serait heureux de faire un jour une opérette avec eux : les trois « M », le ténor Mariano, le baryton Merkès et la soprano Merval. Une affiche à faire pâmer tous les amateurs d'opérette!

Oui, Luis espérait de toutes ses forces et croyait fermement qu'il allait guérir, qu'il recouvrerait sa santé. La preuve, c'est que sa voix était toujours la même. Pour lui, cela n'était qu'une mauvaise passe dont il allait sortir. Il fallait faire des projets car les projets, c'est la vie. Un homme sans projets est un homme mort.

Une photographie qui le représente à la sortie de l'Élysée, et que reproduisirent tous les grands journaux de la presse française, bouleversa le pays tout entier. Les gens se posèrent une grave question : qu'arrivait-il à Luis Mariano ? Cette visite à l'Élysée fut sa dernière apparition publique à Paris.

Sa dernière visite privée, c'est à Francis Lopez qu'il la réserva. Il vint, accompagné de Patchi qui le quittait encore moins que d'habitude, dîner avenue Franklin-Roosevelt avec son complice et ami de toujours. L'un et l'autre se devaient mutuellement leur carrière et leur gloire. Il y avait eu parfois des heurts, mais qui n'en a pas dans un mariage de vingt-cinq ans, car c'était bien d'un mariage professionnel qu'il s'agissait entre Francis Lopez et Luis Mariano. On ne peut penser à l'un sans évoquer l'autre, encore plus aujourd'hui où le grand compositeur vient de nous quitter pour aller retrouver son génial interprète. Quelle belle opérette ils vont préparer là-haut pour accueillir chacun de nous quand sonnera l'heure fatidique d'aller les rejoindre !

Ce soir-là, Mariano annonça à Francis et à son épouse Anja la magnifique, qu'il avait décidé de repartir au Pays basque, chez lui, à Arcangues pour s'y soigner. Il était persuadé que l'air bienfaisant de son pays natal et le calme du petit village l'aideraient à guérir plus vite. Lorsqu'il se sentirait à nouveau en forme, il ferait une dernière opérette et se retirerait du théâtre. Le jeune premier éclatant qui avait fait rêver la France et le monde, ne voulait pas laisser de lui l'image d'un vieux monsieur qui s'accroche à la scène.

Certes, il ne s'arrêterait pas tout à fait de travailler. D'ailleurs, il était incapable de rester sans rien faire ! Il continuerait à enregistrer des disques, participerait à quelques grandes émissions de télévision et ferait même de temps en temps quelques galas importants pour des œuvres de charité. Mais il voulait maintenant prendre de la distance afin de goûter en paix le bonheur de ses propriétés et de ses objets d'art. Il voulait pouvoir se consacrer encore plus à l'éducation de Marianín et de Maïté, et profiter d'eux au maximum. Il désirait également ouvrir à Biarritz un magasin d'antiquaire et de décoration d'appartement. Il est certain qu'on se serait disputé à prix d'or ses services.

C'était un plan serein, une belle façon d'envisager l'avenir pour un homme qui se révélait, une fois de plus, fort intelligent et équilibré. Francis lui répondit que, lorsque Mariano le désirerait, il avait un sujet tout prêt pour sa rentrée au Châtelet.

– Mais, tu sais Francis, j'en ai assez des sujets espagnols et exotiques. Je voudrais autre chose!

– Le sujet que je te réserve est une opérette tzigane. Elle se passe en Bohême et tu joueras un révolutionnaire. J'ai appelé l'ouvrage *Gipsy* et c'est ton copain Ringold qui a écrit les lyrics.

L'idée de jouer un révolutionnaire plut à Mariano. Francis lui en joua les quelques airs qui étaient déjà prêts : la chanson d'entrée « Je suis un vagabond » et un très joli boléro, « Bohémienne ». Luis adora. Il allait se remettre très vite, reprendrait *La Caravelle d'Or* à la rentrée, puis, dans un an ou deux, il créerait *Gipsy*, ce qui amenait aux environs de 1972.

Vers minuit, Francis et Luis Mariano se quittèrent et s'embrassèrent cordialement. Mariano s'engouffra avec Patchi dans l'ascenseur et fit un dernier geste d'adieu à l'adresse d'Anja et de Francis. Ce que ces deux hommes ignoraient, après avoir parcouru ensemble un si beau et si long chemin de gloire, c'est qu'ils ne se reverraient jamais.

Deux jours plus tard, Mariano, enfoui sous des coussins, roulait dans sa Rolls vers Arcangues. *Gipsy* serait bien créée au Châtelet en février 1972, mais par un jeune ténor sicilien que Luis Mariano avait un jour encouragé dans sa loge, et qui s'appelait José Todaro. À cette époque, Marcel Lamy aurait rejoint Luis Mariano et, après bien des vicissitudes, le Châtelet aurait pour directeur Francis Lopez.

La veille de son départ pour le Pays basque, donc le lendemain du dîner chez Francis Lopez, je téléphonai à Mariano pour prendre de ses nouvelles. Il me demanda de venir le voir au Vésinet avant qu'il ne s'en aille. Je m'y rendis et découvris mon pauvre Luis flottant dans une combinaison de mécanicien en tissu éponge bleu pâle. Il avait encore maigri. Il me raconta sa soirée chez Francis et me confia qu'il avait beaucoup aimé les airs de *Gipsy* qu'il avait entendus. J'en fus heureux mais, ce qui m'attristait profondément, c'était l'état dans lequel se trouvait Mariano.

– Tu me promets de descendre à Arcangues... Tu viens me voir.

– Tu as ma parole, Mariano. Je viendrai.

Avant de nous dire au revoir, il posa la main sur mon épaule, et me dit en souriant :

– J'étais sûr qu'avec Francis tu ferais du bon travail ! Hasta luego... Viens vite !

Nous nous embrassâmes, et je partis, le cœur lourd.

Je ne pus descendre à Arcangues que le 18 juin. Sous le grand ciel bleu du Pays basque, Luis se sentait mieux. Je téléphonai chez lui de Biarritz. Ce fut Patchi qui me répondit. Mariano m'attendait vers quinze heures. Lorsque j'arrivai à « Mariano-Ko-Etchéa », Patchi me mena jusqu'à la chambre de Mariano. Il était allongé sur son lit. Je trouvais son visage plus reposé, bien que terriblement amaigri. Il portait le même genre de combinaison en tissu éponge qu'au Vésinet, mais celle-ci était bleu marine. Ses yeux brillants et fiévreux semblaient agrandis. Il avait encore perdu des cheveux mais la voix restait très jeune et très enjouée.

Il me sembla de très bonne humeur. Quand j'entrai, il

était en train de regarder un album de photographies. Il leva la tête vers moi et me sourit.

– Eh bien, dis donc, tu en as mis du temps à venir!

– Je suis désolé, Luis, mais j'avais pas mal de travail à finir!

– Oh, c'est mieux comme ça... Tu vois, je me remets bien. Et je vais t'annoncer une grande nouvelle : je reprends le Châtelet le 15 août!

– C'est formidable! C'est la meilleure chose que tu pouvais me dire!

– C'est grâce à Patchi et à Françoise que je vais mieux. Ils me soignent vraiment très bien et ne savent pas quoi faire pour me faire plaisir... Et puis, j'ai les petits! Je joue avec eux, je leur raconte des histoires... Un vrai grand-père!

– Avant l'âge! Mariano, tu es toujours merveilleux!

– Je regardais ces photos... C'est vrai que je n'étais pas mal...

Il regarde sa montre. Il ne souriait plus.

– Ah, ça va être l'heure de ma piqûre... Regarde ce qu'ils me font.

Il me montra ses bras bleuis et meurtris par les marques de toutes les perfusions qu'on lui faisait. Je sentis qu'il me fallait partir. Luis me regarda, un peu attristé, et me demanda :

– Quand reviendras-tu ?

– Vers le 14 juillet...... à mon retour d'Espagne... Je vais rejoindre des copains à Almeria!

Je l'embrassai sur le front. Il était brûlant.

J'avais l'impression que le comportement de Mariano vis-à-vis des amis qui venaient le voir était un jeu, une façade. J'en parlai avec Maria-Luisa en bas. Elle n'était guère optimiste. J'allai saluer Patchi et Françoise Lacan et l'on convint d'un déjeuner aux environs du 14 juillet.

En sortant de la propriété au volant de ma voiture, j'avais le sentiment d'avoir vu Mariano pour la dernière fois. J'avais raison.

Pourtant, ce qui était certain, c'est que jamais la pensée qu'il pouvait mourir n'effleura l'esprit de Mariano. Il débordait de projets. Il aimait trop la vie pour croire qu'il pourrait la perdre. Et il avait trouvé avec la famille Lacan un bonheur et un équilibre qui lui convenaient à merveille.

Luis s'affaiblissait de jour en jour. Le traitement à l'héparine préconisé par son médecin basque s'avérait impuissant. Luis avait besoin de Patchi pour l'aider à descendre l'escalier qui menait au living-room et au « lorio », la terrasse en basque, qui regardait le magnifique panorama sur les Pyrénées. On fit venir un cardiologue, qui constata une insuffisance coronaire. On reprit le traitement à l'héparine mais un hématome apparut à l'endroit où l'infirmière faisait d'habitude la piqûre. Patchi le conduisit à la clinique la plus proche. C'était à Urt.

Avant de monter en voiture, Luis regarda une dernière fois la magnifique maison qui était la sienne et qu'il avait lui-même dessinée. Quelques larmes perlèrent au fond de ses yeux. Reverrait-il son foyer ? À Urt, le médecin ordonna un goutte-à-goutte immédiat, mais il fallait trouver un endroit convenable sur ses pauvres bras si maigres et si meurtris par les précédentes perfusions. Après le goutte-à-goutte, on prescrit un sérum pour le remonter. Le dimanche, il était dans un état de fatigue extrême. Patchi ne le quitta pas d'une seconde. Le médecin lui donna des calmants qui lui permirent de dormir. Le lundi matin, il se plaignit de maux de tête violents. Les infirmières débranchèrent tous les tuyaux des sérums, des perfusions. Et Mariano s'endormit... Pauvre Mariano, lui, jadis si beau, si éclatant, si lumineux ! Il n'était plus qu'un mourant squelettique, aux rares cheveux collés par la fièvre et la sueur, au rictus figé. Soudain, il se détendit et sombra dans un coma profond dont il ne se réveillerait jamais.

Patchi avait compris. Il était effondré. Mais, comme il l'avait toujours fait devant les problèmes, il réagit vite. Maintenant, il fallait trouver un grand professeur pour sauver Luis Mariano, Luis Mariano, une des plus grandes idoles que le spectacle ait jamais connues ! Le professeur Lenègre, spécialiste de ce genre de cas, n'était pas en France. Il donnait une série de conférences au Maroc, à Rabat. À Paris, on put joindre le professeur Maurice. Mais ce dernier ne put arriver à Urt que le lendemain matin, et pourtant les heures, les minutes, les secondes comptaient !

Quand le professeur arriva, il fit immédiatement faire un encéphalogramme du mourant. Les dégâts étaient considérables. Il était impossible de tenter une opération sur place. Le matériel n'était pas suffisant et l'état de Mariano le rendait intransportable. On résolut pourtant de l'emmener à Paris, à l'hôpital de la Salpêtrière.

Henri Bourtayre, le fidèle « Ricou », dirige les opérations de rapatriement depuis la Salpêtrière et le préfet Louis Amade use de tout son pouvoir pour faciliter le transport par avion sanitaire. C'est un petit hélicoptère qui emmène le pauvre Mariano dans un coma profond de la clinique d'Urt à l'aérodrome de Biarritz-Parme. L'avion sanitaire était déjà là. On fait monter le brancard sur lequel gît la star avec d'infinies précautions. L'infirmière veille sur lui et le pilote est prêt à prendre l'air.

À l'intérieur de l'avion, Mariano, inconscient, était sur le chemin du paradis des artistes. Aucune autorisation de décollage ne parvenait au pilote. Enfin, Patchi apprit la vérité : il était interdit à tout aéroplane de décoller ou de voler dans l'espace aérien des Pyrénées-Atlantiques. C'était une mesure de sécurité car le président Albert Bongo, de la République du Gabon, survolait le département. Patchi crut devenir fou. Il alla téléphoner immédiatement à la préfecture de Pau, en disant aux autorités que Luis Mariano était en train de mourir et que, pour le sauver, il fallait que son avion sanitaire puisse décoller immédiatement en direction de Paris. Finalement, l'autorisation fut donnée et l'avion s'envola.

Il se posa une heure et demie plus tard sur l'aérodrome de Villacoublay. Mais il faisait déjà nuit. Un autre hélicoptère attendait pour transporter Luis et Patchi, ainsi que le professeur Maurice, à la Salpêtrière. Bien sûr, la presse avait été prévenue, on ne sait trop par qui. Dès que le brancard sur lequel gisait Mariano parut, pour le transbordement entre l'avion sanitaire et le petit hélicoptère, les journalistes et les photographes de presse se précipitèrent sur lui comme une meute de loups affamés. Cruellement, sans pudeur, ils mitraillèrent le visage méconnaissable, surchargé de tuyaux qui entraient dans le nez et dans la bouche, de celui qui avait été un des plus beaux garçons du monde. Et encore plus cruellement, les photos parurent le lendemain, sans pitié, à la une de tous les journaux. Nous étions le 4 juillet 1970.

À la Salpêtrière, Luis va demeurer dix jours. Tout ce qui fut humainement possible de faire pour le sauver fut tenté. Du professeur à l'aide-soignante, tout le personnel médical de l'hôpital fut merveilleux. Mais il était trop tard. Quand l'heure que le destin a programmée est arrivée, il n'y a, malheureusement, aucune chance d'échapper à l'issue fatale. Ainsi, lorsque Luis Mariano arriva à la Salpêtrière, les appareils du service de réanimation étaient en panne, ce qui était un cas rarissime. La panne dura près de deux heures.

Patchi et Maria-Luisa se relayaient de jour et de nuit pour veiller l'agonisant. Des amis venaient aux nouvelles. On les laissait rarement parvenir jusqu'à l'idole. Même Carmen Sévilla, arrivée à toute vitesse d'Espagne, ne pourra le voir que dans son cercueil.

Les métastases dues aux hémorragies cérébrales, qui avaient, en outre causé des lésions graves au cerveau, une insuffisance coronaire révélée à Urt, et une forte hépatite virale avaient vaincu cet homme hors du commun, que l'amour de son public et de son art avait épuisé et mené au bout de ses forces. Il n'avait pas encore cinquante-six ans.

À l'heure où le rideau tombe

Nous sommes le 14 juillet 1970. On approche de minuit. La capitale est en fête. Partout, les bals populaires font entendre leurs refrains joyeux. Les gens s'amusent, plaisantent, rient. Joie d'une fête nationale. Bientôt, les premières fusées des feux d'artifice éclatent et illuminent le ciel sombre et lourd.

Il est minuit moins dix. À la Salpêtrière, dans son espace stérilisé, le cœur de Luis Mariano s'est arrêté de battre à jamais. Minuit moins dix, c'est l'heure où, d'habitude, le lourd rideau rouge du Châtelet retombe sur la fin de l'opérette. Le spectacle est terminé et c'est cette heure que Luis Mariano a choisie pour nous quitter pour toujours.

Derrière la cloison vitrée où gît celui qui dort à jamais, Patchi est effondré, en pleurs. L'homme qui vient de fermer les yeux était à la fois son frère, son père et son plus grand ami. Il lui avait tout offert, une vie hors du commun, une famille, la tendresse et l'affection d'un foyer. Et maintenant, il fallait que Patchi prévienne Maria-Luisa. Ce n'était pas facile. Il y avait aussi Françoise et les enfants, si habitués à rire et à jouer avec « parrain ». Il y aurait aussi les formalités et les funérailles. Il fallait avoir du courage, beaucoup de courage.

Dans la tête de Patchi, les souvenirs se bousculaient les uns les autres. Il revoyait les soirs de triomphe où Mariano, beau comme un dieu lumineux, radieux comme un soleil, répondait par des saluts à son public en délire. Il se souvenait de la gentillesse, de la courtoisie, de la bonté et de la générosité ineffables et inaltérables de cet homme extraordinaire, au sens étymologique du mot. Il réentendait les éclats du rire contagieux de cette inépuisable fontaine de gaieté et de bonne humeur. La vie de Luis Mariano n'avait été qu'une immense chanson de joie et d'amour. Il avait apporté à chacun sa part de rêve, de bonheur, et combien de jeunes filles et de jeunes garçons lui devaient la vie, car c'est en dansant sur un refrain de Luis Mariano que leurs parents s'étaient connus et aimés.

La nouvelle se répand dans le monde entier comme un coup de tonnerre. À Montréal, où Luis était autant adoré qu'en France, les orchestres s'arrêtèrent pour une minute de silence en hommage à l'idole disparue. Puis ils jouèrent un bouquet des plus grands succès du chanteur. En Espagne, la nouvelle fit l'effet d'une bombe. Le 15 juillet au matin, tous les journaux de France titraient en première page et en caractères énormes « LUIS MARIANO EST MORT ». Tous les gens pleuraient.

Au Châtelet, avant que la représentation ne commence, Marcel Lamy, le directeur qui devait rejoindre Mariano peu de temps après, fit un hommage devant le grand rideau rouge frémissant de la scène. Il dit adieu à celui dont le nom resterait à jamais intimement lié au Châtelet, tant et si bien que beaucoup de gens crurent longtemps que c'était là qu'il avait joué toutes ses opérettes.

À la Salpêtrière, on exposa la dépouille de la star dans la chapelle du dépositoire, où ses innombrables fidèles, sa famille et ses proches le veillèrent jusqu'au 17 juillet. Et puis, le dernier grand voyage commença. Ce fut d'abord la mise en bière à la Salpêtrière, vision horrible où le Prince de Lumière était enfermé dans un luxueux cercueil. Des tonnes de fleurs, et le fourgon mortuaire est mitraillé par les flashes des photographes. Et on part pour Arcangues.

Là, à la demande de Patchi, Mariano repose quelques moments dans le hall de sa superbe maison « Mariano-Ko-Etchéa », qu'il avait tant aimée, dessinée, construite et, avant tout, rêvée. C'est là que viennent le rejoindre Edouardo Cortijo, sa famille espagnole et ses amis basques qui tenaient à s'incliner devant lui avant l'inhumation.

Des milliers de personnes, venues de tous les coins de France et de l'étranger, attendaient sur les bas-côtés des chemins et des routes qui menaient au petit cimetière, pour rendre un dernier hommage au Prince de l'Opérette et de la Chanson. Tous ces gens lui étaient redevables de tant d'heures de bonheur et de joie. Derrière le char funèbre, Françoise et Patchi, accablés de douleur et ne sachant plus trop où ils en étaient, et les petits Marianín et Maïté, qui étaient trop jeunes (5 et 3 ans) pour comprendre ce qui se passait. Voici Maria-Luisa, soutenue par le cousin Edouardo Cortijo et par un ami de Pampelune, puis les proches, Henri Bourtayre, Annie Cordy, Carmen Sévilla, Lucien et Liliane Soula, Jesus-Maria de Arozamena, Marcel et Suzanne Lamy, le marquis Pierre d'Arcangues, moi-même, et tant d'autres qui nous pardonneront de ne pas les citer, mais il y avait tant de monde que l'énumération serait longue et fastidieuse. Un océan de tristesse, de recueillement, de respect, de regret et d'amour inondait l'émouvante cérémonie. La messe fut dite dans la superbe petite église basque d'Arcangues. Comme l'édifice était bien trop exigu pour contenir l'immense foule venue dire adieu à Luis Mariano, des haut-parleurs avaient été installés à l'extérieur pour que chacun puisse suivre l'office.

Des fleurs, splendides, colorées comme Luis les aimait tant, jonchaient partout la place du petit village et le cimetière. Des gerbes plus magnifiques les unes que les autres, la plupart jaunes et rouges aux couleurs de l'Espagne. L'une se distingue par son importance, sa splendeur et sa beauté. C'est celle de Francis Lopez, le compositeur de toujours, l'auteur des plus grands succès de Mariano, celui dont le nom restera éternellement lié à celui de la star. Francis n'a pas pu venir. Il est en Méditerranée, sur son bateau le *Rodrigo* avec son épouse Anja et leur fils. Il viendra se recueillir deux jours plus tard à Arcangues.

Mariano a rejoint ses parents adorés dans le caveau familial surmonté d'une pierre ronde sculptée de runes basques, avec cette simple inscription « Famille Gonzalèz ». Jamais le nom de Luis Mariano n'y sera gravé. Il se voulait un Gonzalèz comme son père, sa mère et sa sœur. Le marquis d'Arcangues prononça un superbe discours, plein de poésie et d'amitié, un suprême adieu à celui qui avait été son ami et son plus célèbre administré. Puis ce fut le tour de Jesus-Maria de Arozamena, président de la Société des auteurs d'Espagne, parolier espagnol de Mariano depuis vingt-cinq ans et en outre un de ses amis les plus intimes, de dire adieu au grand disparu.

Mariano est entré dans la légende. Depuis ce funeste 18 juillet 1970, sa tombe est enfouie sous les fleurs du 1er janvier au 31 décembre de chaque année. Elle fait aujourd'hui partie intégrante des circuits touristiques du Pays basque et les cars montent spécialement à Arcangues pour que les gens, Français et étrangers, viennent se recueillir sur la tombe du plus grand chanteur d'opérette de ce siècle. À Paris, durant plus de dix ans, des messes furent dites à la mémoire de Luis Mariano, à Saint-Roch, l'église des artistes, rue Saint-Honoré. Chaque fois, le sanctuaire était plein. La ville de Biarritz a donné le nom de Luis Mariano à une rue qui monte à la route d'Arcangues. Il y a également une Calle Luis Mariano à Irún, sa ville natale, ainsi qu'un buste dû au ciseau d'un jeune artiste espagnol sur le Paseo de Colón, buste inauguré il y a deux ans. À Arcangues, la municipalité avait demandé au grand sculpteur Paul Belmondo, membre de l'Instant et père de l'acteur de cinéma, de sculpter un buste de la star, qui fut érigé à l'entrée du village. Mais, une nuit, il fut déboulonné et volé. On ne l'a jamais retrouvé.

Partout, des hommages sont rendus chaque année à l'immense vedette. Le premier eut lieu à Saint-Jean-de-Luz, au Jaï-Alaï. Organisé par Nick Varlan, il comporta une représentation en plein air de *La Belle de Cadix* avec Rudy Hirigoyen, un ténor, Basque lui aussi, qui avait beaucoup chanté la pièce après Luis Mariano. À Paris, bien des théâtres affichent des spectacles avec les chansons du Prince.

Il faut rendre grâces à Patchi et à Françoise Lacan pour avoir tout fait afin de perpétuer le souvenir de Luis Mariano. La maison d'Arcangues est toujours telle que le ténor l'a quittée. Il pourrait y revenir demain et la trouverait inchangée. Inlassablement, Patchi veille à ce que rien ne vienne entacher la mémoire de l'idole.

Maria-Luisa Gonzalèz est venue, à son tour, rejoindre son frère et ses parents en mars 1990. Désormais, toute la famille Gonzalèz est réunie sous la dalle funéraire du petit cimetière basque d'Arcangues. Et, à l'heure où je termine ce livre, Francis Lopez, le génial compositeur de tous les succès de Luis Mariano, s'en est allé retrouver son ami et ténor préféré le 4 janvier 1995.

Le métier du spectacle est cruel et impitoyable. Il faut mourir au faîte de sa gloire et de sa forme pour entrer dans la légende mondiale des dieux du spectacle. Luis Mariano est parti rejoindre Valentino, Gérard Philipe, Marilyn Monroe, Carlos Gardel et James Dean. Il fut un météore, une étoile à l'incomparable splendeur, un soleil, un Prince de Lumière.

Il fut à jamais inégalable, et reste inégalé.

Il fut irremplaçable, et reste irremplacé.

Cahier photos : collection personnelle de Messieurs Patchi Lacan, Nick Varlan et Daniel Ringold. Réalisation GRAFIC BAND.

REMERCIEMENTS

Nous tenons à exprimer nos remerciements les plus vifs et les plus sincères à :

Mesdames Jeanette Batti, Danny Califano, Lina Dachary, Maria Candido, Arta Verlen, Claudine Juin et Marie-Danielle Lefèvre des Éditions Chappell-Royalty,

Messieurs Francis Lopez, Lucien Soula, Nick Varlan et Christian Laprérie, M. Fagoaga et toute sa famille, Henri Génès pour les précieux renseignements et documents que tous nous ont fournis avec une grande amitié.

LES OPÉRETTES DE LUIS MARIANO

24 décembre 1943

Don Pasquale, opéra de G. Donizetti, lyrics d'André de Badet, au Palais de Chaillot.

Avec Vina Bovy (Norine), Gilbert Moryn (Don Pasquale), Charles Cotta (Malatesta). Luis Mariano joue le rôle d'Ernesto.

Orchestre et chœurs dirigés par Marcel Cariven.

Du 7 avril au 4 mai 1944
Reprise de *Don Pasquale* au Théâtre des Variétés.

19 décembre 1945
La Belle de Cadix, musique de Francis Lopez, livret de Marc-Cab et Raymond Vincy, lyrics de Maurice Vandair, au Casino Montparnasse.
Avec France Aubert, Jacquie Flynt, Simone Chobillon, Roger Lacoste, Maxime Fabert et Fabrizzi.
Mise en scène de Maurice Poggi.
Orchestre dirigé par Jacques-Henri Rys.

27 octobre 1947
Andalousie, musique de Francis Lopez, livret et lyrics d'Albert Willemetz et Raymond Vincy, à la Gaîté Lyrique.
Avec Marina Hotine, Gise Mey, Maurice Baquet, O'Brady.
Mise en scène d'Henri Montjoye.
Orchestre dirigé par Jef de Murrel.

15 octobre 1950
Reprise de *La Belle de Cadix*, de Francis Lopez, Marc-Cab, Raymond Vincy et Maurice Vandair, au Théâtre de l'Empire, dirigé par Maurice Lehmann et Benoît Léon-Deutsch.
Avec Lina Dachary, Édith Georges, Daisy Daix, Lucien Frébert et René Simon.
Les Ballets Sol y Sombra avec Juanito Garcia et Miralda.
Orchestre dirigé par Jacques-Henri Rys.

15 décembre 1951
Le Chanteur de Mexico, musique de Francis Lopez, livret de Raymond Vincy sur une idée de Félix Gandera et Henri Werner, lyrics de Raymond Vincy, au Théâtre du Châtelet dirigé par Maurice Lehmann.
Mise en scène de Maurice Lehmann.
Avec Lilo, Pierjac, Jacqueline Chambard, Albert Estève, Robert Jysor, Dario Moreno, Jane Rhodes, la danseuse Jane Laoust. Ballet espagnol Sol y Sombra. Ballet basque Oldarra.
Arrangements musicaux de Jacques-Henri Rys et Paul Bonneau.
Orchestre dirigé par Félix Novolone.
Décors et costumes de Raymond Fost.

4 octobre 1955
Chevalier du Ciel, musique de Henri Bourtayre et Jacques-Henri Rys, livret et lyrics de Paul Colline et Luis Mariano, à la Gaîté Lyrique, directrice Mme Germaine Roger.
Avec Francis Blanche, Claudine Céréda, Lucie Dolène, René Novan.
Chorégraphie de Jean Guélis.
Orchestre dirigé par Maurice Darnell.

13 décembre 1959
Le Secret de Marco Polo, musique de Francis Lopez, livret et lyrics de Raymond Vincy, au Théâtre du Châtelet, direction Maurice Lehmann.
Mise en scène de Maurice Lehmann.
Avec Jeanine Ervil, Pierjac, René Novan, André Mélies.
Le corps de Ballet du Châtelet.
Décors et costumes de Raymond Fost.
Arrangements musicaux de Paul Bonneau.
Orchestre dirigé par Paul Bonneau.

22 décembre 1961
Visa pour l'amour, musique de Francis Lopez, livret et lyrics de Raymond Vincy, à la Gaîté Lyrique, directrice Mme Germaine Roger.
Avec Annie Cordy, Dominique Chantel, Roger Bontemps, Jacques Mareuil, Jacques Filh, Jeanne Terrier et Rellys.
Mise en scène de René Dupuy.
Chorégraphie de Jean Guélis.
Décors et costumes de Mick Bernard.
Arrangements musicaux et direction d'orchestre Armand Migiani.
Production Jean-Jacques Vital.

16 mars 1967
Le Prince de Madrid, musique de Francis Lopez, livret de Raymond Vincy, lyrics de Jacques Plante, au Théâtre du Châtelet, direction Marcel Lamy.
Avec Maria Murano, Jeanine Ervil, Eliane Varon, Simone Sylmia, Suzanne Baugé, Maurice Baquet, Lucien Lupi, Jean-Louis Simon, René Novan.
Chorégraphie d'Alfredo Gil et Pilar de Oro.
Ballets « Goyescas » avec Martin Romero et Carmela Montero.

Décors et costumes d'Emilio Burgos.
Mise en scène de Marcel Lamy.
Arrangements musicaux de Paul Bonneau.
Orchestre dirigé par Jean-Claude Casadesus.

12 janvier 1970
La Caravelle d'Or, musique Francis Lopez, livret de Jean Valmy, lyrics de Jacques Plante, au Théâtre du Châtelet, direction de Marcel Lamy.
Avec Danielle Castaing, Franca Duval, Marina Hotine, Simone Sylmia, Jacques Doucet, Maurice Baquet, Jean-Louis Simon, Robert Vidalin, Paul Ecoffard, Jean-Michel Dhermay.
Chorégraphie d'Alfredo Gil et Pilar de Oro.
Danseurs étoiles Martin Romero et Carmela Montero.
Décors et costumes d'Emilio Burgos.
Mise en scène de Marcel Lamy.
Arrangements musicaux de Bernard Gérard.
Orchestre dirigé par Jack Ledru.

LES GRANDS FILMS DE LUIS MARIANO

1922
Le Miracle de Saint-Antoine (le petit Mariano juché sur un âne).

1937
Ramuntcho, de René Barberis, avec Françoise Rosay et Louis Jouvet, d'après le roman de Pierre Loti. (Mariano fait partie de la chorale « Erresoïnka ».)

1943
L'Escalier sans fin, de Georges Lacombe, avec Pierre Fresnay, Madeleine Renaud, Raymond Bussières, Suzy Carrier. (Mariano joue un petit rôle de chanteur d'orchestre.)

1946
Luis Mariano chante, court métrage.

1946

Histoire de chanter, de Gilles Grangier, d'après un conte de Cami, avec Julien Carette, Noël Roquevert, Arlette Merry et Jacqueline Roman. Musique de Georges Van Parys. Premier grand film en vedette.

Chansons : « Je chante pour toi que j'aime », « Rien que toi », le second acte de la *Traviata* de Verdi.

1947

Cargaison clandestine, d'Alfred Rode, avec Claudine Dupuis, Kate de Nagy et Jean-Jacques Delbo. Musique d'Alfred Rode, Johann Strauss et Geiger Gyula.

Chansons : « Mélodie pour toi », « Les Yeux noirs », « La Troïka », « Aimer, boire et chanter ».

1948

Fandango, de Emil Reinert, avec Ludmilla Tchérina, Jean Tissier, Raymond Bussières et Annette Poivre. Musique de Francis Lopez.

Chansons : « Fandango du Pays basque », « Angelica Sérénade », « Musique de la pluie », « Illusion ».

1949

Je n'aime que toi, de Pierre Montazel, avec Martine Carol, Robert Dhéry, Colette Brosset, Louis de Funès, Raymond Bussières et Annette Poivre. Musique de Francis Lopez.

Chansons : « Boumgali », « La Vie en chantant », « Un cœur de femme », « Je n'aime que toi ».

1949

Pas de week-end pour notre amour, de Pierre Montazel, avec Maria Mauban, Jules Berry, Bernard Lajarrige, Louis de Funès et Denise Grey. Musique de Roger Lucchesi.

Chansons : « Une femme de Paris », « C'est magique », « Ma petite infante », « La Valse des beaux jours », « Nuits », « Anoche hable con la luna » (Orlando de la Rosa).

1950

Andalousie, de Robert Vernay, avec Carmen Sévilla, Maurice Baquet et Noël Roquevert. Musique de Francis Lopez.

Chansons : « Le Marchand d'alcarazas », « Olé Torero ! », « Je veux t'aimer », « Santa-Maria », « Andalucia mía », « La Fête à Séville ».

1951

Rendez-vous à Grenade, de Richard Pottier, avec Nicole Maurey, Jean Tissier, Marthe Mercadier et Olivier Hussenot. Musique de Francis Lopez.

Chansons : « Femmes », « Tchi-ki-tin », « Danse, danse ma romance », « Sous le ciel de Grenade ».

1951

Paris chante toujours, film à sketches de Pierre Montazel et Clément Duhour, avec les Compagnons de la Chanson, Édith Piaf, Georges Guétary, André Dassary, Tino Rossi, Line Renaud, Yves Montand, Jean Sablon. Musique de Henri Bourtayre, Raymond Legrand et T. Garbizu.

Chansons : « Notre tour de France » (H. Bourtayre), « Je te dis merci, Paris » (T. Garbizu).

1952

Au Pays basque, court métrage de Pierre Apesteguy et Francis Lopez. Musique de Francis Lopez.

Chansons : « Le plus joli pays du monde », « Biarritz », « Adieu Saint-Jean-de-Luz ».

1952

La Route du bonheur, film à sketches de Maurice Labro et Giorgio Simonelli, adaptation et dialogues de Jacques Emmanuel, une production Clément Duhour, avec Philippe Lemaire, Georges Guétary, Nella Pizzi, Line Renaud, Georges Ulmer, André Claveau, Clément Duhour, Christian Duvaleix, Catherine Erard, Juliette Gréco, Robert Lamoureux, et les orchestres de Louis Armstrong, Aimé Barelli avec Lucienne Delyle, Sidney Bechet avec Claude Luter, Hubert Rostaing et Django Reinhardt.

Chanson : « La Valse mexicaine » (Francis Lopez).

1952

Violettes impériales, de Richard Pottier, d'après le roman d'Henry Roussel *Amours impériales*, scénario et dialogues de Marc-Gilbert Sauvajon, avec Carmen Sévilla, Simone Valère, Maria Riquelme, Colette Régis et Louis Arbessier. Musique de Francis Lopez.

Chansons : « L'Amour est un bouquet de violettes », « Plus loin », « Miracle de Paris », « Gitane ».

1953

Sur toute la gamme, court métrage de Pierre Montazel. Musique d'Henri Bourtayre.

Chanson : « De Québec à Montréal ».

1953

La Belle de Cadix, de Raymond Bernard, avec Carmen Sévilla, Jean Tissier, Pierjac et Gisèle Robert. Musique de Francis Lopez.

Chansons : « La Belle de Cadix », « Maria-Luisa », « Chanter », « La Fiesta bohémienne », « Le Clocher du village », « Une nuit à Grenade », « Rendez-vous au clair de lune ».

1953

L'Aventurier de Séville, de Ladislas Vadja, scénario de Jesus-Maria de Arozamena, avec Lolita Sévilla, Danielle Godet, Jean Galand et Pierre Cour. Musique de Francis Lopez et J. Quintero.

Chansons : « Quand je suis loin du pays » (Francis Lopez), « Si vous croyez aimer » (Francis Lopez), « Douce Madone » (Francis Lopez), « Chemin de gloire » (J. Quintero), « Figaro » (J. Quintero), « Chanson de la Montagne » (J. Quintero).

1954

Napoléon, écrit et réalisé par Sacha Guitry, production Clément Duhour. Luis Mariano joue le personnage du chanteur Pedro Garat.

Chanson : « Plaisir d'amour ».

1954

Le Tzarévitch, d'Arthur Maria Rabenalt, Roger Richebé et Pierre Gaspard-Huit, avec Sonja Ziemann, Germaine Damar et Ivan Petrovitch. Musique de Franz Lehár. Paroles françaises des chansons de Francis Blanche.

1955

Quatre jours à Paris, d'André Berthomieu, production Francis Lopez et Eugène Lépicier, avec Geneviève Kervine, Roger Nicolas, Andrex, Fernand Sardou, Jackie Rollin (Jackie Sardou), Darry Cowl et Jane Sourza. Musique de Francis Lopez.

Chansons : « La Samba brésilienne », « L'Heure de l'amour », « Quatre jours à Paris », « Gabrielle », « Donne-moi ta jeunesse », « Un petit coup par-ci », « Paris-Champagne ».

1956

Le Chanteur de Mexico, de Richard Pottier, avec Annie Cordy, Bourvil, Tilda Thamar et Gisèle Grandpré. Musique de Francis Lopez.

Chansons : « Mexico », « Acapulco », « Rossignol de mes amours », « Maïtechu », « Paris d'en haut », « Quand on est deux amis » (avec Bourvil).

1957

À la Jamaïque, d'André Berthomieu, production Francis Lopez et Eugène Lépicier, avec Paquita Rico, Jane Sourza et Fernand Sardou. Musique de Francis Lopez.

Chansons : « Un petit nuage », « Les Femmes sont des fleurs », « Qu'ici, qu'ici », « Jamaïca », « Olivia ».

1958

Sérénade au Texas, de Richard Pottier, avec Bourvil, Sonja Ziemann, Gil Delamare, Robert Rocca, Yves Deniau et Jean Paqui. Musique de Francis Lopez.

Chansons : « Ma chérie », « Quand j'ai trop de peine », « Pour l'amour d'une belle », « Sérénade au Texas », « Femmes, que vous êtes jolies ! » (Pietro Codini).

1960

Candide, de Norbert Carbonneaux, avec Jean-Pierre Cassel, Dahlia Lavi. Luis Mariano joue un dictateur sud-américain dans un sketch avec Dario Moreno.

Chanson : « Cunégonde ».

1962

Les Pieds dans le plâtre, film à sketches de Jacques Fabbri et Pierre Lary.

Chanson : « Sur mon bulldozer ».

Luis Mariano (1914-1970)

Le film de sa vie

13 août 1914

Luis Mariano Gonzalèz-Garcia naît à Irún, à deux heures du matin. Par superstition, sa mère, Mme Gonzalèz, le fait déclarer le 12 pour l'état civil.

1921

Mariano Gonzalèz fait sa première communion dans l'église Nuestra señora de Juncal d'Irún.

1922

Une équipe de cinéastes madrilènes vient filmer quelques extérieurs du film « *Le Miracle de Saint-Antoine* ». Le petit Mariano y figure, juché sur un âne.

1924

Mariano fait ses études à Saint-Sébastien à l'école française des Frères de Saint-Jean-Baptiste-de-la-Salle.

1929

Mariano apprend le dessin et les bases de l'architecture à l'école des Beaux-Arts de Saint-Sébastien. C'est l'époque du « Néré Ametza » où il se réunit avec ses copains dans un hangar qu'on leur a abandonné. Il fait aussi partie de confréries basques comme la « Gaztelupe » de Saint-Sébastien et « l'Irún'go Atsegina » d'Irún en compagnie de son cousin Eduardo Cortijo.

1930

Mariano chante dans la chorale du Groupe « Easo » d'Irún.

Premier chagrin d'amour avec Maria-Pilar, la cantinière de la « Saint-Martial » d'Irún.

1933

Mariano participe avec le Groupe « Easo » au grand concours de la « Casa Ahorros » à Saint-Sébastien.

17 juin 1936

La guerre civile espagnole se déchaîne. Irún est la proie des flammes, et la maison de la famille Gonzalèz est consumée dans l'incendie.

Mariano se réfugie avec ses parents à Hendaye, puis à Bordeaux.

Septembre 1936

Mariano devient membre de la grande chorale « Erresoïnka » formée en majeure partie de Basques nationalistes opposés au régime de Madrid, avec à sa tête l'abbé Ramon Laborda. Mariano fait partie des seconds ténors. La chorale est basée à Sare. Mariano loge chez Marie-Jeanne Jaurajuria.

1937

Au sein de la chorale « Erresoïnka », Mariano commence une grande tournée européenne. « Erresoïnka » se fait entendre à Paris au Palais de Chaillot dans le cadre de l'Exposition Internationale de 1937.

1937

Mariano Gonzalèz participe avec la chorale « Erresoïnka » au tournage du film *Ramuntcho* de René Barberis, avec Françoise Rosay et Louis Jouvet, à Sare.

1938

Mariano entre au Conservatoire de musique de Bordeaux. Il enregistre des disques souples, à usage personnel et studieux. Ce sont des extraits d'opéras : *La Tosca, Rigoletto, Werther, La Bohème.* Il obtient son premier prix de conservatoire.

Pour gagner sa vie, il fait la plonge au cabaret bordelais Le Caveau, et est engagé comme chanteur-guitariste dans l'orchestre argentin de Raphaël Canaro.

1939

Premiers enregistrements professionnels chez « Columbia » « Olvidame » et « Callecita de mi novia » avec Raphaël Canaro.

Il rencontre Jeanne Lagiscarde, qui devient son mentor et son imprésario. Il fait de nombreux petits galas dans l'agglomération bordelaise.

30 août 1939

Mariano s'embarque sur le paquebot *Pasteur* avec l'orchestre de Raphaël Canaro à destination de l'Argentine.

2 septembre 1939

La France déclare la guerre à l'Allemagne. Le *Pasteur* est stoppé en mer, et regagne Le Havre.

5 septembre 1939

Mariano prend des vacances à Biarritz.

Mariano auditionne devant Armando Oréfiche, chef de l'orchestre des « Lecuona Cuban Boys » et est engagé comme chanteur de la formation jusqu'à la fin du mois.

Octobre 1939

Retour à Bordeaux.

Octobre 1942

Arrivée à Paris, en compagnie de Jeanne Lagiscarde. Leçons de chant avec le Maître Miguel Fontecha. Mariano Gonzalèz devient Luis Mariano.

Il chante en compagnie de Carmen Torres au cabaret « l'Armorial » et à la salle Pleyel.

24 décembre 1943

En soirée, il joue le rôle d'Ernesto dans l'opéra *Don Pasquale* de Donizetti pour une seule soirée exceptionnelle aux côtés de la grande cantatrice Vina Bovy. Il est chaleureusement applaudi et remarqué par la critique.

Luis Mariano tourne un petit rôle de chanteur d'orchestre dans le film *L'escalier sans fin* de Georges Lacombe avec Pierre Fresnay et Madeleine Renaud.

Du 7 avril au 4 mai 1944

Reprise de *Don Pasquale* au Théâtre des Variétés pour 40 représentations.

Premiers enregistrements pour « La Voix de son Maître » (aujourd'hui EMI-France) : les airs de *Don Pasquale.*

1944

Nombreux galas pour la Croix-Rouge et les troupes américaines. Découvre les chansons *Amor, amor* et *Besame mucho.* Dans un gala à Suresnes, il fait la connaissance de Saint-Granier qui le recommande à Mitty Goldin, directeur de l'A.B.C. et au producteur de radio Jean-Jacques Vital.

Première grande émission de radio : « L'heure du soldat ».

Mai 1945

Luis Mariano est la vedette américaine de « La Revue de la Victoire » à l'A.B.C. Il crée *España mia.*

Septembre 1945

Luis Mariano passe en vedette à l'Alhambra. Il crée *Oublie-moi, Mayoumba, Qui sait, qui sait, qui sait?*

24 décembre 1945

Luis Mariano est la vedette de l'opérette *La Belle de Cadix* de Francis Lopez. C'est le triomphe! Paris a le coup de cœur! Une star est née! Théâtre du Casino Montparnasse.

1946

Grands débuts en vedette au cinéma.

Luis Mariano chante, court métrage.

Histoire de chanter de Gilles Grangier avec Julien Carette et Jacqueline Roman.

Nombreux enregistrements de chansons.

25 octobre 1947

Création à la Gaîté-Lyrique de l'opérette *Andalousie* de Francis Lopez, Albert Willemetz et Raymond Vincy avec Gise Mey, Marina Hotine et Maurice Baquet.

1947

Luis Mariano est la vedette du film *Cargaison clandestine* d'Alfred Rode, avec Claudine Dupuis et Kate de Nagy.

1948

Luis Mariano tourne *Fandango* de E. Reinert avec Ludmilla Tchérina. Le film lance le célèbre « Fandango du Pays basque ».

Luis Mariano chante les grands airs lyriques du répertoire (Verdi, Puccini, Rossini, Massenet, Bizet) à la Salle Gaveau au cours des conférences des « Annales » données par Maurice Lehmann.

1949

Luis Mariano est la vedette du film *Je n'aime que toi* de Pierre Montazel.

La vedette féminine est Martine Carol, avec qui il vit une liaison passionnée.

Autre film cette année-là : *Pas de week-end pour notre amour*, également de Pierre Montazel, avec Maria Mauban.

Premier voyage aux Etats-Unis et tournée au Canada.

15 octobre 1950

Reprise de *La Belle de Cadix* au théâtre de l'Empire, dirigé par Maurice Lehmann, avec Lina Dachary.

Eté 1950

Tournage du film *Andalousie* de Robert Vernay, en couleurs.

La partenaire de Luis Mariano est Carmen Sévilla. C'est le coup de foudre.

1951

Luis Mariano est la vedette du film *Rendez-vous à Grenade* de Richard Pottier avec Nicole Maurey. Il tourne également un court métrage de Pierre Apestéguy et Francis Lopez : *Au Pays basque*.

A New York, il est l'invité d'Ed Sullivan pour « l'Ed Sullivan Show », la principale émission de la chaîne de Télévision N.B.C.

Seconde tournée canadienne. Luis Mariano est la vedette du cabaret « La Porte Saint-Jean » à Montréal.

15 décembre 1951

Luis Mariano est la vedette de l'opérette *Le chanteur de Mexico* de Francis Lopez au théâtre du Châtelet. Triomphe qui dure deux saisons.

1952

Paris chante toujours, film à sketches de Pierre Montazel. Luis chante : *Je te dis merci, Paris*.

La route du bonheur, film à sketches de Pierre Montazel. Luis chante *La Valse Mexicaine*.

Sur toute la gamme, court métrage dans lequel Luis interprète *De Montréal à Québec*.

Eté 1952

Luis Mariano est la vedette du film *Violettes impériales* de Richard Pottier avec Carmen Sévilla et Simone Valère.

Le film et la valse *L'amour est un bouquet de violettes* de Francis Lopez remportent un succès mondial.

1953

Tournage de *La Belle de Cadix*, film de Raymond Bernard d'après l'opérette de Francis Lopez avec Carmen Sévilla. Luis demande à Carmen de l'épouser. Elle refuse.

Luis Mariano est la vedette du film *L'aventurier de Séville* de Ladislas Vadja, musique de Francis Lopez et J. Quintero avec Lolita Sévilla.

Il repart à New York, où il est l'invité personnel de Sinatra qui le présente à « l'Ed Sullivan Show ».

Tournée triomphale au Mexique, où il est reçu par le Président de la République Miguel Alemán.

Tournée en Argentine et en Uruguay, où l'enthousiasme est aussi violent qu'au Mexique. Luis chante sur des stades devant plus de 100 000 personnes.

1954

Nouveau film pour Luis Mariano, mais allemand cette fois. *Le Tzarévitch* d'Arthur Maria Rabenalt et Pierre Gaspard-Huit, d'après l'opérette de Franz Lehár, avec Sonja Ziemann, Germaine Damar et Ivan Petrovitch. Tournage effectué en Yougoslavie et à Berlin-Ouest.

Sacha Guitry choisit Luis Mariano pour incarner le chanteur Pedro Garat dans son film *Napoléon*. Mariano chante *Plaisir d'amour*.

1955

Luis Mariano tourne en vedette *Quatre jours à Paris*, film d'André Berthomieu, d'après l'opérette de Francis Lopez, avec Geneviève Kervine, Roger Nicolas, Darry Cowl, Fernand Sardou, Jacky Sardou et Jane Sourza.

4 octobre 1955

Création de l'opérette *Chevalier du ciel* à la Gaîté-Lyrique, musique d'Henri Bourtayre et J.H. Rys, lyrics de Luis Mariano et Paul Colline, livret de Paul Colline, avec Claudine Céréda et Francis Blanche.

1956

Tournage du film *Le chanteur de Mexico*, de Richard Pottier, d'après l'opérette de Francis Lopez, avec Bourvil et Annie Cordy. N° 1 au Box-Office pendant six mois.

1957

Luis Mariano est la vedette du film *A la Jamaïque* d'André Berthomieu d'après l'opérette de Francis Lopez avec Paquita Rico, Fernand Sardou et Jane Sourza.

Mars-novembre 1957

Luis Mariano est la vedette du chapiteau du Cirque « Pinder ». Grande tournée à travers toute la France, où Mariano remporte un succès sans précédent.

1958

Tournée en France, Espagne et dans les principaux pays d'Europe.

Télévision et tour de chant à New York.

A son retour, Luis Mariano tourne *Sérénade au Texas*, film de Richard Pottier, avec Bourvil et Sonja Ziemann.

Création de la zarzuela *La cancíon del amor mio*, de Francis Lopez, au théâtre de la zarzuela à Madrid (Opéra national d'Espagne).

Trois semaines en septembre à l'Olympia en tour de chant.

1959

Nouvelle tournée dans les grandes villes d'Espagne.

Mars-novembre 1959

Seconde tournée triomphale sous le chapiteau du cirque « Pinder ».

Décès de Mme Gregoria Gonzalèz, mère de Luis Mariano.

18 décembre 1959

Création de l'opérette *Le secret de Marco Polo*, de Francis Lopez et Raymond Vincy au théâtre du Châtelet avec Jeanine Ervil et Pierjac.

1960

Grande tournée en Espagne.

Tournage d'un sketch dans le film *Candide* de Norbert Carbonneaux. Luis Mariano incarne un dictateur sud-américain aux côtés de Dario Moreno et de Dahlia Lavi. Il chante *Cunégonde.*

1961

Tournées en France et en Espagne.

22 décembre 1961

Création à la Gaîté-Lyrique de l'opérette *Visa pour l'amour* de Francis Lopez et Raymond Vincy avec Annie Cordy.

1962

Enregistrement de l'album des *Chansons napolitaines.*

1963

Tournée de *Visa pour l'Amour* en France, Belgique et Canada.

3 mai 1964

Fin de la tournée de *Visa pour l'Amour* à Angers.

Grande tournée en Espagne et au Portugal.

1965

Tournée du vingtième anniversaire de *La Belle de Cadix* en France et en Belgique.

En alternance, Luis Mariano joue *Le Chanteur de Mexico.*

Tournée d'été sur la Côte d'Azur et la Côte Atlantique avec le Show Luis Mariano.

Tournage au Pays basque d'une grande émission de télévision réalisée par François Chatel.

1966

Enregistrement de l'album des *Chansons espagnoles.* Tournées en France et dans les Pays de l'Europe de l'Est : Bulgarie et Roumanie.

16 mars 1967

Création au Châtelet de la fastueuse opérette *Le Prince de Madrid* de Francis Lopez avec Maria Murano, Jeanine Ervil, Lucien Lupi et Maurice Baquet. Deux saisons triomphales. Mariano est à l'apogée de sa gloire. La critique le sacre Prince de l'Opérette.

15 septembre 1968
Dernière représentation du *Prince de Madrid* au Châtelet.
Luis Mariano emmène l'opérette à travers la France et la Belgique jusqu'en avril 1969.

1969
Tournée en France avec *Le Chanteur de Mexico* et *La Belle de Cadix* en alternance.
Dernière tournée au Canada avec ces deux opérettes.
Tournage à Montréal de l'émission de télévision « Terres des Hommes » : spécial : « Sous le ciel de Montréal avec Luis Mariano ».

12 janvier 1970
Création au Châtelet de l'opérette *La Caravelle d'Or* de Francis Lopez avec Franca Duval, Danielle Castaing et Maurice Baquet.

Février 1970
Luis Mariano tombe malade, mais refuse de s'arrêter.

18 mai 1970
Luis Mariano tombe dans sa chanson d'entrée, et abandonne *La Caravelle d'Or*.

Juin 1970
Luis Mariano est reçu à l'Elysée par le Président Georges Pompidou. C'est sa dernière sortie officielle.

4 juillet 1970
Luis Mariano tombe dans le coma à la clinique d'Urt (Pyr.-Atl.).
L'avion sanitaire qui le rapatrie à Paris est bloqué pendant trois heures sur l'aérodrome de Biarritz-Parme, un chef d'État africain survolant l'espace aérien du département.

14 juillet 1970 à 23 h 50
Luis Mariano meurt à Paris, à l'Hôpital de la Salpêtrière.

Cet ouvrage a été réalisé par la
SOCIÉTÉ NOUVELLE FIRMIN-DIDOT
Mesnil-sur-l'Estrée
en mai 1995

Imprimé en France
Dépôt légal : mai 1995
N° d'édition : 95-PE-55 – N° d'impression : 30746
ISBN : 2-87761-078-0